D1683561

Dr. Dina Sterba

Die Männerwelt der hohen Berge

Dr. Dina Sterba

Die Männerwelt der hohen Berge

Eine Frau bezwingt Achttausender

Was mich bewog ...

... dieses Buch zu schreiben, war die Sehnsucht, auf diesem Wege mein Übermaß an Freude, Dankbarkeit und Glück zu zeigen und den Menschen Mut zu machen.

Als ich noch keine acht Jahre alt war, kamen eines frostigen Tages die Möbelpacker, assistiert von einem Polizeibeamten mit Maschinengewehr, brachten unsere Möbel weg, versiegelten die Tür und gingen fort. So wurde in jenen Zeiten mit »politisch Unzuverlässigen« verfahren, unter die sich offensichtlich mein Vater eingereiht fand. Von einem Tag zum anderen verlor er seine Arbeit als Rechtsanwalt; es wurde uns untersagt in Preßburg, meiner Geburtsstadt, zu wohnen oder uns dort auch nur aufzuhalten. Schon bald stellten wir fest, daß wir eigentlich noch Glück hatten; vielen anderen Leuten ist es schlimmer ergangen.

Im Laufe der Zeit hat sich der kommunistische Terror abwechselnd gesteigert und abgeschwächt, je nach dem, was unser großer östlicher Nachbar vorschrieb. Danach richtete sich auch das Maß an Freiheit des einfachen Menschen und der Form des ganzen politischen und gesellschaftlichen Lebens – vom blanken Horror bis zu einer schlecht einstudierten, absurden und tragisch-komischen Farce. Mit Ausnahme der kurzen Zeit des »Prager Frühlings« wurden immer die weniger leistungsfähigen Menschen schlechten Charakters bevorzugt; das Regime hat sie »auserwählt«, weil sie ihm besser dienten. So entstand ein verräterischer, kommunistischer Moloch, die Ausgeburt einer verkehrten Hierarchie der Werte, der sein eigenes programmiertes Leben lebte, in Korruption, Neid, Habgier und Ehrgeiz unserer Mafiosi. Wer ein Ehrenmann bleiben, seine Grundsätze bewahren und sich selbst treu bleiben wollte, hatte es in der Tschechoslowakei sehr schwer, falls er etwas schaffen und sein Leben erfüllen wollte. Dies habe ich selbst immer wieder festgestellt. So wurde mir der Wechsel vom Studium der Mathematik in die medizinische Fakultät verweigert, mit der Begründung, daß ausgezeichnete Studienergebnisse allein nicht ausreichten. Es wurde mir gesagt, daß »bourgeoise Elemente« in diesem Zweig nichts zu suchen hätten. Ich studierte deswegen Mathematik zu Ende, aber dem Fluch meiner »schlechten Herkunft« entkam ich nicht. Als Hochschullehrerin durfte ich zwar an der Universität arbeiten, dort aber keine entsprechende Karriere machen.

Unter solchen Umständen hat man im Grunde zwei Möglichkeiten: ins Ausland zu emigrieren oder in sich selbst, das heißt, in eine Mikrowelt, die man sich selbst schafft und in welcher Höflichkeit, Logik und Gerechtigkeit herrschen. Ich wählte die zweite Möglichkeit, und zu meiner Insel wurden die Familie und ein Sport, bei dem man nicht schummeln kann, wo Ehrlichkeit und Logik gelten – das Bergsteigen. Die Berge und die Umgebung des Bergsteigers sind wunderschön und erhaben und helfen einem, den Überblick und die Proportionen zwischen klein und groß zu bewahren, zwischen Wichtigem und Gegenstandslosem. Sie sind etwas Riesiges und Wirkliches in einem Meer lächerlicher Kleinlichkeit. Die hohen Berge – ich habe sie immer geliebt und sie gaben mir das Gefühl der Ehre, das Gefühl, richtig zu leben.

Aber zu den höchsten Bergen zu kommen, das war in meiner Situation nicht einfach. Ich gehörte nicht in die »Auslage des sozialistischen Bergsteigens«, somit konnte ich eine Teilnahme an einer staatlichen Expedition nicht erwarten. Und noch dazu als Frau! Da schien ich in der Männerwelt der hohen Berge schon zweimal nichts verloren zu haben.

Trotzdem sehnte ich mich nach diesen hohen Bergen, auch wenn solche Sehnsucht in den Augen anderer wie Wahnsinn ausssah. Sie hatten wohl recht, schien doch die Überwindung aller bürokratischen, administrativ-politischen Hürden – von den Finanzen gar nicht zu sprechen – unmöglich zu sein für einen Menschen meines Schlages. Jeden Augenblick konnte man an etwas gehindert werden, konnte einem etwas nicht erlaubt oder sogar verboten werden. Schon die eigenständige Korrespondenz oder das Telefonieren mit dem Ausland war riskant. Wollte ich alle Ereignisse beschreiben, die der eigentlichen Expedition vorausgegangen sind, entstünde ein Buch, dicker als das, das Sie hier in der Hand halten. Abe es wäre weder schön noch lustig, und deswegen habe ich es nicht geschrieben.
Ich hatte Glück, Gott hat mich nicht verlassen, mir gelang es, einen Kindertraum zu verwirklichen: Am 13. Mai 1984 stand ich auf dem Gipfel meines ersten, 4 Jahre später auf dem meines zweiten Achttausenders. Das beweist mir und allen Menschen, daß auch im 20. Jahrhundert und einem totalitären Regime ab und zu der kleine Prinz und David in einer Person seinen Kampf gegen den Riesen Goliath gewinnen kann.

Nun ist meine Heimat wieder frei, der eiserne Vorhang demontiert, und wir kehren, zwar wankend, aber doch, nach Europa zurück. Ich habe dieses Buch geschrieben; es erschien zunächst in Tschechien und die Reaktion darauf war für mich völlig unerwartet. Das Buch war gleich vergriffen, eine Menge Briefe haben mich davon überzeugt, daß mich meine Leser richtig verstanden haben.

Ihre Dina Sterba

Ehemänner sollten nicht über ihre Frau schreiben, ...

... aber vielleicht ist es zu entschuldigen, denn ich war jahrelang Mitkletterer der Dina und deswegen kann niemand besser wissen, was ihr die Berge bedeuten, und was sie alles erleiden mußte. Diese Leiden haben ihr nicht die Berge zugefügt, dort war Dina immer am glücklichsten. Das ganze Leiden im Zusammenhang mit den Bergen haben uns böse Menschen zugefügt, und das waren viele. Sie verdarben uns alles, was sie nur verderben konnten; sie verdarben uns, die wir im sogenannten sozialistischen Lager leben mußten, fast das ganze Leben. In solcher Situation haben für uns die Berge viel mehr bedeutet, als für Bürger der freien Welt. Wir sind in die Berge vor dem sozialistischen Terror geflüchtet, wir fanden dort wenigstens für eine Weile Freiheit, in deren Umarmung wir glücklich waren. Die Kommunisten wußten das und versuchten es zu verhindern.
Als Dina 1983 fast alle Hindernisse hinter sich gebracht hatte und der Weg zum Himalaja frei zu schein schien, erteilte ihr der Ausschuß der kommunistischen Partei unserer Universität – ausgerechnet einen Tag vor Weihnachten – Ausreiseverbot. Ein schönes Weihnachtsgeschenk! Es hat einen ganzen Monat gedauert, bis es uns gelungen ist, das Verbot aufzuheben. Jeden Tag dieses Monats hat Dina an nervlichen Reserven eingebüßt.
Als sie dann mit Freunden den Cho Oyu bestiegen hatte, blieb dies in der Öffentlichkeit unbekannt. Wenn vorher unsere Bergsteiger – natürlich allesamt Männer – von irgendeinem Achttausender zurückkamen, war das ein großes Ereignis, das jedes-

mal mit Sondermeldungen im Fernsehen und mit Extrateilen in den Printmedien gewürdig wurde. Nun hatte die erste Frau einen Achttausender bestiegen, aber im Fernsehen oder im Radio verlautete nicht das Geringste darüber; es gab keine Zeitung, die auch nur eine Zeile darüber berichtet hätte. Dabei hatten am Flugzeug, mit dem Dina zurückkam, außer mir, dem Sohn Michael, unserem Hund Hanibal und alten Bergfreunden auch mutige Reporter gewartet, mit denen wir schon lange befreundet waren. Sie fotografierten Dina und führten ein langes Gespräch mit ihr. Währenddessen kamen noch andere Reporter hinzu, und es wäre vielleicht sogar etwas über die bergsteigende Frau erschienen, wenn nicht plötzlich auch noch die politische Situation dies verhindert hätte: Es war das Jahr der Olympischen Spiele in Los Angeles. Die Sowjet-Union und ihre politischen Gefährten boykottierten die Spiele, es entwickelte sich eine gewaltige Hetzkampagne gen die USA. Das Wort Amerika existierte nicht mehr; die amerikanischen Sportler verschwanden von unserem Horizont. Und da war Dina ausgerechnet mit einer Amerikanerin zusammen geklettert!

Eine vorgesehene Reportage in der Zeitung »Junge Front« entfiel auf politischen Druck hin, und selbst ein Jahr später wurde – einen Tag vor der angekündigten Sendung – die Ausstrahlung einer über unsere Familie gedrehte Fernsehreportage durch die Funktionäre unserer Universität verhindert.

Ja, es war eine schlimme Zeit und wer sie nicht erlebt hat, wird nicht verstehen, was Sportler alles aushalten mußten, wenn sie nicht nur das »falsche Geschlecht«, sondern auch keine finanzielle und politische Unterstützung des Regimes hatten.

Doch mit noch einem anderen Handicap hatte – und hat – Dina stets zu kämpfen. Spitzensport, und eben auch Hochgebirgsbergsteigen, fordert die ganze Energie und die ganze Zeit eines Menschen; da muß alles andere zurückstehen. Doch nicht so bei Dina! Sie hat sich nie darauf eingelassen, zu Gunsten des Bergsteigens die Familie, die Erziehung unseres Sohnes oder ihren Beruf zu vernachlässigen. Viele unserer Freunde fragen sie »Wie schaffst du das alles, Mädel?«

So hat Dina viel mehr Opfer bringen müssen als andere Bergsteiger, bevor sie in ihre Berge hat fahren können. Wer aber die Berge wirklich liebt, muß darauf gefaßt sein, und ich zweifle nicht daran, daß auch Cuga, Rebuffat oder Tiery ähnliche Opfer brachten. Wohl jeder muß dies mehr oder weniger, wenn er (oder sie) – wie Dina – die Berge maßloß liebt, sie zum unverzichtbaren Teil des eigenen Lebens macht.

Otokar Sterba

Der Traum vom hohen Berg

Ich erinnere mich, es war kurz nach meinem zehnten Geburtstag, da bezwangen die ersten Menschen einen Berg aus der Familie der vierzehn Achttausender. Es war der 8076 m hohe Annapurna, dessen Name die Weite und Exotik des geheimnisvollen nepalesischen Königreiches in sich barg, das endlich den Bergsteigern die Tore zum Gipfel geöffnet hatte. Es war Anfang Juni 1950, als Maurice Herzog und Louis Lachenal, Mitglieder einer französischen Expedition, auf dem Gipfel des Annapurna standen.

Zu dieser Zeit war ich eine dürre Bohnenstange mit dünnen Beinen und andauernder Appetitlosigkeit, was meine fürsorgliche Mutter sehr beunruhigte. Ich trug mein Haar zu zwei Zöpfen geflochten; das meiste davon aber kringelte sich auf unerklärliche Weise wie ein Heiligenschein um meinen Kopf, der eine komische Mischung aus Ideen, Vorstellungen und Wünschen beherbergte, die auf keinen Fall der damaligen Erziehung eines Mädchens entsprachen. Zum großen Teil hatte das mein romantisch veranlagter Vater zu verantworten, der sich als Erstgeborenen einen Sohn gewünscht hatte. Seine entsprechende Erziehung fiel auf fruchtbaren Boden, und so sehnte ich mich, sehr zur Verzweiflung meiner konservativen Verwandten und Lehrer, danach, ein Till Eulenspiegel zu sein. Ich bewunderte ihn wegen seiner Kletterkünste und seiner Gabe, hohle Dummköpfe zu entlarven und lächerlich zu machen. Oder ich wollte Jeanne d'Arc sein, die in den Kampf gegen die Engländer zog. Meine Träume wurden beherrscht von Helden aus den Romanen von Jules Verne und Karl May, von den tapferen Erforschern der Arktis und Antarktis, von Eisbären und Walfängern. Marco Polo hatte seinen Platz neben Magellan, Kolumbus und Livingston. Ich hetzte mit einer Horde von Jungs durch geheimnisvolle Gassen, durch die Ecken der Altstadt von Bratislava. Wir krochen durch so manchen Keller und unterirdischen Gang oder bestiegen Kirchtürme. Meine Mutter konnte nicht begreifen, was für eine Tochter sie hatte, die Spitzen und Kleidchen ablehnte und am liebsten in alten Hosen herumsauste. Von den Jungs wurde ich respektiert, weil ich mich ebenso wie sie traute, allein ohne Licht bis zum Ende der Franziskaner-Krypta zu gehen und an die Wand mit Kreide ein Zeichen zu malen. Außerdem konnte ich als einzige aus der Clique ein bengalisches Feuer und explosive Kügelchen oder künstlichen Nebel aus Chemikalien basteln. Die Zutaten bewahrte mein Vater in einem Schrank auf, um sein Hobby vor mir zu schützen. Oder mich vor diesem.

Inzwischen ging der Kampf um die Himalajariesen erfolgreich weiter. Im Jahre 1953 kapitulierte der höchste Berg unseres Planeten vor der fast kriegerisch ausgerüsteten britischen Expedition. Durch die Weltpresse ging das Foto mit dem furchtbar langen Neuseeländer Edmund Hillary und dem zierlichen Tibeter Tenzing Norgay, aus dessen sympathischem Gesicht ein vertrauenerweckendes Lächeln strahlte.

In meinem Geburtsort wurde sogar ein Farbfilm gezeigt von der Expedition unter der Führung von John Hunt. In ihm stellte sich mir zum ersten Mal die Welt des blendenden Eises, des kobaltblauen Himalajahimmels vor; die Welt der schwindelerregenden Felsenarchitektur und der Sonne, deren glühendes Strahlen mich an die Fanfaren von Janaceks Symphonie erinnerten. Ich war wie verzaubert, und in meiner Kinderseele keimte ein Traum auf.

Das, was die Engländer durch vollkommene Organisation, Einsatz modernster Ausrüstung und Technik, durch große Stärke der Menschen und des Materials schafften, erreichte im Herbst des gleichen Jahres der österreicher Herbert Tichy mit einer Miniaturexpedition unter Mithilfe seiner Freunde. Ihr Gepäck, zusammen mit den Lebensmitteln, wog nicht einmal eine Tonne, und doch konnten Herbert Tichy, Sepp Jochler und der Tibeter Pasang Dawa Lama gemeinsam ihre Fahnen am Gipfel des Cho Oyu hissen, einem 8201 m hohen Berg, der etwa 27 km westlich des Mount Everest liegt. Tichy schilderte die Schicksale dieser Expedition in einem wunderschönen Buch, aus dem, weit entfernt von jeglicher Großtuerei, tiefste menschliche Bescheidenheit und reinster Amateurgeist sprechen.

Heute weiß ich, daß es gerade dieses Buch war, das meinen Hang zum Bergsteigen entscheidend beeinflußte. Dadurch angespornt, »organisierte« ich als vierzehnjährige Schülerin meine erste abenteuerliche Expedition zu dem kleinsten Hochgebirge, der Hohen Tatra. Es sollten ungefähr sieben Freunde sein, und unser Vorbild war Jules Verne. Wir wollten Blumen sammeln, um sie später zu trocknen und dabei gemeinsam in die geheimnisvolle Welt der Berge eindringen, von der ich bis dahin nur träumen konnte. Ich weiß heute nicht mehr, auf welche Weise ich die Erlaubnis meiner Eltern bekam, wahrscheinlich erlaubten sie es, weil sie, die Armen, keine Ahnung hatten, was geschehen konnte. Eine wichtige Rolle spielte wohl auch das Argument, daß die anderen Eltern zugestimmt hatten. Aber alles begann schon ein wenig anders als geplant. Zum verabredeten Abfahrtszeitpunkt kam nur meine treueste Freundin Katka zum Bahnhof.

Ich muß zugeben, daß wir uns der neuen Situation sehr schnell anzupassen wußten. Wir kauften uns Fahrkarten für den Personenzug nach Trnava, das etwa eine Fahrtstunde von Bratislava entfernt liegt. Wir hatten Angst, per Anhalter zu fahren, weil uns ja Bekannte sehen konnten, die dann alles brühwarm unseren Eltern berichten würden. Die »Expedition« nahm dann auch ihren verhängnisvollen Verlauf: gleich an unserem ersten Tag in der Tatra hatten wir uns mit einer sehr gewagten Kombination von Leckerbissen, die uns im Vergleich zu unserer sonstigen Hausmannskost attraktiver vorgekommen war, überfressen. Die Folgen des maßlosen Konsums von Dorschleber, Sardinen, Torten und Mayonnaisesalat ließen nicht lange auf sich warten. Wir besetzten im Touristenwohnheim auf dem Skalnaté Pleso die Toilette, und eine Zeitlang ertönte daraus grauenvolles Stöhnen. Zwar erholten wir uns sehr schnell wieder, aber unsere Eskapaden waren damit nicht beendet. Gleich am nächsten Tag brachen wir mit einem gänzlich unerfahrenen Touristenpaar zur Lomnitzer Spitze auf. Die Touristenmarkierungen verloren wir bald aus den Augen, aber das konnte uns nicht schrecken.

Wir gingen geradewegs bergauf, genau unter den Seilen der Drahtseilbahn entlang, und bei den schwierigen Passagen hielten wir uns erfolgreich an den wackeligen Stangen der Telefonleitung fest. Zum Glück sah uns niemand. Auf dem Gipfel mischten wir uns unauffällig unter die Gruppe von Menschen, die gerade aus der Seilbahn ausgestiegen war.

Nach dem Erklimmen des zweithöchsten Gipfels der Hohen Tatra, sehnten wir uns natürlich nach noch höheren Zielen. So verabschiedeten wir uns von den Touristen, die auf weitere Abenteuer keine Lust hatten, und gingen schnellstens der roten Markierung nach, die zum Slezsky dum (= Schlesisches Haus) im Velicka-Tal führte, über das sich die Gerlsdorfer Spitze erhob. Mit ein wenig Mühe gelang es uns, den mißtrauischen Hüttenverwalter zu überzeugen, daß wir nicht von zu Hause weggelaufen waren und begannen, vorsichtig Informationen über den Aufstieg zur höchsten

Tatraspitze zu sammeln. Es wurde uns sehr bestimmt mitgeteilt, daß selbständige Expeditionen von Touristen verboten seien und die Velicka- oder Batizovska-Bergsteigerroute nur in Begleitung eines Bergführers erklommen werden durfte. Ausgenommen von dieser Vorschrift waren nur erfahrene Bergsteiger. Weil wir weder die notwendigen finanziellen Mittel noch die selbstverständlich vorausgesetzte Volljährigkeit besaßen, wurden wir aus taktischen Gründen sehr still und stellten keine Fragen mehr. Nachdem wir im Morgengrauen aufgestanden waren, schlichen wir uns unauffällig aus der Hütte, um nicht ertappt zu werden. Zuerst lenkten wir unsere Schritte auf den ordentlichen Weg, dann aber ging es nach unserer bewährten Methode geradewegs nach oben. Als wir früh am Morgen unter den östlichen Gefällen der Gerlsdorfer Spitze wanderten, sah ich eine Gemse. Sie stand da wie eine Statue, bereit, im Notfall sofort zu verschwinden. Sie faszinierte mich, denn es war meine erste Gemse, die ich sah. Nach einer Weile, als sie bemerkte, daß sie keine Angst zu haben brauchte, begann sie, sich majestätisch durch das Geröll zu entfernen und wir trabten ihr nach. So entdeckten wir eine Rinne neben der Kvetnicova Veza (Kvetnitzturm), in der eine fingerdicke rostige Kette steckte: Der Anfang der Velicka Route. Ohne zu zögern gingen wir entlang der Kette weiter nach oben. Bald dienten uns die steinernen Männchen als Wegweiser.

Der Ausflug kam uns überwältigend vor bis zu dem Augenblick, als die ersten Regentropfen fielen. In unserer Begeisterung hatten wir nämlich überhaupt nicht bemerkt, daß sich der Himmel mit bleiernen dunklen Wolken zugezogen hatte. Nun suchten wir ein passendes Versteck, weil das letzte, was wir wollten, der Abstieg zurück war. Unter einem vorstehenden Felsen fanden wir schließlich Schutz. Dort warteten wir das Ende des Gewitters ab.

Nach dem Gewitter blieben nur weiße Hagelkörner zurück, auf denen die Ledersohlen unserer sowieso ungeeigneten Halbschuhe noch mehr rutschten. Nichts konnte uns aufhalten, unbeirrt stiegen wir auf, immer reifer für das Eingreifen der Bergwacht. Die mit steinernen Männchen markierte Strecke ließen wir weit links unten zurück. Wir kamen in ein Terrain, das ich heute in die dritte oder vierte Klasse der Schwierigkeitsgrade des Bergsteigens einstufen würde. Wir kletterten weiter, bis uns ein alter Bergführer, der mit seinem Klienten zum Gipfel unterwegs war, erspähte. Er schimpfte fürchterlich, aber dann, als er die kindliche Begeisterung sah, nahm er uns doch bereitwillig mit.

Von diesem Zeitpunkt an wußte ich, was ich wollte. Ich sehnte mich danach, Bergsteigerin zu werden, steile Felsen zu erklimmen und ein eigenes Seil zu besitzen. Stundenlang stand ich vor dem Foto in einer Auslage des Bergsteigervereins von Bratislawa und stellte mir vor, daß ich in der Schlinge über der unendlichen Tiefe säße. Doch damals hatten vierzehnjährige Mädchen zu Bergsteigervereinen keinen Zutritt. So mußte ich wohl oder übel noch warten.

Im Jahre 1959 erlebte der Himalaja die erste Frauenexpedition auf einen Achttausender. Sie wurde von der besten Bergsteigerin der fünfziger Jahre, der Französin Claude Cogan, Inhaberin des Höhenrekords der Frauen und Partnerin des berühmten Raymond Lambert, angeführt. Sie hatte schon einige Himalajagipfel bezwungen, davon zwei Siebentausender. Mitglieder der Expedition waren überwiegend Bergsteigerinnen aus den Alpenländern, aber auch zwei Töchter des Sherpa Tenzing. Die tapferen Kämpferinnen, ja Pionierinnen, wählten den gleichen Weg wie Herbert Tichy: Cho Oyu, die Türkisgöttin.

Eine Domäne der Männer ...

Zu dieser Zeit studierte ich im ersten Semester Fachmathematik an der Universität von Bratislava und hatte meine Bergsteigertaufe schon in Form einiger Touren in den Granitfelsen in der Hohen Tatra hinter mir. Ich war voll sehnsüchtiger Begeisterung, und die Welt der Jugend erschien mir wie eine Truhe voller betörender Versprechen. Man müßte sie nur zu öffnen verstehen! Jeden freien Moment verbrachte ich auf den Übungskalksteinen rund um Bratislawa und der südmährischen Palava. Voller Vertrauen kannte ich schon das süße Schwindelgefühl der Höhen, den bitteren Duft von Wermut und gelbem Steinkraut, die beide so hoch im Wind wachsen, so hoch! Es war schön, die Pflanzen mit eigenen Händen zu berühren, wenn man auf der Himmelsleiter ohne erkenntliche Griffe und Stufen hochgestiegen war!

Die Leistungen der Männer im Himalaja bewunderte ich grenzenlos. Aber die Vorstellung, daß eine Frau eine Expedition zu einem Achttausender organisieren könnte, brachte mich regelrecht zum Staunen. Ich erhob Claude zu einer Art Göttin und verfolgte mit ein bißchen Neid ihre Möglichkeiten und die Erfolge ihrer Unternehmungen. Bis heute bewahre ich eine vergilbte Fotografie auf, die ich aus der Zeitschrift L'Humanite ausgeschnitten habe. Darauf lächelt ihr energisches Gesicht zusammen mit dem von Claudine van den Straten. Beide fanden auf dem Berg ihrer Träume das Grab. Sie starben im Sturm zusammen mit den beiden Sherpa und wurden nie gefunden. So traurig endete die erste Frauenexpedition. Das tragische Schicksal dieser Expedition rief eine gewaltige Polemik über die Bergsteigerei von Frauen hervor, und es waren nur wenige, die den Mut fanden, sie zu verteidigen.

Mit einem Gefühl von Hilflosigkeit und Trauer konstatierte ich meine Zugehörigkeit zum »schwachen« Geschlecht der Menschheit. So eindeutig im voraus von weiteren Himalaja-Abenteuern ausgeschlossen zu sein, beschäftigte mich sehr; jeder neuen Sache liegt wohl eine schwierige Geburt zugrunde. Ich glaube aber, daß sich gerade damals in mir die – noch unausgesprochene – Vorstellung eines achttausend Meter hohen Berges fest verankert hat. Nicht mehr und nicht weniger als ein Bild in traumhafter Ferne, aber doch ein Ziel, das in Zukunft bewußt und unbewußt die Richtung meines Strebens steuerte. Ich war nur eine Anfängerin in einer Sportart, die traditionsgemäß eine Domäne der Männer mit einem großen »M« ist, und die besten unserer Bergsteiger sahen zu dieser Zeit noch mit Respekt zu den Alpen und dem Kaukasus auf.

Das tschechoslowakische Bergsteigen begann seine Expeditionsära erst im Jahre 1965 durch eine staatliche Expedition in den Hindukusch. In dieser Zeit waren alle vierzehn Achttausender bestiegen worden. Aber nicht einmal nach sechzehn Jahren, seit der Tragödie auf dem Cho Oyu, war ein Frauenname darunter zu finden. Unsere Bergsteiger haben sich dem weltweiten Trend des Sportbergsteigens in den großen Gebirgen schnell angepaßt. Der einzige Fehler dieser Expeditionen war, daß fast kompromißlos Frauen ausgeschlossen wurden. Oder kann man die Tatsache, daß bis zum Jahr 1980 nur zwei tschechoslowakische Bergsteigerinnen, Mitglieder einer offiziellen staatlichen Expedition, die Möglichkeit hatten, zum Himalaja oder Hindukusch zu fahren, anders nennen? Obwohl es doch in dieser Zeit nicht wenige Expeditionen gab. Eine der beiden glücklichen Frauen war durch eine seltsame Schicksalsfügung im Jahre 1970 ich! Zu diesem Zeitpunkt lebte ich schon in Olmütz, dort hatte ich eine Stelle an der Universität bekommen. Weder meine Ehe mit Otakar, noch mein kleiner Sohn Michael, der gerade das dritte Lebensjahr erreicht hatte: nichts konnte meine heimliche Sehnsucht, einen wirklich hohen Berg zu erklimmen, dämpfen. Die Zeit verging, und meine einzige Erfahrung mit der Höhe war der Aufstieg auf den Elbrus, den ich während eines Bergsteigerurlaubs mit Otakar im Kaukasus unternahm. Der geplante Weg zum höchsten Berg des Kaukasus ist technisch einfach, aber wir hatten nur einen einzigen Tag zur Verfügung. Nach einigen Touren zur Akklimatisation auf den umliegenden Bergen, wurde das Gebiet von Unwettern und ungeahnten Gewittern, gefolgt von einer Serie von Erdbeben, bei denen sogar ein Teil der Gebäude unseres Lagers zerstört wurde, heimgesucht. In der ganzen Umgebung wurde das Bergsteigen verboten, und die Veranstalter boten uns zum Ersatz einen Busausflug in den Zentralkaukasus an. Aber die regelmäßige Pyramide des Elbrus, der alle anderen Berge deutlich überragte, hatte uns verzaubert, und so brachen wir noch am Abend zum Prijut Odinnadcati, der in einer Höhe von knapp viertausend Metern über dem Meeresspiegel liegt, auf.

Dort hielten wir uns aber nicht lange auf, auch wenn uns alle rieten, doch hier mindestens noch einen Tag zur Akklimatisation zu verweilen. Nach drei oder vielleicht vier Stunden Schlaf stiegen wir kurz nach Mitternacht weiter zum Pastuchov-Felsen, über den Prijut und dann zum Gebirgssattel, der zwischen dem westlichen und dem östlichen Gipfel liegt, auf. Hier habe ich zum ersten Mal in meinem Leben gespürt, was es heißt, wenn es dem Menschen an Sauerstoff mangelt. Am liebsten hätte ich mich irgendwo hingesetzt, aber ich tat es nicht, sondern ging einfach weiter. Den Gipfel erreichte nicht einmal die Hälfte unserer Gruppe. Und auch für Otakar und mich stellte diese Gipfelerstürmung einen großen Sieg über unseren eigenen Willen dar. Auf dem Rückweg mußten sich etliche unserer Gruppe erbrechen, sie kämpften mit Gleichgewichtsstörungen und waren schließlich nicht mehr in der Lage, allein weiterzugehen, so daß die russischen Begleiter sie stützen mußten. Auch mich schmerzte mein Kopf, aber das war, im Gegensatz zu den Schwierigkeiten der anderen, nicht sehr problematisch.

Trotz meiner Jugend, ich war damals einundzwanzig Jahre alt, und auch der Tatsache, daß die Besteigung des Elbrus bis dahin meine einzige Erfahrung mit der Höhe darstellte, überstand ich die 50%ige Sauerstoffkonzentration in einer Höhe von 5600 Metern relativ gut. Dies war auch der Zeitpunkt, an dem ich nicht mehr bedenkenlos den Spezialisten Glauben schenkte, die behaupteten, daß Frauen ungeeignet für das Expeditionsbergsteigen in größeren Höhen seien. Und das Schicksal gab mir die erste Chance. In Zusammenarbeit mit der Universität veranstaltete unsere Gruppe eine kleine wissenschaftlich-sportliche Expedition in den Karakorum, den manche auch Westhimalaja nennen. Als Leiter wurde Otakar ernannt. Die Expedition hatte mehrere Ziele. Neben dem Aufstieg auf den 7343 Meter hohen Haramosh, der vom Nanga Parbat nur durch das tiefe Industal getrennt ist, sollte auch der erste Versuch unternommen werden, diesen großen Fluß, der dort auf seinem Weg aus Tibet quer das Hauptgipfelgebiet des Himalaja durchschneidet, zum ersten Mal von der Quelle bis zur Mündung unter wissenschaftlicher Zielsetzung zu befahren. Dies war ein unbescheidener Plan! So verbot auch die pakistanische Regierung diesen Versuch, den Indus mittels eines Schlauchbootes zu befahren, mit der Erklärung, daß sie nicht einen evidenten Selbstmordversuch unterstützen wolle. Es blieb uns aber immer noch das erste Ziel, die Besteigung des Haramosh. Die Befahrbarkeit des Indus bewies dann doch noch im Jahr 1975 Miroslav Stetina, wenn auch mit einem ganz anderen Boot, von neuen Eindrücken. Allein die zehntausend Kilometer lange Strecke, die wir mit dem Lkw von Olmütz ins pakistanische Islamabad durch die Sowjetunion, Iran und Afghanistan zurücklegten, war überaus interessant und spannend. Aber dies war alles nichts im Vergleich zur Fahrt auf der sich noch im Bau befindlichen Straße durch den Indus-Canyon, die ihre Bauarbeiter ein wenig überheblich »Karakorum Highway« nannten. Diese sogenannte Autobahn war eine vierhundert Kilometer lange Strecke zwischen Besham Quala und Gilgit, und wir waren die allerersten Ausländer, die diese Strecke befuhren. Nach sechzehn Tagen entmutigenden Wartens in monsunartigen Wolkenbrüchen, aufgrund derer kein einziges Flugzeug der Fluggesellschaft PIA starten konnte, erhielten wir endlich von der Regierung die Erlaubnis, die Straße zu benutzen. Ich werde niemals diese Tage der konzentrierten Angst vergessen; ich saß in pausenloser Anspannung auf einem Kasten auf der Ladefläche des angemieteten Lkws mit freiem Blick auf die Erscheinung, die die Leute hier als Autobahn bezeichneten. Ganz naiv war ich jederzeit auf den Extremfall gefaßt: aus dem in die Tiefe fallenden Fahrzeug noch im letzten Augenblick hinauszuspringen. Ganz im Gegensatz zu unserem Chauffeur Nanda, der sich sowieso nur darum kümmerte, sein Gesicht mit einem Turbanzipfel zu bedecken, um sich dann anschließend einem süßen Schlummer hinzugeben. Zwischen dem Nanga Parbat auf der einen und dem Haramosh auf der anderen Seite biß sich der Indus wie durch einen riesigen Kuchen hindurch. Aus dem nördlich liegenden Tibet kommend, schnitt er hier quer durch das Haupthimalajamassiv und bildete so den tiefsten Canyon der Erde, der auch auf einem fußballgroßen plastischen Globus noch deutlich zu sehen ist. Ich habe sogar nach so vielen Jahren nichts von der Größe dieser einzigartigen Naturerscheinung vergessen: eine unermeßlich reichhaltige Steinwüste, in der jede Art von felsigem Bergland zu finden ist, angefangen von einzelnen Steinblöcken bis hin zum fein rieselnden Sand ist alles vertreten. Aber erfolglos sucht das Auge dort ein schüchternes Blumenlachen oder zumindest eine Erleichterung schaffende Insel voller Grün. Auf dem Boden dieses steinigen Canyons schlängelt sich der riesige Fluß. Aus dieser Weite, oder besser gesagt aus der Tiefe von mehreren hundert Metern, hörten wir nichts vom Tosen seiner riesigen Stromschnellen. Wir registrierten nur eine matt blitzende Wasserebene, die voller Energie zu sein schien. Der Monsun hatte den Fluß mit Schlamm aufgefüllt; er besaß nun die Farbe von blau glänzendem, verflüssigten Blei, das sich im Schein des Mondes, Urblitzen gleich, in Quecksilber verwandelte.

In die Tiefe gerutschte Teile der Straße wechselten sich ab mit durch Erdrutsch blockierten Straßenteilen. Es stellen sich uns immer neue Hindernisse in den Weg. Und dann, als unser gemieteter Lkw schon zum dritten Mal im Laufe der letzten drei Tage vor frisch aufgeschütteten Steinbarrieren bremsen mußte, waren wir schon nicht mehr sonderlich überrascht. Wir hatten uns an die Angst gewöhnt und auch an den bitteren Geschmack des wirbelnden Staubes, der sich in einer millimeterdicken Schicht auf uns legte. Er schmeckte nach Schwefel und steigerte noch den Eindruck, in einem Höllenkrater festzusitzen. Jetzt erst verstand ich, warum auf jedem Lkw vorne in schön geschwungener Schrift »Inschallah« stand. Dies bedeutet: Allahs Wille geschehe!

Hinter der berühmten Rakhiotbrücke, die an dicken Stahlträgern über dem Canyon hängt, in den sich das Wasser wie in ein tiefes Felsenbett hineingefressen hat, gerade hier erschien uns während einer roten Morgendämmerung Diamir, der König der Berge – Nanga Parbat –, der erste Achttausender, den ich in meinem Leben gesehen nicht mit einem alten Armeeschlauchboot. Unsere Expedition sollte Indus-Haramosh heißen. Zusammen waren wir acht Personen, auch wenn meine Anwesenheit bis zur letzten Stunde umstritten war; nicht einer der sieben Männer war von meiner Anwesenheit begeistert. Als ich aber auf meiner Mitfahrt beharrte, mußte ich viele erniedrigende Bemerkungen einstecken und hauptsächlich die Funktion des Expeditionsköches übernehmen, auch wenn Kochen noch nie meine starke Seite war. Aber die Männer verrechneten sich dennoch, denn ich war zu allem bereit. Ich wäre sogar fähig gewesen, einen Pakt mit dem Teufel zu schließen, nur um in den Himalaja ausreisen zu können.

Michael feierte am 4. Juli 1970 seinen dritten Geburtstag. Für den darauffolgenden Tag war die Abfahrt aller Expeditionsfahrzeuge geplant. Unsere Wohnung war praktisch auf den Kopf gestellt, und Otakar verbrachte seine Tage und Nächte in der Fakultät, in der wir unser Expeditionshauptlager aufgeschlagen hatten. Alles verpackten wir sicher in Plastikfässer und Kartons, die wir mit farbigen Emblemen versahen. Die Expeditionsmitglieder stolperten unausgeschlafen und mit Ringen unter den Augen über die Pakete. Das Chaos wurde noch durch unser Lampenfieber gesteigert. Der kleine Michael war den ganzen Tag, fast bis zum Abend, bei seiner Ersatztante, Frau Kubitschkova. Sie sorgte auch für die Vorbereitungen zu den Feierlichkeiten seines wichtigen Jahresjubiläums. Das Kind sollte doch nicht unter seinen verruchten Eltern leiden!

Frau Kubitschkova hatte eine Torte gebacken, die mit drei Kerzen versehen war, und meine einzige Aufgabe war es nun, diese Torte abzuholen. Ich kam aber zu spät, so daß ich mich eilig bedankte, das Tortentablett nahm und schnell die Treppen wieder hinunterrannnte. Natürlich stolperte ich, denn mein Kopf war ja voll von anderen Dingen, und so landete ich schließlich unten auf dem Treppenhausboden. Über mir stand dann eine aufgelöste Ersatztante, und zu Hause wartete die wirkliche Großmutter mit dem Großvater aus Brünn. Aber was sollte ich nun tun, die Torte war nun mal als Torte nicht mehr zu erkennen. Ich saß auf der Treppe und begann zu weinen. »Aber Mädchen, daß ist doch keine Tragödie!« äußerte sich die Schöpferin des vernichteten Tortenwerks. Sie hob das Tablett auf und renovierte die etwas unschöne Masse erkennbar zu einer Torte. Auch die drei Kerzen kamen wieder auf ihren Platz. Sie sagte dazu: »Die anderen werden es bestimmt verstehen, und dem kleinen Michael wird die Torte auch so schmecken. Sie müssen sich jetzt nur etwas beherrschen.« Als Zugabe bekam ich noch ein beschwichtigendes Streicheln, und die Augen der Ersatztante füllten sich voller Ergriffenheit mit Tränen. Ich war sehr überrascht, als diese weise, elegante und gebildete Frau, die auch eine ausgezeichnete Köchin war und sich nun schon mehr als zwei Jahre rührend um unseren Michael kümmerte, zum ersten Mal ihre gefühlvolle Seite zeigte. Sie war und ist meine Freundin und auch meine treueste Bewunderin. Ich vergaß niemals, sie nach der Rückkehr meiner Reisen zu besuchen und ihr die neuesten Dias zu zeigen. Sie war zwar selbst niemals Bergsteigerin, trotzdem bewunderte sie die bezaubernde Bergwelt und betete für unseren Erfolg. Obwohl unser Michael schon lange aus den Kinderschuhen gewachsen ist, besucht er seine Ersatztante heute immer noch in der Weihnachtszeit und zu ihrem Geburtstag, um ihr einen Blumenstrauß zu bringen. Er ist inzwischen gut einen Kopf größer als die zerbrechliche Gestalt der Tante, aber ihre Freundschaft hat Bestand.

Damals hatte sie recht, die Torte wurde auch so gegessen, und schon am nächsten Tag reisten wir in Richtung Himalaja ab. Die folgenden vier Monate waren für mich voll habe. Und dann dauerte es auch nicht mehr sehr lange, und wir wurden für rund sechs Wochen ein fester Bestandteil dieses Bergtals, über dem das stolze Bergmassiv des Haramosh herrschte. Auf seine steil emporragenden Abhänge stiegen wir mit nur zwei Trägern auf und bauten dabei vier Hochlager auf. Ich sammelte hier die ersten Expeditionserfahrungen. Außerdem lernte ich mich hier selbst sehr gut kennen und erfuhr die ganze Gefahrenskala, die sich im Hochgebirge gesetzmäßig zu ergeben scheint. Ich habe gelernt, wegzulaufen und mich mit einer Ladung auf dem Rücken vor fallenden Steinen in Sicherheit zu bringen und in einer Höhe von fast 5000 Metern mit gebremstem Atmen und kleinen Schritten labile Eisenbrücken zu überschreiten, die über bodenlose Schluchten, wild tosenden Wasserfällen gespannt waren. Noch dazu mußte ich Blicke nach oben werfen, dort, wo genau über meinem Kopf tonnenschwere Tropfsteine aus Eis hingen.

Ich konnte hier nur auf mich selbst vertrauen und lernte, welch enormen Willen der Mensch aufbringen muß, um seine Angst zu überwinden, fünfzig Grad Temperaturunterschiede zu bewältigen, und dazu noch der dünnen Luft den Rest Sauerstoff zu entreißen. Ich lernte, was die sogenannte U-Boot-Krankheit bedeutet: eine Erscheinung, die das komplizierte Zusammenleben einer kleinen, hermetisch abgeschotteten Gruppe von Menschen beschreibt, die unter wirklich extremen Bedingungen leben. Ich hatte vorher nicht geglaubt, daß es in solchen Situationen sogar provozieren kann, wie ein Kollege aus seiner Tasse trinkt oder wie er hustet. Aber ich habe auch erkannt, wie wunderschön die Welt des Hochgebirges ist.

Den Hauptgipfel des Haramosh bezwangen wir zwar nicht, aber für mich endete diese Expedition trotzdem erfolgreich. Ich war die erste Bergsteigerin aus dem Ostblock, die im Himalaja einen Gipfel berühren konnte, den 6750 Meter hohen Haramosh II. Als wir im November in unser Heimatland zurückkehrten, war ich sehr glücklich, daß ich wieder mit Michael und meiner Familie zusammensein konnte, aber ich wußte dabei ganz genau, daß ich dem Zauber der großen Berge verfallen war.

Der Berg kommt nicht zu Mohammed

Es täuscht sich aber derjenige, der glaubt, daß mir der Aufstieg auf den Haramosh II einen Weg in eine andere offizielle Expedition öffnete, die unser Bergsteigerverein veranstalten sollte. Die Expeditionen blieben weiterhin reine Männerangelegenheiten.

»Wir Männer wissen nicht, warum wir euch Frauen zu unseren Expeditionen nicht mitnehmen wollen, aber wir wollen euch eben ganz einfach nicht mitnehmen.« Diese geistreichen Worte aus dem Munde eines Bezirksbergsteigervorsitzenden bekamen wir auf einer Sitzung zu hören. Ich legte Protest ein, der mir aber nur die unerwünschte Rolle eines neuzeitlichen, weiblichen Don Quijote einbrachte. Im Laufe der siebziger Jahre hatte ich dann wenigstens eine Funktion im Bergsteigerverein inne. Ich wollte zumindest die Meinungsbildung über das weibliche Expeditionsbergsteigen ein wenig beeinflussen. Ich, die Angst vor jeglichen offiziellen Auftritten hatte, die außerhalb meiner mathematischen Qualifikationen lagen! Ich hatte sogar Lampenfieber vor dem Wirt in einem Café! Ich war damals keine richtige Diplomatin, Taktikerin oder Strategin, und schon aus diesen Gründen war dieser Lebensabschnitt ausgesprochen unruhig für mich. Gott sei Dank war Otakar ein begeisterter Bergsteiger, Wassersportler, Naturwissenschaftler und Naturliebhaber. Er hatte für mich immer genug Geduld und Verständnis. Wie oft mußte er mein Klagen und mein Pläneschmieden aushalten, wie oft mußte er sich Ratschläge und gute Argumente für mich ausdenken! Er wußte ganz genau, daß ich bei uns zu Hause so lange keine Ruhe mehr geben würde, bis ich endlich einen echten Berg bezwingen konnte.

Den ersten Aufstieg von Frauen auf einen Achttausender organisierten Japanerinnen im Jahr 1974. Mit ihrem Sieg über den Manaslu, einen 8156 Meter hohen Berg im Zentralhimalaja, überwanden sie die schlimmste psychische Barriere. Ein Jahr später stiegen sie auch auf den Mount Everest. Im gleichen Jahr – im Internationalen Jahr der Frau – waren die beiden polnischen Frauen Halina Sykoromska und Anna Okopinska erfolgreich. Sie stiegen über die österreichische Erstbesteigungsroute auf den Gasherbrum II auf, einer der vier Achttausender im Karakorum. Österreich publizierte sogar zu Ehren der beiden polnischen Frauen eine Briefmarke.

Ich versuchte mit diesen Fakten zu argumentieren, als ich die Idee einer tschechoslowakischen Frauenexpedition durchsetzen wollte, die mir ja als etwas ganz Normales erschien, aber dann wurde mir mit wachsender Verzweiflung klar, daß sich an meiner Don-Quijote-Position anscheinend nichts geändert hatte. So waren auch zur nächsten Expedition wieder nur Männer nominiert, und das, obwohl die technische Reife mancher unserer Frauen schon westeuropäisches Niveau erreicht hatte. Ich versuchte wieder einmal, auf einer größeren Funktionärssitzung die Gerechtigkeit anzurufen, indem ich die Menschen im Saal auf die neuen Entwicklungen des Frauenbergsteigens aufmerksam machte, aber ich erntete dabei nur leicht amüsiert wirkende Gesichter. Plötzlich erinnerte ich mich an die Briefmarke, auf der ein Athlet beim Speerwerfen abgebildet war. Er saß bei dieser Leistung in einem Rollstuhl. Die Briefmarke wurde anläßlich der Olympiade für körperlich Behinderte in Grenoble publiziert, und ich hatte sie damals von einem Brief abgelöst und zwischen meinen alten Wertgegenständen versteckt.

»Auch die körperlich Behinderten haben ihre Wettkämpfe«, floß es aus mir heraus. Ich wurde plötzlich sehr temperamentvoll, so daß ich sogar mein chronisches Lampenfieber vergaß. »Denn der Sinn des Sports liegt nicht in einem absoluten Wert der maximalen Leistung. Er wird unabhängig von physischer Kondition erreicht. Hier geht es um die Erlangung der Vollkommenheit in den Grenzen des individuellen Typs. Ein Champion im Fliegengewicht ist genauso ein Champion wie sein Kollege im Schwergewicht. Die Meisterin im Skifahren ist nicht schlechter als der Meister, auch wenn er schneller ist. Hier geht es um zwei verschiedene Gruppen.« Ich zitierte die Ansichten über den Wert des weiblichen Sports aus einem Buch von Simone Beauvoire.

Ich weiß bis heute noch nicht, ob überhaupt jemand in dem vollen Saal, in dem fast nur Männer saßen, verstand, was ich sagen wollte. Und wenn doch, wurde ihm hoffentlich klar, daß das gleiche auch für das Bergsteigen Gültigkeit hat, denn die Berge hinaufzuklettern ist weder eine reine Männerangelegenheit noch eine rein weibliche. Sie ist im besten Sinn des Wortes eine menschliche Angelegenheit. Hier geht es um die Einübung der Selbstüberwindung, und dieses Streben ist so alt wie die Menschheit selbst – deren Hälfte weiblich ist. Niemand im Saal sagte etwas dazu, niemand stimmte meinen Äußerungen zu oder lehnte sie ab, es kam auch zu keiner Meinungsänderung im Saal. Nur ein Mann, einer von denen, die mich inzwischen für eine der verwirrenden »emanzipierten Frauen« hielt, schrieb später ein Pamphlet über das Frauenbergsteigen, in dem er sehr ironisch schilderte, wie die Ambitionen von vielen Bergsteigerinnen zu Hause zwischen Windeln, Babyflaschen und Babybrei enden würden. Der Artikel ist zwar niemals publiziert worden, aber eine unbekannte gute

Seele schickte mir davon eine Kopie. Der Artikel erfüllte seinen Zweck: ich zitterte vor ohnmächtiger Wut, und es dauerte lange, bis ich wieder ein gewisses Maß an Selbstkontrolle erreicht hatte. Erst später verstand ich, daß man sich, wenn man etwas wirklich will, die Motivation in ähnlichen Dingen auf keinen Fall zerstören lassen darf.
Beim Aufstieg auf den Gipfel Korzhenevskaja, einem 7105 Meter hohen Pamirberg, wurde der Autor jenes Artikels von herabfallenden Steinen verletzt. Um die Erste Hilfe kümmerten sich neben dem Sowjetischen Rettungsdienst auch drei potentielle weibliche Mitglieder der zukünftigen Expedition in den Himalaja. Eine davon war ich. Als uns die schlechte Nachricht so gegen drei Uhr nachts erreichte, schliefen wir unten in unseren Zelten. Natürlich stiegen wir sofort in den Höhensattel in einer Höhe von 5000 Metern ein. Es war sehr kalt, und wir hatten keine Schlafsäcke dabei, aber wir kümmerten uns trotzdem, so gut wir es nur konnten, um den Verletzten. Er benötigte dringend schmerzstillende Analgetika. Wir mußten den offenen Knöchelbruch provisorisch schienen und den Druck jeweils wechselweise lockern und festzurren. Natürlich benötigte er auch einige beruhigende Worte und moralische Unterstützung. Über seine literarischen Ambitionen fiel jedoch kein Wort, und als ihn endlich am nächsten Nachmittag ein Hubschrauber ins Krankenhaus transportierte, hoffte ich, daß er nun vielleicht anders über die Rolle der Bergsteigerinnen denken würde.
Im Jahr 1977 heckte ich zusammen mit einer guten Freundin und auch begeisterten Bergsteigerin, Marta Melzoch-Spakula, einen Plan aus. Wir waren der Ansicht, daß wir nun schon lange genug darauf gewartet hatten, daß uns endlich jemand für eine Expedition nominierte und uns dabei ein gültiges Flugticket auf einem silbernen Tablett servieren würde. Es war höchste Zeit, den Beweis zu erbringen, daß es auch unter tschechoslowakischen Verhältnissen die Idee einer Frauenexpedition in die höchste Bergregion der Erde gab. Deshalb entschieden wir, gemeinsam eine private Reise in den afghanischen Hindukusch zu unternehmen, wo wir einen Siebentausender bezwingen wollten. Wir deklarierten das Ganze als Ferienreise und es gelang uns, dazu von der Bank Devisen zu bekommen.
Zu dieser Zeit kamen in Vachan Dutzende von Expeditionen aus der ganzen Welt mit dem gleichen Ziel an. Der letzte Auslöser für unsere Entscheidung, in der sowieso viele Menschen einen Einlieferungsgrund in eine psychiatrische Klinik sahen, war die Nachricht von Erika Schromm, einer österreichischen Bergsteigerin aus Innsbruck: sie wollte im eigenen Auto, nur mit ihrem Bruder, nach Vachan reisen. Außerdem hofften wir, daß es nicht allzu schwierig sein würde, dort noch andere Expeditionsmitglieder zu finden. Wir reisten dann sehr mutig und äußerst konventionell mit der billigstmöglichen Reiseart, mit dem Zug, von Olmütz aus in die Sowjetunion. Die Kraft des logischen Denkens ist unwiderlegbar, somit haben sich auch unsere Voraussetzungen wahrhaft bestätigt. Nach der sechs Tage langen Fahrt mit dem Schnellzug, stiegen wir an der Haltestelle Termez in Tadschikistan aus. Von dort gab es nur eine einzige Verbindung. Also fuhren wir mit einem kleinen Dampfschiff zu dem, am afghanischen Ufer des Amudarjia gelegenen Mazari Schariff. Alles lief auch weiterhin ziemlich gut, denn wir lernten unterwegs eine polnische Expedition kennen, die unter der Führung von Andrzej Zawada auch in Richtung Vachan unterwegs war, und es blieb nicht nur bei oberflächlichen Versprechungen. Andrzej Zawada führte uns sogar in seinem Bewilligungsantrag für den strategisch wichtigen Brennpunkt Vachan auf. Dort trennten sich aber unsere Wege, denn Marta und ich verliebten uns sogleich in den 7492 Meter hohen, größten afghanischen Berg Noshaq, während die Leute von

Zawada inzwischen zum Fuß des Mandaras zogen. Die Erlaubnis, in das Gebirgsgebiet einzureisen, hatten wir also dank Zawada in der Tasche, und wenn uns nicht noch eine unglückliche Episode dazwischen gekommen wäre (Marta wurde von Banditen angeschossen – das passierte aber nicht im Gebirge, sondern auf einem Ausflug, den wir zusammen mit in Kabul arbeitenden tschechoslowakischen Experten auf dem Weg in das touristisch berühmte Bamyan-Tal unternahmen), ja wenn dies nicht passiert wäre, wären wir bestimmt gemeinsam auf dem anvisierten Gipfel gestanden. Eine vierzig Meter hohe Buddhastatue, aus vom Fluß angeschwemmten Steinen, kam Marta denn doch sehr teuer. Marta beendete diesen Ausflug mit einem glatten Beindurchschuß im Kabuler Krankenhaus.

Ich fühlte mich überhaupt nicht gut, als ich mich entschied, mit dem Bus von Kabul aus in das nördlich liegende Kunduz zu fahren. Dabei verfolgte mich immer das Bild eines turbanmaskierten Schützen, das mich sehr ängstigte. Mit den verschiedensten Verkehrsmitteln kam ich schließlich in Iskaschim, einem Tor zum Vachan an und ging mit drei gemieteten Lastenträgern aus dem Dorf Quasi-Deh zu Fuß bis zum Bergfuß des Noshaq. Hier, ungefähr viertausend Meter über dem Meeresspiegel, befand sich das Hauptlager der großen Internationalen Expeditionsgesellschaft mit ungefähr sechzig Männern. Franzosen, Jugoslawen, Österreicher, Deutsche und auch eine kleine polnische Gruppe aus Torun waren dabei. Alles klappte wunderbar. Nach einem außergewöhnlich kurzen Aufenthalt in diesem Hauptlager stieg Leszek Zaleski zusammen mit mir auf den Hauptgipfel des Noshaq auf. Ich hatte nicht wie die anderen eine Woche Zeit, um mich zu akklimatisieren, denn der Termin des Abstiegs in das Tal lag bereits fest. Aber das machte überhaupt nichts, alles ging gut.

Marta lag noch im Krankenhaus, und ich stand voller Freude auf meinem ersten Siebentausender. Mit einer großen Zärtlichkeit in meiner Seele erinnerte ich mich an Marta und auch an meinen Mann, an unseren zehnjährigen Michael und an all die anderen, die mir am Herzen lagen. Es war herrliches frostkaltes, windstilles Wetter, der Hindukusch lag mir zu Füßen. Weiter nördlich formte sich die Schneelinie des Pamir, und unter mir auf der südlichen Seite des Bergkamms zogen sich die von Frost und Wind eingefrästen Risse des oberen Tirich-Mir-Gletschers hin. Darüber herrschte der Tirich Mir, der größte Berg des Hindukusch, und in seiner Nachbarschaft stand der andere Riese, der Istoronal. Und hinter den beiden, in eine Wolkenfassade gehüllt, erahnten wir den Diamir–König Nanga Parbat. Dorthin blickte ich sehnsüchtig, denn in dieser Richtung erhoben sich im Himalaja meine langersehnten Achttausender. Trotz der kurzen Akklimatisation und einer kurzen Krise, die mich in der Höhe von 6900 Metern überfallen hatte, fühlte ich mich so gut, daß ich noch ruhig ein paar Meter weiter nach oben hätte steigen können. Oben auf dem Gipfel ließ ich einen Kinderlutscher und auch ein Taschentuch unseres Michael zurück, und ich wünschte mir für mich selbst, daß mir mein zukünftiges Schicksal noch ein paar solcher Gipfel schenken möge. Die polnischen Männer zeigten sich als wirkliche Kavaliere voller Sportsgeist, sie öffneten feierlich ihre letzte Metflasche und feierten mit mir meinen persönlichen und natürlich auch den tschechoslowakischen Frauenrekord.

Im nächsten Jahr reiste ich mit Marta – auf ihrem Bein waren nur noch zwei parallel angeordnete Narben sichtbar – zum Internationalen Expeditionslager, das von russischen Bergsteigern auf dem Pamir organisiert wurde. Dort gelang uns der erste tschechoslowakische Frauenaufstieg auf den Gipfel der Jevgenia Korzhenevskja, den die Leute hier als Kohe Santalak bezeichneten. Das war mein zweiter Siebentausender. Sofort nach der Rückkehr von dort kam ich mit Marta zu der Überzeugung, eine Frauenexpedition nach Nepal organisieren zu können.

Inzwischen waren zwei Jahre vergangen, und wir schrieben nun das Jahr 1980. Die Feier der hinduistischen Glücksgöttin Lakschmi fiel in diesem Jahr auf Anfang November. In Nepal hatte gerade die unbeschreiblich schöne Zeit des Altweibersommers ihren Höhepunkt erreicht, aus dem leichten Morgendunst wurden ohne Schmerzen die feucht-warmen Tage geboren und die Luft war voll von aufgelöstem Gold. Die erste tschechoslowakische Frauenexpedition kam mit dem Bus aus Pokhara nach Katmandu. Vorher hatte sie schon zwei Monate ohne Erfolg einen 8156 Meter hohen Berg mit dem poetischen Namen Manaslu, was »Berg mit Seele« bedeutet, belagert. Bei dem Versuch, den nordöstlichen Abhang zu besteigen, ließen wir Hunderte Meter von Sicherungsseilen zurück. Wir sicherten den Aufstieg vom nördlichen Sattel auf den Hochbergkamm. Zusätzlich zum Basislager hatten wir noch vier weitere Hochlager aufgeschlagen, das höchste lag auf einer Höhe von 7000 Metern. Aber das Wetter dort war schlecht, sehr schlecht in dieser Nachmonsunzeit des Jahres 1980. Den Hauptgipfel konnten wir nicht besteigen, doch für uns war es wichtig, daß die investierten Energien der drei Expeditionsmitglieder, also einer selbständigen Frauengruppe, in den 7056 Meter hohen Manaslu-Nordgipfel erfolgreich waren. Übrigens waren wir nicht die einzige Expedition, die ihr gestecktes Ziel nicht erreichte, sondern ungefähr dreißig weitere Expeditionen, die von der nepalesischen Regierung Erlaubnis hatten, mußten ihre Bestrebungen ähnlich beenden wie wir. Die große Mehrheit war nicht erfolgreich, es war sogar ein trauriger Tribut von acht Menschenleben zu zahlen. Ich hatte versucht, dies alles im Kopf zu verarbeiten. Vergeblich habe ich mir gesagt, daß der absolute Wert der menschlichen Taten nicht nur durch Erfolg meßbar ist, sondern daß im Grunde das Wissen wichtig ist, daß der Mensch alles getan hat, was in seiner Kraft stand. Mir hat auch die Einsicht nicht geholfen, daß das Bergsteigen ein Spiel sei und gerade deswegen Berg und Natur immer eine Chance haben müßten. Unter der Einhaltung der Spielregeln kann eben nicht immer der Mensch Sieger sein.

Ich war zu Tode erschöpft von meinen Pflichten als Expeditionsleiterin, vom fast zweijährigen Sammeln alles Notwendigen, vom Erledigen der gesamten Korrespondenz, vom Lösen Hunderter kleiner und großer Probleme, ohne die die Himalajaxpedition niemals hätte starten können, und in der letzten Phase auch mit dem Führen und Organisieren einer Gruppe von Menschen mit unterschiedlichen Charakteren und mit verschiedenen Meinungen. All dies ermüdete mich sehr, alles lastete auf mir mit voller Intensität; gerade in diesem Augenblick, als praktisch schon alles wieder vorbei war, fühlte ich mich in der Tiefe meiner Seele unglücklich. Als wir endlich spät abends vom letzten Sattel aus Katmandu sahen, konnten wir eine Stadt beobachten, die einer alten Tradition nach von Zehntausenden von Öllämpchen als Ehrenbezeugung vor Lakschi erleuchtet war. Mich erinnerte das alles an unsere katholische Allerseelenfeier. Meine Tränen vermischten sich mit dem Staub auf meinem Gesicht, für mich sah es momentan so aus, als hätte ich gerade meinen Kindertraum begraben. Ich war überzeugt, daß ich hier meine letzte Chance verspielt hatte und das Schicksal mir keine weitere mehr geben würde. Zum Glück hatte ich mich getäuscht. In dieser Zeit war die Hauptstadt Nepals voll von Touristen und Expeditionen, die aus den Bergen zurückkehrten. Die Flugtickets nach Delhi waren bis Weihnachten ausverkauft, und noch dazu wurden während unseres Aufenthalts die Tickets von einem Tag auf den anderen um 25 % teurer. Ich konnte mich nicht meinem Selbstmitleid ergeben. Es gab nur noch die Sorge, wie ich nun von hier spätestens innerhalb von zehn Tagen nach Bombay gelangen konnte, denn der Abflugtermin von Bombay nach Prag stand lange fest. Diese Probleme lasteten allein auf den Schultern der Expeditionsleiterin, die sich ja vorher voller Enthusiasmus diese Expedition auf ihre Fahnen geschrieben hatte. Deshalb war es nun nicht nur ihr Problem, in ein Flugzeug ihr Gepäck ohne große Bezahlung hineinzuschmuggeln, sie mußte sich auch unzählige Geschichten ausdenken, um die finanzielle Situation zu klären.

Ebenso war es ausschließlich ihre Sorge, unentgeltlich Übergepäck ins Flugzeug zu bekommen, Unmengen Nachrichten auszuschöpfen, die umfangreiche Buchhaltung abzuschließen und dabei nicht hinter Gitter zu kommen, Dutzende gehaßter Bitt- und Drohbriefe zu schreiben, damit die Verbindlichkeiten eingehalten werden, genauso wie eine Kette weiterer Unannehmlichkeiten. (Als ich nach einer Zeit die »Schönheiten der Slowakei« aufschlug, die einen Überblick über die tschechoslowakische Expeditionstätigkeit abdruckten, suchte ich vergeblich die kleinste Äußerung über unsere Expedition. Dem renommierten Autor ist es einfach nicht aufgefallen als ob Bergsteigerinnen Siebentausender im Himalaja jeden Monat erobern würden.)

Schwermut und misanthropische Überlegungen holten mich ein – es schien mir, als ob ich eigentlich zwei Jahre meines Lebens vergeudet hätte. Während damals alle in Katmandu ins historische Viertel gingen, zerbrach ich mir den Kopf, wie ich fünf Dollar auftreiben könne, die uns zum Flugticket fehlten, wie die Notwendigkeit der kleinen, persönlichen Opfer zu lösen wären: wir müßten einen Teil der persönlichen Dinge auf dem Basar verkaufen. Es war Freitag um elf Uhr, ich war mit dem Direktor der Filiale der Indian Airlines verabredet, einem stämmigen und arroganten Sikh, von dessen murmelndem Englisch ich nur jedes zehnte Wort verstand. Es war notwendig, meine ganze Energie zu bündeln und auch noch den Rest meines beschädigten Charmes zu aktivieren, um ihn davon zu überzeugen, daß aus der ganzen temperamentvollen Horde Bittsteller gerade wir es waren, die die zehn Flugtickets nach New Delhi am dringendsten benötigten, die vielleicht frei würden, wenn das Flugzeug die Passagiere aus Lukla nicht brächte. Dann mußte ich noch zum Tourismusministerium gehen. Dort traf ich den zweiten Sekretär, Herrn Ale, dem ich über den Verlauf unserer Expedition berichten mußte.

Vor dem Amt saß eine Blondine mit Brille auf der Treppe, ihre Windjacke zeigte deutlich die Zeichen eines dramatischen Schicksals. Sie aß aus einer Papiertüte Mandarinen. Mir schien es, als ob ich dieses Gesicht schon irgendwo gesehen hätte.

»Hallo«, sprach sie mich an, »wir haben Zeit, alle machen gerade Mittagspause. Sie werden erst wieder nach dem Essen arbeiten.« Nach einem kurzen Gespräch stellte sich heraus, daß es die berühmte amerikanische Bergsteigerin Vera Komarkova war, die, wie der Name sagt, tschechischer Abstammung ist und zum Amt in ähnlichen Angelegenheiten kam. Sie kehrte nach Katmandu von einer Frauenexpedition zum Dhaulagiri zurück, die sie geführt hatte. Ich erinnerte mich an den Augenblick, als ich sie zum ersten Mal sah, in einer Ausgabe der Zeitschrift »National Geographic«, in der ihre Fotografie mit einem Artikel über eine erfolgreiche amerikanische Expedition zum Annapurna vor zwei Jahren abgebildet gewesen war. Ich sah eine berühmte Frau, die als erste Frau zusammen mit Irene Miller auf diesem schönen Achttausender stand. In diesem Jahr hatte sie aber kein Glück, denn ihre Expedition war, ähnlich wie unsere, nicht erfolgreich. Dazu kam unglücklicherweise eines ihrer Mitglieder in einer

Lawine um und konnte nicht mehr gefunden werden. Ich war glücklich, daß ich nun mit eigenen Augen eine Bergsteigerin von Weltklasse sehen konnte. Schon als sie im Jahre 1978 zum ersten Mal in den Himalaja kam, hatte sie eine beeindruckende Kette von Besteigungen in mehreren Berggebieten hinter sich: der erste Frauenaufstieg auf den höchsten Berg des amerikanischen Kontintents, den Mount McKinley, der erste Aufstieg auf die 2000 Meter hohe Bergwand des Mount Dickey in Alaska, wo sie mit ihrem Mitkletterer in einer Bergwand ganze zwanzig Tage blieb. Es sah so aus, als würde sie sich in ihrer Gruppenführerrolle nicht besonders glücklich fühlen. Schon aus diesem Grund waren wir uns sofort sympathisch.

»Was machst du hier eigentlich?« fragte ich, nur um überhaupt etwas zu sagen. »Ich warte auf Herrn Shrestha, der als einziger weiß, wo unser Verbindungsoffizier wohnt«, antwortete sie. Ich war sehr neugierig, weswegen sie einen Verbindungsoffizier brauchte, da jeder froh war, ihn nicht zu sehen. Meine neue Bekannte sprach einfach weiter, ohne daß ich ihr noch eine Frage stellen konnte: »Oh, die Expeditionsteilnehmerinnen, du weißt, wie komisch sie sind, haben mich gezwungen, daß ich von ihm die Zelte zurückfordere, die wir ihm vorher gegeben haben. Sie haben sich informiert, daß nach einer gesetzlichen Regelung der Regierung es nicht unsere Pflicht ist, ihm die Zelte zu überlassen. Wir Privatleute dürfen einem Beamten nicht solche Geschenke machen. Jetzt warte ich hier und freue mich schon auf diese komische Situation. Ich bin sicher, sollte ich ohne Zelt zurückkommen, werden mich die Teilnehmerinnen bestimmt auffressen. Die Armen, sie brauchen viel Geld für ihre Souvenirs.«

Irgendwie beruhigte mich das alles, meine Laune verbesserte sich schlagartig. Also hatte nicht nur ich Schwierigkeiten. Der Vergleich war für mich sehr seltsam, denn der Dollar hatte in Nepal einen solch hohen Kurs, daß sie für den Preis, den die Amerikaner zu Hause für einen Hamburger zahlen müssen, hier fast einen ganzen Tag leben könnten.

»Niemals mehr im Leben will ich eine große Expedition leiten«, sagte mir Vera, und ich konnte nur herzlich zustimmen. »Die Gruppe der Helfer kann schon ziemlich groß sein, aber die optimale Anzahl der Bergsteigerinnen, die vom Hauptlager weiter nach oben klettern wollen, sollte maximal nicht mehr als fünf Personen umfassen. Sonst wird das zu einer militärischen Operation mit komplizierter Logistik und einer großen Menge von zweitrangigen Problemen, die alles zerstören, was am Bergsteigen schön ist.

Ich kann keine große Gruppe beherrschen und mich in ihr auch nicht durchsetzen«, sagte die Frau aus Annapurna. Zu meiner Überraschung stellten wir im Verlauf unseres Gespräches fest, daß wir trotz der Mißerfolge im letzten Jahr das Bergsteigen nicht aufgeben wollten. Beim Abschied versicherte mir Vera, sollte sie in Zukunft etwas organisieren, würde sie mir ganz bestimmt eine Einladung schicken. Sie glaubte, daß wir uns bestimmt gut verstehen würden.

»Für welchen Gipfel interessierst du dich besonders?« rief sie mir noch nach, und ich wurde ganz steif, denn ich hatte plötzlich das Gefühl, Alice im Wunderland zu sein. »Na, das ist schwer zu sagen, aber es wäre nicht schlecht, mein Glück einmal mit dem Cho Oyu zu versuchen. Seit der Zeit der Claude Cogan hat das bis jetzt keine Frau mehr versucht. Er ist hoch genug und auch wunderschön, zumindest sieht er auf meiner Fotografie zu Hause so aus. Außerdem befindet er sich in einer jungfräulichen Wildnis, weit entfernt von Pfaden, die von Touristenhorden benutzt werden.« »Der Unterschied zum Everest ist, daß wir sowieso keine Erlaubnis bekommen werden, denn er ist ja bis zum Jahre 2000 ausverkauft«, sagte Vera. Lachend verabschiedeten wir uns voneinander.

Hoffnung mit der Farbe Türkis

Ich habe immer die Farbe Blau gemocht. Ich liebe ihre Schattierungen von nachtblau bis azurblau; das Blau symbolisiert die Unendlichkeit des Meeres und die Zärtlichkeit des Himmelsnetzes. Als ich vom Gipfel des Noshaq wieder zum Bergfuß herabstieg, kam am nächsten Tag der kleinste der drei Träger, die mich vor kurzer Zeit mit Lasten bis zum Bergfuß begleitet hatten. Er hatte mir damals bei einer Pause angeboten, die kleinen, aber süßen Aprikosen, die nur an den Ufern des Amudaria wachsen, zu kosten. Er hatte mir Aprikosen angeboten, die schon seine Vorfahren Alexander dem Großen anboten und die Marco Polo von seinen berühmten Reisen über die Seidenstraße aus China mitbrachte. Der Junge hieß Nekkaddam und war vierzehn Jahre alt. »Dina, good boy«, sagte der Träger in seinem eigenwilligen Englisch, denn sein Wortschatz zählte maximal zwanzig oder dreißig Worte. Dabei drückte er mir einen wunderschönen blauen Stein in die Hand. Es war ein kostbarer Lapislazuli, der nur in wenigen Pamirtälern und im Hindukusch zu finden ist. Man sagt, daß der geschliffene Stein im Mittelalter als Ersatzgold galt. Nekkaddam hätte ihn für teures Geld verkaufen und gegen verschiedene praktische Gegenstände eintauschen können, wie beispielsweise T-Shirts, Messer oder eine Schaumstoffmatratze. Aber er schenkte ihn mir zur Erinnerung an unsere Freundschaft, und so ist der Stein für mich das Symbol menschlicher Freundschaft. Ich versteckte ihn unter unauffälligen Schieferstücken vom Gipfel des afghanischen großen Berges. Immer wenn ich ihn in die Hand nehme, erinnere ich mich an den kleinen unterernährten Nekkaddam, meinen Freund. Was macht er wohl jetzt und wie mag es ihm gehen?
Auch die Nepali lieben es, teure Steine in allen Farben zu sammeln. Meistens werden sie von den Menschen der verschiedenen Bergstämme gesammelt, denn sie schreiben den Steinen Zauberkraft zu. Fast jeder Sherpa, Tamang oder Tibeter trägt um seinen Hals ein Amulett mit rotem Korall, blaugrünem Türkis oder einem Tigerauge, das an einem fest gedrehten und sorgsam zusammengebundenen Rohleinenstück hängt. Manchmal sind all diese Amulette an einer Schnur zu sehen, denn der Korall verspricht Glück in der Liebe und der Türkis Sicherheit, und wer weiß schon, was wichtiger ist. Wozu benötigen sie denn das Tigerauge? Dies konnte mir niemand erklären. Alle möglichen buntfarbigen Steine verleihen dem Himalajageröll schöne Farben, aber ich wünschte mir von all den Steinen nur den Türkis. Und so kaufte ich mir einen Stein in der Größe eines Schwalbeneis, schwarz gesprenkelt und mit kleinen Linien in einem kleinen Geschäft, das sich in einem ungepflasterten, verwinkelten Sträßchen im Sherpaviertel Thamel in Katmandu versteckte.
Am nächsten Tag verließen wir Nepal - im Herbst des Jahres 1980. Kaum ein paar Tage später waren wir schon wieder zu Hause. Ich ließ mir an den kleinen Stein eine Öse machen, damit ich ihn an einem silbernen Kettchen immer tragen konnte. Der Stein sollte mich daran erinnern, daß Nepal nicht nur vergangen war, sondern auch ein Versprechen für die Zukunft barg. Wie real oder entfernt das war, würde die Zeit mir zeigen. Weil die Farbe Blau schon von alters her die Farbe der Hoffnung ist und Cho Oyu aus dem Tibetischen übersetzt »Göttin des Türkis« bedeutet, war der blaue Stein für mich das Symbol, meine Träume wahr werden zu lassen.

Das Leben mußte wieder in normalen Bahnen laufen. Arbeit zu Hause und in der Fakultät wechselte mit dem Training auf den Felsen oder den Joggingtouren durch den Schnee. Im März des nächsten Jahres fischte ich einen Luftpostbrief aus dem Briefkasten, auf dem Briefmarken mit dem Bild des stirnrunzelnden Lincoln klebten. Mit zitternden Händen öffnete ich den Brief. Vera hatte mir geschrieben. Sie schilderte mir ihre Schwierigkeiten mit der Liquidation der Expeditionsrechnung und ihren Schulden, Sorgen, die auch meine waren. Am Ende des Briefes aber stand, was mich eigentlich interessierte. Die Nepali hatten anscheinend ihre Anfrage beantwortet, mit der Aussage, daß sie vielleicht den Aufstieg auf den Cho Oyu erlauben würden. Sie reihten diesen Berg wieder in das Verzeichnis der sogenannten erlaubten Gipfel ein, trotz der schwierigen Lage an der nepalesisch-chinesischen Grenze.

Diese Entwicklung verdankten wir wohl Reinhold Messner, der in Nepal Persona grata war und sich ebenfalls für diesen Berg interessierte. Messner gelang es tatsächlich, den Türkisberg unter seine bezwungenen Achttausender einzureihen, aber er brauchte dafür drei Versuche. Den erfolgreichen Aufstieg über den westlichen Pfeiler aus dem südöstlichen Kessel feierte er erst im Frühling des Jahres 1983.

Unsere Zeitpläne hatten inzwischen aber unerwartet eine neue Dimension bekommen, denn im Jahr 1981 wurde Veras Sohn Mipham geboren. Dieser Sherpaname bedeutet in der Übersetzung »unbesiegbar«, und Vera wählte den Namen für ihr Kind, um dadurch selbst eine gewisse Unbesiegbarkeit trotz ihrer komplizierten Lebensumstände zu bekommen. Unbesiegbarkeit benötigten wir beide mehr als genug.

Als der kleine Mipham, ein wunderschöner Junge mit Mandelaugen, ein bißchen älter war, stürzte sich Vera wieder mit großem Enthusiasmus in ihre Arbeit. Sie erreichte, daß der American Alpine Club (AAC) für die geplante Expedition ein Team bereitstellte, das für die moralische Unterstützung zuständig war. Das Unterstützungsteam sollte bei den notwendigen finanziellen und materiellen Anforderungen hilfreich zur Seite stehen. Mitglieder des Teams waren einige Mäzene, unser zukünftiger Kameramann, ein Fotograf und eine Ärztin. Sie alle sollten mit uns nach Nepal reisen und uns bis zum Hauptlager begleiten. Aber der Aufstieg zum Gipfel blieb uns allein überlassen. Ihre Aufgabe sollte sein, sich um das Hauptlager zu kümmern. Für den Aufstieg rechnete man, außer mit uns beiden, mit noch drei zusätzlichen schweizerischen Bergsteigerinnen unter der Führung der erfahrenen Ruth Steinmann. Auch meine Pflichten nahmen nun Gestalt an.

Ich konnte mich natürlich nicht an der Finanzierung beteiligen, und deshalb bestand meine Hauptaufgabe darin, aus der Tschechoslowakei eine spezielle Nahrung zu besorgen, die sehr leicht ist und die unseren täglichen Eiweißbedarf decken sollte, wenn wir das Hauptlager verlassen hatten. Auch die Sicherungsseile, Ankerhaken aus Duralaluminium, Hochgebirgszelte, Gasbehälter, Titanhaken für das Eis und zwanzig Daunenschlafsäcke sollte ich beschaffen. Man rechnete, daß unsere Internationale Women Expedition Cho Oyu (IWEC) eine bescheidene Expedition wäre und wir zum größten Teil unser eigenes Bergsteigermaterial und unsere eigene Ausrüstung benützen würden.

Zu Beginn des Jahres 1983 stellte mir die Post einen Briefumschlag aus einem angegrauten, vergleichsweise dicken Papier mit Zellulosefäserchen zu. Auf dem handgeschöpften Papier stand die kurze Mitteilung des nepalesischen Tourismusministeriums, daß ihre Exzellenz, König Birendra uns liebenswürdigerweise die Genehmigung zum Aufstieg auf den 8201 Meter hohen Berg Cho Oyu erteilte, und zwar für den

Frühling des kommenden Jahres. Weiter war präzisiert, daß wir die gleiche Route von der südwestlichen Seite benützen müßten, die auch Messner erlaubt worden war. Vera strömte über vor lauter Glück, sie mußte mir diese gute Nachricht sofort selbst mitteilen. Otakar saß während der ganzen Zeit des interkontinentalen Telefongesprächs in seinem Schriftstellersessel, weil unser Telefon normalerweise auf seinem Schreibtisch steht, und schüttelte mit ergebenem Sarkasmus seinen Kopf. Als Vera und ich uns gegenseitig beteuerten, daß wir in einem Jahr wieder an UNSEREM Cho Oyu zusammentreffen würden, schwieg er kurz und sagte: »So, nun geht es hier wieder zu wie im Irrenhaus. Ich habe doch niemandem etwas getan! Was soll ich jetzt machen, für die Scheidung ist es schon zu spät.«

Zum Glück kann ich solche Bemerkungen richtig einordnen. Mein Mann sagt mir damit in seiner ganz typischen Art, daß ich auf seine Hilfe bei allem, was auf unsere Familie zukommt, zählen kann. Erst mußte ich genug Geld besorgen, um das Notwendige einzukaufen oder selbst herstellen zu können, was ich der Expedition schon zugesagt hatte. Ich entschloß mich, den Pelzmantel meiner Großmutter und auch Goldschmuck, der überflüssiger Luxus ist, zu verkaufen. Dann kaufte ich Rohmaterial für die Schlafsäcke ein und begann mit der Arbeit.

Können Sie sich vorstellen, wieviel Mühe es kostet, einen Schlafsack zu nähen? Es mußten mindestens 80 Meter Naht genäht werden, und die ganze Küche war voll mit Abschnitten des Raschelmantelstoffes und des Nylonfadens. Und das Beste war, daß man das Ergebnis mit Federn füllen mußte, wofür man starke Nerven braucht. Federn sind ein Material, das gegen alle Regeln der Gravitation ankämpft. Das Zimmer war voll von ihnen. Sie dringen langsam in Mund und Nase ein und provozieren Erstickungsanfälle. Der Husten läßt die nächsten Federn aufsteigen, man bekommt immer mehr in den Hals, der Husten wird stärker und stärker, und so lernt man das Wesen eines Teufelskreises verstehen. Also muß man ein Zimmer opfern, das für die Arbeit mit den Federn geeignet ist; schon deswegen, weil die charakteristische Eigenschaft der Federn ihre Unaufräumbarkeit ist. Trotz wiederholter Aufräumarbeiten tauchten nach einem Monat die verräterischen Federn aus allen Ecken und Enden des ausgewählten Zimmers auf. Ich hatte schon manche Erfahrung mit Schlafsäcken gemacht, für den Manaslu stellten wir sie auch selbst her, aber noch nie hatte ich die Aufgabe, zwanzig Stück auf einmal zu nähen. Mir kam es vor, als wäre ich Sisyphos. Unsere Mitbewohner im Hochhaus waren bestimmt von dem, was sich in unserer Wohnung abspielte, sehr überrascht. Dort schnurrte bis lange in die Nacht hinein meine elektrische Nähmaschine. Danach, damit mich niemand mit dem Kopf voller Federn sah, stahl ich mich vorsichtig aus dem Keller nach oben unter die Dusche. Manchmal hatte ich das Empfinden, daß ich mich zum Cho Oyu, wörtlich genommen, durchnähen mußte.

Nach ein paar Wochen bekam ich aus Amerika eine schriftliche Einladung zur Expedition. Diese Einladung stand unter dem Briefkopf des amerikanischen Bergsteigervereins und war von einem Notar beglaubigt. Ich setzte mich sofort an die Schreibmaschine und schrieb ein Gesuch an unseren Bergsteigerverein, mit der Bitte um Erteilung einer sporttechnischen Zustimmung; die Einladung legte ich bei. Ohne eine derartige Zustimmung kann man nicht an einer solchen Expedition teilnehmen, selbst wenn man mit dem Kopf nach unten klettern könnte. Die nepalesische Regierung benötigte eine definitive Erlaubnis des jeweiligen staatlichen Bergsteigervereins von jedem Teilnehmer der Expedition. Ich mußte es schaffen, daß diese Zustimmung bis spätestens Ende Mai abgeschickt wurde, sonst wäre unsere Erlaubnis gefährdet. Wie zu erwarten war, schlug mir die ganze Sache auf den Magen, meine Nerven lagen blank. Aber ich konnte es Ende Mai nicht mehr aushalten, so schickte ich Herrn Mahabir Ale, der zu dieser Zeit bestimmt gemütlich hinter seinem Schreibtisch in seiner kleinen Kanzlei im Tourismusministerium in der Kalimati-Straße in Katmandu saß, ein Telegramm. Ich stellte mir vor, wie er in einem riesigen Buch der vorläufigen Anmeldungen der Bergbesteigungen in seiner Heimat blätterte.

Mit dem Ausdenken der kurz formulierten Telegramme hatte ich schon einige Erfahrungen gesammelt. Schon früher hatte ich meinem Mann in Prag von Kabul aus ein Telegramm geschickt, und auch damals war es ein reines Lotteriespiel, ob ich in die Berge fahren konnte oder nicht. Damals benötigte ich eine Bestätigung des Bergsteigervereins, daß er mit meiner Abreise in den Hindukusch einverstanden war. Otakar mußte dies in kürzester Zeit erledigen, obwohl gerade die Zeit der Betriebsurlaube war. Es war ganz gleichgültig, wie er das Ansinnen erfüllen würde, Hauptsache, er ließ mich nicht im Stich. Nun gelang es mir, in einem Telegramm für 300 CS-Kronen wehklagend zu beteuern, daß der tschechoslowakische Bergsteigerverein die Nominierung ganz bestimmt innerhalb des gesetzten Zeitlimits abschicken würde. Es war zwar nicht die Wahrheit, aber Herr Mahabir Ale hatte mit den Ämtern – er war ja selbst dort ein Angestellter – Erfahrungen, und aus irgendeinem Grund waren Vera und ich ihm sympathisch. Otakar hat meine Vorliebe für das Telegraphieren sportlich aufgefaßt, obwohl sie unserer Haushaltskasse große Opfer abverlangte. Er verzog keine Miene. Aber es waren noch ganz andere Probleme zu Hause zu bewältigen.

Stellen Sie sich eine normale Ehefrau vor, die ihren Beruf liebt, ihn aber nicht etwa ausübt, um die finanzielle Situation der Familie zu verbessern. Sie führt diesen Beruf nur eine gewisse Zeit aus, und dann läuft sie flugs nach Hause, wo schon ein hungriger Ehemann und ein Sohn warten, der sich in einem Alter befindet, in dem man von ihm nicht viel erwarten kann. Sie muß kochen, einkaufen, waschen, bügeln, Geschirr abspülen, aufräumen, den Hund ausführen, manchmal streichen, tapezieren, Bekleidung aus der Reinigung holen oder dorthin bringen, die Wäsche bügeln und nähen. Auf all diese Tätigkeiten hatte ich ein Monopol. Dann aber beginnt erst das wirklich Wichtigste: Eine Frau, die sich auf eine Expedition vorbereitet, muß, außer solchen Dingen, im Stadtviertel und im Wald joggen oder mit Langlaufskiern unterwegs sein, um ihre Muskulatur zu stärken. Sie muß ein paar Stunden täglich mit verschiedenen Leuten telefonieren, sie verschwörerisch überreden zu helfen und dabei Gegenleistungen versprechen für das, was sie von ihnen will. Sie erledigt in kurzer Zeit eine Menge von sich gegenseitig bedingenden Bestätigungen und Erlaubnissen, um rechtzeitig Flugscheine, Fahrkarten, Visa und tausend andere Sachen zu erlangen.

Und wo blieb das versprochene Material, das ich nicht allein erzeugen konnte, wie zum Beispiel die schon zum hundertsten Mal verfluchten Schlafsäcke? Wo bekam ich T-Profil und V-Profil aus Fünf-Millimeter-Duralaluminium in der passenden Härte und Resistenz, das meinen eventuellen Fall in die Sicherungsseile aushalten sollte? Und wenn ich sie besorgen könnte, wen mußte ich erweichen, um mir Haken und Anker für das Eis zu machen? Alles unter Zeitdruck. Oder Seile! Es gab einen Monopolerzeuger, eine kleine Fabrik in Bolatice bei Troppau. Ich schrieb einen höflichen Brief, mit der Bitte um Verständnis, daß der Sport auch eine Sache ist, die uns alle angeht; ich wollte mit einer Lieferzeit von vier Monaten kaufen, und zwar eintausend Meter technischen, weißen Seiles. Die Antwort war: »Sehr geehrte Genossin, es tut uns leid, Ihnen mitteilen zu müssen, daß unsere Lieferzeit für die von Ihnen bestellten Artikel mehr als ein Jahr beträgt.»

Was sollten wir nun tun? Wir entschlossen uns zu einer List. Otakar kannte einen Hygieniker in Troppau, der den Seilproduzenten unter Druck setzen konnte, denn die Abwasserversorgung der Firma war mehr als fragwürdig. Und tatsächlich: die Seile waren sofort lieferbar, sogar in noch kürzerer Lieferzeit, als ich verlangt hatte. In der gleichen Art mußte man auch hinter den Federn, dem Raschelmantelstoff und Fotomaterial her sein. Nicht zuletzt waren da dreißig Kilogramm mageres Rindfleisch von der Haut abzulösen, von Fettresten zu befreien, aufzuschneiden und in eine hermetisch abgeschlossene Folie einzupacken und in die Universität zu bringen, wo mir gute Seelen voller Sportbegeisterung im Rahmen meiner wissenschaftlichen Aufgaben mein Halberzeugnis in riesigen Vakuumpumpen vom Wasser befreien. Auf die gleiche Weise wurde mit gekochten Linsen und mit Quark verfahren. Otakar hatte recht gehabt, das Ganze war wirklich eine Spinnerei.

Wir hatten an unserem mathematischen Lehrstuhl nicht zuviel, aber auch nicht zuwenig Arbeit, gerade soviel, daß wir bei der zwanzigprozentigen Normüberschreitung den Unterricht bewältigen konnten, den wir garantierten, obwohl ich ab März drei Monate abwesend sein würde. Bestimmt wäre kein Chef besonders glücklich, wenn sich jemand mit ähnlichem Problem an ihn wenden würde. Also mußten wir die Meßlatte leicht nach unten korrigieren: »Sehr geehrter Herr Genosse Dekan, sehr geehrter Herr Genosse Rektor! Sie haben mir zwei unbezahlte Monate zusammen mit einem Monat Urlaub gewährt. Nun möchte ich Sie noch zusätzlich bitten, daß Sie mir eine Änderung meines Arbeitsplans erlauben. Ich bitte Sie, zu ermöglichen, den Unterricht der Monate April und Mai auf das Wintersemester zu übertragen. Ich danke Ihnen heute schon für Ihr Verständnis, das Sie dem Bergsteigen entgegenbringen.«

So hielt ich das ganze Wintersemester über zwanzig Stunden wöchentlich Vorlesungen und mathematische Übungsseminare. Dies waren mehr Stunden, als zum Beispiel in einer Mittelschule gehalten werden müssen. Das Bergsteigen auf Berge mit Azuro- oder Türkisnamen – lohnt sich diese Mühe überhaupt dafür? An mich wandten sich verschiedene Institutionen mit der Bitte, Vorträge über meine bisherigen Expeditionen zu halten. Denn die Leute sahen sich ziemlich gerne die farbigen Bilder von den Bergen an. Hauptsache war dabei, daß sie nicht selbst auf die Berge klettern mußten. Ich konnte diese Bitten nicht alle ablehnen. So mußte ich beispielsweise mein Versprechen an die kleine Stadt Polna, die in der Nähe von Iglau liegt, einlösen. Es war schon Dezember, und es schien, als ob ein Meer von Schnee fallen wollte. Ich laborierte an einer Grippe und war mir aufgrund meiner Lebensart in der letzten Zeit sicher, daß sie über mich siegen würde, aber ich konnte mich nicht ins Bett legen, und so versuchte ich mich selbst mit einer hohen Dosis Vicedrin zu heilen. Nach einer witterungsbedingt komplizierten Reise kam ich genau in dem Augenblick in Polna an, als die Organisatoren schon nicht mehr an mein Kommen glaubten. Ich hatte unseren Wartburg in Brünn abgestellt, weil ich vor den Schneeverwehungen Angst bekommen hatte. Der Saal im Kino von Polna war bis zum Bersten voll, und mir wurde übel. Ich zitterte vor lauter Schüttelfrost, und ganz unprosaisch lief mir die Nase. Mit einer unseligen, aber realistischen Vorahnung, daß ich irgendwann ohnmächtig werden würde, flüsterte ich einem der Organisatoren ins Ohr, daß ich ein Glas Wasser und eine Tablette Fenmetrazin benötigte. Seine Augen, die plötzlich starr vor Erstaunen wurden, belustigten mich. Ich war zwar keine Drogenabhängige, aber ich war mir ganz sicher, daß ich ohne dieses Mittel den Abend nicht überstehen würde. Und was würden dann die Leute im Saal denken?

Er glaubte mir. Ich stand auf dem Podium und versuchte krampfhaft meine letzten Kraftreserven zu mobilisieren, als sie mir im letzten Augenblick das Glas Wasser mit der kleinen weißen Tablette brachten. Ungefähr nach zwanzig Minuten fuhr eine unerhörte Euphorie in mich. Ich witzelte, sprach schön laut, und auch die Artikulation bereitete mir keine Probleme. Ein Wunder schien geschehen – doch es währte kaum zwei Stunden: Als sich auf der Leinwand die letzten Dias spiegelten, verweigerten mir meine Stimmbänder ihren Dienst, ich wurde heiser. Beim besten Willen gelang es mir nicht mehr, einen anständigen Ton herauszubringen. Das Publikum wurde still, und als dann mein in Polna geborener Freund, Franz Slama, der den ganzen Vortrag organisiert hatte, den Menschen im Saal die Gründe für meinen Zusammenbruch erklärte, da erzitterte der ganze Saal von Applaus. Ein aufwärmender und herzlicher Applaus, der mich spüren ließ, daß die Bewohner von Polna mir die Daumen hielten für den Versuch, den Cho Oyu zu besteigen.

Die Wette mit dem Schicksal

Anfang März 1984 sah es so aus, als würde alles seinen guten Weg gehen. Das Visum, eine Bestätigung der Ausreiseerlaubnis und das Flugticket hielt ich schon in Händen. Ich hatte auch den Studenten schon den notwendigen Unterrichtsstoff vermittelt, und die Prüfungen waren abgeschlossen. Das Material, das ich besorgen sollte, war bereits in Nepal, zumindest hoffte ich das. Ich hatte es Ende Februar nach Bratislava gebracht. Von dort reiste ein Lkw der Marke Tatra, der der Bergsteigervereinigung gehörte, zum Lhotse Schar ab. Meine 550 kg kamen sich in dem Tatra sehr verloren vor, fast so, als wären sie überhaupt nicht da. Daheim schichtete sich inzwischen ein riesiger Berg auf, den ich so zu verpacken hatte, daß ich nur ein minimales Übergewicht zahlen mußte. Denn im Unterschied zu den Staatsexpeditionsmitgliedern mußte ich das ganze Unternehmen selbst finanzieren. Mir kam es so vor, als würde unser Unternehmen durch nichts mehr zu erschüttern sein. Aber das war ein Trugschluß.

Otakar kommentierte, daß jede Expedition mindestens einmal abgesagt werden muß. Genau zu dieser Zeit saß ich im Auge des Sturms, nur ahnte ich es noch nicht.

Vera flog Anfang Dezember dienstlich für drei Monate in die Antarktis. Dort arbeitete sie in der amerikanischen Wissenschaftsstation Palmer. Gegen solch eine Arbeit konnte es keinen Einwand geben, ihr Enthusiasmus für Ökologie machte es notwendig, daß sie auf dem Nord- oder Südpol arbeitete oder zumindest in der Nähe von felsigen Gebirgen.

Die Menschen mit einer Arbeitsmanie waren mir übrigens schon immer sympathisch, nur der männliche Teil der Menschheit hat sich leider noch nicht zu einer ähnlichen Meinung durchgerungen, besonders was Frauen betrifft. Hier sind auch die Gründe für Veras Scheidung zu suchen! Übrigens hatte Vera Boulder Colorado mit einem ruhigen Gewissen verlassen. Das Vorbereitungskomitee arbeitete sehr fleißig auf dem richtigen Weg. Eine der Sponsorinnen, Frau Maytag, hatte versprochen, die letzten Vorbereitungen fest in ihre eigenen Hände zu nehmen.

Und so nahm dann das Chaos seinen Lauf. Kaum war Vera aus dem Haus, sagten die drei schweizerischen Bergsteigerinnen ihre Teilnahme an der Expedition ab. Damit entfiel auch ihr Anteil an der materiellen Vorbereitung der Expedition. Natürlich ahnte Vera davon überhaupt nichts, dazu kam noch, daß die telefonische Verbindung zu den Antarktisstationen durch einen Funksender in Punta Arenas, Feuerland, aufrechterhalten wurde, und von dort wurde dann das Telefongespräch über einen Satelliten vermittelt. Natürlich entsprach die Qualität der Gesprächsleitung diesem komplizierten Vorgang. Aus dem Hörer war hauptsächlich Stimmengewirr und lautes Knistern zu hören, das wohl die untergehende Titanic in einem schrecklichen elektrischen Gewitter ausgesendet haben könnte, und es stellte schon eine fast übermenschliche Aufgabe dar, einen einzigen Satz zu verstehen. Auf diese Weise hatte ich mit Vera zwei Telefongespräche absolviert, die von der plötzlichen Sehnsucht, mit einer verwandten Seele zu sprechen, durchdrungen waren. Es war bei uns schon ungefähr zwei Stunden nach Mitternacht, als der Sender in der Palmer Station in Betrieb gesetzt wurde. Wir verstanden uns durch dieses Chaos immer schlechter, wir schrien beide nur immer lauter, geprägt von der falschen Meinung, daß Lautstärke etwas mit der Übertragungsqualität zu tun hätte. Dadurch weckte ich unser ganzes Hochhaus auf. Aber ich muß sagen, daß unsere Mitbewohner sich schon den Extravaganzen meiner Familie soweit angepaßt hatten, daß sie auch dies nicht mehr schrecken konnte. Diesmal konstatierten sie aber, daß sie einen ähnlichen Krawall mit uns noch nicht erlebt hatten. Unsere Abreise und unsere Heimkehr, unsere ungewöhnlichen Hobbys sind für die anderen sicherlich eine schöne Abwechslung von der Normalität. Die Nachbarn, die sich diskret hinter den Vorhängen versteckten, tippten immer schon darauf, welche Überraschungen unsere Familie diesmal denn liefern würde, waren das nun die Langlaufskier, die Alpinskier oder Bergsteigerrequisiten, der Flugdrache, verschiedene Scheiben und andere Baumaterialien für unsere Hütte, Windsurfing-, Kanu-, Kajakausrüstung, Fähre, Fischereiausrüstung, Schreib- und Nähmaschine oder eine Sammlung verschiedener alter Dinge vom Dachboden. Dies alles waren die Hauptbestandteile unserer Wohnungs- und Hütteneinrichtung. Einmal brachte Otakar zum Beispiel einen Rokoko-Kachelofen aus einem halbzerstörten Haus eines sanierten Viertels von Olmütz mit. Zusätzlich wurden unsere Abschiede vom kläffenden Gebell eines langhaarigen Dachshundes mit dem Namen Hannibal begleitet, der glaubte, daß der Ausflug nur für ihn durchgeführt wurde und daher an der Hundeleine mit der Sturheit eines japanischen Kamikaze in Richtung des überladenen Autos zerrte.

Vera kam am 13. März aus der Antarktis nach Colorado zurück, und zu diesem Augenblick explodierte der Vulkan programmgemäß. Nicht nur die schweizerischen Bergsteigerinnen hatten ihr Interesse am Cho Oyu verloren, sondern auch das Unterstützungskomitee. Ein Hauptgrund war, daß sich zuwenig Geld auf dem Expeditionskonto befand. Deshalb entsprach auch der Zustand der materiellen Ausrüstung nicht den Anforderungen. Es hatte sich, ganz einfach gesagt, in den letzten drei Monaten niemand besonders um die Ausrüstungsgegenstände bemüht, so war die menschliche Natur eben. Die Verspätung konnte man nicht mehr mit menschlichen Mitteln aufholen. Vera wählte unsere Telefonnummer in Olmütz, und das Ausmaß und der Umfang der Katastrophe füllte auch die Räume unserer Wohnung.

»Die Schweizerinnen haben aus finanziellen Gründen abgesagt. Unser Expeditionskonto steht tief im Minus«, kommentierte Vera die ganze Situation mit zwei lakonischen Sätzen. Ich mußte mich hinsetzen. Diesmal hatte ich sehr gut verstanden, um was es ging! Mir stellte sich nun die ganz pragmatische Frage, ob ich überhaupt in der Lage war, mein Flugticket ohne jeglichen Anspruch auf Ausgleich selbst zu bezahlen.

Die Mitglieder des Unterstützungskomitees (wie ironisch!) hatten alle die Teilnahme abgelehnt, also wollten wir die Expedition jetzt nur zu zweit durchführen. Langsam ergriff eine Ohnmacht von mir Besitz, mein Puls hämmerte wild in den Schläfen, aber wie durch ein Wunder gelang es mir, dies alles wieder zu überwinden, so daß mich die Stimme, die aus meinem Munde kam, sehr überraschte:

»Um was geht es überhaupt? Das wichtigste ist sowieso die Aufstiegserlaubnis auf den Cho Oyu, und die haben wir ja von der nepalesischen Regierung. Und die konnte sowieso nicht wissen, ob nun eine größere oder kleinere Gruppe kommt. Der tschechoslowakische Anteil des Materials für das Hochbergsteigen ist schon vor einem Monat aus dem Lkw in Katmandu ausgeladen worden. Die Hoffnung stirbt immer als letztes. Was nun meine Person betrifft, ich werde am 20. März von Prag aus nach Nepal abfliegen, ganz egal, was passieren wird. Das Flugticket ist schon gebucht und auch schon bezahlt. Hugh!«

So bildete sich die kleinste Expedition in der Geschichte des Frauen-Himalaja-Bergsteigens heraus. Aber das exotische Telefonieren an diesem Tag war anscheinend noch nicht genug, denn unseren Telefonapparat ereilte das Schicksal, zur Nachrichtenkreuzung zwischen Ost und West zu werden. Nach einer halben Stunde klingelte das nervtötende Telefon wieder, und mein Magen verkrampfte sich schon langsam in Richtung einer Neurose. Es rief Zdena Karki an, meine Freundin aus Mährisch-Ostrau, die jetzt schon seit zwanzig Jahren glücklich in Nepal verheiratet ist. Sie heiratete damals, obwohl ihre Eltern mit ihrer Wahl sehr unzufrieden waren, einen nepalesischen Studenten von der Fachhochschule für das Bergwerkswesen. Zdena rief mich bestimmt nicht kurz an, um 300 Rupien lang über das Wetter zu tratschen, sondern klang statt dessen sehr nervös, um sich in den drei begrenzten Minuten möglichst rationell ausdrücken zu können. Sie teilte mir mit, daß das nepalische Tourismusministerium sich wunderte, warum die International Women Expedition noch nicht in Katmandu erschienen sei. Hatte sie vielleicht das Interesse an der liebenswürdigerweise gestatteten Erlaubnis, auf den heißersehnten Cho Oyu zu klettern, verloren? Alle anderen Expeditionen waren vor Ort und begaben sich schon langsam in Richtung des Hauptlagers.

»Dina, was soll ich denen nun sagen? Alles hat doch so viel Laufereien und Arbeit gekostet, und nun habt ihr kein Interesse mehr. Das hättet ihr euch doch auch früher überlegen können!« Gerechte Entrüstung prasselte mir wie Hagel auf den Kopf. Mir kam es vor, als würde heute schon die zweite Granate explodieren. Aber ich durfte mich jetzt nicht meinen Gefühlen hingeben und noch schlimmere Unschlüssigkeit zeigen. Zdena konnte doch nicht länger auf ihre Kosten auf meine schwankende Entscheidung warten. So sagte ich mit meiner, am allerüberzeugendsten klingenden Stimme, daß sie absolut keine Befürchtungen hegen sollte, es sei doch alles in Ordnung. Sie sollte kundtun, daß wir schon auf dem Weg nach Nepal seien und ich mich auf unser Wiedersehen in einer Woche in Katmandu freute.

Ich nahm eine Schlaftablette und ging zu Bett; aber ich konnte lange nicht einschlafen, und später suchten mich in meinen Träumen alle bösen Geister des Hieronymus Bosch heim. Sie sägten und trampelten in meinem Kopf herum. Als ich mit schwerem Körper und steifem Hals aufwachte, teilte mir Otakar schonend mit, daß Vera noch einmal angerufen hatte, daß sie in der Nacht zum 23. März aus Denver abfliegen und wir uns in Bangkok treffen sollten. Es rief auch unser Freund Ales Jaluska an. Er hatte Neuigkeiten von Bekannten aus Hanoi für mich. Beide Gespräche hingen zusammen. Ich hatte nämlich ein Flugticket nach Hanoi und ein Versprechen, daß die dortigen tschechoslowakischen Freunde mir helfen würden, nach Bangkok zu fliegen. Die Fluggesellschaft Hang Kong fliegt dreimal wöchentlich nach Thailand. »Aber ich fliege doch schon am Dienstag ab!« sagte ich verzweifelt. Diese umständliche Reise um die halbe Welt dauert doppelt so lang wie der normale Flug über Bombay und Delhi nach Katmandu. Ich wählte die Route aus finanziellen Gründen, denn sie war um die Hälfte billiger. Aber wie sich herausstellte, war dieser Weg mit Risiken und Komplikationen verbunden. Das neueste Problem: für die Einreise nach Vietnam war eine Impfung gegen die Schwarze Pest erforderlich! Was nützte es mir nun, daß mir die Mitarbeiter des hygienisch-epidemiologischen Dienstes das Gegenteil zugesichert hatten! So eine Impfung ist nämlich keine Kleinigkeit – man muß eine Reihe spezieller Untersuchungen über sich ergehen lassen, sie erfordern Zeit, und davon hatte ich am wenigsten. Außerdem stellte sich heraus, daß in der hygienisch-epidemiologischen Station von Olmütz kein Serum zur Verfügung stand. Es wurde mir empfohlen, nach Prag zu fahren, wo es bestimmt vorrätig sei.

Freitag früh, fünf Tage vor dem Abflug, fuhr ich mit dem Schnellzug nach Prag, damit ich schon vormittags an der Tür der hygienisch-epidemiologischen Station in der Ritirska-Straße klopfen konnte. Aber gerade heute war kein Impftag, und meine flehenden Bitten ließen die Angestellten kalt, wahrscheinlich waren sie solche Szenen gewöhnt. Endlich bemerkte mich die Oberärztin und wollte wissen, wofür ich die Impfung gegen die Schwarze Pest so dringend brauche. Sie erklärte mir ruhig, daß sie doch nicht wegen mir allein eine neue Dosis Serum öffnen könne, die eine 250-Personen-Packung sei. Wenn eine Gruppe Monteure und Experten abreisen würde, könne man darüber reden. Bei der Vorstellung, wie ich 250 Leute auftreiben sollte, mußte ich lachen.

»Kommen Sie am Dienstag«, beendete die unwillige Oberärztin das Gespräch. »Aber ich fliege doch schon am Dienstag ab!« sagte ich verzweifelt. »Und wohin fliegen Sie überhaupt?« fragte sie, schon ermüdet von unserem Gespräch. »Nach Nepal, aber zuerst nach Hanoi, wo ich einige Tage auf den Transfer zum nächsten Flug warten werde.« »Wer sagte Ihnen, daß Sie dazu die Impfung gegen Schwarze Pest brauchen?« Letztendlich erklärte sie mir, daß ich sie nicht brauchte, dafür würde aber in beiden Ländern die Cholera-Impfung verlangt. Als ich ein ungläubiges Gesicht machte, wurde mir noch mal zugesichert, daß ich mit einer Expertin spreche. Die Glaubwürdigkeit könne ich beim Gesundheitsministerium oder bei der internationalen Organisation für Impfungen in Genf überprüfen.

Es ging mir nicht so sehr um die Glaub- oder Unglaubwürdigkeit, es kam mir alles nur sehr unpraktisch vor. Aber ich hätte etwas mehr menschliche Anteilnahme begrüßt, um wenigstens die Cholera-Impfung, die ja sicher nicht in der Packung für 250 Personen war, zu bekommen. Aber auch das ging nicht. Nur und ausschließlich am Dienstag wurde geimpft. Ich fuhr mit dem nächsten Schnellzug nach Olmütz. Ich wußte noch nicht; was ich tun würde; notfalls würde ich eine Einwegspritze mitnehmen, und im schlimmsten Fall würden sie mir das Serum in Hanoi spritzen.

Übers Wochenende wusch und bügelte ich alle Hemden meiner zwei Männer, füllte die Schränke mit frischer Bettwäsche, räumte auf, was ich konnte, und began die Instruktionen über Haushaltsführung zu verteilen. Ich konnte beiden ansehen, was sie sich dachten. »Erzähl nur, du kleines armes Ding, kaum bist du weg, machen wir uns hier unsere eigene Ordnung.«

Sonntagabend standen in meinem Zimmer drei Rucksäcke mit insgesamt achtzig Kilogramm. Nur in einen packte ich die bewilligten zwanzig Kilogram und in eine unauffällige, etwas größere Schultertasche, die ich mir zu diesem Zweck angefertigt hatte, packte ich die schwersten Sachen, ungefähr vierzig Kilogramm. Diese Tasche wollte ich um jeden Preis als Handgepäck durchsetzen. Für den Rest wollte ich im schlimmsten Fall, wenn sich keine verständnisvolle Seele finden sollte, bezahlen.
Am Montag startete ich den letzten Versuch, eine Impfung zu bekommen. Ich setzte mich ins Auto und fuhr nach Brünn zu meiner Freundin Mausi, Ärztin für Psychologie. Dr. Liscinska besaß die notwendigen Beziehungen. Mausi war mit uns als Ärztin auf dem Manaslu, wo wir uns sehr gut verstanden hatten. Sie bot mir einen Kaffee an; ich merkte sofort, daß sie sich um mich sorgte. Wie ich später erfuhr, nicht nur sie, auch andere meiner Freunde konnten sich nicht vorstellen, wie das Nervenbündel auf einen Achttausender steigen sollte. Sie setzte ein professionelles Lächeln auf und teilte mir gemäß den ethischen Prinzipien ihres Berufes (das erste Gesetz der Medizin: nicht schaden!) mit, daß ich, ihrer Überzeugung nach, diesmal den großen Hügel sicher erklimmen würde.
Ich kannte ihre Taktik wie meine eigene Westentasche, sie benutzte sie auch vor vier Jahren nach der Regel: »Der Zweck heiligt alle Mittel.« Später kam heraus, daß sie in unserer Gruppe Selbstvertrauen und optimistische Laune wecken wollte. Es war gerade sie, die bis zum letzten Moment glaubte, daß wir den Manaslu erklimmen würden, und sie war jederzeit bereit, diese Überzeugung zum Beispiel mit einer arrangierten Kartenkombination, welche sie deswegen auch in Höhenlagern immer dabeihatte, zu bestätigen – denn sie behauptete von sich, hellseherisch begabt zu sein.
Ohne Umstände setzte sie sich ans Telefon und begann, leider zwecklos, jemanden in Brünn aufzutreiben, der mir diese verflixte Cholera-Impfung injizieren könnte. Ich fand mich mit der Vorstellung ab, eine Seruminfektion zu bekommen, als das Telefon läutete. Diesmal kam das Gespräch aus Olmütz. Otakar schrie am anderen Ende der Leitung, daß ich sofort zu unserer hygienisch-epidemiologischen Station aufbrechen solle, sie warteten dort bis drei Uhr auf mich. So verabschiedete ich mich von Mausi nicht einmal richtig, wir fielen uns nur in die Arme, und ich fuhr sofort mit einer wahnsinnigen Geschwindigkeit zurück, und das nicht nur auf der Autobahn. Noch vor Vyskov winkten sie mich mit der roten Kelle heraus. Ich hielt an, und weil mein Anlasser nicht in Ordnung war, ließ ich den Motor laufen, was die Polizeibeamten nicht gerne sahen. Ihren Einwänden kam ich durch das geöffnete Fenster entgegen: »Mir liegt nichts am Geld, ich bezahle, wieviel Sie wollen, aber bitte schnell, bis drei Uhr muß ich in Olmütz sein, morgen fliege ich nach Vietnam ...« sprudelte ich drauflos, und der junge Beamte starrte mich nur fasziniert an. In meinem Blick muß eine gewisse gnadenlose Entschlossenheit gewesen sein, denn sie ließen mich ohne Bezahlung weiterfahren. Sie wollten nicht einmal den Führerschein sehen. Sie wurden von mir in diesem Moment in »Männer von Welt« eingereiht, die meinen Glauben an die menschliche Solidarität festigten.
Genau um 14.59 Uhr stellte ich den Motor im Hof der hygienisch-epidemiologischen Station ab. In der Praxis erwarteten sie mich mit der gefüllten Spritze und lächelten, als ob ihnen die arme Verrückte leid täte. Zur Fakultät mußte ich dann zu Fuß gehen, weil ich das vor einer Mauer geparkte, vollkommen geschaffte Auto nicht allein anschieben konnte. Vor der Tür meines Büros stand die sommersprossige Studentin Jedlickova aus dem ersten Semester. Ein kleines, schwatzhaftes Mädchen, das mir das

ganze Semester das Blut ausgesaugt hatte, weil sie mein Vortrag nicht besonders interessierte und sich unaufhörlich mit ihren Nachbarn unterhielt. »Was brauchen Sie?« fragte ich und überlegte, ob ich etwas vergessen hatte. Das Mädchen hielt ein kleines, durch häufiges Reiben abgenutztes rotes Schweinchen in der Hand. Sie überreichte es mir unbeholfen.

«...nehmen Sie es bitte, es hat mir bei Prüfungen oft Glück gebracht, es wird auch Ihnen Glück bringen. Ich wechsle auf die journalistische Fakultät. Mathematik wollte ich eigentlich nie studieren. Und Sie werden den Berg erklimmen, und ich werde dann über Sie schreiben.« Die blauen Augen hinter der Brille wurden unstet, und mir machte es ein Kloß im Hals unmöglich zu antworten. Bevor ich mich faßte, verschwand das Mädchen, nur das rote Schweinchen wärmte meine Hand.

Abends versammelten sich bei uns einige Freunde, Hynek brachte mir einen selbstgenähten Bergsteigerrucksack, eine perfekte Kopie des ersehnten Karimor, für den ich kein Geld mehr hatte.

»Auf daß ihr ihn erklimmt«, sagte er, als er ging, und das wünschten mir noch eine Menge anderer Leute. Als Talisman bekam ich einen stattlichen Zoo zusammen: noch ein Schweinchen, einen Bären, sogar ein Taschentuch für die Tränen. Mein Freund Franta Slama brachte einen originellen Gegenstand: einen Milchzahn seiner Tochter Marketa. Am meisten freute mich ein kleines, eisernes Äffchen, ein Anhänger, den mir morgens um vier Uhr mein verschlafener Sohn Michael in die Hand drückte. Er wachte von selbst auf, obwohl es sonst ein großes Problem ist, ihn überhaupt zu wecken. Er umarmte mich, und mir wurde bewußt, daß er nun größer war als ich. Seine dürren Arme waren unbeholfen schlaksig, aber es war trotzdem die Umarmung eines Mannes.

Draußen saß Hannibal im Flur zwischen den Rucksäcken und hätte mit Erfolg als unglücklicher Dackel Modell stehen können. Er bemühte sich, nicht die Tür zu stürmen. Er spürte mit seinem siebten Hundesinn, daß er diesmal nirgends mitdürfte und ergab sich seinem Schicksal. Ich nahm ihn auf den Arm und streichelte sein weiches Fell dort, wo er es am liebsten hatte, hinter den Ohren. Es war höchste Zeit, die Sachen ins Auto zu bringen. Otakar fuhr mit mir nach Prag. Noch ein Blick auf Michael am Fenster der warmen Wohnung im Hochhaus, und schon fuhren wir beim ersten Hahnenkrähen durch die eisige Dämmerung in Richtung Bahnhof.

Namaste heißt guten Tag!

Es war einer der letzten Wintertage, und Prag strahlte im Versprechen des baldigen Vorfrühlings. Am späten Nachmittag platzte die Abflughalle des Flughafens Ruzyne aus allen Nähten. Ich steckte in einer Schlange überwiegend vietnamesischer Reisender wie Schneewittchen zwischen den Zwergen und hatte zu tun, die Gepäckstücke auf dem Wagen der CSA zu beschützen. Als auf der Anzeigetafel die Buchstaben »OK Hanoi 17 Uhr 50« blinkten, wurde die Schlange noch enger, und die Tür zum Zoll ging auf. Noch ein freundschaftliches »Hals- und Beinbruch« von Mirek Stetina, der auch gekommen war, um zu sehen, wie eine tschechoslowakische Bergsteigerin, die zum Himalaja abfliegt aussieht, der letzte Kuß von Otakar, und ich verschwand hinter den Toren.

Ich wurde ohne Kontrolle durchgelassen, wahrscheinlich schreckte den Zöllner das Aussehen meines Rucksackes. Nur der Beamte bei der Waage schaute mich ungläubig an, als er sah, wie ich locker ein vierzig Kilogramm schweres Handgepäck über die Schulter schwang, verkniff sich aber jeglichen Kommentar. Wie zu erwarten war, läutete das Signal bei der Sicherheitskontrolle ununterbrochen, und die Anwesenden waren überrascht beim Anblick des Inhaltes des roten Rucksackes: Eispickel, Karabiner, Eisschrauben aller Größen. Warum nur hatte ich Dummkopf das Zeug nicht mit dem Lkw im Januar mitgeschickt! Und das war noch nicht alles, es gab noch Steigeisen, zwei Eispickel und ein paar sechzig Zentimeter lange Anker aus Dural in T- und V-Profil zu sehen.

»Wofür ist das?« fragte ein älterer Offizier, und sein Staunen war eigentlich berechtigt. Mit Hilfe dieses Werkzeuges könnte man mehr als nur eine Crew eines Verkehrsflugzeuges in Schach halten. »Das gehört zur Befestigung der Fixleine im Eis«, erklärte ich fieberhaft, und die Menge amüsierte sich sichtlich. Endlich bestand kein Verdacht mehr gegen mich, und ich durfte wieder meine Tasche über die Schulter schwingen. Im Flugzeug ließ ich mich in den bequemen Sitz fallen, und wir rollten zur Startbahn.

»Die Crew und Kapitän Valousek heißen Sie herzlich willkommen an Bord unseres Flugzeuges«, sagte die angenehme Stimme der ansehnlichen Stewardeß, die sich bemühte, die gemischten Gefühle beim Start zu zerstreuen. Hinter den runden Fenstern blitzte die Aussichtsterrasse vorbei; dort standen auch Otakar und Mirek unter denen, die die Reisenden begleitet hatten. Gerade noch ein leichtes Stechen im Bereich meines Herzens, und dann blickte ich schon aus der Vogelperspektive auf das altehrwürdige Mütterchen Prag. Hradschin, Moldau, Karlsbrücke, alles sah ich in der Größe eines Marionettentheaters. Die Stewardeß war noch immer dabei, die international vereinbarten Regeln zur Anwendung der Schwimmwesten vorzuführen, für den Fall einer Notlandung auf dem Wasser. Wir würden über den Indischen Ozean fliegen. Die vietnamesischen Reisenden plapperten unverständlich. Wir flogen nach Südost. In einer Stunde waren wir in Budapest, dort wurde das Abendessen serviert. Es dämmerte, wir flogen der Nacht und dem Abenteuer entgegen. Ich grübelte, die Gedanken schossen mir durch den Kopf; zu viele Eindrücke, Sorgen und die Anspannung der letzten Tage machten sich bemerkbar. Ich dachte an Michael, was er wohl gerade tat, ob er gerade Hannibal Gassi führte, den armen Hund. Der litt am meisten unter meiner Abwesenheit. Er wartete lange und geduldig auf der Bank unter der Garderobe bei der Tür, und bei jedem Geräusch des Aufzuges wedelte er mit dem Schwanz.

Geht Michael schon zum Kühlschrank und nimmt den großen Topf mit dem Rindfleisch? Hannibal hat immer Appetit, und seine Liebe geht in erster Linie durch den Magen, deswegen bin ich in seinem Rudel die Erste. Und die Hemden, die würden sicher alle ruiniert sein bis ich zurückkäme. Und die Blumen würden auch kaum überleben. Im Flugzeug war gedämpftes Licht, das Gefühl der Sicherheit schläferte mich ein. Ich träumte, daß Michael meine Abwesenheit ausnützte und die Schule schwänzte, und Otakar bemerkte es natürlich nicht. Schon ist die Katastrophe da: Michael in einer aussichtslosen Situation, aus Angst stiehlt er das Klassenbuch. Die Polizei ermittelt. Ich wachte schweißgebadet auf.

Nach Mitternacht, nach der Zwischenlandung in Athen, flogen wir über die arabische Halbinsel, die wir an den unzähligen Fackeln, Ölfeldern und Erdgasförderanlagen erkannten. Eine »reiche« und aus der Höhe von neun Kilometern friedlich aussehende Welt, über die Saint-Exupéry poetische Impressionen schreiben könnte. Und dabei herrscht dort unsinnige Gewalt, Brudermord, Menschensterben in Massen. Gerade

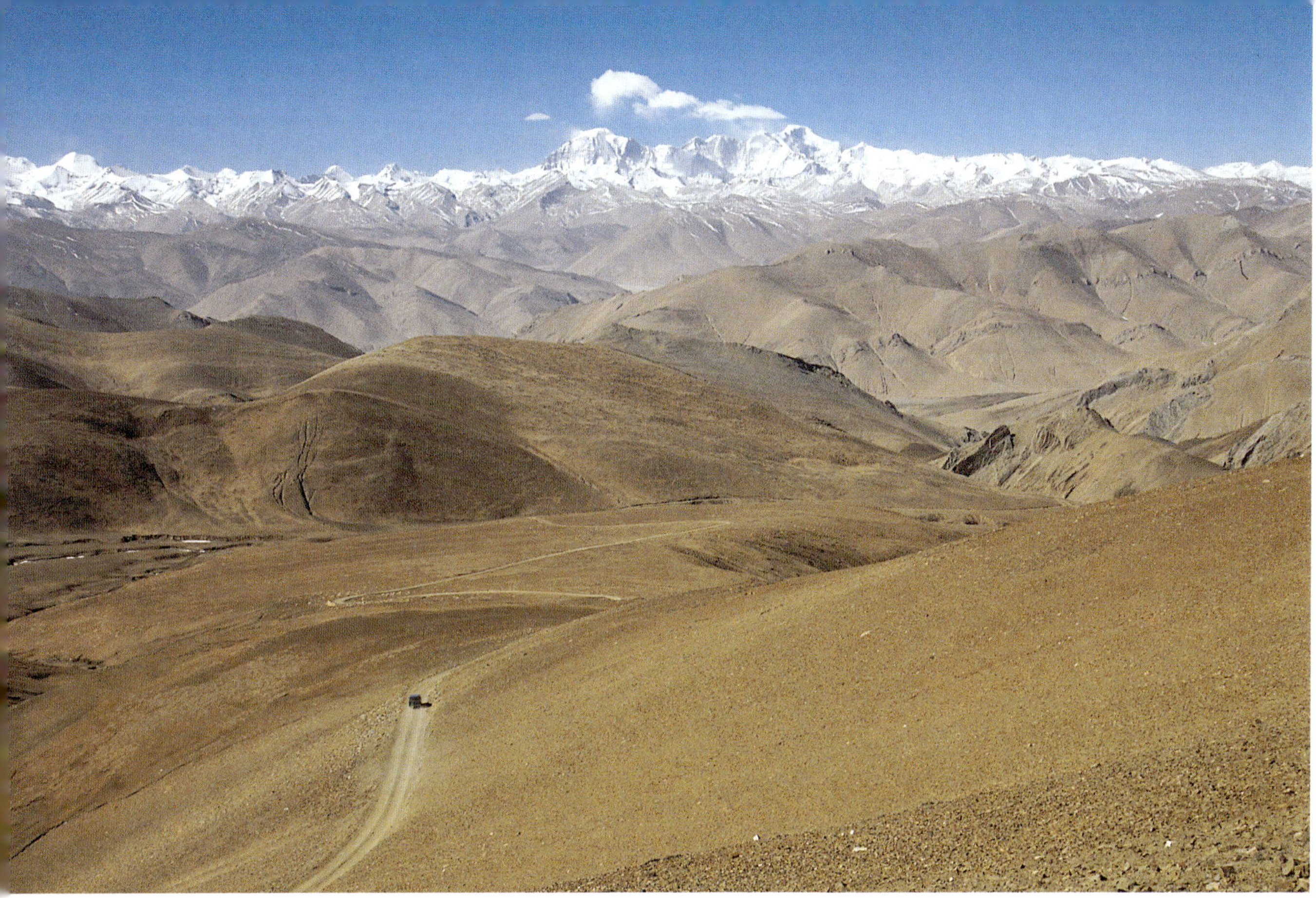

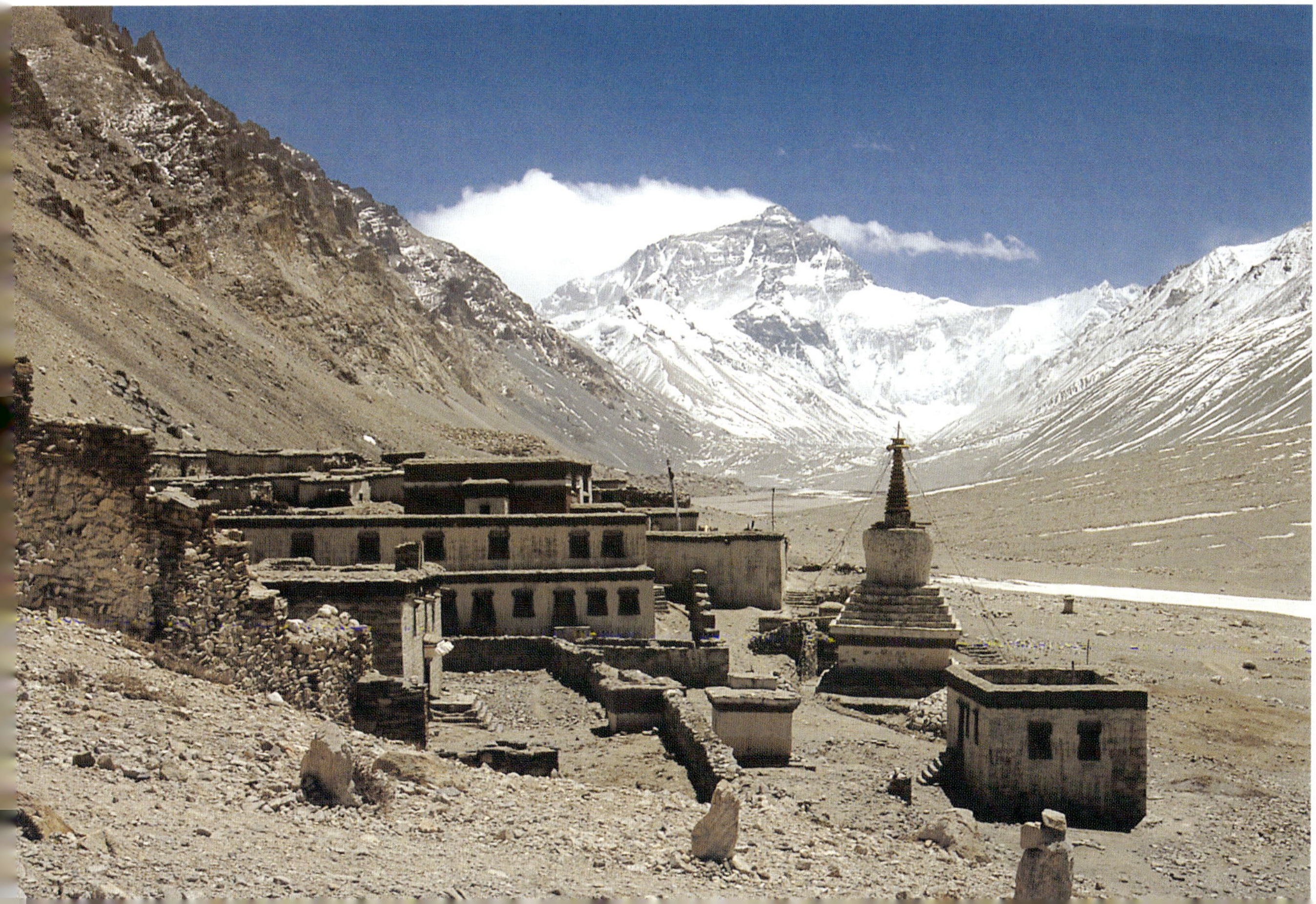

Bild oben: Meine Bergkameradin Vera, Bild unten: Der älteste Tempel ist im Dorf Pangboce

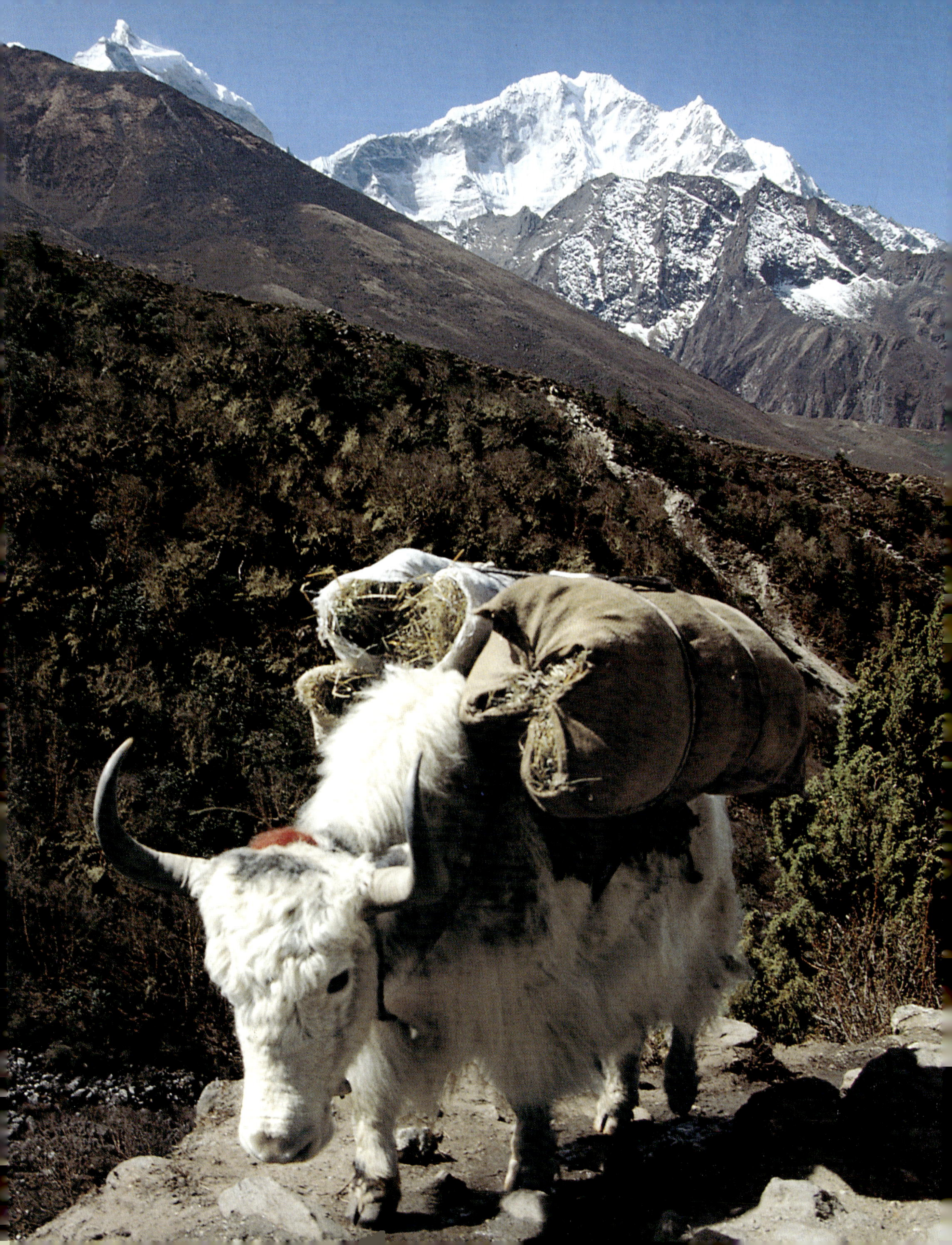

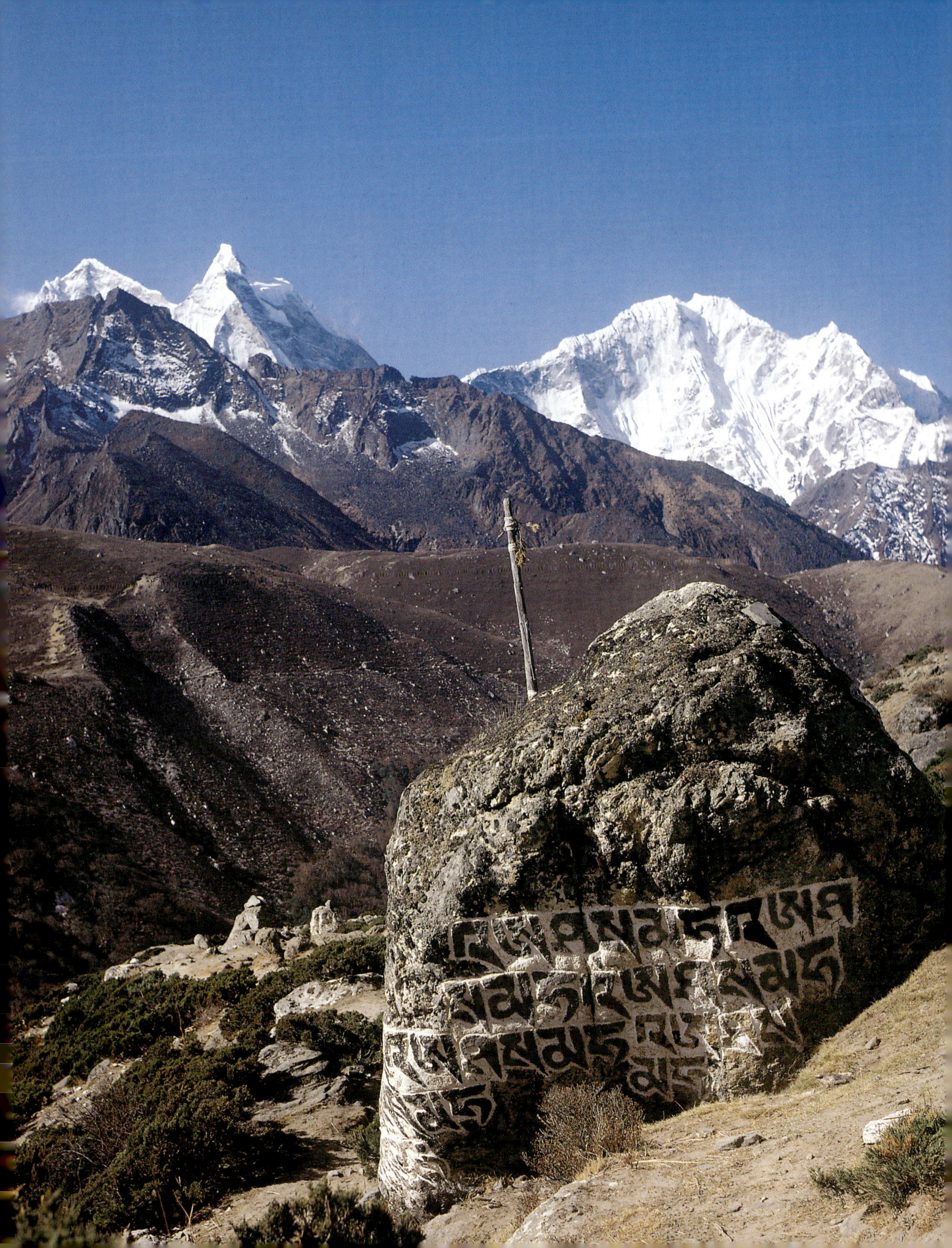

Die Kinder der Sherpas leben – den Wohlstand westlicher Touristen stets vor Augen – in bescheidensten Verhältnissen und nur wenigen ist es vergönnt, regelmäßig eine Schule zu besuchen

Bild oben: Das zweite Lager in 6000 Meter Höhe, Bild unten: Unsere Karawane am Fluß Bhoti Kosi

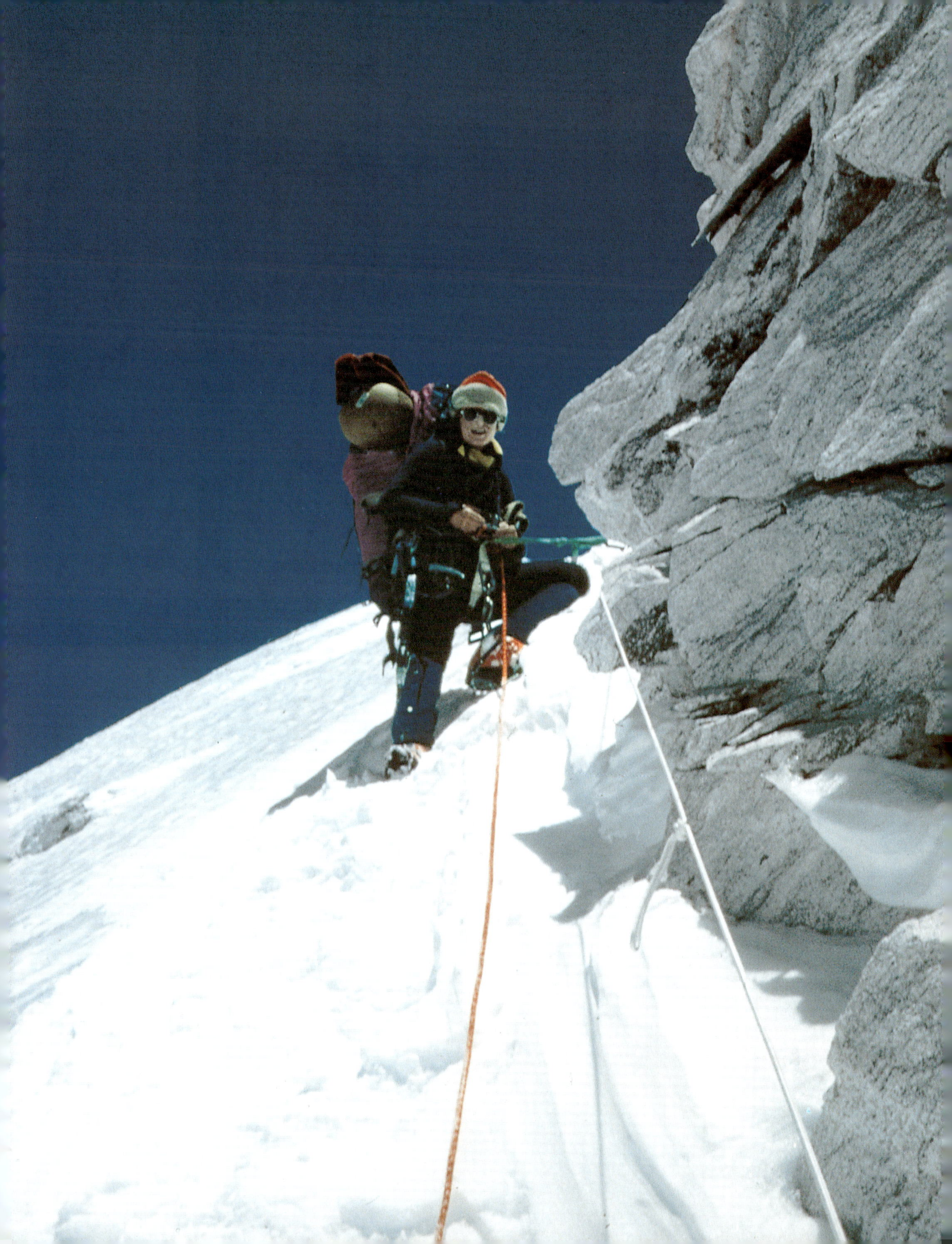

Der Berg Thamserku im Tal Khumbu

deswegen sah ich in den letzten Jahren bei Himalaja-Expeditionen von der Anreise auf dem Landweg ab. In den achtziger Jahren stand der große Lkw einer Expedition aus Hradec hilflos und unfreiwillig sechzehn Tage lang in Bagdad, zwischen Sandsäcken, die die Bergsteiger vor verirrten Gewehrkugeln schützen sollten. Es sah so aus, als könnten sie niemals in den Iran einreisen. Als ihnen schließlich der Transit erlaubt wurde, war es ein Nervenkrieg, denn bei der Garde des Ajatollah Khomeini wirken auch junge unerfahrene Kämpfer, fast Kinder, furchterregend. Ausgerüstet mit Schußwaffen, durchsuchen sie fremde Autos, die durch Persien fahren. Die Fahrer warten mit hocherhobenen Händen, angelehnt an ihre Autos. Ein unerfreuliches und beängstigendes Schauspiel.

In Bombay kamen wir früh am Morgen an. Ich stellte fest, daß in den letzten vier Jahren eine neue Transithalle entstanden war. Reisende hetzten aus dem Flugzeug, verschlafen und steif vom langen Sitzen. Die Pause dauerte eine Stunde, es wurde Treibstoff getankt. Am Ausgang des Flugzeuges standen die Stewardeß und der indische Vertreter der CSA. Natürlich war es niemand anderer als Herr Desai in hellblauem Diensthemd und Bügelfalten in der Hose.

»Good morning, transit or arrival?« Die stickige Hitze eines Dampfbades schlug mir ins Gesicht. Ich bekam einen gelben Zettel aus Plastik mit der Aufschrift Transit und lächelte. Herr Desai schaute mich nur verständnislos an. Wieso auch nicht. Vier Jahre sind eine lange Zeit, ein unendliches Kaleidoskop von Gesichtern und Flugzeugen. Andererseits begegneten ihm sicher nicht oft solche Passagiere wie die »FIRST CZECH LADIES EXPEDITION HIMALAJA 80«.

Als wir damals im November aus Prag nach Bombay flogen, war unsere Dollar-Versorgung gleich Null. Wie alle Bergsteiger waren auch wir nicht in der Lage, mit den erlaubten zwanzig Kilogramm Freigepäck auszukommen. Und deswegen griffen wir zu drastischen Mitteln. Alle metallischen und schweren Gegenstände waren gerecht auf zwölf verteilt worden, egal wie, es mußte nur im Rahmen des Handgepäcks sein. Und so hatten die indischen Beamten einen ungewöhnlichen Anblick vor sich. In tropischer Hitze, die auch nachts anhielt, kamen eine Gruppe Frauen und vier Männer in voller Bergsteigermontur inklusive doppelter Bergsteigerschuhe mit Wollsocken an. Noch schlimmer, in den Hosentaschen hatten wir Nägel, Kocher, Karabiner, einer der Jungs hatte in einer Handtasche fünfzig Karabiner, einer trug einen Köcher mit Zeltstangen. Als die Zöllner bei der Kontrolle das Handgepäck öffneten, starrten sie fasziniert auf Hammer, Eispickel und vier leere gelbe Sauerstoffflaschen. Eine davon trug ich und die andere Mausi, die mit mir am gleichen Kontrollschalter wartete. Daß die in einen grünen Musselin-Sari gekleidete Beamtin in Aufruhr geriet, dabei sogar vergaß, englisch zu sprechen und in ihrer Muttersprache loslegte, konnte ich gut verstehen. Auch wenn sonst alles in Ordnung war, aber mit den »Terroristenbomben« wollte sie uns nicht ins Flugzeug lassen.

Mein »no bombs, only high altitude oxygen« half nicht. An den Ort des Geschehens wurde Herr Desai gerufen. Nun war schon auf dem Boden sauber das Material aufgeschichtet, mit dem wir die Grenzen der indischen Toleranz überschritten hatten. Wir standen da, schwitzten vor Hitze und Angst und warteten ergeben auf unser Urteil. Alle Sachen, hauptsächlich die Sauerstoffflaschen, mußten wir um jeden Preis nach Hause bringen; sie waren gegen meine Unterschrift aus dem Lager des Bergsteiger-Fördererverbandes ausgeliehen. Es würde niemand der Grund interessieren, warum sie verlorengegangen waren. Die Gepäckstücke aller Reisender, die mit dieser

Linie den Flug nach Prag gebucht hatten, waren schon an Bord. Die abgefertigten Reisenden machten ein Nickerchen oder schimpften wegen der Verspätung. Schweigend beobachteten wir den kriegerischen Ton des Gespräches zwischen Herrn Desai und den diensthabenden Zöllnern, bevor uns das Ergebnis mitgeteilt wurde. Es wurde ausnahmsweise genehmigt, diese Dinge als Übergewicht dazuzurechnen, obwohl die Gepäckabfertigung für diesen Flug schon fertig war. Ich begann zu schwanken.
»Aber wir, das muß ich Ihnen sagen, Herr Offizier, wir haben einfach kein Geld mehr, keinen Cent!«
Es wurde still. Herrn Desai verschlug es die Sprache. Dann konnte man auf seinem Gesicht den Film, der seine seelische Wandlung widerspiegelte, sehen. Zum Schluß winkte er ab, rief etwas dem zusehenden Personal zu, und das Transportband lief wieder an. Herr Desai begann als erster angewidert die Gegenstände auf das Band zu legen, wahrscheinlich, damit er uns so schnell wie möglich los war. Als wir endlich über die Treppe in das vorbereitete Flugzeug stiegen, stand er, wie am Morgen schon, im Gang zusammen mit der Stewardeß und verabschiedete sich von den Reisenden, wie es die indische Höflichkeit vorschreibt. Uns schaute er nur schief an, und man merkte, daß er das »Leb wohl« aufrichtig meinte.
Nach Stunden landeten wir in Hanoi. Vor dem bescheidenen Flughafengebäude wartete der opferbereite Michail Achremenko und fuhr mich und mein Gepäck in die 40 km entfernte Stadt. Wir fuhren langsam, schlängelten uns durch Tausende von Radfahrern mit den typischen Schilfhüten und Karren, die von Büffeln mit warmherzigen Augen gezogen wurden. Mischa las meine Gedanken: »Hier ist es nur eine Frage der Zeit, einen Menschen zu überfahren. Ich fahre auch lieber mit meiner Frau und den Kindern Rad.«
Wir passierten unendliche Reisfelder, überall wurde gearbeitet. Es gab noch viele Bombenkrater, jetzt voller Wasser. Vietnam ist sicher ein interessantes Land, aber ich wollte mich in Hanoi nur zwei Tage aufhalten. Für Freitag hatte ich schon mein Flugticket nach Bangkok dabei. Ich war vor dem Abflug etwas nervös, deswegen kam ich mit den ersten Passagieren zum Flugzeug. Verstohlen schaute ich mich nach jemandem um, der wenig Gepäck hatte. Und schon sah ich sie, zwei reservierte, schlanke Japaner, wahrscheinlich Beamte, die nur Aktentaschen bei sich hatten. Ich schämte mich, aber mir blieb keine Wahl, als meine Bitte zu äußern. Sie entsprachen mir und wurden zu Mitinhabern meiner Rucksäcke. Sie enthielten sich sehr höflich anständigerweise aller Fragen, auch wenn ihnen meine zweifachen Siebenmeilen-Bergsteigerschuhe seltsam vorkommen mußten.
Nach zwei Stunden Flug betrat ich die supermoderne Ankunftshalle des internationalen Flughafens Bangkok. Ich hatte etwas Angst, weil ich vom thailändischen Königreich nicht viel wußte und von seiner Metropole nur, daß sie einer der Hauptumschlagplätze des Drogenhandels ist. Jemand hatte mir erzählt, daß Diebstahl hier an der Tagesordnung sei und auf den Straßen am hellichten Tag gemordet werde. Ich glaubt das nicht, hatte aber keine Zeit, mich davon zu überzeugen. Die einzige Aufgabe an diesem Tag war, mit dem Bus in die 20 km entfernte Millionenstadt zu gelangen und in einem Reisebüro für den nächsten Tag ein Flugticket nach Katmandu zu kaufen. Mit dem Ticket in der Tasche kehrte ich abends zurück in die Ankunftshalle, erledigt von der tropischen Hitze, die sich so sehr von unserem Frühlingswetter unterschied. Vera sollte mit dem Flug der thailändischen Gesellschaft aus Seattle spätabends ankommen. Tropische Gewitter hatten die Landung um eine Stunde verzögert.

Die Ankunftshalle war modern ausgerüstet: auf einem Fernsehschirm waren sogar ankommende Reisende zu beobachten, die am Gepäckkarussell auf die Ausgabe ihres Reisegepäcks warteten. Vera konnte ich unter ihnen nicht entdecken. Dann begannen in der Halle Touristen zu schlendern, Geschäftsleute, zurückkehrende Väter, denen ihre Familien entgegeneilten, genau wie in Prag. Einen Moment überfiel mich das Gefühl der Verlassenheit in dieser großen Welt. Vera war nirgends! Auf dem Monitor wurde schon der nächste Flug angezeigt. Und dann sah ich sie! Klein, mit Brille, nur die Haare waren länger als letztesmal. Aber was sollte das bedeuten? Sie trug helle Jeans mit vielen praktischen Taschen und wurde von einem Beamten begleitet, vermutlich hatte sie Schwierigkeiten mit ihrem Gepäck. Endlich war sie da!

»Ahoi Vera, ahoi Dina!« Wir fielen uns in die Arme, während ein Gewitter niederging, ohne die nächtliche Lufttemperatur von 30 Grad zu kühlen. Wir waren jetzt zusammen, und das verrückteste und bestimmt schönste Abenteuer unseres Lebens konnte beginnen!

Es war Samstag, der 24. März 1984, und uns trennten von Katmandu nur noch die letzten drei Stunden Flug mit einem luxuriösen Jumbo der thailändischen Fluggesellschaft. Durch das runde Fenster beobachtete ich wieder die Oberfläche unseres Planeten aus einer Höhe von zehn Kilometern. Diesmal war es der indische Subkontinent. Der bauchige Metallvogel mit der stilisierten Orchidee am Schwanz und an den Tragflächen flog ruhig. Tänzelnd kam eine thailändische Stewardeß in einem lila Kleid heran, und mit der Geschmeidigkeit einer Haremstänzerin verteilte sie an die Reisenden kleine Orchideen. Eine andere bot Zeitungen und Kopfhörer an, mit denen wir dezenter Musik lauschen konnten. »Lamb or chicken, Whisky or Cognac, Soda or Coca, please?« Nach dem Essen bekam jeder ein kleines, feuchtes Handtuch, das mit exotischem Parfüm getränkt war. Vera saß neben mir und schrieb ganze Stapel an Briefen und Ansichtskarten. Jetzt erst merkten wir, daß unsere vorherigen Treffen nur telefonisch oder schriftlich waren, es war wie eine Freundschaft per Inserat. Später erkannte ich, daß das ständige Erledigen von Korrespondenz typisch für Veras Leben ist. Sie ist davon besessen. Der Grund ist vielleicht darin zu suchen, daß sie viel mehr Post bekommt, als sie überhaupt beantworten kann, ohne eine Sekretärin für diesen Zweck einzustellen. Wenn Vera nicht gerade bergsteigt, schläft oder arbeitet, schreibt sie Briefe, Postkarten und Instruktionen. Überall, im Flugzeug, um vier Uhr morgens im Bett, im Taxi, beim Essen im Restaurant, ohne Unterschied, ob es sich um ein tibetisches, chinesisches, indisches, japanisches oder ein Teehaus der Sherpas handelt. Um ihre Schreibsachen, einen Block, Umschläge und Papier zu transportieren, bräuchten wir eigens einen Träger. Nach einer Weile bemerkte ich, daß einige Reisende ihre Nasen gegen das Fenster drückten. Ich tat es ihnen nach, und mein sehnlichster Wunsch erfüllte sich: aus dem Horizont ragten aus einer Wolkenkette scheinbar senkrecht angeordnete Bergfestungen! Sie waren wie aus Träumen gewebt, sie schienen jegliche Masse zu leugnen, sie waren die Verkörperung des Geahnten. Guten Tag, Berge, Namaste! Seid gegrüßt, mit dem Gruß derer, die aus euch den Thron ihrer Götter gemacht haben, die seit Urzeiten die tiefen Canyons der Flüsse bewohnen, ihren Ursprung in euren weißen Gletschern haben. Von denen, die fest überzeugt sind von eurer Ewigkeit, obwohl es nicht ganz stimmt! In den Lehrbüchern wird geschrieben, daß der Himalaja durch das Aufeinandertreffen zweier gigantischer Erdplatten, der indischen und der tibetischen, entstanden ist. Die trockenen Worte beschreiben ein Geschehen, das viel größer und unvorstellbarer ist, als das, was die Menschheit je geschaffen hat. Indien war ursprünglich ein Teil von Gondwanaland, eines Urkontinents. Nach seinem Zerfall begann er sich nördlich zu verschieben, mit einem Schneckentempo von zehn Zentimetern jährlich. Dieser Vorgang dauerte achtzig Millionen Jahre! Er drückte die ozeanischen Sedimente nach vorne und begegnete so dem tibetischen Block. Ich konnte beinahe die Stille der Formation hören! Unvorstellbare Massen Gestein trafen aufeinander. Es gab kein Ausweichen. Das Gestein kracht, häuft sich und schichtet sich gegeneinander auf, die Felsen erheben sich! Ein hinreißendes Schauspiel, gemessen mit den Riesenschritten geologischer Zeitrechnung. Die bergbildenden Prozesse begannen im Norden während der Kreidezeit, setzten sich in der Tertiärperiode fort, und noch heute zeigen die Instrumente ein Wachstum des Himalaja an.

Seit dem mittleren Pleistozän entfällt auf die letzten 500.000 Jahre eine Erhebung um mehr als 4000 Meter, also grob vier Meter pro fünfhundert Jahre. Auf den Gipfeln bilden sich die ersten Gletscher. Durch die vertikale Bewegung des Eises haben neue Flüsse Gelegenheit, sich ihren Lauf zu suchen, um sich mit den Flüssen zu verbinden, die schon vor der Entstehung der Berge da waren. Das Wasser formt und vollendet das Werk der geologischen Kräfte. Nach den regionalen Unterschieden im geologischen Aufbau und Relief des Himalaja wird das Gebiet unterschieden: Tibetischer, Großer und Kleiner Himalaja, das Vorgebirge Siwalik und die Tiefentäler des Indus, Ganges und Brahmaputra. Das ganze Wunder der Zeit konnte man heute, dank der technischen Möglichkeiten, mit einer Geschwindigkeit von 900 km/h majestätisch über Indien zu schweben, betrachten.

Jetzt hatten sich alle Fensterreihen auf der rechten Seite in Himmelsbildschirme verwandelt, die das Wunder der Verkörperung des verlorenen oder wiedergefundenen Horizonts anbieten. Links war der große nepalesische Achttausender zu sehen, der 8167 m hohe Dhaulagiri; Annapurna und Manaslu jedoch nicht, weil sie von der Kette der Siebentausender verdeckt waren. Rechts erkannte ich deutlich die Pyramide des höchsten Bergmassivs. Das Diadem der Mutter Erde, Khumbu Himal, das ist die Bezeichnung dieses Teils der Berge, der vom Himmel schwebende Traum aller Bergsteiger. Aber wo war unser Berg? Ich sah ihn nicht, denn er lag von Süden her hinter einer Berggruppe versteckt. Der geheimnisvolle Berg der Tibeter. Cho Oyu ist der tibetische Name, und ich verstand jetzt, warum die Nepali für ihn keinen eigenen Namen haben.

Achttausender gibt es auf unserem Planeten vierzehn, und acht davon sind auf dem Gebiet oder an der Grenze von Nepal. Ich konnte mich an dieser Aussicht nicht satt sehen. Auf der Anzeigetafel leuchtete schon »Fasten your seat belts! Don't smoke!« auf, gleichzeitig änderte das Flugzeug die Flugrichtung. Wir begannen zu sinken, und bald tauchten wir in das Meer der weißen Wolken ein. In diesem Moment packte mich immer eine unbezwingbare Angst, die ich durch ein gekünsteltes Lächeln zu überspielen versuchte. Aus der Vogelperspektive erschien ein neues Bild. Grüne Hügel mit einer Unzahl weißer Pfade, voneinander durch Schluchten abgeteilt, und auf ihnen ein Mosaik aus Feldern. Das Vorgebirge des Himalaja, dicht von Menschen besiedelt. Wir flogen langsam,- und es schien, als ob eine riesige Metallmasse unbeweglich über dem welligen Bergland stünde. Wir kreisten in sinkenden Spiralen über dem ausgedehnten Tal der heiligen Flüsse Bagmati und Vishnumati, wo vor Urzeiten fünf Menschensiedlungen die Hauptstadt des Königreichs Nepal entstehen hatten lassen. Weich landeten wir auf der neuen Landebahn des Tribhuvan-Flugplatzes.

In der Hauptstadt der Götter und Bergsteiger

Wie der heilige Text von Swayambupurana besagt, lebte nach seiner Weihe der künftige Buddha Bodhisattva Mandjusri, der berühmteste der Edlen, gerade auf den fünf Gipfeln in China, als er eine göttliche Weisung erhielt. Mandjusri erkannte sofort durch die brennende Flamme auf einer Lotosblüte, daß es sich um das unendliche Licht der Weisheit des Buddha handeln mußte, der die Quelle und der Anfang aller Dinge ist. Der Edle begab sich darum unverzüglich in Begleitung seiner zwei treuen Ehefrauen Varade und Moschkada an die Stelle, an der das heutige Katmandu liegt. Er sah, daß das Tal von unermeßlichen Gewässern, in denen die dämonischen Wassergötter lebten, überschwemmt war. Die Flamme Swayambu, selbst Schöpfer, brannte aber unerreichbar weit entfernt auf der anderen Seite. Bodhisattva zog sein Schwert und teilte mit einem Schlag das ihn umgebende Gebirge. Das Wasser floß ab, und an der Stelle des nun entstandenen Tals wurde später Katmandu gegründet. Die Gewässer des Bagmati fließen bis heute durch einen tiefen Canyon. Auch das heilige Feuer leuchtet bis heute an der Stelle, an der der grüne Hügel steht.

Es schien, als hätte sich in den letzten vier Jahren beinahe nichts verändert. Ich erinnerte mich noch an meinen letzten Eindruck von Nepal, bevor wir damals in das Flugzeug stiegen: Es war das tränenerfüllte Gesicht von Mäuschen, die traurig mit ihrem Rucksack zu der Gangway des Flugzeuges ging. Sie wollte die Landschaft der Berge, der Dämonen und Götter sowie die Stadt der Glocken, wie Katmandu manchmal genannt wird, nicht verlassen. Auch mir war nicht danach, ich ließ dort ein Stück meines Herzens zurück, und ich wußte nicht, ob ich es mir irgendwann wieder zurückholen konnte. Und siehe da! Vera und ich schritten wieder auf dem gleichen Beton, mitten in der Menge von lärmenden Touristen, die uns mitriß.

Paß- und Visumkontrolle: »Haben Sie kein Visum? Das macht nichts, gehen Sie weiter, Sie können auch ein Visum beim Kollegen kaufen!« Nepal hatte es gelernt, für teures Geld die Exotik, Schätze und seine Naturschönheiten, die sich nicht so schnell anderswo finden lassen, zu verkaufen. Das Visum für einen Tag kostete ungefähr genausoviel wie die Übernachtung in einer günstigen Unterkunft. In der Ankunftshalle fingen unsere Nasen den gleichen Gestank ein wie damals; er besteht vor allem aus Ammoniak-Ausdünstungen aus den schlecht gelüfteten Aborten. Das Fließband für die Koffer hatte sich hier noch nicht durchgesetzt, und so mußten wir brav in der Schlange warten. Die Zöllner, die wie kleine Teufelchen aussahen, witzelten und machten sich lustig über die ungeduldigen Europäer. Doch weit gefehlt. Das Schlimmste, was uns passieren konnte, war Hektik. Warum soll man sich beeilen, das achtspeichige Rad der Existenz ist ewig! Die hiesige Bürokratie hatte etwas Außergewöhnliches an sich. Sie war mild. Auch die Armut in Nepal wirkte nicht so furchtbar hoffnungslos und unabänderlich wie beispielsweise im benachbarten und überbevölkerten Indien. Im Gesicht eines jeden Taxifahrers und Straßenhändlers stand die Hoffnung, daß vielleicht schon morgen oder übermorgen ein Wunder geschehen würde und daß die Götter ihm erlauben würden, sich emporzuschwingen, um damit ein paar Treppen auf der Gesellschaftsleiter nach oben zu klettern. Diese Art von Glauben findet man nicht in indischen Gesichtern.

Auf einem großen, mit Blech beschlagenen Tisch hatten sich neun Säcke angesammelt. Jeder sah anders aus, und auf die Frage, was sie beinhalteten, antworteten wir unisono, gemäß unserer Absprache: »Trekking Equipment!« Es hatte seine Gründe und Vorteile, daß wir nicht der Wahrheit entsprechend antworteten, daß es sich nämlich um Expeditionsgepäck handelte. Denn dann würden uns alle in der Schlange Wartenden auslachen, hahaha, zwei verrückte Weiber spielen Expedition. Doch das wäre nicht einmal das schlimmste. Im selben Moment würden uns die witzelnden Zöllner unser Gepäck beschlagnahmen, und wir müßten ein mehrtägiges Hin- und Herrennen veranstalten, ein Rennen von einem Amt zum anderen Amt. Und wenn alles gutgehen würde, könnten wir vielleicht in drei Tagen mit einem Dokument zurückkommen, auf dem wir dann stolz die Einreisegenehmigung vorzeigen könnten. Dann würde man die Höhe des zu hinterlegenden Geldes bestimmen, das wir natürlich mit der unbestimmten Hoffnung zu hinterlegen hätten, es bei unserer Abreise wieder zurückzubekommen. Und natürlich würden wir es nur wiederbekommen, wenn wir beweisen könnten, daß wir von unseren Sachen nichts verloren oder verkauft hätten und uns verpflichten würden, wieder alles mit nach Hause zu nehmen. Das alles kannten wir schon sehr gut! Diese Bestimmungen hatte Nepal eingeführt, nachdem einige Expeditionen mit dem Ausverkauf von gebrauchtem und neuem Material für Bergsteiger einen einträglichen Handel begonnen hatten. Gerade deswegen versuchten wir nun, einen der vielen Vorteile einer kleinen Expedition geltend zu machen. In unserem Fall eine absolute Mini-Expedition.

Der Zöllner griff nach zwei Säcken und wunderte sich über den Inhalt. Die größte Verwunderung weckte ein großer blauer Schuh aus Plastik, der aussah wie ein Skischuh, mit dem effektvollen Zeichen »Koflach«. Das waren meine Höhenschuhe, und weil Vera sie mir sicherheitshalber zwei Nummern größer gekauft hatte, schaute das kleine Männchen abwechselnd von mir zu ihr mit deutlichem Mißtrauen und der Überzeugung, daß uns dieses Ding nicht gehören konnte und der Besitzer in den Säcken versteckt war.

Der nächste Fund war ein sogenannter Silverboot oder Silberschuh, das ist eigentlich ein Hausschuh, dessen Innenfläche mit Aluminiumfolie beklebt ist. Er wird als Wärmeeinlage benutzt ab einer Höhe von 7500 Metern und höher. Der Zöllner drehte und wendete den Silberschuh vor seinem Gesicht und staunte über die ungewohnten Sachen für Trekking. Er suchte weiter. Auf dem Tisch häuften sich Titanschrauben für Eis, Steigeisen, einige Eispickel, unter ihnen ein supermoderner Flugsaurier mit einem verstellbaren Schnabel. Ich fing an, vor Angst zu schwitzen, und war überzeugt, daß wir der Kaution und dem dreitägigen Laufen nicht entgehen konnten. Wieviel Ministerien mußte ich das letzte Mal abklappern? Die Nepali hatten für alles Ministerien! Inhaltsverzeichnisse in dreifacher Ausfertigung, und sie erfanden fiktive Preise! Jede Expedition besteht mindestens zur Hälfte aus einem Kampf mit der Bürokratie, und das sollte man niemals vergessen.

»So viel Gerümpel«, sagten die braunen Augen des Zöllners, der wie ein kleines Teufelchen aussah. »Wozu können sie das nur brauchen, verrückte Frauen, eine lang, ohne Brille, eine klein, mit Brille. Was der Mensch hier alles erlebt! Hier fahren wohl alle Verrückten her! Sollen sie es nur schleppen. Von wegen Trekking. Wenigstens verdienen an ihnen die armen Gepäckträger etwas!« Er beschmierte die Rucksäcke mit Kreide und zeigte, daß wir schnell verschwinden und ihm nicht weiter auf die Nerven gehen sollten. Wir freuten uns unverhohlen und versuchten, draußen einen Wagen aufzutreiben. Die Taxifahrer von Katmandu sind ein Kapitel für sich. Sie scheinen sich zu zerreißen, einer drängelt vor den anderen und bietet seine Dienste an. Hier am Flughafen ist jeder neu, kennt die Preise nicht, es sind die besten Opfer, die man schröpfen und denen man eine unvergeßliche Lehre erteilen kann. Die Inhaber der Taxis sind überwiegend Sikhs und Newar, und ihr Beruf hat ganz besondere Regeln. Wenn es um nichts geht, wenn man sie eigentlich nicht braucht, z.B. wenn man die Sehenswürdigkeiten der Stadt besichtigt, fahren sie ordentlich, bremsen knapp hinter einem und fordern lächelnd zum Einsteigen auf. Die Höhe der Bezahlung hat einen logischen Zusammenhang mit den schlecht leserlichen Zahlen auf dem Tachometer. Aber wehe, wenn es dunkel wird oder regnet! Im gleichen Moment verschwinden die Taxis von den Straßen, und falls überhaupt eines auftaucht, wird es auf verzweifeltes Winken damit reagieren, daß es mit unverminderter Geschwindigkeit vorbeifährt und Sie mit Schlamm bespritzt. Wenn endlich eines anhält, werden Sie feststellen, daß der Fahrer über seinen Tachometer einen schwarzen Beutel gestülpt hat. Er ist Herr der Situation, und gekonnt taxiert er den Grad der Ratlosigkeit in Ihren Augen, um den Preis festzulegen. Meistens das Vielfache des richtigen Preises. Aber auf dem Flugplatz, mit einem Berg Gepäck belastet, das von Dieben bedroht wird, werden Sie noch ratloser sein.

Endlich gelang es uns, aus dem Angebot der Taxis ein großes auszusuchen, in das wir sofort alles auf einmal einladen konnten. Wir nützten das kurze Zögern des Inhabers aus, der vermutete, daß wir uns zwei Autos mieten würden. Er hatte Pech, es ist nicht jeder ein Neuling in dieser Gegend.

»Patan Jawalakhel«, nannte ich laut das Ziel unserer Reise, und mein Herz machte einen kleinen Luftsprung. So hatte ich auch beim letzten Mal die Adresse der Familie Karki angegeben. Ich war glücklich, daß die Zeit nichts zum Schlechten verändert hatte. Der alte Toyota mit der kaputten Kupplung fuhr ruckartig durch die mir bekannten Straßen – bekannt und trotzdem neu, weil ich ihr Märzgesicht zum ersten Mal sah. Der Frühlingswind wirbelte den Staub auf und schleuderte ihn in das Gesicht der blassen Sonne. Wir mieden die Ring Road, das Sheraton Hotel Everest und fuhren am Ramsah Path und Thapatali vorbei, wo Zdena im Kindergarten der UNO-Experten arbeitete. Dann waren wir schon am Fluß; auf dem Dach des Satyanarayan-Tempels sind zwei geflügelte Pferde im Sprung erstarrt. Wir rumpelten über die Holzbrücke über den Fluß Bagmati, die Fahrbahn bewegte sich, und die Holzplatten, mit denen die Brücke gepflastert ist, stießen aneinander. Klapp, klapp, klapp. Und schon waren wir in Patan.

Wie oft bin ich hier mit einem ausgeliehenen Fahrrad gefahren, meistens im Dunkeln, bergauf an einer Reihe von Geschäften vorbei, die Drachen und Hunde aus Ton zierten, nicht ahnend, welche der vielen sich auf der Straße ausruhenden Kühe ich rammen würde. Viel vorteilhafter, als sich mit den gierigen Taxifahrern herumzustreiten, ist es, sich ein Fahrrad auszuleihen. Es sind zwar altmodische Modelle, meistens indischen oder chinesischen Ursprungs, aber robuste Konstruktionen und aus unbekanntem Grund in 99 Prozent aller Fälle ohne Licht. Doch um sich tagsüber hin und her zu bewegen, genügten sie. Schlimmer ist es nachts, weil in Katmandu nur die Hauptstraße, die zum Palast führt, beleuchtet ist. Wer es nicht vor Einbruch der Dunkelheit schafft, zu seinem Hotel oder seiner Unterkunft zurückzukehren, der muß im Finsteren heiligen Kühen ausweichen oder den Rudeln streunender Hunde von denen es hier mehr als genug gibt.

Im Zentrum des Jawalakhel ist ein Zoo. Hier beginnt eine verstaubte Einbahnstraße, gesäumt von Maisfeldern, und nach einem kurzen Moment begrüßten wir schon Zdena, Chatur und David Karki. Auf dem kleinen Hof sprangen an uns ihre drei

Hunde Pirat, Kali und Ciri wild hoch. Jeder hatte eine andere Größe und Farbe, so wie ihre Gene durch die Straße geformt wurden. Durch eine glückliche Schicksalswendung waren sie keine Straßenhunde mehr. Das hatten sie Chaturs weichem Herzen zu verdanken. Wenn sie durch ihr wildes Treiben die Blumen im Garten zerstörten, drohte Zdena, sie rauszuschmeißen und sich einen reinrassigen Dobermann zu kaufen, der das Haus wenigstens vor Dieben schützen würde. Diese Hunde waren nämlich durch Chaturs Weichherzigkeit verdorben, einem Dieb würden sie noch die Hand ablecken.

In Nepal gibt es nur drei dauernd dort lebende tschechische Frauen, die mit einem Nepali verheiratet sind. Zdena ist eine davon, und nicht einmal heute, nach zwanzig Jahren, kann sie in sich die temperamentvolle, in Ostrau geborene Frau, leugnen. Vor langer Zeit, als sie noch in Ostrau auf der pädagogischen Fakultät studierte, lernte sie den hübschen braunen Maschinenbaustudenten kennen. Seine Erzählungen von der Lebensart der Nepali hielt sie für einen guten Witz. Daß dort die Affen von den Bäumen springen und den Marktleuten Orangen und Bananen stehlen? Daß in den Häusern auf offenen Feuerstellen gekocht wird? Das mußte Spaß sein! Schlimmer war, daß Chatur die Wahrheit erzählt hatte. Als elftes Kind eines armen Gurkhabauern geboren, irgendwo im Vorgebirge des Himalaja, hatte er nichts als das Hochschuldiplom aus der Tschechoslowakei und das, was er anhatte. Die Anfänge des Ehepaares Karki waren nicht leicht. Es kam sogar zur offenen Feuerstelle, und Zdena schwor vielleicht tausendmal, daß sie wieder nach Hause zu ihrer Mutter ginge. Aber sie blieb. Und wie es im Leben so ist, die Liebe ist eine große Zauberin, und wie würde es denn aussehen, wenn sie eine Niederlage eingestehen müßte. Alle zu Hause wetteten nämlich, daß sie es in diesem Lande unter dem Himalaja nicht lange aushalten würde.

Heute haben sie zwei hübsche Kinder, Daniela, die gerade in der Tschechoslowakei Zahnmedizin studiert, und den vierzehnjährigen David. Der Junge ist für einen Nepali etwas zu hell, und die anderen Jungen lachen ihn deswegen aus, aber er weiß von seinem Geburtsland mehr als die meisten von ihnen. Es war er, der mir den Teil des Ramayama erklärte, wo erzählt wird, wie der Affengott Hanuman die schöne Prinzessin Sita aus den Klauen des bösen Ravan befreite. Das Ganze soll sich auf Sri Lanka, dem früheren Ceylon, abgespielt haben. Sehr zum Ärger seiner Mutter betete er täglich zu einer ganzen Reihe hinduistischer Götter, von denen er als Gegenleistung hauptsächlich Hilfe in der Schule verlangte, und er läutete dabei mit einem kleinen rituellen Glöckchen. Chatur arbeitete als Experte der Im- und Exportpolitik seines Landes. Zdena war die Leiterin des Kindergartens. Von Chatur wird behauptet, daß er trotz aller Diplome hauptsächlich ein gläubiger Hinduist geblieben ist.

Die Anhänger dieses Glaubens, genauer gesagt der damit verbundenen Lebenseinstellung, lehnen in größerem oder kleinerem Maß jegliche Gewalt ab, und das nicht nur dem Menschen, sondern auch den Tieren gegenüber. Bei Chatur äußert sich diese Tendenz im Retten verlassener Hunde. Wenn es aber nur um Hunde ginge! Zdena jammerte, daß sie sich sogar an Schlangen im eigenen Garten gewöhnen mußte, weil Chatur es ablehnte, ihr Nest unter dem Wasserbrunnen in der Ecke beim Zaun zu zerstören. Aus der unübersehbaren Menge der Gewohnheiten und Traditionen des Hinduismus zählen zu den interessantesten die, die sich der letzten Phase des menschlichen Lebens widmen. Wenn der Arzt der Familie eröffnet, daß es für Oma oder Opa keine Hoffnung mehr auf Gesundung gibt, liegt es an den Verwandten, dem Sterbenden einen würdigen Tod und eine würdige Beerdigung zu sichern. Nach den hinduistischen Vorstellungen heißt das, daß sie den Sterbenden in das traditionelle »Wartezimmer zum Tod«, das in der Regel am Ufer irgendeines Flusses liegt, bringen. Der Traum jedes Inders ist es, an den Ufern des Ganges zu sterben; die vergleichbare Rolle im Leben eines Nepali spielt der heilige Bagmati. Auf seiner trüben Wasseroberfläche spiegeln sich die goldenen Dächer des Tempelkomplexes des Gottes aller Tiere, Pashupati, und an seinen Ufern befinden sich einige alte Gebäude. Die Bezeichnung »Krankenhaus« kommt dem Europäer schaurig-komisch vor, »Wartezimmer zum Tod« trifft weit besser seinen Sinn und Zweck. Die letzten Wochen, Tage oder Stunden seines Lebens verbringt dort der Sterbende zusammen mit anderen Sterbenden, und mit ihnen verweilen hier auch ihre Verwandten. Es gibt auch einen »Angestellten« dort, der dank seiner Erfahrung sicher erkennt, wann es mit einem Menschen zu Ende geht. Wenn er der Familie ein Zeichen gibt, nimmt die ihren Opa an Händen und Füßen, und in der Agonie tragen sie ihn auf den Ghat, eine große Plattform direkt am Ufer des Flusses. Sinn dieses, auf den ersten Blick unmenschlichen Rituals ist es, sicherzustellen, daß der Mensch mit in den heiligen Fluß eingetauchten Füßen stirbt. Auf dem benachbarten Ghat wird dann drei Stunden nach dem letzten Atemzug die Verbrennung durchgeführt.

In unmittelbarer Nähe pulsiert dabei das Leben weiter: die nicht sehenden Augen des Toten schauen den Frauen beim Wäschewaschen zu, Kindern, die im Wasser zusammen mit den Affen toben, faul wiederkäuenden Kühen, Hunden, die sich im Schatten ausruhen. Auf der anderen Seite des Flusses bitten junge Mädchen den Gott Shiva um Fruchtbarkeit und beten in vielen kleinen Kapellen. Als ob sich hier der Kreis der Ereignisse schließt, der mit der Geburt beginnt und mit dem Tod endet. Der Kreis wird immer wieder neu gedreht! Der Tote, in weiße Gaze gewickelt, ruht auf einem Metalldreifuß, unter dem die Hinterbliebenen so viel teures Holz aufgestapelt haben, wie sie sich nur leisten können. In den Mund des Toten wird eine Kampferkerze gesteckt, welche zuerst angezündet wird. Ihre saubere Flamme breitet sich langsam auch auf das trockene Holz aus. Um den Körper herum steigt Rauch auf, das Feuer verschluckt ihn langsam. Es dauert einige Stunden, bis die verkohlten Reste des Körpers vom Ghat in den Fluß geworfen werden, in dem guten Glauben, daß sich die Rückkehr zur Natur so schnell und gut wie möglich vollziehen soll. Ist das primitiv oder ohne Pietät? Es ist die Überzeugung, daß der Tod ein Teil des Lebens ist, das nie endet. Weil Mensch, Tier, Vogel, Baum und Pflanze Zeichen des Namen- und Uferlosen sind und immer wiederkehren, hoffen alle auf eine glücklichere Verkörperung. Staub bist du und zu Staub wirst du werden – glauben die Christen der westlichen Welt. Das Leben ist alles und gleichzeitig nichts, das Leben in seiner Abwechslung und Wiedergeburt ist unendlich, glauben die Hindus. Damit die nächste Verkörperung so gut wie möglich ausfällt, müssen die orthodoxen Hinterbliebenen nach strengen Regeln trauern. Die Söhne entfernen sämtliche Körperhaare, legen die Kleidung ab, und nur mit einem Lendenschurz bekleidet, verbringen sie dreizehn Tage einsam am Ufer des heiligen Flusses. Sie fasten und meditieren. Ihre einzige Nahrung in dieser Zeit sind Bananen und Wasser.

Das Bergkönigreich Nepal öffnete Bergsteigern seine Tore erst nach dem Zweiten Weltkrieg. Eine der ersten Agenturen, die in den goldenen Zeiten des Bergsteigens entstanden sind, auf dem Grundstein der berechtigten Hoffnung, daß es ein gutes Geschäft sein werde, war das Büro Mountain Travel. Es wurde vom bekannten Alpinisten Jimmy Roberts gegründet. Sein Geschäftssinn war richtig, denn die Agenturen wuchsen wie Pilze aus dem Boden, und heute gibt es in Katmandu schon mehr als vierzig davon. Je nach Erfolg residieren sie in hölzernen Buden in der Vorstadt oder in riesigen Bauten an der Hauptstraße Darbar Marg, die erst bei den Gärten des Palastes endet. Das Geschäft mit den Bergen zeigte sich als so lukrativ, daß die Einnahmen zu einem unverzichtbaren Teil des Staatshaushaltes geworden sind.

Der König eröffnete deswegen ein Amt, das sich einzig und allein um die Anträge der Bergsteiger kümmert. Daraus entstand das Ministerium für Tourismus seiner Hoheit, König Birendra. Es liegt in einem unverputzten einstöckigen Haus in der Sackgasse Kalimati, nicht weit vom neuen Stadion. Das Ministerium hat seinen Minister, einen ersten und zweiten Vertreter, eine Unzahl von Beamten und Schreibern, Arbeitern und vielen anderen Helfern. Diese Institution dirigiert, in Zusammenarbeit mit allen Agenturen der verschiedensten Namen, die Bergsteiger und die anderen Abenteurer, die zahlreich herbeiströmen.

Auch wenn der Boom durch das Interesse der Bergsteiger in Bewegung gesetzt wurde, muß man sagen, daß sie heute bei weitem nicht mehr die Haupteinnahmequelle der reichen Büros sind. Das gilt auch für das älteste Büro mit seiner reichen Tradition und den besten Diensten. Mountain Travel hat schriftlichen Kontakt mit seinen Klienten in Übersee, auf leicht vergilbtem Papier mit Briefkopf, auf dem Telex- und Bankverbindung angegeben sind. Das Büro geht mit der Zeit. Außer klassischem Trekking bietet es auch Wild-Water-Rafting, also Abfahren auf aufblasbaren Booten durch die wilden Wasser der Gletscherflüsse, wie die attraktiven Plakate, die in Deutschland gedruckt worden sind, auf der Straße verkünden. Sie bieten den Besuch der Nashörner und bengalischen Tiger im Royal Chitwan Nationalpark an, einem Naturschutzpark, der im südlich liegenden Dschungel der Ebene liegt. Dazu gehörten natürlich auch eine Safari mit Übernachtung, ein Ritt auf einem Elefanten und andere Vergnügungen. Den ursprünglichen Grund für die Einrichtung des Büros vergißt man dennoch nicht. Einesteils sind es der professionelle Stolz und die Treue zu idealistischen Beweggründen, andernteils Geschäftsgründe. Jeder Tourist ist stolz darauf, daß ihm das gleiche Reisebüro seine Dienste anbot wie Messner, Scott, Hillary und anderen Sternen des Bergsteigerhimmels.

Daß der Touristenansturm wächst, können Sie aus dieser kleinen Statistik ersehen: im Jahre 1976 kamen zum Trekking 13.890 Personen, im Jahre 1982 waren es schon 32.300. Das repräsentative Büro Mountain Travel mit attraktiver Werbung befindet sich unweit einiger Büros der Fluggesellschaften und der Luxusteehäuser auf Darbar Marg, der Straße mit dem qualitativ besten Asphalt, der je in Katmandu benutzt wurde. Der Kern der Firma ist in einem alten bequemen Palast, gebaut im britisch-indischen Kolonialstil, im Viertel Naxal.

Das Taxi fuhr im vierten Gang über die Hauptstraße, bei der Königsresidenz schaltete es in den dritten Gang und bog nach rechts ab. Es wich einigen Kratern aus, auf dieser Fahrbahn, welche ihre Hoheit wahrscheinlich nicht benützt; ab dem Kino fuhr es im zweiten Gang. Unweit der chinesischen Botschaft bog es auf einen staubigen Weg ein. Die Fahrt ging weiter zwischen den Mauern der subtropischen Gärten mit überhängenden Akazien, während ununterbrochen gehupt wurde, was einen Zusammenstoß mit einem entgegenkommenden Fahrzeug verhindern sollte. Das Taxi fuhr eine scharfe Kurve unter ein hohes Tor. Auf dem großen, mit Gras bewachsenen Hof konnten wir ausladen. Fünfzehn Säcke, die aus Olmütz und Boulder eingetroffen waren. Unser Expeditionsmaterial!

In der Dämmerung des Flures empfing uns, mit zum Gruß zusammengefalteten Händen, Herr Deepak Lama, einer derer, die Augenzeugen der Geschichte der Entdeckung des Himalaja waren: die Euphorie des menschlichen Stolzes, Freude, Tragödien, Tränen, Trauer und wieder neues Aufbäumen, weil die Menschheit nie mit dem Erreichten zufrieden ist. Hier waren schon vor uns Hillary und Tenzing, dessen archaische Steigeisen vom Mount Everest das Treppenhaus schmückten, Tichy, Jochler, Pasang Dawa Lama, Jean Franco, Eiselin, eine Menge Japaner mit schwer aussprechbaren Namen, Dyhrenfurth und Herrligkoffer, aber auch Bonington, Haston, Messner, Habeler und viele andere. Begeisterung, vergänglicher Erfolg und wirklicher Wert, der unzerstörbar ist, zwei Gesichter einer Münze, das alles kennt Deepak Lama. Jedes Jahr kommen neue Gesichter, die Staffel geht von Hand zu Hand, außer den Aufrichtigen kommen auch die Sensationsjäger, verschiedene Gaukler, die nur billigen Erfolg wollen. Es wird nach Ansehen gehascht, es ist schwer, sich in den nebulösen Motivationen auszukennen. Sicher ist, daß der Bund der Besessenen der ganzen Welt noch lange nicht aufhören wird, weil er noch lange nicht am Ende der Bergsteigerhistorie des höchsten Gebirges des Planeten ist. Erst die Gerechtigkeit der Zeit trennt die Spreu vom Weizen.
Bis zu diesem Moment konnten wir uns einreden, daß eigentlich alles in Ordnung war, jetzt wurde es schwieriger. Alle, nicht nur Deepak Lama, hatten sich unsere International Women Expedition etwas anders vorgestellt, als zwei ein bißchen gestörte Memsahibs.
»Namaste, Namaste! How are you, Vera? Schade, daß ihr nicht früher gekommen seid. Herr Messner ist schon aus Katmandu zum Dhaulagiri gegangen, er ließ für euch nur eine Landkarte mit der Zeichnung seines Weges da. Aber Vera, der Weg ist lang, very long und ihr seid nur zwei Frauen, Memsahib... Herr Messner denkt nicht, daß er sich für euch einsetzt...«
In den braunen Augen stand verschämtes Mißtrauen. Deepak Lama vertraute uns keine Spur. Denn er wußte Bescheid. Er sah schon viele starke Männer, die aus den Bergen wiederkamen, er sah Erfrierungen, Kranke in kritischem Zustand, Wracks, die vorher stattliche Männer waren, ihre ausgemergelten Körper, die vorzeitig gealterten Gesichter. Es stimmte, er sah ein paar Frauen mit dem wahnwitzigen Ehrgeiz der Bergsteigerinnen, vitale Japanerinnen, Amerikanerinnen, die energische Wanda Rutkiewicz. Auch Vera gehörte zu ihnen. Sie kamen aber bisher immer mit einer starken Expedition, gut ausgerüstet und zahlreich. Es hatte noch niemand in Katmandu zwei Memsahibs gesehen, die sich als Bergsteigerexpedition zu einem Achttausender ausgaben. Was sollte man dazu sagen? Er hatte recht und war selber traurig, daß wir das alles wußten und dennoch kämpften. Daß wir den auserwählten Traum nur dann aufgeben würden, wenn die Hoffnung stürbe. Hoffnung stirbt doch immer als Letzte! Deswegen waren wir da. Wir schwiegen, sagten nichts; Buddhisten glauben an den Wert des menschlichen Bemühens, an die gute Tat, Karma, das im Einklang mit der Harmonie, dem Gesetz, der Gesamtheit der geistigen Pflichten des Hinduisten steht. Die Beruhigung und den Seelenfrieden konnte man doch auf so viele Arten erreichen! Man mußte auch die verstehen, die die Sehnsucht noch nicht erlebt hatten, das lodernde Feuer der Seele! »Die Formalitäten wird mit Ihnen Bobby Chetri erledigen, er wartet oben auf Sie«, so beendete der alte Deepak Lama das Gespräch.

Die Sherpas und der Elefant

Hinter dem Wort Formalität versteckt sich so manches. Für die Verlängerung der Touristenvisa zu dreimonatigen Expeditionsvisa war Bedingung, daß die Gebühr für den Berg bezahlt wurde. Die Hälfte der Gebühr mußte mehr als ein halbes Jahr im voraus entrichtet werden, sie verfällt, wenn die Expedition nicht stattfindet, die andere Hälfte war nun zur Zahlung fällig. Mit diesem Akt der Formalität wird begonnen. Dann ist es möglich, die Erlaubnis zum Betreten der Täler zu erlangen, mit der man überhaupt erst zum Basislager gehen kann.

Zuerst ist es notwendig, dem Ministerium die genaue Strecke der Wanderung anzugeben. In der Praxis heißt das, daß der Leiter der Expedition mehrmals mit dem Taxi zu Mountain Travel und zurück fährt. Dann ist es erforderlich, Dollars gegen Rupien einzutauschen, ein Flugzeug für die Personen und die Ausrüstung zu sichern, einen Sirdar anzuheuern sowie Höhensherpas und einen Koch und sich mit dem zuständigen Offizier bekannt zu machen, dann allen ein von der Regierung unterschriebenes Verzeichnis der Ausrüstung vorzulegen, und wehe, wenn darin auch nur eine Socke fehlt! In so einem Fall muß die Höhe des Schadensersatzes ausgerechnet werden, und man kann nicht mit der Großzügigkeit der Hiesigen rechnen. Gleichzeitig ist es wichtig, den Einkauf aller fehlenden Sachen zu erledigen, besonders der Lebensmittel. Nebenbei müssen ganze Berge Ansichtskarten an alle, die irgendwie geholfen haben, geschrieben werden. Es ist auch unerläßlich, in tibetischen, chinesischen und indischen Gaststätten nach Bergsteigern zu suchen, die Informationen über den Aufstieg bieten können. Wir konnten auch der Prozedur der Einfuhrgenehmigung für unser Expeditionsmaterial entkommen.

Langsam gingen wir hoch in den ersten Stock, wo uns in einem großen Raum, ganz mit Propagandaplakaten aller möglichen Expeditionen beklebt, Bobby Chetri erwartete, ein guter Manager des Reisebüros Mountain Travel. Er war der progressive Typ eines Businessman, fünfunddreißig Jahre alt, elegant und mit amerikanisiertem, ursprünglich nepalischem Namen, der sich zu den höchsten Gesellschaftsschichten zählte. In der Tasche hatte er ein europäisches Diplom, im Kopf einen Taschenrechner, Geschäftssinn und Oxford-Englisch: Erfolgreiche Geschäfte auf der ganzen Welt, Aufbau kleiner Filialen in den Vereinigten Staaten und in einer Reihe europäischer Länder. Bobby war schlicht, witzig und realistisch, er nannte die Dinge immer gleich beim Namen.

»Namaste! Vera, diesmal hatten Sie mit den Sponsoren keine so glückliche Hand, nicht wahr? Aber wirklich, die eigentliche Frage ist, ob ihr immer noch auf dem ursprünglichen Plan besteht, wenn es jetzt so ausgegangen ist? Wenn ja, wieviel Geld haben Sie?«

Ich wunderte mich über den Redeschwall, aber Vera war vorbereitet, sie verhandelte mit Bobby nicht zum ersten Mal. Sie bewegte sich sicher auf dem unsicheren Terrain und wußte, daß jetzt eine Phase der Verhandlung kam, die alle unter dem Namen »Bobbys Sandwich« kennen. Mit anderen Worten, ein psychologischer Schraubstock, in den der Manager den Kunden einklemmt, um gleich zu Anfang festzustellen, wieviel er aus ihm herausholen kann. Weil es im Interesse der Firma ist, gut organisierte Expeditionen, erfolgreiche Aufstiege – je attraktiver, desto besser – zu haben, aber gleichzeitig auch Geld und Gewinn. Am besten alles. Vera lächelte Bobby strahlend an, und ihr Gespräch erinnerte mich an das Kartenspiel Mariasch oder das Katz- und-

Maus-Spiel. Ich hatte die interne Anweisung, bei diesem Gespräch zu schweigen.
»Wer würde denn nach Nepal ohne Geld fahren, aber es ist wieder nicht so viel, wie zum Beispiel vor vier Jahren für den Dhaulagiri. Diesmal wurden viel weniger T-Shirts verkauft mit dem Slogan WOMEN'S PLACE IS ON THE FACE.« In Bobbys Gesicht blitzte ein Erkennen auf, und er lächelte amüsiert. Ja, er hatte sich erinnert an das Bild mit den sexy Mannequins im Magazin »Playboy«, nur mit diesen T-Shirts und Bergsteigerschuhen der Marke Koflach bekleidet. Dieses gar nicht traditionelle Inserat der amerikanischen Frauenexpedition zum Dhaulagiri im Jahr 1980 führte zu einem ungeahnten Absatz dieser T-Shirts und schaffte damit ein fettes Konto bei der Bank. Aber jeder Gag verbraucht sich, und wir hatten nichts mehr davon.
Es erklärte sich so schwer! Wer konnte ahnen, daß die reiche, aber launische Frau Maytag, die sich vor vier Jahren so sehr für Frauenexpeditionen begeistert hatte und den Frauen am Dhaulagiri sogar mit dem Hubschrauber einen Korb mit Brathähnchen und Champagner bringen ließ, auf einmal in unserem Fall ihre Unterstützung verweigerte. Es passiert eben, daß der Mensch seine Meinung ändert. Vielleicht wenn sich Vera gemäßigt hätte und ihr nicht offen und direkt gesagt hätte, was sie von ihren organisatorischen Fähigkeiten hielt, dank derer der Abschluß der Vorbereitungen so katastrophal ausgegangen war. Vielleicht hätte sie dann ihr Wort gehalten, aber das half uns jetzt auch nicht mehr. Es hatte keinen Sinn, sich noch weiter darüber zu ärgern. Der Teufel sollte alles holen, wir würden auch ohne die Hilfe der Frau Maytag auskommen.
»Wir wollen eine bescheidene kleine Expedition«, sagte Vera eindringlich, »so eine wie seinerzeit Herbert Tichy auf den Cho Oyu organisiert hat. Ja, er ist unser Vorbild, wir heuern nur zwei Sherpas an, aber die müssen gut sein, Superklasse, solche, die uns nicht enttäuschen. Als Gegenleistung bieten wir ihnen summit chance.«
Es ist vielleicht paradox, aber es ist so, daß nicht mal in der heutigen Zeit summit chance, oder das Recht, den Gipfel mit den Expeditionsmitgliedern zu erreichen, ein häufig gesehenes Ereignis ist. Es überwiegt immer noch das britische Benehmen aus den fünfziger Jahren, nach dessen Legende der treue und fleißige Sherpas ohne eigenen Ehrgeiz den Expeditionsmitgliedern morgens am Schlafsack den Tee serviert. Von den Sherpa erwartet man, daß sie bis zur völligen Erschöpfung Lasten nach oben tragen, daß sie das letzte Lager aufbauen und dann für die ganze Mannschaft Sahibs ohne zu murren Platz machen, die ohne sie versuchen werden, den Gipfel zu erreichen. Sie wünschen dazu noch good luck – viel Glück!
Tenzing Norgay hatte eigentlich großes Glück, daß Edmund Hillary, der erste auf dem Mount Everest, keinen anderen Partner hatte. So wurde er zu einer der wenigen Ausnahmen, die die ungerechte Regel bestätigten.
Niemand kann leugnen, daß im Hintergrund aller Bergsteigererfolge des letzten Jahrzehnts eine ganze Armee dieser namenlosen Arbeiter des Himalaja steht. Wurden ihre Verdienste gerecht geschätzt und entlohnt? Ihre Wiege berührt die Sterne, und das hebt sie unter denen hervor, die durch unbarmherzige natürliche Auswahl zu außergewöhnlichen physischen Leistungen befähigt worden sind. Leistungsfähigere und kräftigere Herzen, eine bessere Lungenfunktion und vor allem die vermehrte Anzahl der roten Blutkörperchen im Blutkreislauf erklärten, daß sie dort leben und arbeiten können, wo ein Europäer, ohne eine längere Zeit der Akklimatisation, nur noch nach Luft ringt. Dort, wo menschliche Freude und menschliches Leid in einer Höhe von 4000 Metern über dem Meeresspiegel durchlebt werden, kämpfen die Leute mit der

Natur auf kleinen terrassenförmigen Feldern, die häufig an einem steilen Abhang liegen. Sie tragen schwere Lasten von Dorf zu Dorf, oft über hohe Bergsattel, oder sie arbeiten mit ihren Yaks, die unter den hohen Gletschern weiden. Als Miniaturnation realisieren sie das Wunder ihres eigenen Überlebens, einige hundert Jahre nachdem die Mutigsten ihrer Vorfahren die Himalajafestung nach Süden hin überquert haben, um für sich und ihre Familien das gelobte Land zu finden. Shar heißt Osten und Sherpa bedeutet »der Mensch, der aus dem Osten kam«. Ist es wirklich möglich, daß die Menschen, denen von ihrer Heimat, von den tiefen Schluchten unter dem Chomolungma ein charakteristisches Ethnikum eingeprägt worden ist, keinen Ehrgeiz haben? Benützen wir doch unseren Verstand, mit dem wir uns sonst so brüsten! Meinen wir das wirklich ernst, daß das Volk, das eine Unzahl mit Buddha-Zeichen geschmückte Chorten aufgebaut hat, das eine Unzahl Steintafeln mit den Inschriften der heiligen Mantras gemeißelt hat, keine Söhne hat, die sich danach sehnen, die Throne ihrer eigenen Götter zu erklimmen? Wenn sie noch dazu vor der eigenen Haustüre stehen? Man kann diesen Unsinn einfach nicht glauben, er widerspricht der Art des Homo sapiens!

Es ist wahr, daß die meisten von ihnen nur arbeiten, um sich zu ernähren und es ihr Traum ist, eine kleine Gaststätte, ein Teehaus aus Holz an einem gut frequentierten Aussichtspunkt der Trekkingtrasse von ihren gesparten Rupien zu kaufen. Aber ohne Zweifel gibt es auch jene, in denen der sportliche Ehrgeiz wach geworden ist. Wir können uns vorstellen, wie bitter dann der Abstieg vom Höhenlager ist, das sich die Sahibs aufbauen ließen; noch dazu bemerkt der Sherpatiger des Himalaja, da er ja keineswegs blind ist, daß er weit mehr das Zeug zum Aufstieg hat als seine Arbeitgeber. Wenn einem Expeditionsmitglied etwas ähnliches passieren würde, müßte er noch lange aufgrund seines Frustrationsgefühls bei seinem Psychoanalytiker behandelt werden oder, noch schlimmer, der Fall würde vor Gericht enden. Das ist keineswegs übertrieben, erinnern wir uns nur daran, wie manche internationalen Riesenexpeditionen endeten, weil sich die Teilnehmer untereinander nicht verständigen konnten.

Warum soll man die Sherpas verurteilen, daß sie auf jeder Kleinigkeit der ihnen vorgeschriebenen Bergsteigerausrüstung beharren und wegen jeder Socke, die man ihnen nicht geben will, bis aufs Blut streiten. Selbst wenn sie dann später ins nächste Gäßchen von Thame gehen und die Sachen dort verkaufen. Dies ist gut zu verstehen, wenn wir sie unvoreingenommen betrachten. Vergessen wir nicht, daß die Sherpas kein ständiges Einkommen besitzen. Ihr einziges Einkommen ist der Lohn der Expeditionen, der mit peinlicher Genauigkeit nach den abgearbeiteten Tagen abgerechnet und ausbezahlt wird. Krankengeld, Rente, Hilfe im Invaliditätsfall und Unterstützungen, das alles sind für sie unbekannte Begriffe. Wenn man dazu noch die harte Realität der ununterbrochenen Gefahr rechnet, die ihren Beruf zu den risikoreichsten überhaupt zählen läßt, was erwarten und verlangen wir dann noch von ihnen? Sie müssen doch an ihre Frauen und an ihre vielen unversorgten Kinder denken!

Schon vor langer Zeit haben sich die Sherpas in die Geschichte der höchsten Gipfel und in das Unterbewußtsein der Bergsteiger aus Europa, Amerika und Australien dank ihrer unglaublichen Hilfsbereitschaft eingeschrieben. Manche von ihnen gingen sogar mit ihren weißen Freunden freiwillig in den Tod, sie haben sie in den Momenten der Verzweiflung und der tödlichen Bergkrankheit nicht verlassen. Aber diese Zeiten haben sich geändert, und es stellt sich die Frage, wer daran schuld hat, die Sherpas oder die Sahibs? Mountain Travel beschäftigt nur die stärksten Sherpas, und darin

liegt das Geheimnis ihres Erfolgs. Es wird gründliche Arbeit verlangt, kontrolliert durch die Zufriedenheit der Kunden; es genügt nur ein einziger Einwand der Unzufriedenheit und der, der die Erwartungen nicht erfüllt hat, muß gehen. Auf der Stirnseite des Büros hängen die Fotos derer, die Mountain Travel berühmt gemacht haben. Es lächeln uns Pertemba, Sungdare, Ang Dorje und andere an, die der Stolz des Unternehmens geworden sind. Es ist die Visitenkarte der höchsten Professionalität und der maximalen Beherrschung des Handwerks. Als einzige Agentur zahlt Mountain Travel feste Gehälter für die zehn Besten, angefangen beim Kitchen Boy, Special Porter, also Küchenhelfer bis zum Postüberbringer oder Träger.
Im Interesse der Firma und letztendlich auch im Interesse von Bobby Chetri liegt es, jeder Expedition die größtmögliche Anzahl der Angestellten aufzudrängen, damit alle, die ihre Arbeitskraft anbieten, jemanden haben, dem sie sie verkaufen können. Bobby gefiel deshalb die Idee unserer bescheidenen Expedition überhaupt nicht. Es sei wirklich besser, mit mehreren Höhenträgern zu arbeiten, die Chancen würden sich dadurch erhöhen. Summit chance für zwei davon ist doch eine ausgezeichnete Idee, lobte er uns, und die zwei, die er uns empfahl, würden sich bemühen wie die Teufel, den Gipfel mit uns zu erreichen. Aber wer würde uns unser Material in das Höhenlager tragen?
Vera war aber nicht zum erstenmal im Himalaja, das hätte ihm klar sein müssen. Vera blieb hart, wir hatten nicht mehr Geld, sie wiederholte dies so lange, bis es Bobby endlich begriffen hatte. Unser Sirdar sollte der berühmte und erfahrene, heute fast fünfzigjährige Sonam Ghirmi sein, ein Veteran einiger Dutzend Expeditionen, die er selbst geführt hatte. Er behauptete, es wären einunddreißig gewesen. Das Terrain des Cho Oyu kannte er außerdem sehr gut, er war schon im Jahr 1959 als Trägerhelfer mit Frau Cogan dort. Er kannte auch Vera, er hatte bei ihrer Expedition vor vier Jahren als Sirdar mitgewirkt. Wir waren einverstanden.
Unser Koch wurde Changpa, ausnahmsweise kein Sherpa, sondern ein Angehöriger der Tamangs, eines anderen Bergstammes. Seine Muttersprache gehörte zur Gruppe der tibetisch-burmesischen Sprachen, ähnlich wie die Sprache der Newar, die Katmandu entstehen ließen, aber mit den Sherpas verstanden sie sich gut. Er zeichne sich durch Ehrlichkeit und gute Kochkünste aus, so stellte er sich vor. Ein untersetzter Mann mit einem Eierkopf, abstehenden Ohren, wegen derer er von allen ausgelacht wurde. Er trug eine pludrige Hose unbekannter Herkunft, eine Trainingsjacke, die schon einiges mitgemacht zu haben schien, und zwischen den Händen drückte er an einer alten abgewetzten Mütze herum. Ohne unsere Aufforderung übersetzte er gleich sein Tourenbuch, das voll war von Empfehlungen. Schon fast historischen Wert hatte die Empfehlung von Chris Bonington, bei dessen erfolgreicher Expedition über den Südwest-Pfeiler des Mount Everest Changpa Küchenhelfer war. Damals hatte der sympathische Mann mit den abstehenden Ohren und den clownhaften Bewegungen wahrscheinlich seine Karriere begonnen.
Bei der Auswahl der Höhenträger und Bergsteiger hatte auch der Sirdar ein Wort mitzusprechen. Er einigte sich mit Bobby, daß das Paar Ang Rita und Norbu mit uns gehen sollte. Norbu arbeitete sonst hauptsächlich mit Japanern und Jugoslawen zusammen. Der erste der beiden gehörte zur kleinen Gruppe von Sonams Ziehkindern; dieser hatte sich seiner als Waisenkind, arm wie eine Kirchenmaus, angenommen. Er hatte angefangen, ihn auf Expeditionen mitzunehmen, und Ang Rita zählte heute mit seinen fünfunddreißig Jahren zu denen, die man very strong, sehr stark nennt. Er war

nicht nur Sirdar aufgrund seiner Schüchternheit, die ihn dem Bergwolf Chongki, der zu den Sherpaweiden bis aus Tibet zum Wildern kommt, ähnlich machte. Er hielt sich ungern in Katmandu auf, er wartete lieber auf die Frühlingssaison in seinem Heimatdorf Thame, einen Tagesmarsch von Namche Basar entfernt. Er redete ungern, aber er war schon viermal auf dem Gipfel des Dhaulagiri und einmal auf dem Mount Everest gewesen, selbstverständlich immer ohne Sauerstoffflasche. Vera nickte anerkennend, ja, er sei ein ausgezeichneter Sherpa, war es doch gerade er, der die meiste Arbeit bei der Sicherung der »Birnen-Route« in der nördlichen Wand des Dhaulagiri geleistet hatte, die damals eine erfolglose Frauenexpedition unter seiner Leitung unternommen hatte. »Er hat eine lange Leitung, aber ist wirklich stark. Es genügt, ihm zu zeigen, wo er hin soll, und er verschwindet wie ein geölter Blitz, als hätte er stählerne Lungen«, flüsterte Vera mir in tschechischer Sprache ins Ohr, die hier zu unserem geheimen Verständigungsmittel geworden war, wenn wir nicht wollten, daß uns jemand verstand.

Als der jugoslawisch-japanische Norbu das Zimmer betrat, konnte ich ihn leicht von den anderen unterscheiden. Ich erinnerte mich an eine Bilderausstellung, ich wußte nicht mehr genau, an welche. Ich sah das Bild eines Renaissance-Malers vor mir, das einen Jungen mit einer Mütze darstellt. Dieser Jüngling könnte für ihn Modell gestanden haben, wenn nicht einige Jahrhunderte dazwischen gelegen hätten. Die gleichen Züge, der gleiche, in sich gekehrte, wenn auch vornehme Ausdruck, die fast kindliche Reinheit seines Gesichts. Er war fünfundzwanzig Jahre alt, geboren am Fuß des Gaurisankar und ungewöhnlich klein. Über seine Körpergröße hatte er seine eigene Theorie entwickelt: ihn hatte als zehnjährigen Jungen eine Schlange, so dick wie ein Arm, gebissen. Norbu war ein Meister der suggestiven Erzählkunst, er hatte uns die Schlange mehrmals in allen Details geschildert, obwohl er beim Erzählen zugegeben hatte, daß das Unglück nachts passiert war. Auf das verzweifelte Rufen des kleinen Jungen kam der Vater angerannt und tötete die Schlange, die um Norbus Körper gewickelt war, mit einer Machete. Norbu verbrachte anschließend viele Tage im Bett und träumte, daß sein Bein, blau und kalt, viel größer als sein übriger Körper, neben ihm lag. Wenn der weise Mann nicht gewesen wäre, der ihn mit Hilfe von Beschwörungen und Zaubertränken geheilt hatte, wäre er heute schon in Gott-weiß-was wiedergeboren worden. Ich dachte, seinem Redeschwall nach, bestimmt in einem Papagei. Die Geschichte bewies er immer mit der großen Narbe am linken Knöchel. Seine erste Expedition bewältigte er im Alter von fünfzehn Jahren mit Japanern. Sie nahmen ihn mit, weil seine Gestalt sie an die Leistungsturner im Land der aufgehenden Sonne erinnerte. Wie er zu seinen jugoslawischen Arbeitgebern kam, war unbekannt, aber er besaß jedenfalls ein perfektes Repertoire jugoslawischer Schimpfwörter. Die Götter gönnten es ihm bis dahin nicht, einen Gipfel zu erreichen, aber er war schon sehr hoch, beispielsweise auf dem 8500 Meter hohen Westgrat des Mount Everest, auf den er mit Sonams Hilfe von Namche Basar aus aufgestiegen war, gewesen. Bobby beendete das Vorstellungsgespräch, weil er wohl einsah, daß wir keinen weiteren Mann mehr einstellen wollten. Norbu hatte die Lebensmittelliste bekommen und ging gleich mit Changpa einkaufen. Sie vergaßen auch Ingwer und Knoblauch nicht, ohne die man keine ordentliche Shakpa zubereiten kann. Auch wir stürzten uns in die Arbeit. Außer dem vakuumgetrockneten Fleisch, Linsen und Quark hatten wir keine weitere Verpflegung mitgenommen. Wir entschieden uns, leichte Lebensmittel wie Tee, Kaffee, Schokolade, Trockenmilch, Suppen und Gewürze hier einzukaufen. Reis,

Kartoffeln, Tsampa, Eier und frisches Fleisch wollten wir erst in Namche Basar besorgen. Ihr Transport mit dem Flugzeug würde sicher mehr kosten, als der Preisunterschied ausmachte, auch wenn unter dem Everest alles teurer war. Die Küchenausstattung, inklusive der Kanister mit Petroleum, wollten wir ebenfalls dort kaufen. Ich weiß nicht, wie wir es geschafft haben, aber nach fünf Tagen, am 29. März, gelang es uns, mit dem Morgenflugzeug nach Lukla zu fliegen. Die Freude trübte uns Bobby nur ein wenig, der sich beim Abflug mit dem Witz verabschiedete: »Wenn ihr zwei den Gipfel des Cho Oyu erreichen solltet, lasse ich für euere Rückkehr auf dem Flugplatz einen Elefanten vorbereiten. Good luck!« Ich wußte aus der Literatur, daß der Elefant das Festtagsverkehrsmittel des Königs war, der in diesem Land für die Reinkarnation des Gottes Vishnu gehalten wird.

In der Landschaft der brennenden Sträucher

So ist es immer, wenn in der morgendlichen, azurfarbenen Stille die Luft durch ein kaum hörbares, konstantes Geräusch in Bewegung kommt, dann bewegt sich hoffnungsvoll auch die bunte Menge der Wartenden. Sie heben den Kopf, und aus ihren Herzen fallen die unruhigen Zweifel ab. Die Talbewohner, nepalische Beamte, Lamas, Bergsteiger und Touristen versichern sich mit einem Griff, daß die Kraxe, der Korb oder auch nur die kleine Schultertasche am richtigen Platz sind und rücken noch enger zusammen. Jeden Moment können sie jetzt aufgefordert werden, die Gepäckstücke aufzugeben, um endlich abfliegen zu können. Erst nach einigen Minuten glänzt in der Sonne der Metallvogel in der Größe eines Stecknadelkopfes, begleitet von einem immer lauter werdenden Geräusch, ähnlich einer Sirene. Dann wird er immer größer, und man kann auf dem silbernen Rumpf die Hoheitsfarben der nepalischen Flagge erkennen. Es folgt eine scharfe Kurve nach rechts, ein riskantes Manöver, das die Geistesgegenwart des Bergpiloten fordert, und das zweimotorige Flugzeug der königlichen Fluggesellschaft landet mit lustig ausgefahrenen Rädern auf den Steinen der Sedimente des Flusses Dudh Kosi.
Die Start- und Landebahn in Lukla sieht nicht besonders vertrauenerweckend aus. Sie beginnt an einem steilen Bergfuß und endet vor einem steilen Canyon des tiefer liegenden Flusses. Das Flugzeug bremst die überflüssige Bewegungsenergie ab, indem es bergauf rollt. Es wirbelt dabei Berge von Staub auf, der die Wartenden wie eine Wolke einhüllt. Dann verstummen die Motoren, nur das Echo antwortet noch mehrmals auf das Gebrüll, und die durchsichtigen Kreise unter den Tragflächen verwandeln sich in greifbare Propeller. Wir stolperten zum Oval des Ausgangs, voll beladen mit Säcken, Schachteln, Rucksäcken, Plastikfässern und Körben.
Noch drei Treppen auf der Aluminiumleiter, und endlich standen wir auf dem Boden des Himalajatals unter dem Everest. Alles mußte sich schnell abspielen, weil in kurzer Zeit hier noch ein Flugzeug und dann noch eines landen wollte. An den Flügen nach Lukla bestand in den letzten Jahren reges Interesse. Vorbei waren die Zeiten der biblischen und idyllischen Schäferweiden der Sherpas, den Menschen aus dem Osten. Solu und Khumbu sind zwei Teile, gemeinsam Solu-Khumbu genannt. Lukla liegt genau auf ihrer Grenze. Solu ist der südliche Teil, und Khumbu wird der nördliche Teil des Gebietes genannt. Die Aufteilung ist logisch. Während in Solu auf den terrassenförmigen Feldern hauptsächlich Reis angebaut wird, überwiegt in Khumbu der Weizen- und Kartoffelanbau. Auch die Haustiere sind aufgrund der unterschiedlichen

Höhenverhältnisse unterschiedlich. In der Wärme von Solu fühlt sich das Zopkyo, die örtliche Kreuzung des tibetischen Yaks mit der hiesigen nepalesischen Kuh, wohl, während das Yak hier vor Hitze umkommen würde. Alle Bergführer und Höhenträger stammen aus den Dörfern, die unter dem Gletscher Khumbu verteilt angesiedelt sind. Die ruhige Idylle von Lukla wurde durch die erste Landung eines Sechzehn-Personen-Flugzeugs beendet.

Durch den Flugverkehr verkürzt sich der Marsch zum Mount Everest um mindestens eine Woche. Wenn wir die Zeit mal zwei nehmen, vorausgesetzt das Flugzeug fliegt überhaupt, ergibt sich eine ordentliche Zeitersparnis, die für unsere immer hektische Zivilisation, in der Zeit Geld bedeutet, nicht zu verachten ist. Und weil die Menschenmassen, die nach Nepal strömen, den Prospekten Glauben schenken, daß keine Sache interessanter, berühmter, schöner und höher ist, haben sich die ursprünglichen Karawanenpfade in so etwas ähnliches wie die Autobahnen in der Tatra verwandelt. Sprichwörtlich Tausende von Jägern oberflächlicher Sensationen stampfen hier von Lukla aus bis zum Gletscher Khumbu, dabei den ganzen Sinn des Wanderns leugnend. Vor einiger Zeit sagte mir ein Bergsteiger, der sich beim Aufstieg auf den Mount Everest beteiligt hatte, daß ihn Schulausflüge indischer Gymnasiasten, Familien mit kleinen Kindern und reiche Amerikanerinnen in Röcken unaufhörlich in seinem Lager überrascht hatten. Aber wirklich erschrocken sei er erst, als eines Tages zwei Touristen mit geschulterten Fahrrädern vor ihm standen.

Der Touristenstrom verlangt nach Dienstleistungen, und so sind die uralten Gehwege, auf denen die Sherpas aus dem geheimnisvollen Tibet auf die südliche Seite des Himalaja herüber gekommen waren, gesäumt mit Holzbuden. Sie haben die verschiedensten Bezeichnungen wie Everest Lodge, Lhotse Hotel, Yak-, Yeti- und Sherpa Rest House, und überall wird das gleiche serviert. Alle möglichen Variationen von Kartoffeln, Suppen und Tee, Süßigkeiten, Chang und Reis. Der Tourist muß nicht einmal, vorausgesetzt er hat genügend Geld und keine Angst vor Ungeziefer, einen Schlafsack haben.

In diesem Tal herrscht Hochkonjunktur, begleitet von der Spekulation, und den bisher unbekannten Kategorien von Angebot und Nachfrage. Manche schönen und ursprünglichen Rituale haben einen farbigen Hauch der bunten Prospekte bekommen, und man wird Zeuge der komischen Mischung halb feudaler Beziehungen mit den Dschungelgewohnheiten der Konsumgesellschaft. In der Saison zieht in das Tal ein ganzer Konvoi Brueghelschiffe mit Verrückten aller Sorten, die in Unwissenheit viel zerstören, ein. Der Gestank der Abfälle verpestet die Umgebung, die Tiere werden vertrieben, darunter auch der wunderschöne nepalesische Feuervogel, der blaue Fasan. Die in allen Farben blühenden Rhododendronbüsche werden abgebrochen, und fast tragikomisch breitet sich epidemiehaft die Bergkrankheit aus. Im Bemühen, Zeit zu sparen, unterschätzen manche Ungeduldige die Zeit und Höhe, und in der Nähe von Tengpoche, Dingpoche oder Pangpoche brechen sie zusammen. Aus diesem Grund haben die Amerikaner in einem Dorf namens Pheriche eine Sauerstoffstation als Erste Hilfe aufgebaut. Zur Rettung der Unvernünftigen steht dort sogar eine Druckkammer zur Verfügung. Hier ist ein Versuchslabor entstanden, das es ermöglichen soll, die Reaktion des Organismus bei niedriger Sauerstoffzufuhr zu studieren.

Nun türmten sich in der Nähe des Zaunes, der die Start- und Landebahn begrenzt, unsere Gepäckstücke mit einem Gesamtgewicht von zirka vierhundert Kilogramm. Die Angestellten in ihren abgewetzten Resten von etwas, das früher einmal eine Uniform gewesen sein mußte, schleppten es heran. Sie hatten die in einer nahen Bude gehaltene Teezeremonie unterbrochen und wollten jetzt Trinkgeld von uns haben. Durch den plötzlichen Höhenunterschied zwischen dem Flugplatz Tribhuwan und der hiesigen Flußterrasse, der fast 1500 Meter ausmacht, begann es in meinen Schläfen zu pochen. Ich mußte mich setzen, um nicht umzukippen und bemerkte noch, wie Vera anscheinend ähnliche Schwierigkeiten hatte.

Aus der Menge trennte sich nun die gutgewachsene Figur eines Sherpas heraus. Mit seiner verwaschenen Baseballmütze kam er auf uns zu. Der Aufschrift der Mütze konnten wir entnehmen, daß sie der Men and Women Expedition Mount Everest 1982 entstammen mußte. Aber die Buchstaben waren schon sehr schwer lesbar. Der Inhaber der Mütze hatte einen schmutzigen Rucksack auf dem Rücken, und die Falten der zerrissenen braunen Trainingshose drapierten sich lächerlich um seinen dünnen Körper. Aufregung und Scheu hatten auf seiner Stirn eine Menge Falten hinterlassen.

»Das ist Ang Rita! Namaste, Namaste!« begrüßte unser zweiter Träger Vera. So waren wir endlich zusammen. Es fehlte jetzt nur noch der Offizier, Herr Dhungel, der von Berufs wegen Beamter des Sozialministeriums der nepalesischen Regierung war.

Er flog nicht gleich mit uns mit, weil er angeblich erkrankt war. So hatte es uns wenigstens Deepak Lama morgens auf dem Flugplatz mitgeteilt. Vera und ich hatten dem keine weitere Bedeutung beigemessen, weil wir vor allem darauf achteten, daß keines unserer Gepäckstücke am Flugplatz zurückblieb. Jetzt erst wurde uns die Komik der Situation bewußt. Gestern nachmittag noch, als wir einander vorgestellt wurden, war er gesund, und Dalbhat, das Nationalgericht aus Reis und Linsen, das wir gemeinsam zu Mittag gegessen hatten, hatte ihm sehr gut geschmeckt. Nur einmal war er mit seinem Oxford-Englisch am Ende, dann nämlich, als er wirklich begriff, daß unsere gesamte Expedition keine weiteren Teilnehmer außer uns beiden hatte. Ob hier ein Zusammenhang mit der plötzlichen Krankheit bestand? Er ließ uns ausrichten, daß er nachkommen würde, aber es war schwer, sich vorzustellen, wie er uns in der menschenleeren Wildnis, nahe der tibetischen Grenze, finden sollte.

Zum Glück hatten wir andere Sorgen: wir mußten nun Träger auftreiben, die unsere Ausrüstung erst einmal nach Namche Basar, das fast zwei Tagesmärsche entfernt lag, beförderten. Dort wollten wir alles noch Fehlende einkaufen und die Karawane endgültig organisieren.

Noch am gleichen Tag wanderten wir nördlich durch das Tal des Dudh Kosi, in Begleitung einiger Dorfbewohner und ihrer Zopkyos. Wir marschierten auf einem Fußweg, der breit und bequem zu beschreiten war; er war für Trekkingzwecke von Schweizern unentgeltlich gebaut worden. Er erschien mir wie ein Geschenk.

Norbu sah frisch gewaschen aus, die Farben seines Paradepullovers mit dem Norwegermuster aus Jugoslawien und seine Mütze mit dem Zeichen der Mount-Everest-Expedition 1982 strahlten. Aber er besaß ein Mundwerk wie ein Scherenschleifer, er war nicht einen Moment ruhig, unaufhörlich tauschte er mit Norbu und allen, denen wir begegneten, Neuigkeiten aus. Das war die Grundlage des drahtlosen Informationsaustausches, dessen Erfolg bewundernswert war; alle wissen über alles Bescheid. Um den Hals trug Norbu eine weiße Khatta, einen Stoffstreifen aus grober Seide mit Fransen, den ihm seine Zukünftige als Glücksbringer, einer alten Tradition nach, geschenkt hatte. Ang Phurba, eine stattliche Sherpani, bewies, daß sie eine gute Ehefrau sein würde, indem sie in den drei Jahren, in denen sie schon mit Norbu zusammenlebte, zwei Söhne gebar. Der ältere, Lhakpa, war fast drei Jahre alt, und der kleine Sonam trank noch Muttermilch. Wenn Norbu vom Cho Oyu wieder zurück war, sollte Hochzeit gefeiert werden. So war das hiesige System: Bevor man sich eine Ehefrau aufhalst, muß man sie erst einmal testen, ob sie auch wirklich Kinder gebären kann, natürlich hauptsächlich Söhne, solche wie Lhakpa und Sonam, im schlimmsten Fall genügen auch Töchter. Sonst ist es ja sinnlos, die Frau zu heiraten, wer soll sich denn sonst im Alter um einen kümmern?

Für einen potentiellen Ehemann besaß Norbu beachtliche Erfahrungen auf dem Gebiet der Sexualkunde und der Gynäkologie. Außerdem beherrschte er die Regeln der Ernährung der kleinen Erdenbürger. Er half auch seinen beiden Söhnen auf die Welt. Rupien hatte man niemals genug, und warum sollte man dann auch noch einem Arzt sinnlos das Geld in den Rachen werfen, wenn man das Baby auch mit Hilfe der Familie auf die Welt bringen konnte. Es geschah in einem dunklen Verlies, das an einen Keller oder eine Waschküche erinnerte. Ich fand trotz der detaillierten Erklärung nur sehr schwer dorthin, vom Hotel Yellow Pagoda durch ein Gewirr von namenlosen Gassen. Wären die beiden Steinlöwen, die den hinduistischen Tempel bewachten und die der Sherpa so farbig als Orientierungspunkt beschrieben hatte, nicht gewesen, ich hätte niemals dorthin gefunden. Aber dank des Königs aller Tiere sah ich mit meinen eigenen Augen, was Norbu und Ang Phurba stolz als ihre Wohnung betrachteten und wo der kindlich aussehende Norbu gegen eine Unmenge von Blut ankämpfte, das aus Ang Phurba floß. Wie er unzählige Liter Wasser erwärmte, mit dem er alles, was er nur konnte, abwusch. Was nicht abwaschbar war, wurde weggeworfen. Die ganze Woche über achtete er darauf, daß Ang Phurba untertags die Ration des selbstgebrauten Getränks aus Getreide und Eiern trank. Seinen eigenen Worten nach hatte er nie mehr in seinem Leben geschuftet, als in den ersten beiden Lebenswochen seiner beiden Söhne. Dank des nahrhaften Gebräus hatte Ang Phurba so gute Milch, daß ihre Kinder die größten Babys waren, die Norbu je gesehen hatte. Und deswegen wollte er Ang Phurba heiraten, sobald er nach Katmandu zurückgekehrt war.

Unsere Reise zum großen Berg, wie sollten wir unsere Expedition auch anders nennen, begann mit einem schönen Spaziergang durch eine Landschaft, die gerade aus ihrem Winterschlaf erwachte. Lukla liegt auf der gleichen Meereshöhe wie die Gerlsdorfer-Spitze, und wahrscheinlich war deswegen die Stimmung der letzten Märztage unseren Frühlingstagen so ähnlich; die Reste des Eises auf dem Fluß atmen eine faulige Kälte aus, und in der klaren Luft erzittern die Köpfchen der ersten Schneeglöckchen. Es ist die richtige Zeit, das Glück aus der Tiefe der Seele heraussprudeln zu lassen. Es ist das Echo der riesigen Freude darüber, daß die Erde von der Sonne nicht weggeflogen ist, sondern brav ihre elliptischen Bahnen weiterzieht, wie ein wohlerzogener Hund an der Leine.

In Lukla wuchsen keine Schneeglöckchen, und die Bäume hatten noch keine Knospen angesetzt, nur der Seidelbast blühte im süßen Licht seiner Millionen wachsrosa Blüten. Dagegen steckten im Tal des Berges Altvater im Riesengebirge die Schilfrohre jetzt schon ihre Fingerchen aus der noch winterstarren Erde heraus, welch ein Unterschied! In diesem Himalajateil spielte der Seidelbast die königliche Rolle der brennenden Sträucher und Bäume, der ersten Boten des Frühlings. Sie sind Verkörperungen märchenhafter Vorstellungen, ihre Spitzen ähneln Aschenputtels Kleid, in dem sich die Tautropfen im Licht der Sonnenstrahlen brechen, wie sich Licht an gut geschliffenen Diamanten bricht. Sie sind schneller als das Grün, das nur mit bescheidenen Versuchen um sein Recht kämpft. Schätzen wir den Frühling mit seinem süßen, sauberen Atem! Loben wir den Frühling, denn er wird kurz sein! Nützen wir jede Sekunde! Die Geometrie des Sonnenstandes, die klassischen Gesetze der Bewegung der Himmelskörper sichern jedem Geschöpf gleichen Anteil an den Jahreszeiten, die Zeiten der Saat, denen der Reife, der Ernte und der Ruhe.

Nur Wandervögel und unruhige Herzen können das Fließen der Zeit ändern. Wir nehmen den umgekehrten Weg. In nur zwei Tagen stehen wir eintausend Meter höher, und die Zeit – wenn man sie mit dem Thermometer mißt – dreht sich um. Die Zeit, die dem flammenden Seidelbast, den blühenden Stielen der Schlüsselblume und den lieblichen Spielen der Bergwacholderdrossel verbleibt, verflüchtigt sich wie ein rückwärts laufender Film; viel zu schnell läuft er ab, und wir kehren zurück unter die Herrschaft der Kälte, von der wir gerade befreit worden waren. Das gehört zum Frühling in den Bergen, und freudig bringen wir dieses Opfer dar. Aber heute noch nicht! Den heutigen Abend verbringen wir in Phakding, einem kleinen Sherpadorf. Hier atmen wir noch den Duft der Frühlingsnacht.

Nach einer unruhigen Nacht wandern wir weiter. Nach ungefähr zwei Stunden kommen wir an einem weiteren Dorf mit dem Namen Jhorsale vorbei. Hier begegnen sich zwei ewig Liebende: die beiden Flüßchen Bhote Kosi und Imja Khola. Der erste kommt von links und bringt in seinen Fluten silbern glitzernden Schmuck, den ersten Gruß vom entfernten Eispanzer des Cho Oyu. Sein Eis glänzte genauso wie der Sand in den Wellen des Imja Khola, der von rechts zufließt. Er bringt zerschmettertes Gestein aus den Gletschermühlen des Sagarmatha, Lhotse, Nuptse, Kala Pattar, Kangenga und der heiligen Ama Dablam mit. Aus der innigen Umarmung der beiden Flüsse entsteht für immer der ungebändigte Strom Dudh Kosi.

Wir überqueren das Gewässer auf einer schaukelnden Hängebrücke und beginnen auf einem steilen Hang nach oben zu steigen. Am Nachmittag kommen wir zu einem kleinen Sattel, von dem aus Namche Basar nur noch einen Steinwurf entfernt liegt. In der Ferne sehen wir die weiße Festung. Es ist die exponierteste Stelle der Erde, aus der Froschperspektive gesehen und von uns nur noch durch einen sehnsüchtigen Blick und einen dreitägigen Marsch getrennt. Und mit diesem flüchtigen Blick endet auch schon die erste Begegnung, unsere Wege trennen sich wieder. Unser Weg führt nach links, in die Landschaft der Einsamkeit, auf dem uns singend der tibetische Fluß Bhote Kosi begleitet.

Sonam Ghirmi ist ein erfahrener Mensch. Ihm prägte die Ungerechtigkeit der Welt mehr als nur tiefe, verbitterte Falten ein. Von den Sahibs aus Europa und Amerika weiß er genug, seit dem Moment, als er zum ersten Mal vom höchsten Lager aus, das er unter dem Einsatz seines Lebens aufgebaut hatte, wieder nach unten geschickt wurde. Er hatte alle Voraussetzungen, so gut zu werden wie Tenzing oder Pasang Dawa Lama, die ersten Sherpas, die ihren Sahib bis zum Gipfel eines Achttausenders begleitet hatten. So geschah es aber nicht, und Sonam hatte auf harte Weise lernen müssen, daß das einzige, wozu die Expeditionen gut sind, das Geld ist. Er war nicht immer so: Als er noch ein Junge war, arbeitete er in einer Frauenexpedition, die sich als erste in den Türkisberg verliebt hatten.

»Madame Cogan«, er erinnerte sich auch noch nach einem Vierteljahrhundert genau an ihren Namen, wohl bis zum Ende seines Lebens, »sie starb. Sie kam um, achtete nicht auf die Lawinengefahr, die von einer Halbmeterschicht Schnee an der Nordwand ausging. Ihr war es wichtig, die erste Frau zu sein, die die Welt vom Gipfel eines

Achttausenders aus erblickte. Sie kam zusammen mit einer weiteren Mademoiselle um.« An ihren Namen erinnerte sich Sonam nicht mehr. »Sie war schön, die schönste der ganzen Expedition. Es waren auch zwei Sherpas dort, und niemand von den vieren wurde je wieder gefunden. Die Expedition kehrte dann, ohne den Gipfel zu erreichen, wieder ins Tal zurück.« »Es passierte dort aber auch eine lustige Geschichte, sehr lustig«, erinnerte sich unser Sirdar, und in einem plötzlichen Ansturm der Mitteilsamkeit fuhr er fort: »Einer der Memsahibs ist im Zwischenlager der Schlafsack weggeflogen. Wie Frauen nur so unpraktisch sein können, warum muß man auch die Sachen an der Sonne lüften. Aber diese Memsahib nahm es sportlich, sie teilte sich diese Nacht die Wärme mit einem Sherpa.« Sonam hatte sicherheitshalber vergessen, mit welchem Sherpa, aber wir glaubten ihm dennoch nicht. Sonam ist neunundvierzig Jahre alt, und ein Jahr zuvor stand es schlecht um ihn. »Lungentuberkulose, das ist eine üble Sache, man fühlt sich ständig schwach, schwitzt, starrt an die Decke und denkt über die Wiedergeburt nach.« Er dachte auch an die gemietete Gaststätte, für die noch viele Rückzahlungen fällig waren, bis sie ihm ganz gehörte, er dachte über seine Frau Mingma nach, den tauben Sohn Lhakpa und seine anderen vier kleinen Kinder. Er wurde wieder gesund, die Götter waren ihm gnädig, auch wenn man im Reisebüro Mountain Travel schon gemunkelt hatte, daß sein Stern bald erlöschen würde. Und jetzt war er zum Glück wieder auf dem Damm, aber er durfte das Schicksal nicht mehr herausfordern. Die Ärzte hatten ihm streng verboten, höher als fünftausend Meter zu gehen.

»Das wird auch nicht notwendig sein, weil Ang Rita und der Sherpa Norbu ja auch sehr stark und erfahren sind. Very strong!« Sie sollten die Ausrüstung zu den Höhenlagern tragen, und Sonam würde beratend lenken und sich um das Basislager kümmern und natürlich im Notfall uns zu Hilfe kommen. So irgendwie malte uns das alles Sonam aus, und wir waren glücklich, daß er unsere Expedition als seine Angelegenheit betrachtete. Es wäre eine Sünde gewesen, seine ausgezeichnete Sirdar-Erfahrung nicht zu nützen! Es schien, als ob die anfänglichen Verwirrungen hinter uns liegen würden, uns war zum Jubeln.

Aber die Idylle war trügerisch. Noch bevor wir nach Namche kamen, litt Sonam an fürchterlichem Bauchweh. Wir hatten Angst, uns aufzuhalten und suchten gleich in der gerade ruhenden Karawane auf dem Rücken eines Yaks den grünen Sack mit den Medikamenten. Vielleicht würden sie Sonam helfen. Sie halfen nicht. Nicht gleich und nicht im Verlauf der weiteren zwei Tage, die wir in Namche verbrachten. Mit schmerzverkrümmtem Gesicht führte er uns zu seiner Gaststätte, deren zweisprachige Aufschrift stolz Foot Rest House verkündete. Dort übergab er uns der Obhut seines tauben Sohnes Lhakpa, der den Betrieb während der Abwesenheit des Vaters führte. Seine Ehefrau Mingma mit den kleinen Kindern und den weiteren Verwandten bereiteten uns in der Küche auf offener Flamme alles zu, was auf der einzigen, schmuddeligen Speisekarte stand. Meistens gibt es Kartoffeln mit Eiern, in allen möglichen Zubereitungsarten, oder Nudelsuppe Tupka. Wir konnten aber auch Pfannkuchen oder Kartoffelpuffer, Fladen, Chapati, Tee mit Milch oder ohne Milch bestellen. Lhakpa war seit dem Moment taub, als er vor vier Jahren auf dem Lkw von Ghirmi nach Katmandu bewußtlos zusammengebrochen war. Er war auf dem Weg zur Ausbildung, weil der älteste Sohn Sonams zu den Besten der einzigen Mittelschule in Lukla gehörte. Die Schule wurde von der nepalesischen Regierung extra für die Sherpas gebaut. Er wollte Ingenieur werden, und der erste Schritt auf diesem Weg sollte

der Besuch der polytechnischen Schule in Katmandu sein. Als Lhakpa auf dem Weg aus dem Heimatdorf Kopfschmerzen bekam, konnte er nicht ahnen, daß er Opfer der heimtückischen Hirnhautentzündung, Meningitis, die den Sherpas so viele kleine und auch größere Kinder raubt, geworden war. Auch wenn er es hätte ahnen können, es hätte ihm nicht geholfen, denn zur wirksamen Rettung war es schon zu spät. Er hatte aber großes Glück und Pech zugleich, so erklärten es wenigstens die Ärzte später im Krankenhaus. Wenn sie ihn einen Tag später gebracht hätten, wäre er nicht mehr zu sich gekommen, und wenn es um einige Stunden früher gewesen wäre, dann könnte er heute noch hören. So wurde aber der Hörnerv durch die schnell fortschreitende Infektion vollkommen zerstört, und deshalb hat Lhakpa auf dem Pult, hinter dem er die Kunden bedient und auf dem er auch in seinem Schlafsack schläft, eine Bekanntmachung angebracht, die in acht Sprachen darauf hinweist, daß er nicht hören kann.
»Die Bestellungen und andere Wünsche teilen Sie mir bitte schriftlich mit!« Wenigstens auf diese Weise stellt sich Sonams Sohn als die Ausnahme dar, die ihn zu dem kleinen Prozentsatz der Personen seines Volkes zählen läßt, der lesen und schreiben kann. Niemand sonst aus der Familie kann es, er ist der einzige, der eine Rechnung oder einen Brief schreiben, lesen, was auch immer nötig sein sollte, oder ein Schild oder die Speisekarte anfertigen kann. Der alte Sonam kann von alledem nichts, aber es mindert nicht seinen Stolz, daß er der Vater eines gebildeten Sohnes ist. Die Lücken in seiner Bildung, hauptsächlich die mathematischen, ersetzt Lhakpa durch einen kleinen japanischen Taschenrechner, den ihm irgend jemand geschenkt hatte.
Namche Basar oder auch nur Namche, wie es vertrauensvoll von seinen Einwohnern genannt wird, ist eigentlich, wenn man akzeptiert, daß es sich nur um ein kleines Dorf handelt, die Hauptstadt des Sherpalandes, das in einer Höhe von 3440 Metern über dem Meeresspiegel von seinen Bewohnern erbaut wurde. Es ist nicht das älteste, größte und bestimmt nicht das schönste Dorf. Zum Mekka der Bergsteiger macht es nur die günstige Lage auf dem Weg zum Mount Everest.
Namche hat hier die gleiche Bedeutung wie in den Savoyer Alpen Courmayeur oder Chamonix, Zermatt im Wallis und in den Dolomiten Cortina d`Ampezzo. Außer einer nepalischen Kaserne ist hier auch ein kleines Postamt zu finden, mit einem archaisch anmutenden Telegrafen und einem noch archaischer anmutenden Briefkasten, der die sichtbaren Spuren des häufigen Anstreichens mit mehreren Schichten dicker Ölfarbe trägt. Der Briefkasten ist durch eine rostige Kette gesichert, an der ein riesiges, museumsreifes Schloß hängt und dessen Schlüssel mindestens ein Viertelkilo wiegen muß.
Die Bedeutung von Namche Basar wuchs nach dem Krieg, als Nepal seine Grenze für die Bergsteiger öffnete und im Süden des Landes begonnen wurde, hoffnungsvoll eine Route zum immer noch unerreichbaren dritten Pol der Erde zu suchen. Von Tibet aus war kein Zutritt zu finden, da die Grenzen für Ausländer hermetisch abgeriegelt wurden. Schon mehr als einhundertfünfzig Menschen hatten hier ihren Sieg ausgekostet, mindestens fünfzig weitere Menschen aber haben dies mit dem höchsten Preis, mit ihrem Leben, bezahlt.
Der Ausländeransturm in die Sherpa-Metropole will nicht enden, ganz im Gegenteil, er wird immer größer! In den letzten Jahren vervielfachte sich die Zahl der Besucher. Diese Entwicklung beruht auf dem wachsenden Interesse am Trekking, das ja gerade auf dieses Gebiet konzentriert zu sein scheint. Sollte sich dieser Prozeß fortsetzen, werden wir bald Seilbahnen und Schlepplifte haben, die von hier aus auf alle umliegende

Berge und Gipfel führen werden, inklusive des höchsten, und es ist nicht ausgeschlossen, daß dann in der Mitte des Dorfes auf einem Ehrenplatz ein Denkmal der Eroberer aufgestellt wird, ähnlich wie in einigen der bekannten Alpenzentren. Das Dorf ist jetzt schon in die größtmögliche Breite gewachsen, die ihm das kleine Bergtal erlaubt. Es sieht aus, als ob es mit einem Löffel aus dem Tausendmeterabhang des Bhote Kosi herausgeschält worden wäre. Primitiv gemauerte Häuschen mit bunten Holzfensterläden ducken sich eng aneinander, wie die Hühner auf den Treppen eines riesigen Amphitheaters. Es gibt nur staubige Fußwege, Gestein, Yakmist, geregelte oder ungeregelte Wasserrinnsale, die aber auf jeden Fall die frommen Gebetsmühlen zu noch größerer Gottesverehrung antreiben, überall dort, wo der Genius des Volkes beschlossen hat, die unverzichtbaren Chorten aufzubauen. Chorten sind das Symbol des Glaubens, das sich die Sherpas aus ihrer ursprünglichen tibetischen Heimat mitgebracht hatten und es ist ihr vereinigender ethnischer Brauch, ihr geistiges und räumliches Zentrum der Gemeinsamkeit. Die Bewohner haben die heiligen Treppen Swayambunath oder Bodnath liebevoll nachgebaut, wenn auch wesentlich kleiner und huckeliger. Buddha, der mit einem lustig flatternden Heiligenschein voller Gebetsfahnen versehen ist, blickt von dort mit seinen Mandelaugen in alle Himmelsrichtungen, mit dem Blick des Allesumarmenden. Wahrscheinlich würde er sich sehr wundern, wenn er sehen könnte, was sich so alles in den kleinen holprigen Gäßchen abspielt! Im Gewühl der kleinen Geschäfte wird emsig auch die noch so ungewöhnlichste Ware, die aus den verschiedensten Ländern kommt, angeboten.

Waren aus China, Japan, Indien, Thailand, Amerika und Westdeutschland. Von Batterien über Nagelzwickern, bunten Tassen, Ansichtskarten und Toilettenpapier, Shampoos, duftenden Stäbchen, Geschirr, Schmuckstücken aus Leder und Metall, Spangen und wertvollen tibetischen Teppichen, mit Drachen und Zeichen der Unendlichkeit versehen, der Freude und des Glücks geschmückt, Messingglocken, eine breite Palette ritueller Gegenstände und nicht voneinander zu unterscheidende Kopien gestrickter Pullover, spitziger Ohrenschützer und Handschuhen aus dicker Wolle, geschmückt mit traditionellen Mustern, buschige oder feine Büffelschwänze und sogar ganz bearbeitete Felle, gruselige Masken grimassenschneidender Dämonen, nicht zu reden von dem bunten Spektrum der einheimischen und ausländischen Lebensmittel.

Die Sherpas sind geborene Geschäftsleute, sie kaufen von den zurückkehrenden Expeditionen alles gebrauchte und ungebrauchte Material auf, um es dann mit Gewinn an Interessenten wieder weiterzuverkaufen. Es sollte auch für uns kein Problem werden, unser fehlendes Expeditionsmaterial auf diesem Markt zu besorgen. Mit einem ordentlichen Aufschlag, aber ohne Schwierigkeiten kauften wir Küchengeräte inklusive dreier Gaskocher, Töpfe, Petroleumlampen mit Pumpen, zwei Dampfkochtöpfe, sechs Kanister Petroleum und eine Menge anderer Dinge. Wir hätten auch weiteres Bergsteigermaterial kaufen können, von der Aluminiumleiter, mit deren Hilfe es möglich ist, auch die breitesten Eisspalten zu überqueren, bis hin zu den Mützen mit den Reklameaufschriften der vorherigen Expeditionen. Was die fehlenden Nahrungsmittel betraf, so griffen wir, wie seinerzeit Herbert Tichy, auf die preislich erträglichen örtlichen Lebensmittel zurück. Wir nützten auch die Tatsache, daß Samstag war, der Tag des großen traditionellen Marktes.

Schon von frühmorgens an, wenn die Sonne die namenlosen Sechstausender über Namche vergoldet, während das Oval des Dorfes noch lange im Schatten liegt, treffen sich die Käufer und Verkäufer aus dem breiten Umland. Es sind Tibeter mit hohen

Wangenknochen in den ungewaschenen Gesichtern, die rabenschwarzen Haare zu Zöpfen um den Kopf geflochten, auf dem Rücken Holzkraxen tragend, in denen sich Salz, Tee und Türkis befindet, von dem es ja in Tibet genügend gibt. Sie sind kräftiger als die zierlichen Sherpas, Männer wie Berge, gekleidet in selbstgefertigten Hosen und Hemden aus Leder. An den Füßen tragen sie bis zur Hälfte der Wade hochreichende Filzstulpen. Man überlegt, wie sie in solch einem Schuhwerk den weiten Marsch bis hierher meistern konnten. Manche von ihnen trieben ganze Herden von Yaks über die Bergsattel. Yaks sind denn auch die am meisten begehrten Geschäftsartikel. Die kräftigsten Tiere haben ihre Heimat hoch oben auf den tibetischen Bergwiesen. Sie werden mit den hiesigen Huftieren gekreuzt, und so entsteht das beliebte Zopkyo.
Zopkyos sind in den weiteren Generationen unfruchtbar, deshalb ist es notwendig, immer wieder reinrassige Yak-Stiere von den nördlichen Nachbarn zu kaufen. Die Tibeter erwerben als Gegenleistung Waren aus der Ausbeute der westlichen Zivilisation, die hier dank des wachsenden Tourismus zur Genüge vorhanden sind. Wir brauchten uns also nicht wundern, daß die Kinder aus Lhasa ihre Hausaufgaben mit japanischen Minitaschenrechnern machen.
Zum Markt kommen auch Sherpas, Bauern und Schäfer aus den umliegenden Dörfern. Aus Khunde, Khumjung, Lobuche und Pangboche kommend, führen sie Ziegen und Schafe an einem Strick mit, in Körben tragen sie Hühner, und mit ihrer ganzen Ware balancieren sie geschickt über die Schlucht Imja Khola. Der Markt findet auf einem steilen Hang am Rande des Dorfes statt, wo der Wind den Blütenstaub in einem Wald von Wolken hochbläst. Der Markt findet natürlich etwas abseits vom Blickfeld des Buddha statt, damit dem Hochwohlgeborenen das Geschäftsgebaren erspart bleibt, bei dem jeder jeden hereinlegen will. Man handelt hauptsächlich mit Lebensmitteln. In den Säcken auf dem Boden befindet sich Tsura, getrockneter und gepreßter Reis, Tsampa, Mehl aus geröstetem Weizen, und es findet sich auch ein Häufchen kleiner schwarz gewordener Bananen und unreifer Mandarinen, Sonnenblumen- und Sesamkerne, Ingwer, Kardamon und Knoblauch. Tibetisches Salz ist grob und grau, es kommt aus den Seen, in denen schon die Dinosaurier gebadet haben. In ihm knirscht der Sand der Ferne.
Wir drängelten uns durch die bunte Menge Kinder, gackernder Hühner und meckernder Ziegen. Die Fotoapparate steckten wir vorsichtshalber in die Taschen unserer Anoraks. Wir kauften uns je einen Sack Tsura und Tsampa, Kartoffeln, eine Kiste Eier, deren Größe den unterernährten Hühnern voll entsprach, die sich ihre Nahrung auf den Müllhalden der Sherpas suchen müssen.
Eindrucksvoll erhob sich in Sonams Hof unser Vorrat. Es stapelten sich indische Trockenmilch, gelblicher Zucker, dunkles Mehl Ata für Tschapati, zwei Flaschen gefüllt mit rötlich glänzendem Öl, ein Korb Ingwer, Zwiebeln und Knoblauch. Majestätisch stachen zwei große Yakschinken hervor, die uns unsere fehlenden Konserven ersetzen sollten. Sie waren der ganze Stolz Changpas; er hatte sie für eine horrende Summe gekauft. Es blieben nur noch einige Kleinigkeiten zu besorgen: zwei Kartons nepalesischer Kekse mit dem Namen Nebico, ein Rad Käse, etwas Süßigkeiten, fruchtbraune Nüsse, nicht besonders saubere Rosinen und Suppen aus Indien; dann hatten wir unsere Vorräte vervollständigt. O nein, es fehlte doch noch etwas! Nach reiflichem Überlegen entschlossen wir uns, zwei Sauerstoffflaschen zu kaufen. Es ist vernünftig, denn außer dem Offizier, von dem niemand wußte, ob er überhaupt noch

kommen würde, fehlte uns auch ein Arzt, und Gott allein wußte, wie es mit unserem Sirdar weitergehen würde! Außerdem hatten wir keine Funkgeräte bei uns, sie waren aus einem unerfindlichen Grund in Amerika geblieben.

In Nepal konnten wir sie nicht nachkaufen, dazu hatten wir nicht genügend Geld. Wir konnten auch nicht mehr die 2000 Dollar Pfand hinterlegen für eine Notfall-Hilfe per Hubschrauber. Das mußte uns aber nicht sonderlich leid tun, weil es sowieso unmöglich wäre, einen Hubschrauber ohne Funkgeräte herbeirufen zu wollen. Die einzige Garantie für unsere Sicherheit und Gesundheit war ein enorm großer grüner Sack voller Medikamente mit Gebrauchsanweisungen und ein englisch geschriebenes Handbuch der Bergmedizin für Laien. Jetzt kamen noch zwei giftig aussehende gelbe Flaschen mit dem lebenspendenden Gas hinzu. Uns beunruhigte die Tatsache, daß wir ihre Herkunft nicht genau kannten, nur daß sie von einem anderen, wahrscheinlich amerikanischen, Höhenlager stammten. Sie waren wohl der Rest einer Mount-Everest-Expedition, von der aus geschäftstüchtige Höhenträger sie zum Markt gebracht hatten, um sich etwas dazuzuverdienen. Mit anderen Worten: ein Kauf, den man bei uns zu Hause »die Katze im Sack kaufen« nennt. Es blieb noch das Problem mit der Verpackungstechnik, aber Körben aus dem Dorf, verschiedenen Säcken und einer Rolle gestreiften Stoffs war alles zu schaffen. Wir verpackten unser Material in neunundvierzig Gepäckstücke, mit einem Gesamtgewicht von ungefähr achthundert Kilogramm. Damit waren wir eine noch leichtere Expedition als die von Herbert Tichy. Der Erfolg unserer Arbeit erinnerte zwar beileibe nicht an die bekannten, mit bunten Aufklebern verzierten Plastikfässer und Schachteln, die bei den meisten Expeditionen sonst verwendet wurden, aber es würde wohl auch so funktionieren. Es schien, als könnte uns nichts daran hindern, am nächsten Morgen aufzubrechen.

Wir suchten Sonam, den wir den ganzen Tag über nicht gesehen hatten, aber er war nirgendwo zu finden. Endlich erfuhren wir von seiner Frau Mingma, daß er sich mit den anderen aus Namche Basar der Herstellung von Reiskugeln widmete. Als wir ungläubige Gesichter machten, erhielten wir eine Erklärung. Wir wüßten wohl nicht, daß vor einiger Zeit der Inhaber des großes Hauses gegenüber, der reichste Mann in Namche, Chwang Phurba, gestorben sei. Für ihn würden nun die Totenfeierlichkeiten vorbereitet. Die Vorstellung einer Leiche, die schon einige Zeit, ob nun kurz oder lang, auf ihre Beerdigung wartet, war nicht gerade angenehm. Aber Chwang war selbstverständlich schon längst eingeäschert worden, nur hatte seine Familie dreißig Lamas aus den unweit gelegenen Klöstern eingeladen. Manche von ihnen wagten den weiten Weg aus anderen Tälern, und deswegen würden die Trauerfeierlichkeiten im Hause des Toten erst jetzt stattfinden. Seit dem Vortag beteten die heiligen Männer für Chwang, dessen Asche die Wellen des heiligen Flusses wahrscheinlich schon bis zum Meer getragen haben. Es möge seine Rückkehr in die unruhige Samsara dieser Welt, falls ihm nach diesem Leben nicht schon das Nirwana vergönnt sein sollte, noch besser und die neue Verkörperung noch erfolgreicher sein! Sonam war auch dort, wie konnte er bei solch einer wichtigen Angelegenheit fehlen, wo er doch zu den angesehensten Bürgern des Dorfes gehörte. Zusammen mit den anderen stellte er Reiskugeln her, ein ausgezeichneter Leckerbissen für Götter und Lamas, die von nah und fern gekommen waren, um dem Toten ihre Anteilnahme zu bezeigen. Wir waren anderer Meinung über die Pflichten unseres Sirdars im Zusammenhang mit unserer schon verspäteten Expedition, auch was seine schrecklichen Koliken betraf, die keines unserer Medikamente stoppen konnte. Aber wir schwiegen vornehm.

Oben am Hang klang etwas herüber, das sich wie der Ton eines Gongs anhörte, und danach folgte ein unbeschreibliches Jaulen und Pfeifen. Neugierig schauten wir zum Haus des Toten hinauf. Vor dem Bau, auf einer kleinen Terrasse, drängte sich eine Menschenmenge, aus deren Mitte ein großer Stock mit bunten Fransen herausragte. Für die Kenner des lamaistischen Buddhismus ist dies das Zeichen der Trauer und der Pietät. Umgeben und ergriffen von der mächtigen Menschenansammlung, verteilte Sonam in seiner roten Paradejacke und mit der fast neuen Schildmütze Reiskugeln und andere Spenden. Nichts ließ eine Spur der starken gestrigen Schmerzen erkennen. Aus dem Haus tönte sich steigernde Musik, wenn man überhaupt die dumpfen Schläge und das fanatische Jaulen und Pfeifen so nennen konnte. Es schwoll an, bis zu einem Höhepunkt, dann brach es schlagartig mit einem Schluchzen ab. In der plötzlich entstandenen Stille konnte man die Mönche, die ihre monotonen Gebete murmelten, bis zu uns her hören. Wir erfuhren, daß sie in dem größten Zimmer mindestens eine Woche bleiben würden. Es war wie eine Kapelle hergerichtet, und die ganze Zeit würden vor den Statuen des Buddha, der Tara und dem größten Lehrer, dem Basa Guru, unzählige Flämmchen brennen, die in fleißig nachgegossenen Öl- oder Butterlampen stehen. Die Lamas in ihren roten Togas aus gefärbtem Yakfell und knallorangen Hemden würden dort mit rasierten Schädeln noch lange sieben Tage in der Lotosposition verbringen und sich höchstens entfernen, um ihre Blase zu entleeren, die immer voll ist vom ununterbrochenen Teetrinken, der mit Butter und Salz zubereitet ist. An den Hinterbliebenen lag es nun, sich um sie zu kümmern, es durfte an nichts fehlen, weder an Pellkartoffeln, noch an Reiskugeln mit roter Soße. Es wurde auch eine Menge anderer auserwählter Leckerbissen der Sherpaküche serviert: gebratener Teig aus dem wertvollen weißen Mehl, Lutschbonbons und Kekse. Die Lamas brachten Musikinstrumente mit, ein riesiger, mit Tierhaut bezogener Gong führte die Musik an. Er hing in der Dämmerung des verrauchten Zimmers, direkt gegenüber dem kleinen Fenster. Ein uralter Mönch mit zerfurchtem Gesicht schlug ihn. Er gab ein Geräusch von sich, ähnlich einem entfernt klingenden Donnern, das immer näher kommt, je nach Geschwindigkeit der Schläge. Den suggestiven Rhythmus ergänzte der Ton der Pfeifen, die zwischen vierzig Zentimeter und einem halben Meter lang sind. Das Pfeifen und Kreischen der kürzeren mischt sich mit dem heiseren Klirren der Becken. Wenn die längeren ihren Einsatz haben, bereiten sich die Musiker erst mit Ausspucken und dem charakteristischen Lippenablecken vor. Uns fröstelte es. Ihr heiserer Gesang schien aus den Tiefen der Erde heraufzusteigen, hinauf zu den Höhen des letzten Gerichts und endet dann unverhofft. Und wieder hörten wir das monotone Murmeln der rhythmischen, magischen Texte – Mantras. Immer wieder und wieder, bis hin zur Ohnmacht oder einer hypnotischen Ekstase.

Bei dieser düsteren, ergreifenden Szene in der Dämmerung der blinkenden Lichter erinnerte ich mich beim Anblick des Lamas in der zerknitterten Kutte an die bezaubernden Wiesen unter den nordöstlichen Hängen des Manaslu. Dort liegt das lamaistische Kloster Sama. Die Erinnerung war, obwohl bereits vier Jahre vergangen waren, rein und klar, wie der Duft von Wacholder, Heidekraut und Farn. Auf der Wiese, im schlaffen Rot der Hagebutten, verbrannt vom ersten Frost und der übervollen Palette der Farben des Spätsommers, stand das einfache Gebäude des Tempels mit dem bauchigen Schieferdach, das auf die im Dorf übliche Art geweißelt war. Von hier kam das gleiche Geräusch der Instrumente, wie wir sie jetzt gehört hatten, immer wenn die Mönche beteten oder übten. Sie hatten ansonsten nicht viel zu tun, und so schlenderten sie barfuß durch die taunasse Heidekrautlandschaft und ahnten nicht, daß sie schon vor langer Zeit dem bekannten Maler, Giotto von Assisi, Modell gestanden hatten, in einer Landschaft, in der die verkrümmte Silhouette des Tempels mit dem Horizont des blauen Eises des Manaslu sich vereint. Heimlich beobachtete ich, ob nicht jemandem ein zahmer Vogel auf die Hand flöge, aber es passierte nichts dergleichen, denn dort, wo die Gletscher ihren eisigen Odem ausatmen, ist es den kleinen Federtieren viel zu kalt.

Am nächsten Tag erwachten wir in einem neuen Monat. Es war der 1. April, und hier, wie überall auf der Welt, der Festtag der Gaukler mit ihren verschiedenen Späßen. Wir ahnten noch nicht, daß sich den besten Spaß mit uns unser Sirdar erlauben würde. Vor des Sirdars Haus warteten schon seit den frühen Morgenstunden die Träger mit ihren Yaks, aber umsonst. Sonam war schon wieder nicht zu finden. Wie war dies denn mit seinem gesunden Aussehen vom Tag zuvor zu vereinbaren? Ob er wohl abends aus Pietätsgründen eine größere Menge Tschang getrunken hatte als ihm bekömmlich war? Endlich kam gegen zehn Uhr der jüngere Sohn Pemba, von dem wir erfuhren, daß Sonam schon wieder im Bett liege und so schwach sei, daß er nicht in der Lage sein würde, mit unserer Karawane aufzubrechen. Aber wir sollten uns deswegen keine Sorgen machen, versicherte Pemba, no problem, sobald sich der Vater wieder erholt hätte, würde er uns einholen. Das gefiel uns gar nicht, aber wir hatten keine andere Wahl, wir mußten endlich aufbrechen.

Durch das Tal des tibetischen Flusses

Mit einer Karawane von neun Trägern und fünfzehn stattlichen Yaks verließen wir Namche Basar. Langsam gingen wir durch die Gäßchen, stiegen über Serpentinen und künstliche Stufen immer höher. Unter den abgehärteten Wacholderbüschen verabschiedeten wir uns mit einem Blick von dem Dorf, das in Hufeisenform angeordnet tief unter uns lag. Der Klang der Messingglocken an den breiten behaarten Nacken der Tiere wechselte sich ab mit dem langen Pfeifen der Treiber, das sich monoton über die in allen Farben blühenden Rhododendronbüschen erhob. Die schüchternen Strahlen der Frühlingssonne streichelten die verhärtete Erde, die erwachte, um das Wunder der Wiedergeburt wie jedes Jahr zu wiederholen.

Unter den Trägern befanden sich auch zwei Sherpafrauen in langen Wickelröcken und in gestreiften, selbstgewebten Schürzen, die Haare hochgesteckt. Die eine hieß Puti, die andere Nima. Als sie das letztemal andächtig die Gebetsmühlen am Rande des Dorfes kurbelten, mischte sich das Brausen der alten Baumkronen mit dem Rauschen des tief unter uns liegenden Flusses Bhote Kosi. Durch die Luft blitzte ein schöner Schmetterling, und in den rauschenden Blättern der gebückten Weiden sangen unsichtbar gefiederte Freunde. Wir fühlten uns wie auf einem Ausflug. Auch vorher hatte es uns an Begeisterung nicht gefehlt. Es begleitete uns auch der Galgenhumor, der wohl der intelligenteste Ausdruck der Trauer ist. Wir fühlten, daß unser Weg ein Pilgerweg zu etwas Wunderschönem geworden war. Sonderbarerweise waren wir ausgeglichen und ruhig, ja wir spürten sogar Freude. Wir freuten uns und dachten über den Augenblick nach, in dem wir demütig am Bergfuß des noch versteckten Berges mit dem poetischen Namen Cho Oyu stehen würden. Wir hatten kein übertriebenes Selbstbewußtsein, es überwältigte uns nur die reine Sehnsucht und die nicht hinterfragte Entschlossenheit derer, die vorher noch nie aufgeben mußten. Wir waren bereit, alles zu tun, was in unseren Kräften stand, um unseren Traum nicht zu zerstören. Vielleicht war es gerade das, was den etwas vergessenen Begriff Amateur ausfüllt. Es ist ein glückliches Gefühl, sich so bedingungslos einer Sache hinzugeben.

Die robusten Yaks waren noch halb wild, es war daher nicht ratsam, sie auf der Talseite zu überholen. Sie erschraken leicht und könnten uns dann in die Schlucht abdrängen - so erklärte es uns der napoleonische Norbu, der schon wieder seiner Leidenschaft, uns zu belehren, verfallen war. Er steckte voller Neuigkeiten, die er agil in Namche gesammelt hatte, und jetzt hatte er eben das Bedürfnis, sie in übertriebener Form weiterzugeben: die tschechische Expedition hatte schon ein Basislager unter der jungfräulichen Südwand des Lhotse Shar aufgebaut. Beide Expeditionen, die am Mount Everest arbeiteten, waren in höhere Lager aufgestiegen. Eine indische Expedition mit einundsiebzig Mitgliedern, vierzig Sherpas und vierhundert Talträgern stieg über den normalen Weg in den Südsattel ein, während die bulgarische Expedition über den Westgrat von Lho La aufzusteigen versuchte. Die Inder hatten angeblich die horrende Summe von einer halben Million Dollar zur Verfügung. Vera und mich beeindruckte aber nur, daß in dieser Expedition acht Frauen waren, und wenigstens eine davon sollte laut Plan den Gipfel besteigen.

Norbu hatte irgendwo erfahren, daß auf dem Everest in diesem Jahr schon zwei Sherpas ums Leben gekommen waren. Er erzählte uns eifrig vom Tod eines Sherpas, eines armen Kochs aus dem Tal, der sich zum ersten Mal in seinem Leben anheuern ließ. Er stieg aber zu schnell in die Höhe von 6000 Metern auf und bekam dort dann die Symptome der Bergkrankheit zu spüren. Er hatte aber seine Schwäche, aus Angst, seine gut bezahlte Arbeit zu verlieren, nicht zugegeben. Und so saß er dann im Küchenzelt, und niemand bemerkte, daß er im Sterben lag. Als seine Untätigkeit dann doch jemandem auffiel, war es schon zu spät. Noch bevor der Hubschrauber eingetroffen war, verstarb der Koch. Der andere Sherpa wurde von einem Eisblock des Lho La erschlagen.

»Wie war sein Name?« fragte ich in böser Vorahnung. »Ang Rinsing aus Phakding, er hatte eine Frau und drei Kinder«, wiederholte Norbu den Namen, sichtlich erfreut über mein Interesse. Es stellte sich heraus, daß er den gleichen Ang Rinsing meinte, der einer unserer sechs Sherpas bei der Expedition auf den Manaslu war. In mein Gedächtnis hatte er sich deshalb eingeprägt, weil er unbedingt unseren französischen Kocher für immer und ewig leihen wollte.

Ang Rinsing zahlte den Preis der Frühlings- oder Herbstexpeditionen. Die Vorstellung von der eigenen Gaststätte, der Versicherung für das Alter, löste sich für ihn nun in Luft auf. Seine Kinder würden zu einem reichen Dorfbewohner in den Dienst gehen, sie würden niemals schreiben und lesen lernen. Das Schicksal der Höhensherpas ist sehr hart. Viele sterben für den fremden Ehrgeiz und für fremde Ziele, manche tragen jahrelang das Los ihres gefährlichen Berufes. Die Statistiken zeigen, daß von allen Teilnehmern einer Expedition, die eine Höhe von 7000 Metern überschreiten, drei Prozent sterben. Im Grunde bedeutet dies, daß der Mensch nur fünfunddreißig Expeditionen sicher überleben kann. Und wieviel Expeditionen absolvierte ein Sherpa in seinem Leben? Ich neidete dem armen Rinsing sein großartiges Begräbnis am großen Fuß des Chomolungma nicht, auch nicht, daß seine Asche in die abfließenden Wasser eines Gletschers geworfen worden war. Im Gegensatz zu Norbu glaube ich nicht an die Wiedergeburt, obwohl ich es Rinsing wünschen würde. Wenn er nur wiedergeboren würde und Sirdar werden könnte.

Als wir am späten Nachmittag im Meer des Gerölls am kleinen Dorf Thomde vorbeikamen, ging ich, nichts Böses ahnend, an einem Haufen Mani-Steine rechts vorbei. Norbu blieb sofort stehen: »Ach, ach, ein schlechtes Karma, so eine Tat, so eine Unkenntnis! Jeder Sherpa, sogar jedes Kind weiß, daß die Betenden grundsätzlich von links umgangen werden müssen, wenn der Zweck, dem sie dienen, erreicht werden soll!«

Ich kenne nicht genau den Zweck, zu dem die aufgeschichteten Steine mit den schönen Buddhabildern auf einer Lotusblüte dienen oder wofür die nicht weniger schönen Inschriften in ornamentalischer tibetischer Schrift gut sein sollen. Ich dachte, es seien symbolische Grabsteine für die Toten, deren Asche in den Fluß geworfen wurde oder im Wind zerstreut worden war, da die Himalajadörfer ja Dörfer ohne Friedhöfe sind. Aber dem ist nicht so, wie mich Norbu belehrte, während ich brav, wie es sich gehört, zurückkehrte, um die Steine jetzt auf der richtigen Seite zu passieren. Wenn man solch einen Mani-Stein auf der linken Seite umgeht, ist alles in Ordnung. Es ist dabei nicht einmal notwendig, zu beten, weil der Stein selbst das Mantra spricht, das auf ihm gemeißelt steht. Und nicht nur das eine, das jeder kennt: Om mani padme, hum ..., auch jedes andere Mantra, das in der heiligen Schrift Kondjur enthalten ist, die sonst nur die Lamas lesen können, wird von ihm gebetet. Wie sollten sonst die Menschen beten, die die Buchstaben nicht kennen? Das ist gut ausgedacht. Aber wehe, wenn ein Reisender das Mani von rechts her umgeht, das ist schlecht, kein Beten, die Götter werden sehr böse werden. Nach dieser lapidaren Belehrung wagte ich es nie mehr, Norbus Gläubigkeit herauszufordern und ging von nun an an den Manis immer links vorbei. Mir war es ja auch egal. Hinter dem Dorf passierten wir den letzten Rhododendronbusch mit vollen Knospen und kehrten fast unmerklich in die Herrschaft der Kälte zurück.

Gegen fünf Uhr wandte sich der Weg nach Norden, und vor uns tauchte Thame auf. Das breite Sherpadorf ist in einer riesigen Ausbuchtung auf den Flußtrassen im Tal des Bhote Kosi gebaut. Es ist das zweitgrößte Dorf im ganzen Khumbu, und hier wurde Ang Rita geboren, der hier in den Zeiten zwischen den Frühlings- und Herbstexpeditionen lebt. Direkt über Thame, in westlicher Richtung, erhob sich der Bergsattel Tashi Labtsa, der das Tal des Bhote Kosi vom Nachbartal Rolwaling trennt. Bis jetzt gingen wir in westlicher Richtung, hier bogen wir steil direkt nach Norden ab und verließen die stark frequentierte Trekkingtrasse. Unser Weg führte uns weiterhin durch das Tal, wir teilten ihn mit den Salz- und Türkisverkäufern, die hier normalerweise über den Paß des Nangpa La herkommen. Zum ersten Mal hauchte uns hier der kalte Wind aus Tibet an, der uns nun nicht mehr verlassen würde.

In Thame fand auch die letzte Polizeikontrolle durch drei sich langweilende Polizeibeamte statt, die, mangels anderer Beschäftigung, den ganzen Tag Karten spielten. Gründlich prüften sie unsere Expeditionserlaubnis, zählten einige Male die Anzahl der Personen, Tiere und Lasten, bis sie endlich zu einer Einigung kamen. Dann boten sie uns kochendheißen Tee an und die Möglichkeit, in ihrer halbzerfallenen Hütte, genannt Polizeistation, zu übernachten. Wir lehnten höflich ab, weil wir ja schon eine andere Einladung hatten: die Nacht wollten wir in Ang Ritas Haus verbringen.

»Das ist mein Haus«, sagte Ang Rita stolz und zeigte mit dem Finger auf die andere Seite der Schlucht, in der mit Getöse graue Wasserströme hinunterrauschten. Bald kamen wir am unteren Teil eines Steinhauses an, wo es in der Dämmerung nach den Heuvorräten duftete. Die vom Wind gereizten Augen brannten und gewöhnten sich nur schwer an die Dunkelheit. Wir tappten suchend nach der Leiter, über die man nach oben in den bewohnbaren Teil des Hauses kletterte. Das erste und einzige Stockwerk bestand aus einem großen Zimmer, das der Familie als Wohn-, Schlafzimmer und Küche sowie als Lagerplatz für allerlei Gerätschaften diente.

»Namaste, Namaste«, begrüßte uns Ang Ritas Frau, und fünf seiner Kinder musterten uns neugierig. Wir waren hungrig wie Wölfe und stürzten uns gierig auf die Schüsseln voll dampfender Kartoffeln. Ihre heißen Schalen wärmten angenehm unsere klammen Hände, und das duftende Fruchtfleisch ergötzte unsere Gaumen. Die Mitte des Raumes nahm die offene Feuerstelle ein, die auch der Mittelpunkt der Wärme und des Rauches war, die durch alle Öffnungen nach draußen drangen. Das Dach war doppelt, die fehlende Decke ersetzte geflochtener Bambus, der vom Rauch schwarz geworden war. Damit das Dach nicht wegfliegt, war es von außen mit schweren, flachen Granitsteinen beschwert worden. So ein Haus zu überdachen, ist eine regelrechte Kunst, die vom Vater auf den Sohn vererbt wird. Dazu sind aber einige Berufe zu beherrschen, vom Steinhauer angefangen bis zum Korbflechter.

Draußen wurde es schon dunkel, und der Westwind wehte beständig. Wir saßen, vom Essen ganz träge geworden, mit brennenden Augen, weil der blaue Rauch das ganze Zimmer ausfüllte. Die Gastgeber trugen auf dem niedrigen Tisch mehr und immer noch mehr Gänge auf, wie es das Gesetz der Gastfreundschaft erfordert. Nach den Kartoffeln, der Grundlage des Essens, kam ein Eieromelett. Es folgten ein Stück gekochtes Yakfleisch in einer Gewürztunke, eine Schüssel Momo, Täschchen mit Fleischfüllung, gekochter Lammfleischsud und zum Schluß ein Haufen fetter Pfannkuchen, Puri, und auch ganz gewöhnliche Tschapati. Ganz am Schluß, als wir uns schon fast nicht mehr bewegen konnten, brachte die Frau des Hauses einen Krug, gefüllt mit einer wundersamen Flüssigkeit. Sie war weiß, erinnerte an Molke, aber mit Milch hatte dieses Getränk überhaupt nichts gemein. Es schmeckte nach gegärter Zitronade und erinnerte etwas an abgestandenes Bier. Endlich lernten wir also das Nationalgetränk, selbstgemachtes Reisbier, das unter dem Namen Tschang bekannt ist, kennen. In der Hütte sammelten sich ein paar von Ang Ritas Nachbarn und beobachteten neugierig, was Vera und ich machten.

»Mit Sicherheit sind Parasiten darin«, flüsterte mir mit leiser Stimme Vera ins Ohr. Aber ich war entschlossen, auf den Spuren von Herbert Tichy zu schreiten. Auch er hatte hier vor dreißig Jahren mit Pasang Tschang getrunken, und ich sollte die Gastgeber beleidigen? Mutig trank ich aus einem Glas, jedoch nicht, ohne es zuvor mit Wasser gespült zu haben. »Im schlimmsten Fall helfen vielleicht die Medikamente aus dem grünen Sack«, dachte ich bei mir. Vera probierte das Reisbier nun doch noch.

Nach einer Weile kam es mir vor, als säße ich bei uns zu Hause mit ein paar alten Freunden, um mit Otakar Tarockkarten zu spielen. Die Sherpas kennen das Spiel zwar nicht, aber ihre männlich untermalte Unterhaltung ist genauso wie bei uns daheim. Sie sprachen groß auf, unterhielten sich über nicht anwesende Personen, hauptsächlich über Sonam. Sie lachten über irgendwelche zweifelhaften Witze, die wir zum Glück nicht verstanden. Die Kinder waren still, aus ihren schmutzigen Gesichtern leuchteten wunderschöne braune Augen, die Nasen liefen ständig. Ein Taschentuch ist hier unbekannter Luxus. Die pechschwarzen Haare werden nach einem Topf geschnitten. Alle ähnelten irgendwie den Teufelchen des tschechischen Schriftstellers Drda, alle waren hier zur Welt gekommen, in diesem Raum, und zur Welt half ihnen Ang Rita. Wenn er gerade unterwegs war, dann half halt die Nachbarin. Kein Problem, wenn man es so nimmt, unterscheidet sich der Mensch nicht allzusehr vom Yak, und jeder Sherpa hat schon oftmals gesehen wie die kleinen putzigen Kälblein zur Welt kommen. Der Herr dieses Gebäudes besitzt fünfzehn Yaks, sie sind sein ganzer Stolz und selbstverständlich ein Statussymbol und dienen der sozialen Sicherheit. Weil er oft außer Hause ist, stellte er sich einen Helfer ein, der sich während seiner Abwesenheit um die Tiere kümmert. Auch jetzt saß dieser junge Diener hier, und sie besprachen ganz ernst die Frage der bösen Geister, die den Yaks schaden könnten. Ang Rita rät in einem solchen Fall, den Lama zu rufen, der die Geister dann zum Rückzug bewegen könnte. Nicht weniger gefährlich ist aber für die Yaks der Wolf Chongki, angeblich kommt er bis aus Tibet hierher. In einem unbewachten Augenblick springt er an den Hals des Yaks und beißt die Schlagader durch. Das schlimmste daran ist, daß er gierig nur das Blut säuft und das Fleisch verschwenderisch liegen läßt. Ich bezweifelte sehr stark, daß Ang Ritas Befürchtungen einen realen Hintergrund hatten. Ich würde gerne einmal den Wolf sehen wollen, der den haupttibetischen Kamm, mit der Höhe von fast 10.000 Metern überquert und nach Nahrung sucht. Außerdem konnte niemand der Anwesenden den Täter genau beschreiben, weil ihn angeblich noch nie jemand aus der Nähe gesehen hatte. Ich kam zu der Ansicht, daß Chongki ein naher Verwandter des Yeti und ihre gemeinsame Heimat die uneingeschränkte Phantasie der Bergbewohner ist.

Die Unterhaltung plätscherte weiter, Vera und mir fielen schon die Augen zu. Wir legten uns kurzerhand auf eine Bank in der Nähe des Lagerfeuers in unsere Schlafsäcke. Es sollte unsere letzte Nacht in gemütlicher menschlicher Obhut sein, in der der Mensch sicher geschützt ist vor Unwettern, eisiger Kälte und vor bösen Geistern.

Im Haushalt der Sherpas wacht die Wirtschafterin als erste auf. Sie zieht die bestickten Stiefel an und steigt vorsichtig über Mann und Kinder aus dem großen gemeinschaftlichen Bett. Sie nimmt ein paar Streichhölzer und facht ein Feuer an, indem sie gleichmäßig durch gespitzte Lippen bläst. Wenn dann die Ästchen knistern, legt sie rote Scheite aus Hartholz auf und beginnt, das Frühstück zuzubereiten – in der Regel Tee und irgendeine Kartoffelspeise. Die beliebteste Zubereitungsart sind Pellkartoffeln, die man gesalzen und mit einer Schüssel starker Gewürze serviert bekommt. Besuchern bietet man aber auch eine Sauce aus Butter und gehackten grünen Blättern an, einem Kraut, das aussieht wie Dill. Durch eine Lücke im Schlafsack beobachtete ich Ang Ritas Ehefrau, wie sie für uns ein Festessen bereitete: Kartoffelpuffer. Sie schälte die gekochten Kartoffeln, rieb sie an einer Holzreibe, gab etwas Mehl aus einem Leinensack dazu und mischte den Teig anschließend. Zwischen zwei Steinen brachte sie ein Blech zum Glühen und strich eine etwa ein Zentimeter dicke Schicht Teig darauf, buk sie von beiden Seiten, und ein lieblicher Duft durchzog den Raum. Die Kinder, die inzwischen aufgewacht waren, begannen gleich zu essen. Die Puffer schmeckten wundervoll, auch wenn die Sherpas zur Zubereitung nicht wie wir Majoran verwenden. Beim Frühstück teilte uns Ang Rita mit wenigen Worten seines Sherpa-Englisch zögernd wie immer mit, daß ihm eine wichtige Sache auf dem Herzen läge, über die er intensiv nachgedacht habe.

»Kleine Expedition nicht sehr gut, viel Arbeit, wenig Leute, viel Gefahr«; er legte eine kleine Pause in seiner Bewertung ein und schälte geschickt mit dem Fingernagel die heiße Kartoffel. Wir warteten gespannt. »Eine kleine Expedition braucht viel Glück, viel Beistand der Götter und viel gutes Wetter.« Was er sagte, klang logisch. »Hier in Thame lebt ein weiser Mann, Lama Tenzing Rimpoche, er weiß alles. Tenzing Lama

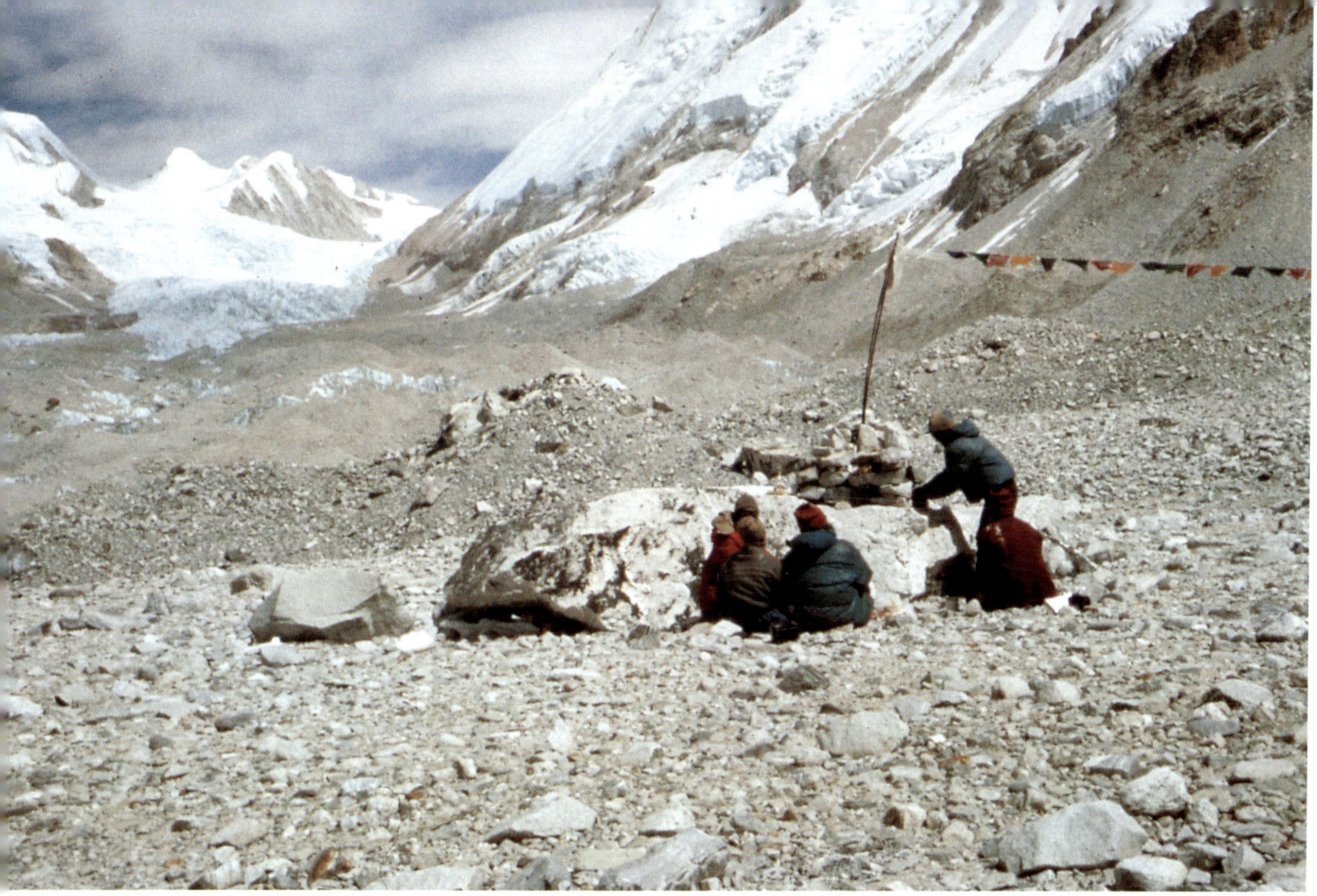

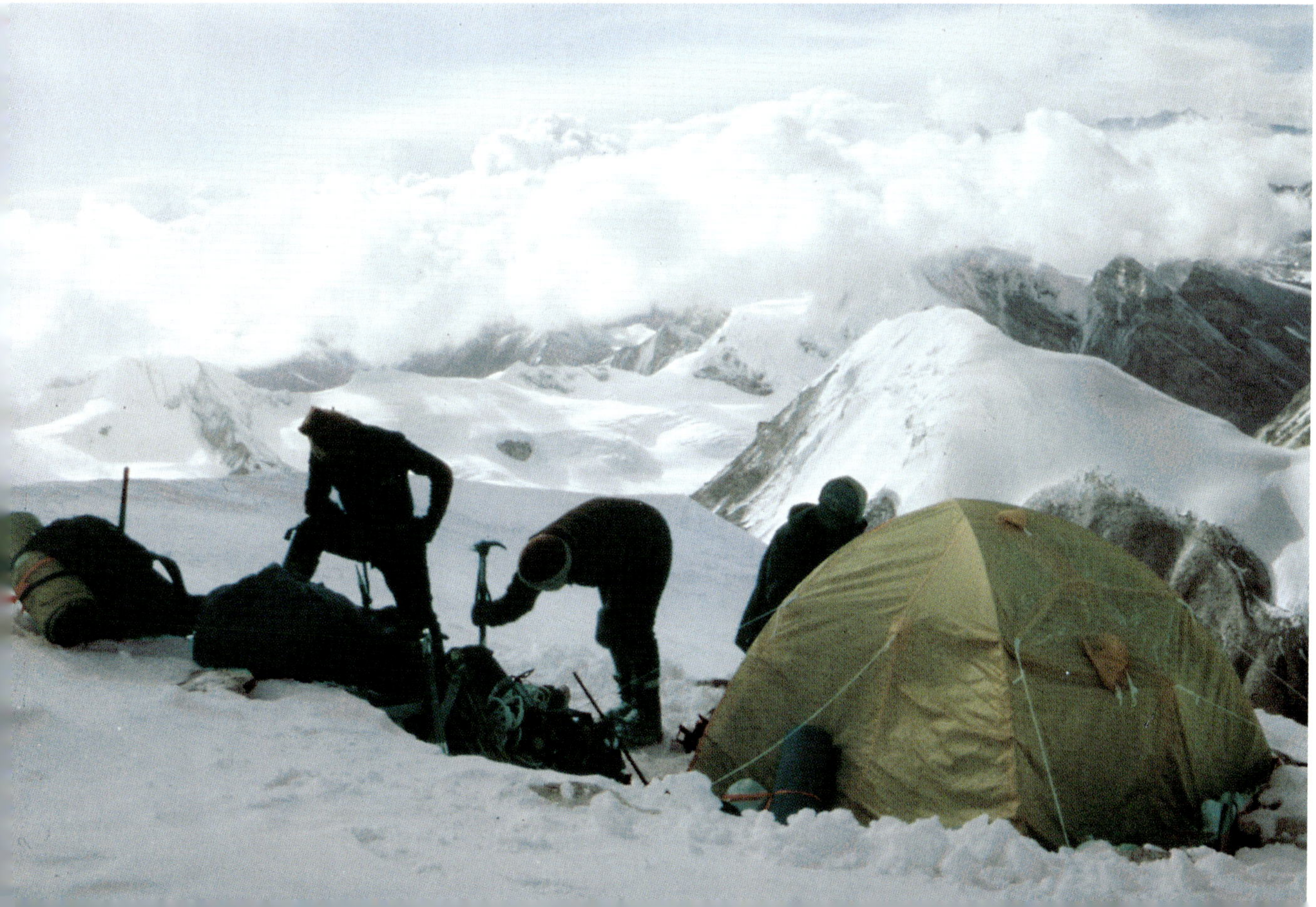

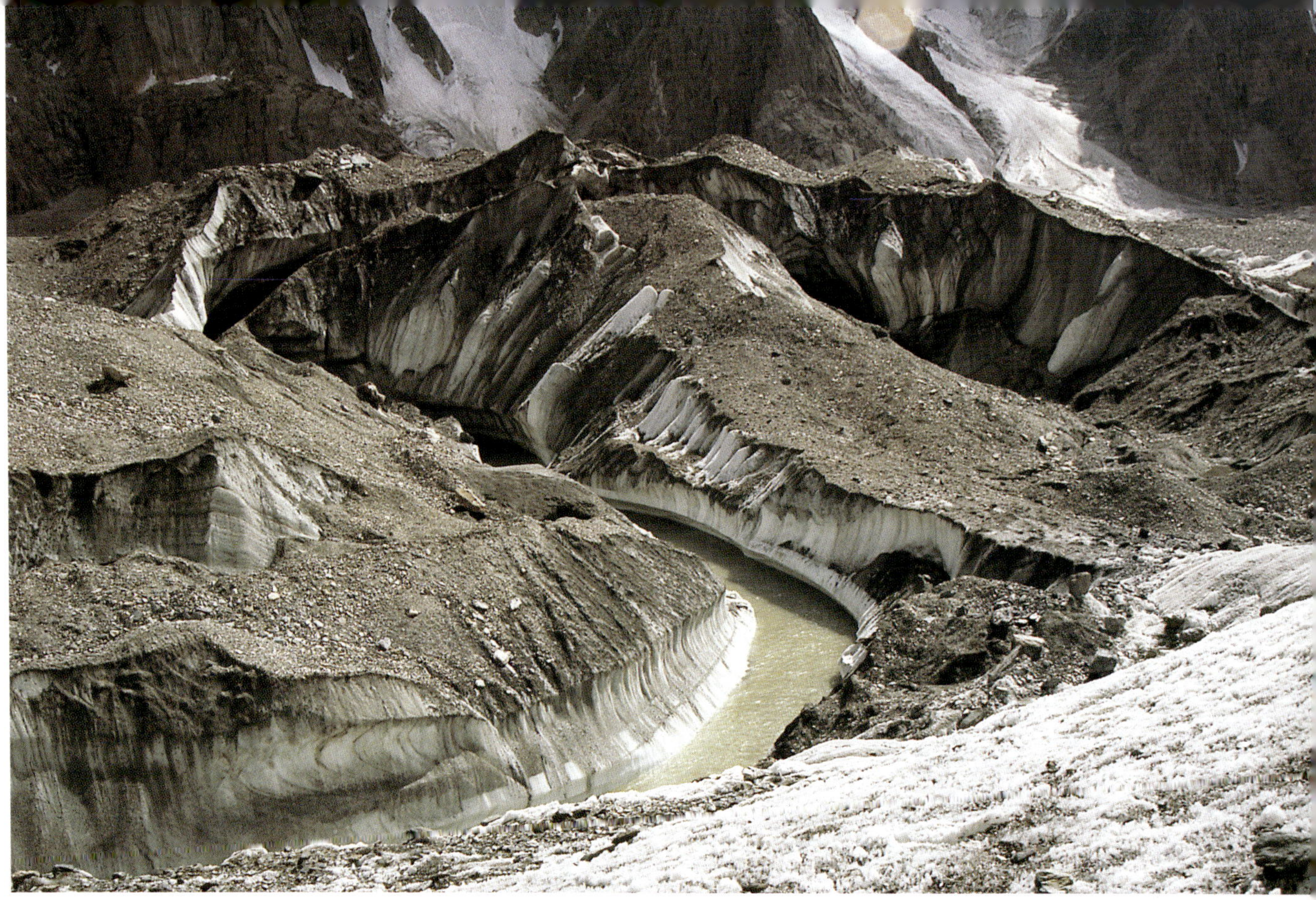

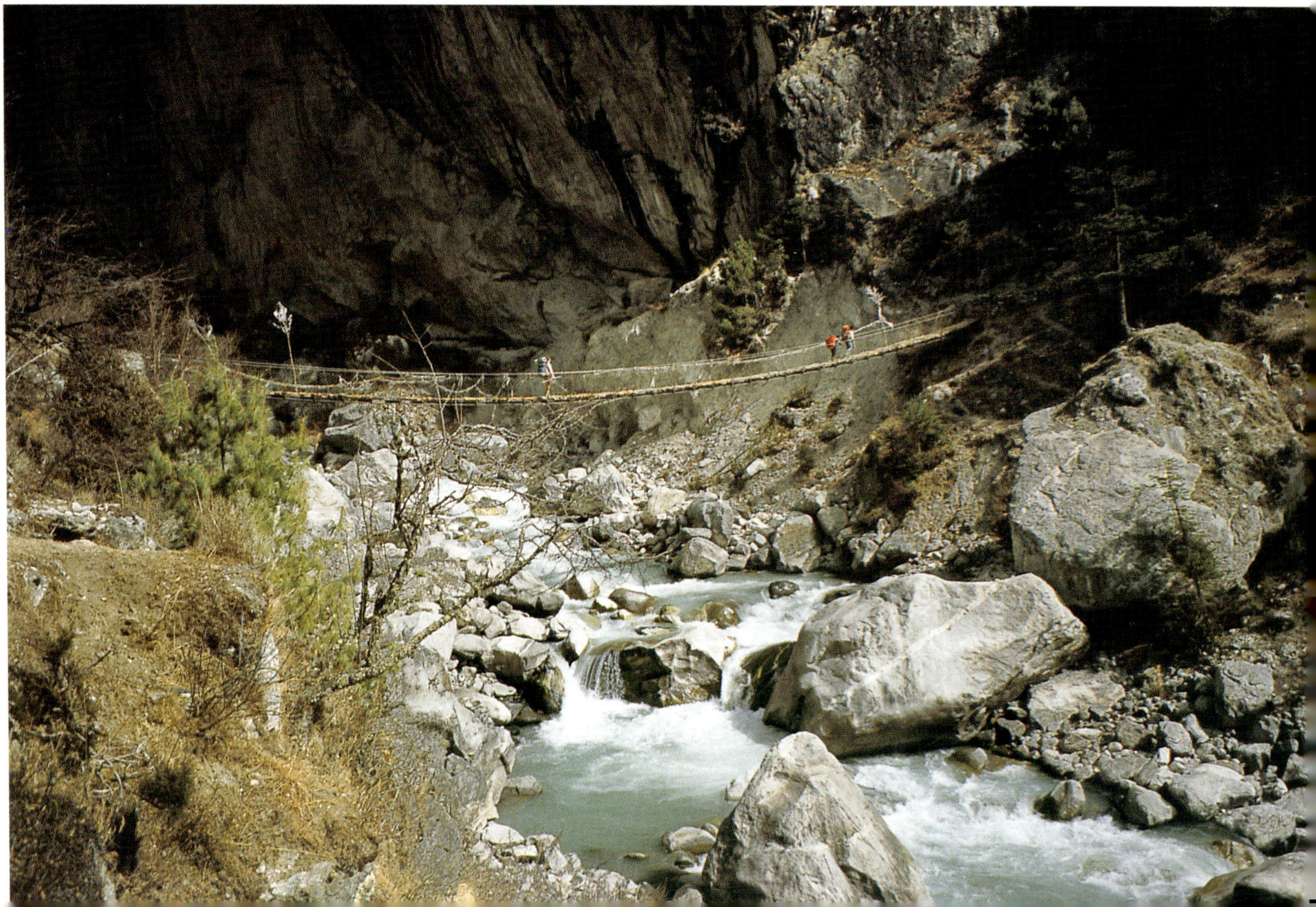

GURU RINPOCHE
18,914

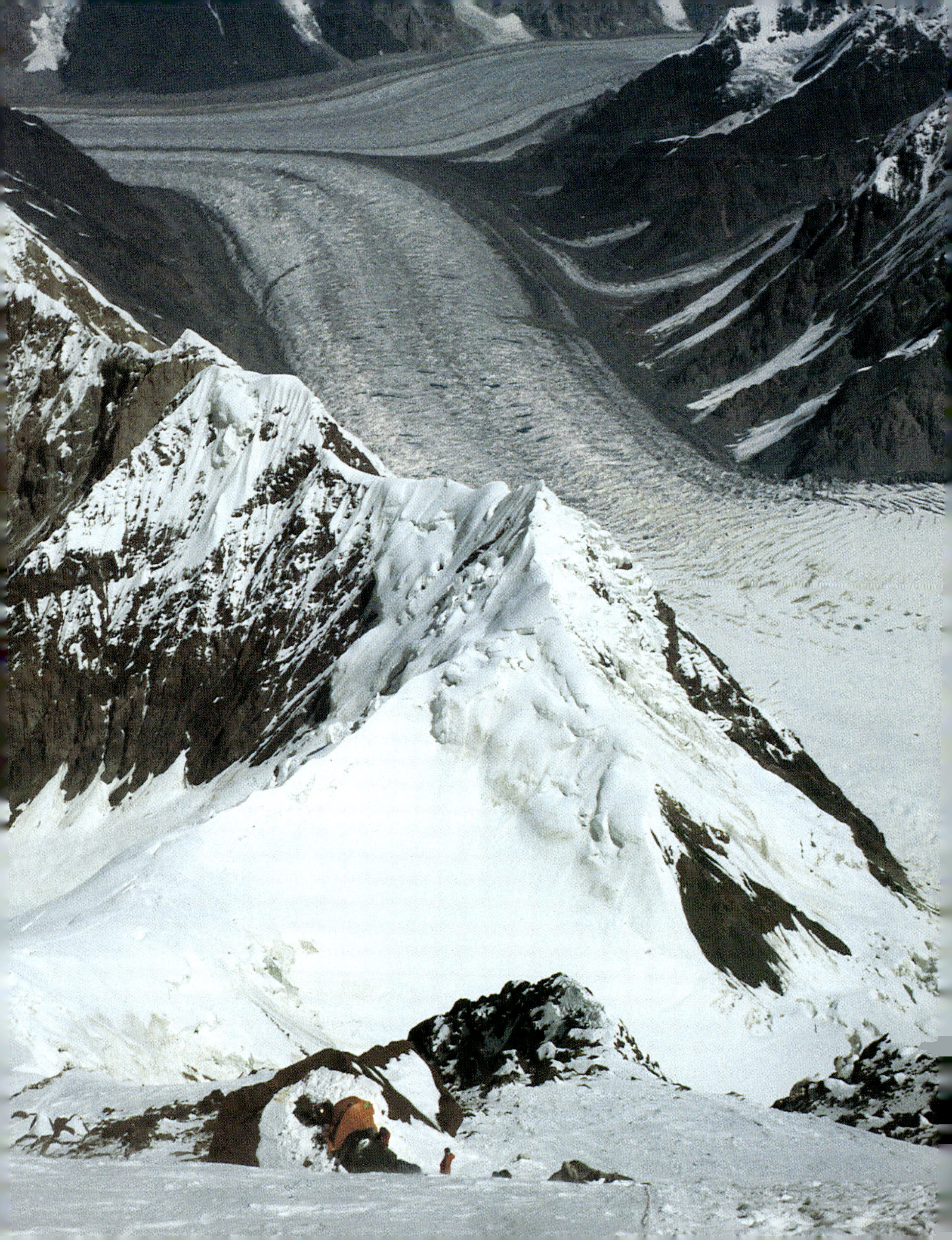

Kolkrabe und Weihrauch – im Hintergrund die Berge Ama Dablam und Lhoce

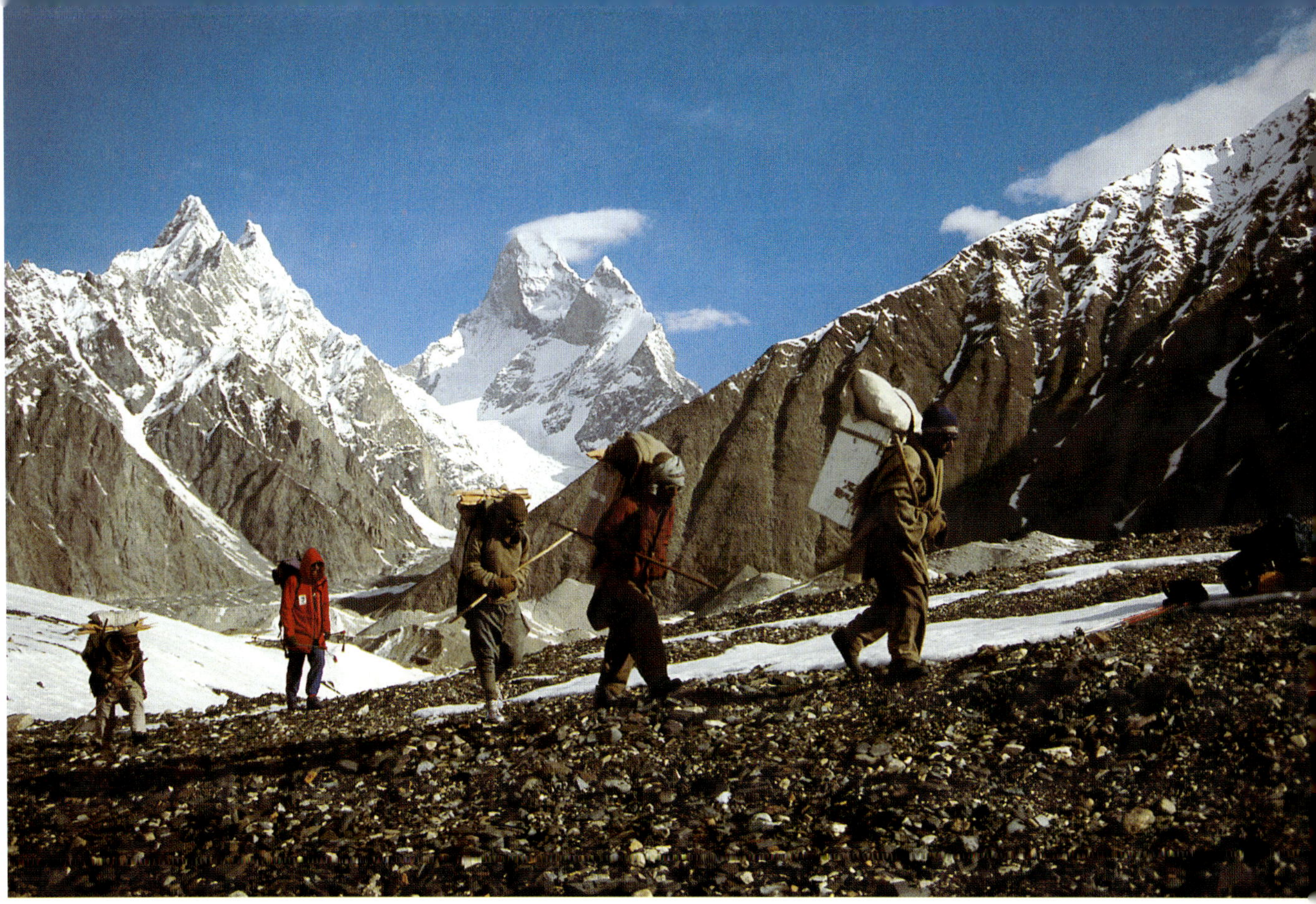

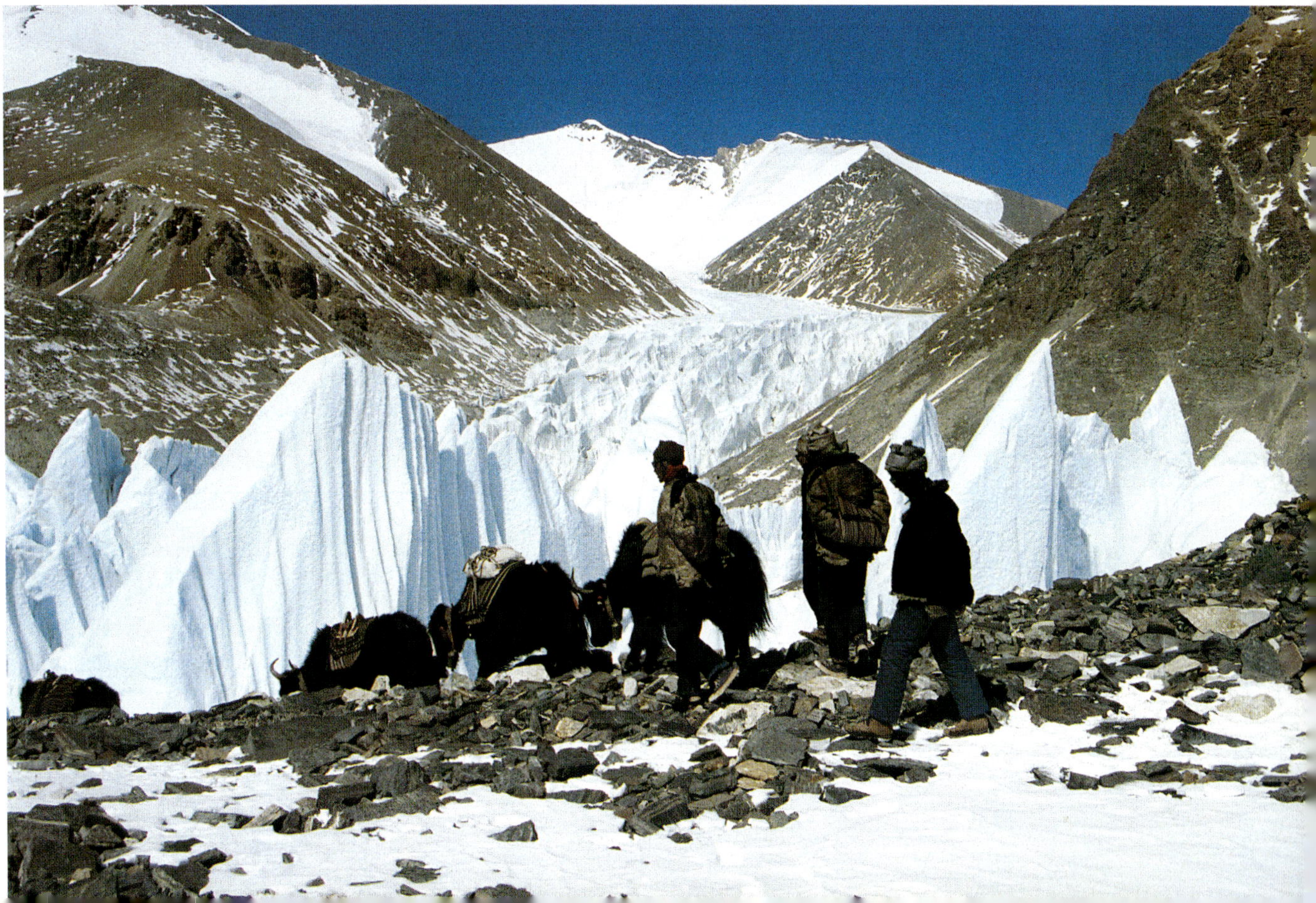

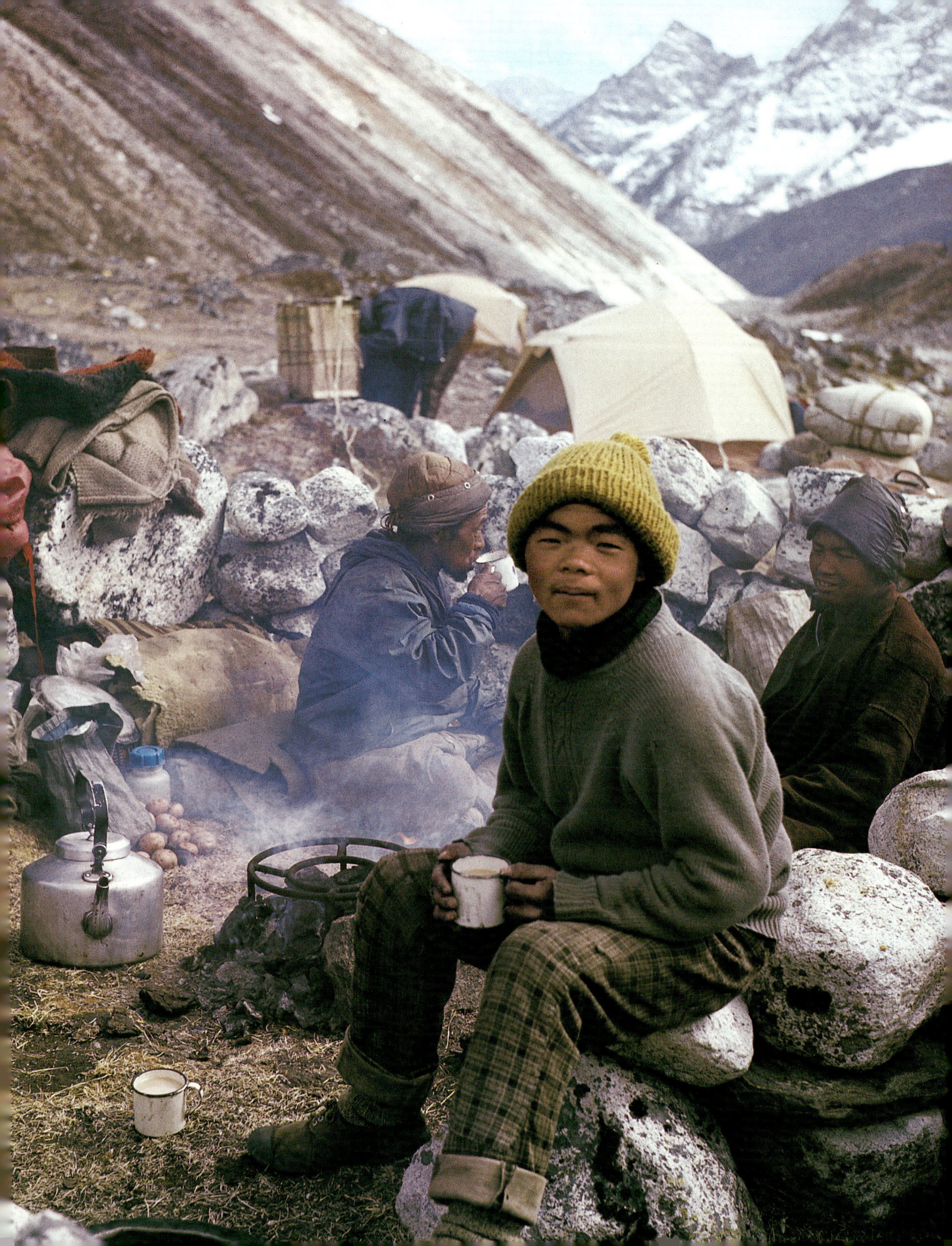

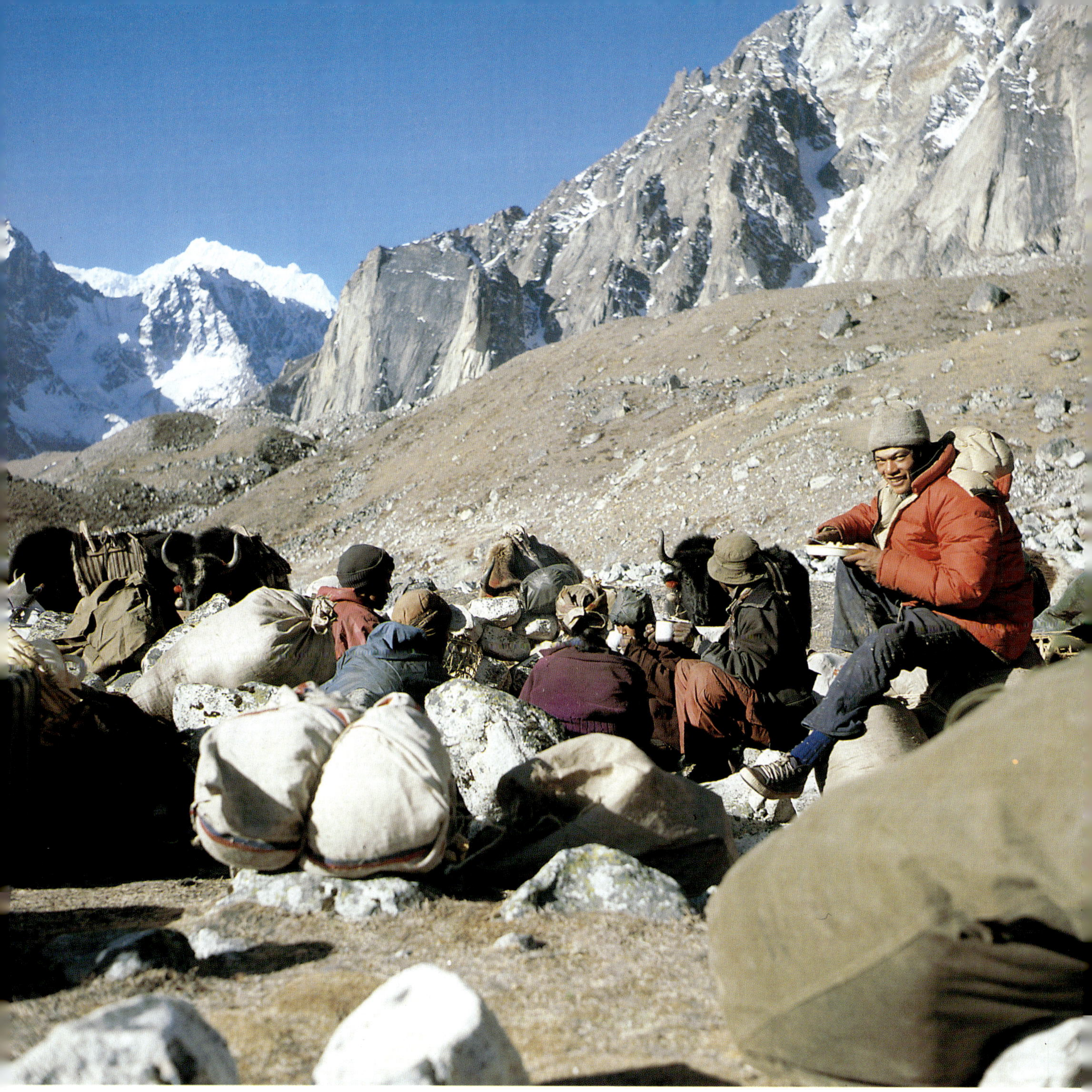

sagt die Zukunft voraus.« Ang Rita verstummte, er hatte sich sichtlich durchgerungen, zu dem, was er sagen wollte. Zu seiner Mitteilung brauchte er nur eine beschränkte Menge englischer Worte. Aber wir hatten ihn auch so verstanden. Übersetzt in die Normalsprache: Ohne den Segen des Lamas und seinem Gutachten, rührte sich Ang Rita nicht von Thame weg. Der Aberglaube der Sherpas ist etwas Furchtbares.
Wir konnten dagegen nichts machen, also gingen wir gleich nach dem Frühstück zum Lama. Wir konnten nicht ahnen, daß uns eine Fortsetzung des Alkoholfestes erwartete, zu dem das gestrige Tschangtrinken nur eine kleine Vorübung gewesen sein sollte. Lama Tenzing hatte seine Unterkunft ziemlich hoch oben am Abhang. Es überraschte mich sehr, daß er nicht allein lebte, sondern eine Frau, ein paar Söhne und Töchter und einen Haufen Enkelkinder hatte. Alles erklärte sich aber dann sehr logisch. Unser Lama lebte früher wie jeder andere Dorfbewohner und wurde als Nachfolger des verstorbenen Lamas und Klostervorstehers erwählt. Normalerweise, wenn ein Lama starb, mußte ein neuer heiliger Mann gefunden werden nach den gleichen Prinzipien wie im Nachbarland Tibet. Es wurde eine besondere Kommission eingesetzt, die den neuen Lama bestimmen sollte. Sie machte sich auf den Weg, die Reinkarnation des Toten zu finden. Sie gingen von Haus zu Haus in dem von dem Astrologen bestimmten Bezirk. In einem Säckchen trugen sie die persönlichen Dinge des Verstorbenen in der Hand. Eine Brille, Rosenkranz, Schuhe und andere Gegenstände. Meistens wird dann unter den Kleinkindern im Alter von vier bis fünf Jahren die richtige Person gesucht. Die Bedingungen sind streng, der Adept muß mindestens die Hälfte der Sachen erkennen, die dem Verstorbenen, also eigentlich dann ihm, gehören. Er darf sich nicht durch untergeschobene Gegenstände irreführen lassen. Das Kind, das die Prüfung am besten bestanden hat, wird als neue Reinkarnation des Verstorbenen Lama verkündet und feierlich ins Kloster gebracht.
Unten am Abhang stand der Tempel, ein altes, unverputztes Haus aus grob gemeißelten Steinen, dem ein kleiner Vorhof angegliedert war. Der Frühlingswind spielte mit dem Stoff der einzigen weißen Gebetsfahne, die auf einem hohen Holzstab gehißt war. Der Bau könnte als Modell für einen Film über Fürst Svatopluk benützt worden sein oder einem anderen Fürsten aus den Wäldern und Sümpfen, die den Barbaren des romanischen Europas als Unterschlupf gedient haben. Von den Steinmauern strahlte eine Kälte aus, die durch Mark und Bein ging. Nicht einmal die bunten Farben der Volksornamente, mit denen die Rahmen der Fenster und Türen bemalt waren, konnten ihre Roheit mildern.
Über zwei Treppen betraten wir die Dämmerung des Gotteshauses. Ich hatte zu spät bemerkt, daß ich höhenmäßig etwas den Größenmaßstab der Sherpa-Population übertreffe. Mit einer Beule auf der Stirn und mit unterdrücktem Schimpfen gewöhnte ich mich langsam an den verdunkelten Raum, der von Riesenstatuen bewohnt zu sein schien. In der Mitte saß der Gott Avalokitteswara mit starrem Blick, die Beine unbequem auf einer Lotosblüte gekreuzt, zu seiner Linken stand Tara mit einem grünen Gesicht, das den Mangel an Zärtlichkeit des Bildhauers offenkundig werden ließ. Die Göttin Tara ist eine alte Bekannte, eigentlich niemand anderes, als die hinduistische Parvati, die Frau des Shiva, die die Lamaisten nur aufgrund der Emanzipation in ihr Pantheon aufgenommen haben. Das Trio wurde durch einen bärtigen Basa-Guru mit einem schielenden Blick ergänzt. »Om mani basa guru, om mani basa guru«, legte Norbu bis zum Abwinken mit seinem Mantra los. Seidene, schon schwarz gewordene Vorhänge, wertvolle alte Bilder, mit einem feinen Pinsel auf Seide gemalt, raschelten

leise im Wind, der von draußen eindrang. Durch die Ritzen des ungedeckten Daches blies die Windsbraut, heulend kehrte sie in allen Ecken und flog jaulend wieder nach draußen, in die durch den Wind aufgewühlten Luftmassen. Mit ihren kalten Händen erfaßte sie das Herz des Menschen und hinterließ dort eine Spur des Entsetzens: Angst vor Kälte, einer schlechten Ernte, Hunger und Krankheiten, Sorge um die Kinder und Yaks. Jetzt begriff ich, warum aus den Basiliken des romanischen Europas zuerst die nach Licht rufenden Heidengesänge der Enge, die gregorianischen Choräle, erklangen. Ach, hier könnten sie genausogut klingen wie die musikalische Darstellung eines ergebenen, ungebildeten Menschen, der ängstlich seine Götter mit einer aus der tiefen Seele klingenden Stimme, einem sich schier überschlagenden Diskant um Gnade bittet. Sie könnten hier genausogut klingen und würden die Harmonie des Sinns und Zwecks nicht stören.

Auf den Bildplatten, mit denen der Tempel belegt war, springen, krümmen, kreischen und heulen in den Zeichnungen des naiven Malers ganze Heerscharen der gruseligen Unterwelten der lamaistischen Dämone, Bhairava und andere böse Geister. »Es ist nichts gut und nichts schlecht, es unterscheiden sich nur die Dinge, die Gegensätze und die aus ihnen strömenden Zweifel. Mensch, bewahre Deine Unantastbarkeit, täusche Dich nicht, mit leeren Händen bist Du gekommen, mit leeren Händen wirst Du auch wieder gehen. Nur das Begreifen dieser Wahrheit führt zum wirklichen Nirwana!«

Der wiedergeborene Lama erwartete uns im ersten Stock seiner steinernen Residenz. Auch hier, wie in den meisten Sherpahäusern, mußten wir über eine Leiter vom dunklen Stall, aus dem wir das Wiederkäuen der Rinder hören konnten, aufsteigen. Eine Dunkelheit, die süß nach Heu und Mist duftete, umfing uns. Die Wände waren mit Yakmist verputzt. Dann folgte ein unerwartet lichtdurchfluteter Gang mit einer Veranda, auf der der Wiedergeborene, tief in seine Meditationen versenkt, auf der Suche nach der vollen Wahrheit saß. In einer Ecke stand eine riesige, kitschig anmutende orangene Walze, zirka einen Meter hoch und sechzig Zentimeter breit. Die Verlängerung ihrer vertikalen Holzachse war mit einer kleinen Glocke verbunden, die wiederum mit dem Gehäuse in Verbindung stand. Der Mantel der Walze war vollständig mit orientalischen, tibetischen Buchstaben bedeckt, unzähligen Mantras. Man brauchte nur daran zu drehen, ähnlich wie an einem Fahrplan am Bahnhof, und schon klang unten im Tal das kleine eiserne Herz. Die Götter würden die Mantras zu schätzen wissen, auch wenn man sie selbst nicht verstehen sollte. Aber das machte nichts, Menschen müssen nicht alles verstehen. Der Gang war mit dünnen, raschelnden Folien beklebt, die überall auf der Welt unter der Bezeichnung Rettungsdecke verkauft werden. Sie ähnelten einem Spiegel, der die Körperwärme derer, die in ihnen eingepackt sind, reflektiert. Sie dienen als leichtes Isolationsmaterial in den verschiedensten Notlagen, zum Beispiel bei Autounglücken. Die Bergsteiger benutzen sie, wenn sie plötzlich und unerwartet biwakieren müssen. Ihre Hersteller würden sich wundern, wozu die Decken noch dienen können und welche unergründlichen Wege sie dabei gehen. Lama Tenzing erhielt sie vermutlich von vorhergehenden Expeditionen, die ins Tal gekommen waren. Er beschloß, daß sie wegen ihres Raschelns gut die Illusion des Transzendenten bei seinen Mitgläubigen auslösen würde. Ich vermutete, wie sich später auch bewahrheitete, daß er auch von uns ein ähnlich nützliches Geschenk erwartete. Der Wiedergeborene saß in einem besonders niedrigen Stuhl voller schmutziger Kissen. Wir mußten uns bücken, damit er uns Weihwasser auf den Kopf schütten konnte. Zu seinen Füßen saß ein Haufen kleiner Kinder, vermutlich die Söhne oder gar die Enkelkinder? Möglich war aber auch beides. Im Raum, der aus soliden knorrigen Bohlen bestand, die vor lauter Ruß ganz schwarz waren, war es kalt. Die Kinder hatten Schnupfen. Der Wiedergeborene wischte sich die Nase am Ärmel seiner Kutte ab. Unter der Kutte war das dünne orangene Hemd zu sehen. Die nackten Füße hatte er angezogen, um sie aufzuwärmen, die Schlappen hatte er neben den Thron geworfen. Hinter einer Holztrennwand zur Küche waren Stimmen zu hören. Seine Schwiegertochter wurde von Frau Lama dirigiert. Sie versuchten alle gemeinsam eine kleine Flamme am Leben zu erhalten. Hinter den kleinen Glasfenstern, die auf das Tal gerichtet waren, erkannte man sich bewegende Äste voller Tannennadeln. Kurz dahinter zeichneten sich die vollkommenen Formen der Gletscher des nächsten jungfräulichen und namenlosen Sechstausenders ab. Der bläuliche Rauch füllte den ganzen Raum aus, er kroch auf den matten Glanz der großen braunen Wasserbehälter, die wahrscheinlich aus der Zeit der langen Besetzung des Klosters stammten. Meine Bronchien wehrten sich, der Rauch zwang sie zu einem unaufhörlichen Husten. Der Lama lächelte verständnisvoll und nickte mit seinem rasierten Kopf, auf dem millimeterhohe Stoppelfelder bläulich schimmerten. Auf der rechten Seite seines Halses saß ein unschöner Kropf, genau dort, wo ihn auch seine Frau in der gestreiften Schürze hatte. Er ahnte sicher nicht, daß diese Geisel in der Medizin »Struma« genannt wird und es nicht die Götter über ihn gebracht hatten, sondern ihm nur Jod fehlte. Aber er wußte nichts von Jod, Chemie oder Atomen.

ie Konversation bestritten jetzt unsere Sherpas, sie sprachen über uns, einigemal fiel das Wort »Cho-Oyu-Expedition«, und die Blicke der Anwesenden richteten sich neugierig auf uns. Eine der Schwiegertöchter brachte ein Tablett voll mit kleinen Schälchen, eine andere eine dampfende Kanne. Die Sherpa-Höflichkeit ist ohne Tee nicht denkbar. Wir tranken, schlürften das starke, mahagonifarbene Getränk, in das wir selbstverständlich einen Schuß Yakbutter für das Glück bekommen hatten. Wir hatten Süßigkeiten an die Kinder verteilt und begannen mit dem obligatorischen zweiten Gang: Pellkartoffeln. Das Gespräch nahm nun eine weltliche Dimension an. Norbu übersetzte uns die Sorgen des Lamas. Es sei einfach zuwenig Geld da, und in den Tempel blase der Wind. Ich wußte, was in einem solchen Fall der Anstand und die guten Sitten von uns verlangten. Ich hatte die Kasse und suchte gleich im Rucksack, aus dem ich nach einer kurzen Weile das rote Säckchen mit den Geldscheinen hervorholte. Ang Rita empfahl 400 Rupien, und mich überraschte seine Geistesgegenwart und der pragmatische Charakter seines schamanistischen Lamaismus. Ang Rita war viel schlauer, als es auf den ersten Blick schien. 400 Rupien aus unserer Tasche war nicht zuviel, um seinen und Norbus Lohn ernstlich zu gefährden, der Wolf bekam sein Futter und die Ziege blieb heil. Die Götter würden nicht gegen unsere Expedition stimmen, wir würden gesund zurückkehren, Lama Tenzing würde sich dankbar um die Sicherheit von Ang Ritas Haus, seine Frau und seine Kinder kümmern. Ja, so war es richtig, so waren alle zufrieden. Und was die kaputte Zimmerdecke betraf, wäre es sicher möglich, nach der glücklichen Rückkehr die grüne Plane zu spenden, die Adjibas Yak auf dem Rücken trug. Der Lama hatte schon ähnliche Planen von anderen Expeditionen bekommen, aber um das gesamte Dach damit abzudichten, reichte es noch nicht ganz. Diese Gabe versprachen wir mit Freuden, wir müßten sie sonst mit dem Flugzeug für viel Geld wieder zurückbringen. Wir taten alles, um Ang Rita und Norbu ein Gefühl der Sicherheit zu geben, damit die Götter, die die umliegenden Throne bewohnten, das Tun der beiden für gut befanden. Lama Tenzing quittierte unser korrektes Handeln in weltlicher Art, die ihm vermutlich aus der Zeit geblieben war, die er als einfacher Bergdorfbewohner wie jeder andere, im Tal verbracht hatte. Er nickte unauffällig, und seine Frauen brachten einen Zweiliterkanister mit einer sandfarbenen Flüssigkeit. Es war nicht Tschang, den wir schon kannten, sondern ein viel größeres »Unglück« in der Form von Rakshi, einem hausgemachten Reisbranntwein.

Wenn ich mich heute an die Tasse mit dem bekannten Emblem »Made in China« erinnere, packt mich immer noch das Grausen. In meine Nase drang der Gestank von Petroleum, oder vielleicht war es auch Aceton? Nur Ang Ritas Augen funkelten voller Freude, die Entwicklung der Situation gefiel ihm offensichtlich. Wo blieb nun sein Versprechen der totalen Abstinenz während des Dienstes? Aus der Sherpa-Gastfreundschaft gab es leider kein Entrinnen. Ich nahm meine ganze Überwindung zusammen und trank etwa einen Zentimeter der widerlichen Flüssigkeit, und schon tauchte die Gastgeberin mit dem Kanister wieder auf und achtete nicht auf meine ablehnende Geste.

»Sche, sche, sche«, klang es leise, eindringlich und kompromißlos. Die Tasse war wieder randvoll, und ich wurde erneut aufgefordert, sie zu leeren. In meiner Verzweiflung entschloß ich mich zu einer List. Die Lösung bot sich fast von allein an. Der Fußboden war voller Ritzen, es genügte, die Tasse in einem unbeobachteten Moment in eine davon zu leeren. Der unbeobachtete Moment war dank der wachsenden Heiterkeit immer öfters vorhanden, und so gelang es mir, diese Party einigermaßen heil zu überstehen. Aber die kleine Menge, die ich getrunken hatte, genügte noch, um am nächsten Tag Petroleumausdünstungen auszuatmen.

Ungefähr nach zwei Stunden, als der Inhalt des Kanisters nach und nach in den Kehlen und Innereien verschwunden war, ging der Besuch endlich seinem Ende zu. Lama Tenzing kletterte wankend über die Leiter nach draußen, um sich zu erleichtern. Als er wiederkam, setzte er sich auf die Kissen und hielt eine längere Rede, bei der die Sherpas höflich nickten – wir aber nichts verstanden. Aber Norbu übersetzte bereitwillig den Sinn des Gesagten. Das war gut, denn der Wiedergeborene hatte eine Vision gehabt. Und in dieser Vision waren nur gute Dinge zu sehen. Es war dort ein schöner weißer Berg, schönes Wetter und vier Leute auf dem Gipfel. Um wen es sich handelte, hatte der Lama nicht so genau angegeben, wohl um Reklamationen vorzubeugen. Was den Berg betraf, hatte er wohl recht, sein Haus im Hang bot einen Ausblick auf einen ganzen Kamm eingeschneiter Sechstausender. Das war alles, die Weissagung ließ für jeden nach seiner Laune einen bemerkenswerten Spielraum für Phantasie, Diskussion und Skepsis. Er hatte die nicht einfache Aufgabe eines Diplomaten übernommen. Zum Schluß gab uns der heilige Mann ein Säckchen mit duftenden Samen und Hahnenfuß, einer Art Weihrauch für die lieben Götter. Die Götter würden uns so milde gesinnt sein, wenn wir zu ihren Thronen aufstiegen. Wir bekamen auch einige orangegefärbte Tüchlein, sogenannte Gebetsfahnen. Sie waren mit Texten aus uralten tibetischen Holzformen bedruckt, die das Sherpavolk aus seiner ursprünglichen Heimat mitgebracht hatte und aus Pietätsgründen in den Gotteshäusern aufbewahrte. Zum Abschluß hatte uns die Herrin des Hauses eine Khatta, einen weißen rituellen Schal mit Fransen, umgehängt. Wir verabschiedeten uns von unseren neuen Freunden nach Sherpa-Art mit einer Verbeugung, und wie bei einem Gebet mit zusammengefalteten Händen: »Namaste, Namaste.«

Wo der Wind schläft

Wie das Rauschen eines Gletschers, das Krachen herabfallender Steine oder das Lied des Windes im ungastlichen Tal klangen uns zuerst die Namen der Dörfer, dann nur noch der Ortschaften ohne ständige Bewohner in den Ohren, durch die wir in den nächsten Tagen zogen. Arya, Tschule, Lunak, Sumna, Marlung ... Jeden Tag entfernten wir uns weiter von den Menschen und ihren warmen Dörfern, und immer eindringlicher sah es wie in einer Mondlandschaft aus. Verlassen, ungastlich, die nackte Architektur der Erde ohne überflüssigen Schmuck und Schnörkel, die nackte Grundlage des Planeten. Ausgedörrt, steinig und doch wunderschön in ihrer Einsamkeit. Ein Stück Tibet, das sich auf die südliche Seite des Himalaja gewälzt hatte. Abends, am zweiten April, im Lager, das wir unterhalb von Arya aufgeschlagen hatten, erreichte uns der junge, kaum zwanzig Jahre alte Sherpa Kanchha, ein Diener Sonams aus Namche, wo er als Schäfer arbeitete. Die Eltern von Kanchha, arme Bauern aus einem Dorf unterhalb Lukla, waren froh, einen Esser weniger zu Hause zu haben. Die Mittellosen arbeiteten ständig bei den reicheren Sherpas, praktisch ohne Bezahlung, nur für Kost und Logis, und es fiel ihnen überhaupt nicht ein, sich gegen diese feudale Gewohnheit zu erheben. Der Herr des Hauses würde leicht einen bescheideneren Helfer finden, und den Rebellen würde niemand mehr beschäftigen.

Kanchha richtete uns Sonams Nachricht aus, daß seine Krankheit leider noch anhielt und wahrscheinlich nicht so schnell beendet sein würde. Ang Rita rümpfte die Nase, dafür ließ Norbu einen schönen Schwall Sherpa-Schimpfwörter los. Vera und ich schwiegen. Es schien, so dämmerte es uns langsam, als ob Sonam Ghirmi in die Geschichte der Achttausender als erster Sirdar eingehen wollte, der seine Expedition aus der Ferne geleitet hatte – aus der Gaststätte. Eine gewisse Logik hatte die Sache schon. Sonam traute uns nicht zu, daß wir den Gipfel erreichen würden. Warum also sollte er die Zeit im Basislager vergeuden, wo es kalt und unbequem war?

Ohne Zweifel ist es angenehmer, in einem gemauerten Haus zu sitzen, sich die Geschäfte zu sichern und dafür auch noch von zwei naiven Memsahibs Geld zu bekommen. Seine Expedition lief doch, oder? Und wessen Verdienst ist es dann schließlich? Im Geiste schworen wir uns, daß wir es ihm noch heimzahlen würden, wenn wir nur erst wieder zurück wären, aber im Moment waren wir ihm hilflos ausgeliefert. Es blieb uns nichts anderes übrig, als uns mit dieser neuen Tatsache abzufinden. Kanchha machte es sich unter der grünen Plane bequem, die wir als Dach gegen den Wind gespannt hatten. Er stopfte sich mit Reis voll und grinste mit vollem Mund die ganze Runde an. Mit der Hand, deren Rücken voll von Warzen war, glättete er seinen Schopf und warf lüsterne Blicke auf eine der Trägerinnen, die bescheiden in der Ecke saß. Eine solche Entwicklung der Situation aber sahen Ang Rita und Norbu sehr ungern: erstens war das ein Eindringen in ihr Revier und zweitens waren sie sich des Standesunterschiedes sehr bewußt.

»Ein einfacher Schäfer – und wie er sich hier breitmacht!«

Beide schauten frostig, und ihre Verbitterung wuchs noch, als Kanchha der Expedition seine Dienste anbot. Wir würden doch einen Postboten brauchen, dessen Aufgabe es war, die Nachrichten vom Weiterkommen der Expedition zu überbringen. So sagte es sein Herr, der weise Sonam Ghirmi. Eiskalt erklärten wir Kanchha, daß die Funktion des Läufers erst notwendig sein würde, wenn wir das erste Höhenlager aufgebaut hätten, und bisher war nicht einmal der Aufbau des Basislagers in Sicht. Wir brauchten aber noch Hilfe beim Herauftragen des Materials und boten ihm deshalb die Funktion des Trägerhelfers an. Kanchha rümpfte die Nase, schnitt eine Grimasse des angestrengten Überlegens und gab dann mit großer Unlust bekannt, daß er akzeptierte. Wahrscheinlich hatte ihm Sonam befohlen, um jeden Preis bei uns zu bleiben. Wir vereinbarten zwanzig Rupien pro Tag als Bezahlung, aber wie sich später zeigte, war das für uns kein gutes Geschäft. Kanchha verstand es immer irgendwie, die leichteste Last zu tragen.

Changpa kochte einen Topf Tee nach dem anderen für uns und die Yaktreiber, die die Tiere schon versorgt hatten und sich nun unter die Plane setzten. Wir zelteten auf einem Kartoffelfeld, das hartgefroren und peinlich genau mit runden Steinen eingezäunt war, welche der Besitzer oder schon seine Ahnen aus der Erde gegraben hatten. Abends hatte sich der Wind beruhigt, und ich konnte mit angenehm vollem Magen hinaus in die Dunkelheit gehen. Vom dunklen Himmel strahlte hell die Milchstraße herab, kalt blinkten die nächstgelegenen Sternenwelten. Ich fand den Freund Orion und stellte mit Freude fest, daß er genauso aussah wie zu Hause in Olmütz. Das erste Mal dachte ich an zu Hause, und mir zog es die Kehle vor lauter Rührung zusammen. In der Ecke, beim Zaun, duckten sich die Yaks, schnüffelten und wackelten hin und her, als ob sie sich eine bessere Lage suchten; die Glöckchen an ihrem Hals bimmelten dabei leise.

Vor dreißig Jahren ging Herbert Tichy diesen Weg mit einigen Freunden. Sie waren die ersten Menschen, die auf dem Gipfel des Türkisberges standen. Wie mochte es dort wohl aussehen? Ich ahnte, daß der Augenblick der Begegnung nicht mehr weit weg war. Mit den Bergen ist es wie mit den Menschen, manche gefallen uns auf Anhieb, sie verzaubern uns, manche sagen uns nicht zu, sie sind nicht auf unserer Wellenlänge. Und Achttausender? Das ist eine Liebe per Inserat! Wird die Wirklichkeit der erträumten Vorstellung entsprechen? Der Bhote Kosi rauschte monoton in weiter Entfernung, das Geräusch verband sich mit der unvergleichbaren Ruhe der Himalajanacht. Vier Jahre waren vergangen, seit an unserer Strecke der ungebändigte Buri Gandaki genauso rauschte und ich mit gleicher Unruhe die erste Begegnung mit dem Manaslu erwartete, dem Berg, der eine Seele hat, denn »Man« heißt in Sanskrit Seele. Und dann kam es, ich sehe es bis heute mit unverminderter Schärfe. Es war hinter dem Dorf Namru, ich war an diesem Tag traurig und kopflos, tief deprimiert durch das Erlebnis mit einer schwerkranken Dorfbewohnerin, zu der ich, zusammen mit Mausi, unserer Expeditionsärztin, vom örtlichen Wunderheiler gerufen worden war. Er konnte ihr nicht helfen, so ersehnte sie sich von uns Rettung. Als Mausi den Gürtel ihres wattierten Mantels, den in diesem Tal alle trugen, lockerte und ohne Scheu die Brust entblößte, wurde mir schlecht. Ich war nicht vorbereitet auf die Größe des bösartigen Geschwürs, das durch einen dunkelroten breiten Riß mit einem fransiggelben Rand zweigeteilt war. Während ich mich abseits wieder faßte, packte Mausi tapfer Tupfer, Watte und Framykoinsalbe aus und begann die Arme zu verarzten. Genauso wie es das erste Gesetz des menschlichsten aller Berufe erforderte, eben nicht zu schaden, sondern Mut zu machen. Auch im Moment des hoffnungslosen Sterbens. Ich stand daneben, hatte ab und zu etwas gegeben oder genommen und bewunderte Mausi grenzenlos, weil der Ethik der Medizin die Treue zu halten manchmal sehr schwer sein kann. Besonders, wenn die Hoffnungslosigkeit eine so große menschliche Last bildet. Etwas weiter davon entfernt stand der Ehemann. Er erinnerte mich an eine Figur aus einer tschechoslowakischen Krippe, so wie er dort aufgeregt seine

Mütze knetete. In seinen Augen las ich eine große Menge Verzweiflung und gleichzeitig auch Hoffnung. Wir gaben ihm alle Beruhigungs- und Desinfektionsmittel und Antibiotika, die wir aus der Expeditionsapotheke entbehren konnten. Ich konnte nachts nicht schlafen, so leid tat mir die Frau. Das Gefühl der Hoffnungslosigkeit und der Folter, denen sie für den Rest ihres Lebens ausgesetzt sein würde, machte mir Angst. Als wir morgens die Sachen für den Weitermarsch packten, kam der Ehemann wieder zu uns. Schweigend gab er Mausi zwei Margeriten, die eine lila, die andere gelb. Da konnte ich mich nicht mehr beherrschen und fing an zu weinen.

An diesem Tag war es schon früh bewölkt, die umliegenden Berge waren in den Wolken versteckt, aber wir wußten der Landkarte nach, daß der Gletscher, der den Manaslu von Südosten her umarmte, nicht mehr weit war. Gegen Abend überquerten wir einen ausgedehnten und ungewöhnlich steilen Hang, auf dem Unmengen von grauem Wasser, das zweifellos von einem Gletscher stammen mußte, herunterflossen. Es war der undefinierbare Moment, in dem die Ruhe dem Raum weicht und der Tag in der Dämmerung verblaßt. Da öffnete sich direkt über uns in den Wolken ein rundes Fenster, aus dem das Himmelsblau herausleuchtete, und in der Mitte tauchte die zartrosa gefärbte Masse der Gipfel im Sonnenglanz auf. Wir erstarrten vor Staunen und waren alle verzaubert. Durch die Karawane der unter den dreißig Kilogramm gebückt gehenden Träger zog ein leises Raunen: »Manasuli, Manasuli ...« Wir stiegen weiter entlang dem Fluß hinauf, dessen Rauschen immer schwächer wurde. Wahrscheinlich würden wir bald zum Gletscher Nangpa kommen, dem er sein Entstehen zu verdanken hatte. Vera und ich entschieden uns, die letzte Möglichkeit zu nutzen, sich in fließendem Wasser zu waschen. So hielten wir an einer Holzbrücke an, über die gerade unsere Karawane gegangen war. Wir zogen Jacken, Pullover und Socken, die voller feinem Sand waren, aus – Sand, der fein wie Puddingpulver war – und wuschen uns im eisig-kalten Wasser. Obwohl die Sonne im Zenit stand und wir einen windgeschützten Platz ausgewählt hatten, bekamen wir Gänsehaut. Schnell zogen wir uns wieder die warmen Sachen über und setzten uns auf die Steine, um zu Mittag zu essen. Wir zogen das Lunchpaket heraus, das uns am Morgen Changpa hergerichtet hatte, kalte Tschapati, harte Eier und ein paar noch nach Jahrmarkt duftende Drops, die in dünnem Cellophan klebten. Die Karawane war weit zerstreut, die Yaks breiteten sich auf den gefrorenen Wiesen aus. Sie tappten wie Spielzeuge herum, und ab und zu grub eines mit dem Huf in der Erde. Nur zu gerne würde es etwas zu fressen finden wollen, aber umsonst, das Tal unter dem Gletscher würde erst während des Monsuns wieder grün, der dann auch die Wärme bringt. Der Fluß zu unseren Füßen rauschte sandig, und seine verspielten Wellen waren so kalt, daß man nicht wußte, ob sie kalt oder brennend heiß waren, sie spiegelten die Sonne des Frühlings im Himalaja wider. Hinter der ersten Biegung saß Ang Rita; er wartete auf uns, dick gegen den Wind eingemummt, der knapp über dem Boden eine Wolke feinen Sandes vor sich her trieb. Wahrscheinlich wollte er sich wieder versichern, daß wir keine Kopfschmerzen hatten. Wir waren nämlich ziemlich rasant aufgestiegen und nicht ein einziges Mal zu einer tiefer gelegenen Stelle zurückgekehrt. Der Höhenmesser zeigte jetzt schon eine größere Höhe an, als die meisten Basislager haben. Ang Rita hatte unbewußt die Rolle eines Sirdar übernommen. Wahrscheinlich hatte er Angst, daß wir vorzeitig die Bergkrankheit bekamen. »O.k.?« fragte er. Und als wir nickten, lief er in seinen dreckigen Trainingshosen unglaublich schnell davon. Er hatte wohl keine Schwierigkeiten mit dem immer weniger werdenden Sauerstoff. Er ging breitbeinig, und es schien, als ob er auf der linken Seite etwas hinken würde. Seine Gestalt verkleinerte sich sehr schnell. Das heutige Lager wollten wir an einem Ort namens Sumna aufschlagen, den wir erst am späten Nachmittag erreichen würden.

Schon von weitem sahen wir die grüne Plane, die die Träger auf weißen Felsen aufgebaut hatten. Das bedeutete, daß Changpa darunter Tee kochte. Wir bemerkten gar nicht, wie das Rauschen des Bhote Kosi aufgehört hatte. Das Tal füllte jetzt der Gletscher Nangpa vollends aus, nur durch einen Moränenwall von unserem Lager getrennt. Von rechts begrenzte der nächste Gletscher, Sumna, das Tal. Den Trägern und Treibern war in ihren lotterigen Sachen kalt, und sie machten nebenan ein Feuer, das sie mit dem unterwegs gesammelten Yakmist anschürten. Sie duckten sich und warteten, bis im rauchenden, ungewohnt riechenden Feuer die Kartoffeln gar waren. Unter ihnen saß auch eine Ehefrau, eine unterernährte Mutter mit einem Säugling auf dem Arm. Das Kind war schwach, hatte Arme wie Stöckchen, und man konnte kaum glauben, daß es zwei Jahre alt sein sollte, wie die Frau fest behauptete. Das Kind kuschelte sich an Mamas Wärme und hatte kein Interesse an seiner Umgebung. Als ich ein Bonbon herausholte, streckte es mir die dünnen Finger entgegen. Aber es lächelte nicht und brabbelte auch nicht, wie es wahrscheinlich jedes andere Kind in seinem Alter tun würde. War es einer Apathie verfallen, verursacht durch nicht ausreichendes gefühlsmäßiges Interesse der entkräfteten Mutter oder durch den nur ungefähr halb so hohen Sauerstoffgehalt in dieser Höhe?

Sherpamütter arbeiten oft bis zum Umfallen auf den Feldern, tragen schwere Lasten und, was das Schlimmste ist, sie ahnen nicht, daß sie dadurch dem noch ungeborenen Menschen das Wichtigste entziehen, nämlich den Sauerstoff. Viele Kinder werden mit angeborenen Schäden und degeneriert geboren. Die Eltern denken, daß die Götter ihre Geduld prüfen wollen. Und die muß unendlich sein, denn man findet kaum eine Familie, in der nicht mindestens ein Kind bis zur Vollendung des ersten Lebensjahres gestorben ist. Ein harter Preis der Krankheit, der harten Lebensbedingungen und der eiweißarmen Ernährung, die nur den Stärksten ein Überleben ermöglicht. Es kommt aber niemand auf die Idee, bei einer Krankheit des Kindes einen Arzt zu rufen. Außerdem gibt es nur einen, den im Hillary-Krankenhaus am Rande von Khunde, und der ist sicher zu weit entfernt. Bevor er hier wäre, wäre es schon zu spät, wenn die Götter ohne Erbarmen sind. Deshalb ist es besser, einen Lama zu rufen. Der kleine Mensch, der kaum das Licht der Welt erblickt hat, wird so wenigstens schneller wiedergeboren. Der Tod kleiner Kinder ist überall auf der Welt eine enttäuschte Hoffnung, ein unendlich trauriges Ereignis, aber das wird hier mit einer Ergebenheit entgegengenommen, die der Preis für das Glück ist. Es gehört sich nicht, dabei unendliche Verzweiflung zu zeigen. Die Götter könnten es als Undankbarkeit auslegen! Es wird wieder alles gut, es werden wieder neue Kinder geboren, sie kommen unter verrauchten Strohdächern zur Welt und werden stark sein, viel stärker als die, die gestorben sind. Die Götter wissen selber gut, was sie tun müssen. Manche Physiologen behaupten, daß gerade durch die natürliche Selektion, praktisch durch keine medizinischen Eingriffe korrigiert, durch keine Pflege, Vorsorge, Impfung beeinflußt, sich die Sherpas als Ganzes sehr gut an die Lebensbedingungen ihrer Heimat angepaßt hätten.

Während seines Lebens kann sich ein Mensch, der vorher unter normalen Bedingungen gelebt hat, nicht einer dauernden Existenz in einer Höhe von viertausend Metern anpassen, aber die Sherpas haben stärkere Herzen und Lungen, eine wirtschaftliche Art, den Sauerstoff im Organismus zu nützen, eine höhere Anzahl roter Blutkörperchen und eine größere Menge Hämoglobin im Blut. Dies alles ermöglicht es ihnen, das Wunder des Überlebens zu realisieren. Und nicht nur das: Die Besten von ihnen sind bewundernswert ausgerüstet, um sich auf den höchsten Gipfeln zu bewegen und dort höchste physische Anstrengungen auf sich zu nehmen.

Am blaugrünen Himmel ging der zunehmende Mond langsam auf und bestrahlte die Kartoffelesser mit seinem unwirklich scheinenden Licht, ihre Schatten dehnten sich in bizarren Proportionen aus. Sie würden hier die ganze Nacht sitzen, Yakmist nachschüren und in dem bläulichen Rauch die steifen Glieder wärmen. Es war Gott sei Dank schon das letzte Mal, denn schon morgen würde der Marsch dieser lächerlichen Expedition der zwei fremden Memsahibs enden, morgen, wenn die Götter es erlauben, würden wir Kangchung erreichen, die Lasten abladen, und dann kehrten sie wieder nach Hause zurück.

In der Nacht bekam ich zum ersten Mal Krämpfe in den Beinen. Ab und zu leide ich darunter, wenn ich vergesse, den Kaliumvorrat aufzufüllen, mit dem mein Körper so schlecht wirtschaftet. Es genügt eine größere Anstrengung, und er wird bis zu einem kritischen Punkt ausgeschwemmt und schon ist es da: in der Nacht beißt der Schmerz in meinen Waden. Zu Hause kämpfe ich gegen die Krämpfe ganz erfolgreich mit Aprikosenkompott oder Marmelade an, eventuell auch mit Bananen oder Kartoffeln. Dies alles sind Lebensmittel mit einem relativ hohen Kaliumgehalt. Deswegen hatte ich auch Tabletten vorbereitet, sie in eine Schachtel gepackt, mit einem Band gegen die Feuchtigkeit gesichert und zum Schluß zu Hause vergessen. Wahrscheinlich liegen sie noch in meinem Zimmer. Man muß für jeden Fehler bezahlen, in Katmandu habe ich etwas Ähnliches natürlich nicht mehr aufgetrieben. Kalium war, außer in seiner natürlichen Form, als Hypermangan nicht mehr zu haben, und dies eignet sich leider nur zum Obstwaschen und ist ansonsten für meine Zwecke unbrauchbar. Wir hatten natürlich einen Vorrat an Polyvitamintabletten gekauft, vielleicht war darin Kalium enthalten, wenigstens in einer kleinen Menge. Aber mit diesen Tabletten gingen wir bis jetzt noch sehr sparsam um. Als ich nun leise in meinen Schlafsack neben Vera stöhnte, um nicht die im Nebenzelt schlafenden Sherpas aufzuwecken, war Ang Rita sicher davon überzeugt, daß die Bergkrankheit bei mir begonnen hatte. Der beißende Schmerz ließ nicht nach, im Gegenteil, bei der geringsten Bewegung befiel er noch weitere Muskeln. Die Krämpfe hatten schon die Rippenmuskeln und den rechten Oberschenkel erreicht. Ich hatte nur noch eine Möglichkeit, den Schlafsack zu verlassen, falls das noch irgendwie ging. So kroch ich aus dem kleinen Raum der Wärme heraus in die eisige Kälte der Nacht. Ich mußte mich aufrichten, die Muskeln etwas lockern und massieren, aber das ging im Zelt nicht. Ich nahm mir vor, daß ich um jeden Preis etwas dagegen tun mußte.

Das erste Geräusch am Morgen, auf das wir mit noch geschlossenen Augen warteten, war das optimistische Schnurren des Petroleumkochers in Changpas zusammenlegbarer Küche. So erkannten wir, daß der Koch aufgestanden war und die riesige verrußte Teekanne auf das Feuer gestellt hatte. Es dauerte nicht mal zwanzig Minuten, und vor dem Zelt hörten wir seine Stimme: »Ama Dablam, Ama Dablam ...« Die Melodie kam mir bekannt vor, auch wenn der Text vereinfacht war, fiel es mir ein, wie konnte es anders sein, das war »Clementine«. Die Worte sind nicht wichtig, wenn der Mensch aus vollem Hals in der reinen Morgenluft singen will, und wer möchte behaupten, daß es etwas Schöneres gibt als den heiligen Berg Ama Dablam, über dem weltlichen Kloster Tengboche im Tal des Imja Khola? Der Berg, auf den Changpas Kinder wahr-

scheinlich jetzt in ihrem Geburtsdorf Khumjung schauen. Wir öffneten den Reißverschluß des Zeltes und suchten unsere Blechtassen. Nach einer Weile kam der Koch zurück, eine Figur, die mit umgeschlagenen Ärmeln der viel zu großen Jacke an Charly Chaplin erinnerte, und er goß uns Tee ein. Wir standen auf, aber mit dem Abmarsch war es nicht so eilig. Es würde noch lange dauern, bis die Sonne den Rauhreif auftaute und die ganze Karawane sich in Bewegung setzen konnte. Die Yaks hatten sich in der Morgenstille auf den Umkreis von gut einem halben Kilometer verteilt, aber man mußte nicht fürchten, daß sie weglaufen, weil sie der Gletscher sicher nicht lockte. Ohne Erfolg bemühten sie sich, mit den mächtigen Hufen auf den muskulösen, kurzen Beinen etwas zwischen den Steinen auszugraben, aber es war nichts da als Eis. Vom fließenden Wasser mußten wir uns verabschieden, und ich bat zum ersten Mal Changpa, mir zur minimalen Zahnpflege Wasser vom Topf zu geben.
Und dann hatte ich eine, wie sich später zeigte, unsinnige Idee. Ich erinnerte mich an die Mannschaft der Leistungssportler beim Skiwettbewerb von Jested nach Schneekoppe: Sagte da nicht jemand, daß mancher von ihnen in die Krise kommt, wenn ihn die anderen am Salz lecken lassen? Es soll sogar gegen Krämpfe helfen. Ich überlegte nicht lange, um diese Sache zu analysieren, nahm kurzerhand den Suppenlöffel und schüttete aus Changpas schmuddeligem Säckchen ein kleines Häufchen Salz auf den Löffel. Dann schloß ich die Augen und schluckte entschlossen das Salz, das ich mit einem Schluck Wasser hinabstürzte. Ich freute mich, daß ich die Krämpfe nun besiegt hatte, aber ich täuschte mich. Der Erfolg des Experiments ließ nicht lange auf sich warten. Ich konnte gerade noch den nächsten Stein erreichen, der groß genug war, um meine Indisposition taktvoll vor den Augen der Einheimischen zu verbergen.
»Was treibst du denn?« wunderte sich Vera. Aber ich war noch nicht in der Lage, zu antworten. Es dauerte noch einen Moment, bis ich mich faßte. »Vera, Rina«, ließ Ang Rita sich hören, der unauffällig unser morgendliches Kopfweh kontrollieren kam. Er konnte meinen Namen nicht richtig aussprechen; ich hatte es auch aufgegeben, ihm die richtige Aussprache beizubringen.
»Heute langer Marsch, schnell gehen ihr zwei«, drückte er sich aus. Die ersten Yaks gingen schon der Sonne entgegen, entlang der rechten Abzweigung des Gletschers. Der heutige Tag würde für sie der schlimmste werden, weil die Strecke überwiegend durch eine ununterbrochene Geröllhalde führte. Jeden Augenblick konnte bei einer Unaufmerksamkeit der Huf zwischen den spitzigen Steinen steckenbleiben, und schon ist das Bein gebrochen. Nicht weit vom Lager entfernt war der Zusammenfluß zweier Gletscher, Nangpa und Sumna, zu sehen. Die beiden hatten hier ein kompliziertes meerartiges System in die um Lebensraum kämpfenden Moränen gewellt. Der Zusammenstoß häufte an der Stelle, die als Sumna Phug bezeichnet wird, einen ganzen Berg weißen erosierten Kalksteins, einen natürlichen Gesteinsfriedhof auf. Nur ein kleiner Pfad klettert auf dem unordentlich geschichteten Haufen der ungeschliffenen Steine nach oben, und ohne Übergang rutscht er wieder nach unten und endet in ganzen Abhängen gesäumter Kalksteinhaufen. Sie sehen in dem farblosen Licht wie die Becken prähistorischer Seen aus, wassergerade Flächen; Beton aus dem feinsten Sand, der durch den Frost steinhart geworden ist. Wenn auf ihnen plötzlich Prontosaurier im Liebesspiel auftauchen würden, so würde ich es sicherlich nicht für eine Fata Morgana halten. In der Stille und im Schweigen läuft hier die Verwandlung des Steins ab, der bis hierher durch Eisdecken in eine Riesenmühle geschleppt wurde. Die Steine werden seit Urzeiten hierher gebracht und durch die miteinander verbun-

denen Kräfte der Gravitation, des Wassers und des Windes weitergetragen. Ihr weiteres Schicksal ist schon beschlossene Sache, ihre Zeit ist verronnen. Es wird eine Ewigkeit dauern, bis sie der kleine Fluß Bhote Kosi ins Meer geschwemmt haben wird, aber die ganze Zeit wird ihr feiner Sandstaub seinen Wellen in der untergehenden Sonne eine silberne Farbe verleihen. Wenn jemand aus ihm trinkt, wird ihm der Sand zwischen den Zähnen knirschen. Den Weg in dem Labyrinth haben die Karawanenleute fein säuberlich mit Steinmännchen markiert, ähnlich denen in der Tatra, den Alpen und überall auf der Welt. Aus einem höheren Blickfeld erscheint die Hauptabzweigung des Nangpa wie ein aufgewühltes und plötzlich erstarrtes Steinmeer, umrandet von Dutzenden namenloser Berge, von denen in Europa jeder ein König wäre. In der Ruhe herrscht ein nicht aufhörender Wind und ein ultraviolettes Leuchten.

»Dina, Dina, komm her, schau«, gestikulierte Vera ungewohnt wild. In einem der vielen Miniatursattel spielte der Nordwind auf seiner Flöte und brachte dadurch eine bunte Menge von Mantras in Bewegung, welche die Pilger zur größeren Gottesehre anhalten sollen und der leichteren Orientierung der Karawanen dienten. Veras Hand hebt suggestiv meinen Blick, der bisher ganz prosaisch meine Füße durchbohrt hat. Was ich sehe, bringt die Glocken in meiner Seele zum Läuten. Ja, es ist so, der Moment der ersehnten Begegnung ist gekommen. Der Berg materialisiert sich, im Angesicht seines Bildes erstarren unsere Augen. Ohne Worte blicken wir auf seine selbstverständliche Schönheit, eingerahmt in orangene Wolkenfransen. Er ist weit weg; die Entfernung gibt ihm eine Unwirklichkeit, als ob seine klassischen Formen aus Meerschaum geblasen wären, direkt in den azurblauen Himmel hinein. Aber er ist es, der Berg mit dem tibetischen Namen Cho Oyu, der ihm die Herrschaft über den adeligen Stein mit dem blaugrünen Schein gibt. Er hat mehrere Gesichter, genau wie die Göttin Durga, die Zerstörerin, deretwegen im Herbst viel Blut von stattlichen Hammeln vergossen wird. Das drohende Gesicht in Form der 4000 Meter hohen Südwand, die aus Expressionen der eisigen Lawinen besteht. Zu uns schaut er in Begleitung zweier 7000 Meter hohen Brüder herunter, er versteckt sich ein bißchen hinter ihnen, fast so, als würde er sich schämen, wie ein Mädchen, das sich morgens beim offenen Fenster die Haare kämmt und von jemandem überrascht wird. Er bleibt aber auch in der momentanen Unsicherheit ein König, der sich seines majestätischen Erscheinens bewußt ist. Er achtet nicht auf die neugierigen Erdlinge, läßt sich unaufhörlich die Frisur durch den Wind aufplustern und streckt das Gesicht den vorüberziehenden Wolken entgegen.

Es ist eine Erscheinung, fast wie aus einer anderen Welt, aber doch greifbar nahe. So wird Liebe geboren, die auf den ersten Blick und für immer währt. Wir bekamen nicht genug von unserem ersten Treffen; aber ungefähr nach einer Stunde stiegen wir von Sumna Phug ab, die Türkisschönheit versteckte sich wieder vor uns diskret hinter dem Pfad. Wir sollten noch lange marschieren müssen, bis wir in das Türkiskönigreich eintreten durften. Links verband sich die gräuliche Masse des Gletschers Nangpa mit einem weiteren Gletscherkoloß. Auf seinem Rücken hat er verwittertes Gestein angesammelt, das er in seiner Bulldoggenkraft von sich weggeschoben hat. Durch dieses Gletschergeröll führen die Wege der Mutigen in das geheimnisvolle Tibet.

Zum Mittagessen halten wir einen Moment an einem ebenen Platz mit dem slawisch klingenden Namen Dzibko an. Die Landschaft ist zum Verzweifeln leer. Sie hat jeglichen Humor verloren. Menschen und Tiere sind hier ausnahmslos klein. Ihr Maß ist der Stein und das Eis, die Zeit alles Lebenden ist hier nichtig. Wir befinden uns fünftausend Meter über dem Meeresspiegel, höher als alle Alpenriesen. Wir essen schnell an einer windgeschützten Stelle ein Stück nepalischen Käse und Tschapati, in dem schon das Öl in der Kälte hart geworden ist. Dazu essen wir ein Stück Schokolade, als Beweis, daß irgendwo die Welt der Zivilisation mit ihren Leckerbissen existiert. Wir trinken mit einigen Schlucken unnatürlich orangene Limonade aus einer Plastikflasche. Wir verspüren aber keinen rechten Durst. Die unzureichende Akklimatisation meldet sich durch einen leichten Schwindel und Ohrensausen. Ich habe plötzlich unwiderstehlichen Appetit auf ein Stück gewöhnliches Brot, es drängt sich quasi quälend in meine Vorstellung ein, lauwarm, rundherum mit einer knusprigen Kruste. Nach dieser Vision beginnen mir richtig die Hände zu zittern, noch dazu in dem Moment, als ich den Film im Fotoapparat wechseln will. Die kleine Spule rutscht mir aus den steifen Fingern, und ich blicke ratlos auf ein Netz feiner Risse, die einmal ein UV-Filter waren. In diesem Moment wird mir bewußt, daß ich gerade eine unersetzliche Sache verloren habe, ich unterdrücke ein paar Tränen, die sowieso nichts helfen würden.

Der Pfad führt hinter eine Moräne, entlang an einer kompakten Granitwand, dann schlängelt er sich an riesigen Felsen in unregelmäßigen Serpentinen entlang und umarmt einen steinigen Hügel. Nach und nach steigen wir durch den engen Spalt in den nächsten Sattel auf eine monumentale Moräne auf. Hier reißt uns der Wind fast um, es eröffnet sich uns ein neuer Ausblick. Das Terrain wird leicht flach und geht in eine riesige Terrasse über, ungefähr zweihundert Meter über dem Gletscher. Rechts und links, überall, soweit das Auge reicht, sind Berge zu sehen, eine ununterbrochene Reihe jungfräulicher Gipfel, die auf unserer Landkarte mit keinem Wort erwähnt werden. Anonym stehen sie in der menschenleeren Mondlandschaft, durch die die Treiber mit ihren Yaks stolpern, völlig erledigt von der kalten Energie der Luftmassen. Auf der Terrasse geschieht etwas, die Karawane bleibt stehen, und bevor wir es verhindern können, laden die Träger die Gepäckstücke, Körbe, Säcke und Kisten auf einen Haufen ab.

»Was machen die Leute, Norbu?« frage ich erstaunt, denn auf den ersten Blick ist mir klar, daß dieser Ort zum Aufbau eines Basislagers völlig ungeeignet ist. Der Gletscher Nangpa kriecht weiter mit seinen Eisbergen nach Norden und verschwindet hinter der Ecke des Randkamms, der am Massiv des Cho Oyu westlich ausläuft. Von dort drüben atmet, mit seinem gefrorenen Atem, der tibetische Wind, der über der Terrasse ganze Wolken durch Frost steifgewordenen Staubes wirbelt. Erschreckend wird mir klar, daß der Fuß unseres Berges noch mindestens fünfundzwanzig Kilometer weit entfernt liegt!

»Die Leute machen das gut, Memsahib Rina«, erklärt mir Norbu, »diese Stelle heißt wirklich Kangchung, schauen Sie nur auf die Landkarte, und außerdem, haben Sie nicht an diesem Kamm rechts dort das Pferd gesehen?«

Einen kleinen Moment stutze ich und glaube, daß Norbu als erster Anzeichen der Bergkrankheit zeigt, die sein Gehirn befallen hat, aber dann entdecke ich doch in der bizarren Felsenkulisse eine durch die Natur modellierte Gestalt eines Pferdes, in einer dynamischen Geste ununterbrochen zum Sprung in die Tiefe bereit. Und wenn hier ein Pferd ist, dann muß es Kangchung sein, wenigstens der Sherpalogik nach. Ich versuche es zum letzten Mal: »Norbu, man kann den Cho Oyu nicht mal sehen, er ist hinter diesem großen Berg versteckt. Wie sollen wir alle Gepäckstücke dahin bringen?«

Der kleine Sherpa zuckt nur die Schultern, was soll er auch sonst machen. Die Regierung hat diesen Platz für das Basislager als Kangchung bestimmt, genauso wie voriges Jahr bei Messner, also was sollten wir dagegen tun?

Als Beweis seiner Behauptung zeigt er uns, daß der Höhenmesser wirklich 5200 Meter anzeigt, dies entspricht genau den Angaben auf der Landkarte. Inzwischen hat jemand die grüne Plane ausgepackt, die mitgebrachten Stöcke aufgebaut. In kurzer Zeit steht ein improvisiertes Zeltdach, und darunter beginnt Changpa für alle Tee zu kochen. Vera und ich versuchen noch eine verzweifelte Geste. Durch die Vermittlung von Ang Rita bemühen wir uns, die Inhaber der Yaks und die Träger davon zu überzeugen, daß sie uns für eine besondere Belohnung wenigstens einen Teil des wichtigsten Bergsteigermaterials um einen »Yaktag« weitertragen sollen. Wir bieten sogar das Dreifache des durch die Regierung festgelegten Mindestlohns an, aber umsonst, die Leute haben Angst. Nein, nein, nein! Sie zeigten schon großen Mut, als sie mit ihren Tieren, alles riskierend, mit uns bis hierher gegangen sind. Wir haben ja schließlich gesehen, wie die Yaks zwischen den Steinen herumstolperten! Wollen wir wirklich weitergehen und damit die Götter reizen, damit sie böse werden und die Yaks dann in Gletscherspalten fallen lassen oder im Sturm, der jeden Augenblick losbrechen kann, umkommen lassen? Die Vorstellung dieser Strafe hat sie jeglichen Mut verlieren lassen. Uns ist klar, daß sie sich nur noch eines wünschen – so bald als möglich weg von hier zu kommen und im Tal bei den warmen Feuerstellen in ihren Häusern zu sitzen. Wir resignieren; zum Abschied bewirten wir sie mit Tee, damit sie sich aufwärmen können und rechnen den Lohn nach der Anzahl der Arbeitstage aus. Wir zahlen mit Papierrupien aus dem roten Säckchen und geben noch mit einem dankbaren Lächeln ein Trinkgeld dazu.

Wir entscheiden uns, die Post einem Träger anzuvertrauen, einem geschickten Tibeter, der der Inhaber der ältesten Tiere und eines kleinen Geschäftes, gleich neben Sonams Gaststätte in Namche, ist. Er hat seinen langen Zopf unter der Mütze versteckt und scheint uns vertrauenswürdig genug zu sein. Er wird sicher nicht hinter der erstbesten Ecke den Haufen der Postkarten wegwerfen, die wir an alle diejenigen geschrieben haben, die uns zu Hause, in Amerika oder in Europa auf irgendeine Art und Weise geholfen haben, unsere zweifelhafte Idee zu realisieren. Alle Karten tragen den exotischen Stempel »carried by runner«, als Beweis der primitiven Postarbeit. Gyalzen, so heißt dieser Mann, ist bereit, diesen Dienst für uns zu erledigen, aber wir müssen verstehen, daß er sich über ein zusätzliches kleines Trinkgeld sehr freuen würde. Selbstverständlich weiß er, wo in Namche das Postamt ist und kann auch selbstverständlich die fehlenden Briefmarken aufkleben. Ich nutze die Zeit, die noch vergehen wird, bis der nächste große Topf voller Tee fertig ist. Mit der Begleitmusik des brummenden Petroleumkochers schreibe ich einen Brief nach Hause, an Otakar, damit er auch erfährt, daß wir im Basislager angekommen sind. Dabei fällt mir die Heimat mit den blühenden Schneeglöckchen, Veilchen und vielleicht auch Himmelsschlüsseln ein.

Wo sind wir überhaupt? Was suchen wir hier in dem verfluchten Reich des niemals tauenden Eises und der Felsen in den verschiedensten Arten des Zerfalls? Wozu ist es gut, in dieser Wüste zu bleiben, in der man die Daunenjacke nicht ausziehen kann, wo die Zeit an den Lawinen gemessen wird, die jeden Augenblick von den ausgefrästen Rutschbahnen herunterfallen können? Wo der tibetische Nordwind einem in regelmäßigen Intervallen eine neue Ladung des eisigen Sandes in die Augen bläst? Es

gibt hier kein Lebewesen, das Auge sucht vergeblich eine Spur Grün, und die dünne Luft ist voll geheimnisvoller Feindseligkeiten. Das Lächerlichste, Verrückteste daran ist, daß wir diese Situation auch noch selbst hervorgerufen haben, sogar unter großen finanziellen Opfern!
Ich schreibe einen Brief, krakelig, mit steifen Fingern, mit einer Spur Sehnsucht; den Luftpostumschlag mit der vertrauten Adresse ziert eine lustige Trikolore. Die haarigen Huftiere haben die Häufchen Tsampa, die ihnen ihre verängstigten Besitzer gebracht haben, aufgefressen, und der Tee ist auch schon ausgetrunken. Die Träger mit den friedlichen Augen in den breiten Gesichtern, die uns während des gemeinsamen Marsches das Gefühl der Verlassenheit genommen haben, sind zum Abmarsch bereit!
»Namaste, Namaste, viel Glück mit der Göttin Cho Oyu.« »Namaste, Namaste, geht mit Gott, Freunde, danke und einen glücklichen Weg.«
Wir grüßen sie mit ihrem Gruß, den gefalteten Händen, als Zeichen der Freundschaft. Das ist keine leere Geste, es ist ein Teil unserer Welt geworden, so wie wir zwei in ihr Leben eingetreten sind. Und dann beobachten wir traurig ihren Abzug, die immer kleiner werdende Karawane, die Menschenmenge mit den Yaks. Das beruhigende Pfeifen und Klingeln wird immer schwächer. Knapp vor der Kurve drehen sich alle einen Moment lang um, rufen, winken und verschwinden dann aus unseren Augen, als ob sie der Erdboden soeben verschluckt hätte. Ratlos sitzen wir zwischen den aufgeschichteten Kraxen, die Stille hat uns ergriffen, und eine plötzliche Sehnsucht weicht der tiefen, schweren Verlassenheit. Wir kommen uns vor wie Waisenkinder, verlassen im dunklen Wald. Um den Erfolg unseres Aufstieges würde jetzt niemand auch nur einen Groschen wetten. Erst später stellen wir fest, daß Reinhold Messner glücklicher dran war. Das Basislager hat er zwar auch auf dieser Stelle aufgebaut, aber die Träger haben ihm alles Notwendige um einen »Yaktag« weiter nach oben getragen.

Das hohe Spiel

Wenn du nicht das bist, was man abwertend einen Feigling nennt, mußt du dich entschließen, zu spielen, mußt du die Karten auf den Tisch legen und die Spielregeln annehmen. Oder in umgekehrter Reihenfolge, das ist nicht wichtig. Wichtig ist nur, daß der Mensch sich nach seiner Entscheidung selbst treu bleibt und die Spielregeln bis zum Schluß einhält. Vera und ich haben uns vor Jahren entschieden, und die Entwicklung der Situation hat uns die Karten gemischt, in denen bis jetzt keine Trümpfe aufgetaucht sind. Es wird also ein reines und hohes Spiel, ob groß oder klein. Jedes konkrete Ziel des menschlichen Bemühens ist nur eine Kulisse, eine Requisite im ernsten Drama der menschlichen Ehre. Der Mensch kann sie nur einmal verlieren. Deswegen können wir hier nicht wie nasse Hühner in dem Haufen nasser Kraxen sitzen, die durch den langen Transport auf den Yakrücken gezeichnet sind und deren Geruch noch nicht ganz verflogen ist. Der Wind greift nach uns mit stählernem Griff, voller Lethargie und pessimistischen Überlegungen. Sobald wie möglich müssen wir die zugige Erhöhung von Kangchung in eine Illusion der Heimat verwandeln, die Zelte aufbauen, damit wir nicht erfrieren werden. Zuerst bauen wir zwei kleine Zelte für die höchsten Lager auf. Wir haben sie in Namche Basar als Teil eines Ausverkaufs einer längst vergangenen Expedition zum Ama Dablam gekauft, von dem Berg also, von dem Changpa täglich beim morgendlichen Teekochen zu der Melodie von »Clementine« singt. Ama Dablam ist heilig und ein sehr populärer Wohnort der Götter, direkt über dem Kloster Tengboche. Eine witzige, sich nach Originalität sehnende Person würde sich jetzt sicher für diese Gipfelwohnungen, die sich auf den Boden ducken, einen anderen Namen einfallen lassen. Eureka verkünden die giftig neonfarbigen Buchstaben im Nebel, der uns plötzlich umgibt. »Heureka, ich hab' es!« rief in Euphorie ein weiser Grieche vor ewiger Zeit im antiken Mittelmeerraum, dort wo die Feigen von allein in den Mund fallen, und er atmete dadurch sich und den anderen den Glauben an die menschliche schöpferische Kraft, Logik und Deduktion ein. Wir würden bei dieser Expedition auch gerne »Heureka!« rufen und dabei nicht die Ehre verlieren. Einfach nach Hause kommen mit dem Gefühl, fair gespielt zu haben.

Ein Zelt wird Norbu mit Ang Rita bewohnen, das andere Vera und ich. Changpa und Kanchha ziehen in die Küche unter der Plane ein, die wir aber erst noch aufbauen müssen. Alle gemeinsam beginnen wir deshalb mit der Arbeit. Wir fangen an, Steine zusammenzutragen, aus denen die Sherpas gekonnt Umrandungen bauen können. Erst dann ziehen wir die grüne Plane als Dach darüber, aber Ang Rita gefällt das Werk nicht besonders gut. Unzufrieden wackelt er mit seinem Kopf: stärkeren Wind wird diese Plane nicht aushalten, aber heute ist es schon zu spät für weitere Veränderungen. Morgen werden wir den Bau mit hohen Steingiebeln ausbessern, damit er den Stürmen besser widerstehen kann. Abends wird der Himmel wieder klarer, der Wind beruhigt sich, und über uns beginnt eine phantastische Anzahl klarer Sterne zu leuchten. In ihrem Schein glänzt wie aus Jaspis, eine ungefähr eintausend Meter hohe Eiswand, ohne Schneeschicht, unbarmherzig nackt. Aus Gewohnheit schätze ich die Entfernung und die Haufen der Eisbrocken, die die Reichweite der Lawinen kennzeichnen. Sie sind in sicherer Entfernung zum Lager. Von dort droht keine Gefahr, falls es nicht mindestens einen Meter Neuschnee gibt.

In Changpas Küche ist es verhältnismäßig warm, und mit vollem Magen sind unsere Überlegungen gleich optimistischer und konstruktiver. Norbu hat zwar eine nicht sehr schmeichelhafte Meinung über unseren Sirdar, der zu Hause in der Wärme seiner Gaststätte sitzt, Rakshi und Tee trinkt oder vielleicht Tschang und auf uns pfeift, aber es kristallisiert sich ein Konzept heraus. Gleich morgen beginnen wir das Material zu sortieren. Wir suchen nur das Notwendigste heraus, müssen es einpacken und dann mit eigener Kraft zum Fuß des Cho Oyu tragen. Es wird nicht leicht sein, harte Arbeit erwartet uns. Es ist erstaunlich zu sehen, wie Ang Rita und Norbu unsere nicht besonders gelungene Expedition zu ihrer eigenen Sache gemacht haben. Sie ahnen nicht einmal, diese goldenen Sherpajungen, wieviel Hoffnung und Selbstvertrauen sie uns dadurch geben!

Gegen morgen weckten mich klatschende Geräusche. Im Halbschlaf wird mir bewußt, daß der Wind wieder stärker geworden ist. Die Igelitplane der Küche, vorerst nur provisorisch aufgebaut, gibt Geräusche, ähnlich wie Peitschenschläge, von sich. Der Wind muß daruntergekommen sein und rüttelt sie immer mehr und mehr. Voller Befürchtungen hören wir, daß die Geräusche jetzt in ein zusammenhängendes Krachen übergegangen sind, ähnlich dem Krachen eines Riesentraktors. Es mischt sich ein verzweifeltes menschliches Rufen darunter.

»Shiwoklut, Shiwoklut«, hören wir Changpas Stimme, dann einen Schwall unverständlicher Wörter, der Tonlage nach Schimpf- und Fluchwörter, dann die stampfenden Schritte und die Stimme von Ang Rita und Norbu. Da stehen Vera und ich auch schon in dem Sturm auf und ziehen uns schnell die Daunenjacken über. Es bietet sich ein besonderer Anblick: Über die Terrasse, die in milchiges Licht getaucht ist, fliegt, einem wilden Reigen gleich, eine Wolke, die wie die Fetzen eines Hexenschleiers mit einem Hexenbesen geformt ist. Unberührt davon schwebt der Halbmond zwischen ihr durch. Der Sand, der scharf wie Glas ist, zeichnet senkrechte Striche in Windrichtung auf der freien Fläche auf. Über dem Ganzen weht unsere Küchenplane. Sie hat sich fast ganz von den Steinen gelockert, mit denen sie beschwert war, dreht sich um und wird wie durch ein Wunder auf einer Seite von der Steinumrandung gehalten. Changpa und Kanchha stehen ratlos wie die Kinder da, sie wissen nicht, was sie zuerst wieder einfangen sollen. Wir stürzen uns alle auf die Plane, und mit vereinten Kräften retten wir sie vor dem Wegfliegen. Wir legen sie zusammen und beschweren alle Sachen hinter der kleinen Steinbrüstung.

Morgens, als die Sonne die Kälte wenigstens teilweise zum Rückzug gezwungen hatte, befestigen wir nochmals die Mauern. Die gegen den Wind stehenden vergrößern wir durch Giebelsteine. Der Wind reißt das Dach aber wiederum ein. Die Lösung: Aus einer der drei Rollen der Fixseile wickeln wir etwa fünfzig Meter ab, umwickeln den Bau einigemal rundherum, und aus dem Rest stellen wir etwas, das einem Stützgerippe ähnlich sieht, her. Das Ergebnis des Arbeitskampfes mit der Natur ist nach zwei Tagen ein unansehnliches dunkelgrünes Paket, das von einem dünnen Netz eines acht Millimeter dicken Seiles umwickelt ist und mit einigen Zentnern der gesammelten Steine verankert wird. Vielleicht gleicht das Gebilde so die kinetische Kraft des pulsierenden Reißens der Luftmassen aus und läßt unsere Wohnung nicht wegfliegen.

Endlich haben wir den ersten festen Punkt in der Folge der ununterbrochenen Veränderungen erreicht, eine Illusion der Heimat und der Sicherheit, ein Fort, das unser Vertrauen weckt. Es ist Lager, Eßzimmer, Küche und Gemeinschaftsraum in einem. Nachts dient es als Schlafzimmer für Changpa und Kanchha. Wie ein tapferes Schiff widersteht es dem Nordwind, und wir, die Schiffbrüchigen in dieser ungastlichen Gegend, kriechen in der Hocke durch eine Lücke im Steinzaun hinein, über die wir den Rest der Plane als Türe stülpen. Wir versammeln uns hier zum geheiligten Ritual des warmen Essens, das Changpa mit der Geschicklichkeit eines Jahrmarktjongleurs auf den drei großen Petroleumkochern zubereitet. Das gutmütige Schnurren der Kocher ist stärker als die böse Stimme des Nordwindes da draußen. Kanchha hat den Behälter der Petroleumlampe aufgefüllt, hat einen neuen Docht eingesetzt und pumpt nun schnell mit dem Metallhebel. Geistesabwesend beobachten wir die lila Blitze, der Asbest wird immer heißer, und der veräscherte Docht leuchtet schließlich rot und gelb. Licht! Licht und Wärme erfüllen den ganzen Raum. Das Licht malt bizarre Formen an die Innenwand der Küche. Mikrokosmos. Die zischenden Dämpfe aus dem Dampfdrucktopf kitzeln angenehm in der Nase, der Kopf rauscht und schwindelt angenehm, teils vor Hunger, aber größtenteils aufgrund der nicht ausreichenden Akklimatisation.

Die Natur hat den Einschaltknopf des biologischen Automaten gedrückt, die roten Blutkörperchen haben das Signal zur Erhöhung ihrer Produktion bekommen, es reicht aber noch nicht. Der Sauerstofftransport ist nicht in der Lage, den ganzen Körper und das Gehirn zu versorgen. Wir befinden uns in der weißen Wolke des Schwindels, und das nicht ausreichend durchblutete Gehirn fällt bei der kleinsten Bewegung nach vorne, in ein schwarzes Loch hinein. Beschwerden, die Herz- oder Magenkrämpfen ähneln, melden sich bei jeder schnelleren Bewegung. Aber nur bei uns beiden, bei Vera und mir. Die Sherpas sind viel besser dran. Wir wissen, daß es nur mehr

Zeit bedarf, bis sich der Organismus an die Höhe gewöhnt hat. Zum Glück können wir in der Zwischenzeit nicht über Langeweile klagen. Es müssen alle Sachen kontrolliert werden, damit wir uns davon überzeugen, daß nichts fehlt und alles in Ordnung ist.
Jede Expedition ist Speditionsarbeit mit einem dazugehörigen Kombinationsplan. Deswegen sortieren wir die Zelte, Schlafsäcke, Gamaschen und alle anderen Teile der Kleidung, Ausrüstung und Geräte. Wir müssen auch die passenden Größen der Fixseile vorbereiten und sie säuberlich aufwickeln, zu unserer eigenen Sicherheit. Dann ist es notwendig, sich mit Bleistift, Heft und Kalender hinzusetzen und das mit Sauerstoff unterversorgte Gehirn zur Konzentration zu zwingen. Genau und verantwortlich bestimmen wir, was mitgenommen wird und was hierbleibt. Das Ergebnis in diesem optimierenden Prozeß ist ein Haufen, der sich nach und nach im Windschatten der Küche türmt. Er ist der greifbar gewordene Kompromiß aus Entfernung, Schätzung der Geschwindigkeit des Weiterkommens und der Anzahl der Tage außerhalb des Hauptlagers. Von den Fixleinen, die wir auf fünfhundert Meter geschätzt haben, hat die Hälfte einen Durchmesser von sechs, die andere Hälfte von acht Millimetern. Außerdem sind insgesamt fünf Zelte dort, eine entsprechende Menge Felshaken, vier Gaskocher der Marke Bluet und dazu siebzig Gaskartuschen, jede hat vier Stunden Brenndauer.
Einen großen Teil der Ausrüstung nehmen die Lebensmittel ein, deren wichtigster Bestandteil der leichte Karton der vakuumgetrockneten Lebensmittel aus der Tschechoslowakei ist. Eine braune, poröse Masse mit der Konsistenz von Polystyren, jede Portion vakuumverpackt, zur Sicherheit doppelt verpackt. Darunter befinden sich auch dreißig Kilogramm Rindfleisch, zehn Kilogramm Quark und ungefähr fünf Kilogramm gekochte Linsen. Ich habe das alles vor fünf Monaten zum Trocknen vorbereitet. Unendliches Würfelgeschneide, gründliches Fettentfernen, da das Fett das Produkt durch Schimmel nur ungenießbar machen würde. Dann habe ich zum Schluß, nachdem es bei einer Freundin weichgekocht wurde, alles zum Forschungslabor gebracht, wo es in einer Zaubermaschine verschwand. Wir werden sehen, ob das, was dabei herausgekommen ist, wirklich die Konserven ersetzt und die Eiweißversorgung in der Höhe sichert. Wenn ich einige Schachteln mit fast unverdaulichem Teufelstoast-Aufstrich, den uns eine amerikanische Firma geschenkt hatte, die dadurch sicher nur die gute Verdaulichkeit ihrer Produkte aufzeigen will, nicht dazurechne, haben wir keine Fleischkonserven dabei. In den Fleischprodukten, die wir mitnehmen wollen, befindet sich mehr oder weniger aus Versehen eine Stange Trockenwurst, die ich mir vor dem Abflug in Prag gekauft und dann aber nicht gegessen habe. Sie wird eine willkommene Abwechslung auf unserem Speiseplan sein! Das Verzeichnis der übrigen Lebensmittel ist nicht lang: indische Trockenmilch, die gestockt ist und nach Duftstäbchen riecht, vielleicht sogar nach Santal, ein Karton Nudelsuppe desselben Ursprungslandes, fünf Dosen Kompott und, als Versprechen des höchsten Genusses, eine Schachtel Doppeldecker-Kekse, zweistöckige Schokoladenstangen, ein Beutel nepalesischer Drops, zwei Dosen übersüßter Kirschmarmelade, getrocknetes Obst, Rosinen und Nüsse, je einen Sack getrockneten Reis, Tsura, Zucker und Tsampa, Mehl aus geröstetem Weizen. Einen königlichen Duft verströmt der Tee aus Darjeeling, ein Häufchen Knoblauch, Bündel voller Wacholder und anderer Gewürze. Was sollen wir noch mitnehmen? Fruchtbrause und als Gipfel des Reichtums eine Schachtel löslicher Schokolade und Polymerglukose. Obendrauf etwas Nescafé.

Sehr verantwortungsvoll müssen wir die Medikamente aussortieren. Wir entscheiden uns für zwei Sorten Antibiotika, Vitamine, einige Sulfonamide, Aspirin, einen Vorrat der geläufigen Analgetika, Salben für die verschiedensten äußerlichen Anwendungen inklusive Verbrennungen, Erfrierungen und Augenentzündungen. Außerdem nehmen wir noch einige spezielle Präparate mit. Das sind erstens starke Analgetika für den Fall starker Schmerzen infolge eines Unfalls, Schlaftabletten und auch, im Gegensatz dazu, wachmachende Medikamente, um den Organismus in einer Havariesituation wieder aufzuwecken. Zu diesen gefährlichen Medikamenten, von denen wir hoffen, daß wir sie nie brauchen werden, packen wir auch ein amerikanisches Celeston ein, dessen himmlischer Name sehr treffend ist. Es enthält die Hormone der Nebennierenrinde, die in einer Notfallsituation, bei Lebensgefahr, aus dem Organismus die letzten versteckten Energiereste herausholen können. Dies bedeutet dann die einzige Rettung, es ermöglicht hoffentlich den Abstieg. Nur in einem solchen Fall, an der Grenze des Lebens, darf der Bergsteiger zu solchen chemischen Präparaten greifen. Nur dann, wenn eine kompromißlose Alternative gefordert ist. Entweder er schafft den Abstieg mit Doping oder er stirbt durch Erschöpfung. An den Füßen der Berge hat noch niemand Dopingkontrollen durchgeführt, aber die Natur würde den Schwindel streng bestrafen, sollte sich jemand unerlaubt in seiner körperlichen Form verbessern wollen. Nur ein Verrückter, ein Mensch, der durch den Ehrgeiz geblendet ist, könnte so etwas machen. Diskutabel ist auch die Anwendung von Diuretika, harntreibenden Mitteln. Manche Ärzte und Physiologen empfehlen sie zur Vorbeugung der gefährlichen Lungenembolie. In unserer Apotheke haben wir sie unter dem Namen Diamox mitgeführt.

»Ich habe es am Annapurna ausprobiert«, sagt Vera »und ich kann dir sagen, daß es sich bewährt hat. Einfach gesagt, unter der Voraussetzung, daß dem Körper genug Flüssigkeit zugeführt wird, löst dieses harntreibende Mittel einen schnelleren Abtransport aller Giftstoffe aus dem Körper aus. Man hat weniger Kopfschmerzen, schläft besser und kann überhaupt besser gegen den Sauerstoffmangel ankämpfen. Mit Diamox wurden ausgedehnte statistische Versuche durchgeführt, und es ist zur besseren Akklimatisation empfohlen worden. »Ich sehe Diamox zum ersten Mal, Diuretika habe ich an den hohen Bergen noch nicht angewendet. Es wird wohl so sein, wie Vera es sagt, aber ich werde das Schicksal nicht herausfordern. Ich kann mir nämlich nicht vorstellen, was mit meinem Kaliumspiegel passieren würde, wenn ich anfangen würde, mich durchspülen zu lassen. Wenn Schlacken ausgeschwemmt werden, warum sollte Kalium dann bleiben? Die Vorstellung des Körpers in Krämpfen, noch dazu in einem Höhenlager, schreckt mich nachhaltig ab. Nein, nein! Nicht ungefährlich ist diese Nebenwirkung, die einen sicher zwingt, das Zelt nachts öfters zu verlassen. Auch hier im Basislager, in relativer Bequemlichkeit und Sicherheit, wo die Zelte auf einer riesigen Terrasse stehen, ist große Selbstbeherrschung notwendig, um sich zu überwinden, den warmen Schlafsack zu verlassen, durch den Rauhreif am Zelteingang zu schlüpfen und hinaus unter den frostigen Himmel zu gehen. Wie wird es erst sein, wenn wir zu dieser physiologischen Notwendigkeit auch noch die Steigeisen anziehen müssen?

Drei Tage sind wie Wasser verronnen, die Sachen sind gepackt. Auch unsere Blutkörperchen haben sich verbessert. Morgen ist der neunte April, es ist Zeit, mit der ersten Ladung über den Gletscher nach oben aufzubrechen. Nach dem Haufen hinter der Küche zu schließen, der schätzungsweise dreihundert Kilogramm wiegt, kann man sich leicht ausrechnen, daß wir vier Märsche absolvieren werden müssen. Also ungefähr bis zur Monatsmitte werden wir mit dem Aufbau des ersten Höhenlagers beschäftigt sein, und dann können wir dorthin umziehen. Der Umbau lockt nicht besonders: Wenn wir erst Mitte April im ersten sind, wann erreichen wir dann den Bergfuß und beginnen mit dem eigentlichen Aufstieg? Daran ist besser nicht zu denken!

Auch aus einem anderen Grund ist es vernünftig, morgen aufzubrechen. Die Sherpas langweilen sich ein bißchen, und mangels anderer Beschäftigung fangen sie an, mit Kanchha zu streiten. Der Jüngling aus Sonams Haus zeigt sich nicht besonders sympathisch; wo er nur kann, drückt er sich vor der Arbeit. Heute morgen wurde sein langes Gesicht noch länger, als Changpa ihm anschaffte, den Igelit-Container zu nehmen und zu einer entfernten Quelle, die aus einem Gletscher entspringt, zu gehen, um Wasser zu holen. Böse ließ er mit einer ironischen Stimme, die sich gerade im Stimmbruch befindet, hören, daß ihm nicht klar sei, was er eigentlich sei, Postläufer, Träger oder Küchenhelfer. Norbu wurde gleich wütend, zusammen mit Ang Rita hatte er ihn von Anfang an nicht besonders gerne. Sicher versteht er mehr vom Mistwenden als vom Bergsteigen. Was aber noch schlimmer ist, er würde nur leichte Arbeit annehmen wollen, möglichst gar keine. Und natürlich gut essen wollen...»Cheese, Meat, Milk.« Norbu versteckt hinter diesen Silben seine Wut nicht besonders gut und betont die Silben deutlich, als er Kanchhas beliebteste Speisen aufzählt. Er würde solch einen Faulenzer nur mit Kartoffeln füttern. Ob Changpa heute morgen wieder den Tee ausgeteilt hat, anstatt dies von seinem Helfer erledigen zu lassen? Es ist unerhört, daß der Koch, so ein bedeutender Koch, den alle Everest-Expeditionen haben wollen, den Tee auch noch bis zum Schlafsack dieses Taugenichts bringen soll, den uns Sonam eingebrockt hatte. Ja, Sonam ist der Ursprung allen Ungemachs. Der niederschmetternde Redeschwall, der den faulen Helfer trifft, ist eine Retourkutsche für das gestrige Verlieren beim Kartenspielen, dem die drei bis spät in die Nacht hinein gefrönt haben. Changpa spielte natürlich nicht, er weiß, daß die Karten böse sind, man verspielt dabei mehr als man gewinnt!

Aber die drei, Ang Rita, Norbu und Kanchha, waren anderer Meinung. Das Spielfieber hatte sie gepackt, und so hatten Vera und ich beim Warten auf das Abendessen für sie Karten aus einem Papierblock gebastelt. Interessant war, daß sie nicht lesen und schreiben können, aber Pik, Blatt und Karo kennen. Sie spielten inbrünstig, alles andere hatte aufgehört, für sie zu existieren. Sie knallten mit den Karten, bis der Tisch, der aus Blechkanistern gebaut war, zusammenbrach. Das Glück drehte sich aber um oder hatte die Karten der Yakhirten verhext. Auf jeden Fall häuften sich mehr und mehr der gesetzten Rupien in der Tasche Kanchhas. Die zwei versuchten, es wieder zurückzubekommen, aber es war vergeblich. Endlich beschlossen sie, daß sie heute Pech hatten und ließen schweren Herzens das Spiel bleiben. Sie werden auf das Glück warten müssen.

»Wer kein Glück im Spiel hat, der hat es in der Liebe«, versuchte Vera zu trösten. Norbu hat dies gleich gegen Kanchha angewendet.»No wife, no life, no money, no honey«, sprudelte er in einem der vielen abgehörten Idiomen seiner Sammlung hervor, mit der er sein Sherpa-Englisch bereichert hatte. Vielsagend hat er dabei Kanchha angeblickt, der seinen Gewinn zählte und der bis jetzt von keiner Ehefrau träumte. Unser kleiner Napoleon zog einen schmuddeligen Schnappschuß von Ang Phurba hervor, der sie zusammen mit ihren beiden Söhnen zeigte, von denen der kleinere, der

Säugling Sonam Dawa, das größte Baby in ganz Katmandu, vielleicht sogar in ganz Nepal ist! Diese Überzeugung erfüllte ihn mit unendlichem Stolz, es gelang ihm jetzt, das verlorene Geld besser zu verschmerzen. Übrigens, Kanchha wird es schon noch sehen!

Bevor wir aus Katmandu abgeflogen waren, tauschte ich in einem kleinen Geschäft an dem Durbar Square den Reserveschlafsack gegen einen kleinen Kassettenrecorder mit Miniaturkopfhörern. Die Sache ist kaum größer als ein Notizbuch, paßt in die Tasche und nennt sich auch dementsprechend »Walkman«. Er ist der einzige Kulturgegenstand unserer Expedition geworden. Wir haben nicht einmal Funkgeräte, kein Radio. Nicht daß wir eine große Auswahl von Kassetten hätten, eigentlich sind es nur zwei, die mir am Abend vor dem Abflug mein Sohn Michael überspielt hatte. Zusammen sind das 180 Minuten Musik, nicht gerade miteinander verwandte Musik. Bachs Oratorium in h-moll und auf der anderen Seite »Pink Floyd«.

Außergewöhnlich ist aber, daß beide Kompositionen, die sich in ihrer Entstehungszeit so sehr unterscheiden, mit unserer Umgebung harmonieren. So, als ob jede von ihnen eine Seite eines umfassenden, unkorrigierten Buches der Natur und unserer Psyche widerspiegeln würde. Das höchste Wohlgefühl ist es, sich in dem dämmrig-kühlen Zelt in den großen Schlafsack hineinzukuscheln, die Kopfhörer aufzusetzen und in sich hinein zu hören. Der Einklang der Musik der Rockgruppe mit der Unberührbarkeit der Mondoberfläche unseres Tals trennt sich letztlich in ihre ursprünglichen Substanzen. Man kann förmlich spüren, daß hier alles nur pures Wasser und Felsen ist, in allen Stadien des Zerfalls dargestellt. Die elektronische Enge erhebt, die versteckte Panik der Einsamkeit ahmt das Jaulen des Windes und der Werwölfe nach, das Krachen der Steine durch den Frost und durch Erosionen, bis ich ganz klein werde und unterwürfig nach dem Sinn des Einbruchs in diese Welt, die nicht nach unserem Maß geschneidert ist, frage. Die Musik ruft Trauer hervor, die ohne Zweifel eine der Farben unserer Landschaft ist. Sie ist auf ihre Art wahr, weil wir nie wissen, wann uns der Sturm mitsamt dem Zelt wegwehen wird.

Demgegenüber gibt die disziplinierte Inbrunst des barocken Meisters den Dingen ihre Ordnung wieder zurück. Ich stelle mir einen kräftigen Orgelspieler, Komponisten, den ordentlichen Vater von zwanzig Kindern und Gatten mit einem gutmütigen, verständnisvollen Lächeln vor. Das ganze Leben hat er die Pfeifen der Orgeln zum Klingen gebracht, hat Fugen, Preludien, Kantaten und Oratorien komponiert, Stücke, von denen nun eines im durch den Gletscher ausgefüllten Tal Premiere hat. Und was für eine Premiere! Chaotische Massen des Gesteins finden ihren Platz und gliedern sich auf einen Schlag wie organische Teile einer Riesenarchitektur eines Naturtempels an, indem die Mauern durch die Formen der Berge gestützt werden. Bach macht seine Musik aus einer bunten Seifenblase. Mit warmem Atem schafft er auf der Handfläche einen zarten, ursprünglichen Gedanken mit Schmetterlingsflügeln, einem Stimmchen, oder zwei, drei, vier? Und dann führt er sie, die Silberfäden, die alle ihr eigenständiges Leben haben, er spinnt sie, trennt sie wieder, er läßt sie autonom die Zeit und den Raum füllen, in einem wertvollen Einklang. Die Gedanken werden kräftiger, treffen sich in kurzen Vorhersagen des Glücks, laufen auseinander und nähern sich wieder. Ist solch eine Fuge nicht das Bild des Lebens? Ist nicht das Bergsteigen, die Liebe zu den Bergen, etwas ähnliches? Sie wurde auch, einem Schmetterling mit durchsichtigen Flügeln gleich, aus kindlicher Verzauberung heraus geboren. Sie umgibt den Lauf des Lebens mit der Begeisterung, begleitet den Menschen, solange seine

Seele jung ist. Unerfüllte Träume brennen wie Salz in einer offenen Wunde, sie treiben uns auf den dornigen Weg der Unruhe, der Treue, der Aufgabe. Das ist keine falsche Stimme, kein Täuschen der Vorstellung des Erfolgs, keine billige, farbige Vorstellung des Glücks, kein Glanz und Glamour.

In den Spuren der müden Yaks

Unter dem Wort Puja verstehen die Nepali ein Fest als solches. Und weil in diesem Land die Feste und Bräuche des Buddhismus, Hinduismus und Lamaismus freundschaftlich koexistieren und sich ineinander verstricken, hat der nepalesische Kalender viele Feiertage zu Ehren der verschiedensten Götter. Ungefähr fünfzig Tage im Jahr verbringt ein Einwohner dieser Gegend mit dem Feiern irgendeines Festes; das neue Jahr kann er sogar an drei verschiedenen Terminen feiern. Auch die Sherpas haben die ihren. Es ist undenkbar, in Richtung der weißen Gipfel aufzubrechen, ohne daß sie die Puja vollziehen, die der Lamaismus zu diesem Zweck vorschreibt. Auch wir sind keine Ausnahme, und weil es scheint, daß wir heute, am neunten April, zu einem ersten Versuch aufbrechen, verbunden mit dem Hinauftragen der Ausrüstung auf den Nangpa-Gletscher, müssen auch wir den Göttern ein Feueropfer bringen.
Ich habe die Anwesenheit der Götter nicht bemerkt, aber nach der Überzeugung unserer Sherpas siedeln sie überall auf den umliegenden Gipfeln, nach ihrer Bedeutung geordnet. Die Vorbereitungen zu diesem Ereignis genießt am meisten Norbu, der sich zu diesem Zweck sogar seinen Festtagspullover mit der Aufschrift »Everest 82« angezogen hat. Schon seit dem Morgen läuft er hin und her, organisiert und schreit laut nach den anderen. Er hat einen Platz etwa fünfzig Meter hinter der Küche gewählt, weit weg von Changpas Abfällen und den Toilettenplätzen. In die gefrorene Erde hat er mühsam zwei kleine mitgebrachte Stämme eingeschlagen, etwa sieben Meter voneinander entfernt. Es werden die Fahnenmaste zur Ehre der Götter sein. Die mit Mantras bedruckten Organitfähnchen von Lama Tenzing aus der Thame-Vorhersage kommen endlich zu Wort, sie strecken ihr Gesicht der Sonne und dem Wind entgegen, ihre bunten Naturfarben werden zu einer einzigartigen Bereicherung im Meer der Steine und des Eises.
Auf einem großen, groben Stein mit noch ungeschliffenen Kanten ist schon der Altar mit einer kleinen Feuerstelle aufgebaut, und das Fest kann beginnen. Holz haben wir zwar keines, aber die Götter werden vielleicht nicht böse sein, wenn wir mit Petroleum feuern. Changpa ist es eben gelungen, die kleine rauchige Flamme am Leben zu erhalten, in die wir eine Handvoll Opfer geworfen haben: Reis, Rosinen und Tsampa. Die Sherpas haben die Mützen abgenommen, Ang Ritas Weihrauchkerzen duften im Morgenwind, und er murmelt: »Om Mani Padme Hum Chri... «, weil er der erfahrenste der Sherpas ist. »Om Mani Basa Gur«, stimmen Norbu und Changpa mit ein, nur Kanchha mußte schweigen. »Om Tare Ture Tutare Soha«, beenden alle drei ihr Gebet, weil sie trotz aller Ergebenheit und Gläubigkeit keine Gebete mehr kennen. Aber das macht nichts, der Mensch kann doch nicht vollkommen sein. Haben wir uns nicht gerade deswegen der Gunst der höchsten Wesen versichert? Lama Tenzing betet für uns jeden Tag im Gotteshaus im Hang unter den alten Wacholdern über Thame. Er betet und beobachtet das unfertige Dach des Tempels, durch das der Wind bläst, und er hat guten Grund zu seinen Gebeten. Wenn alles gut ausgeht und wir gesund zurückkommen, wird unsere grüne Plane, die jetzt unsere Expeditionsküche bedeckt,

zu seinen Planen unter dem Dach kommen. Das Feuer erlosch, es schaffte es nicht einmal, alle Opfer zu verdauen. Aber das ist kein Hindernis, wenn die Götter wollen, kommen sie, um sie zu holen. Bald darauf steigen wir, schon mit Rucksäcken auf dem Rücken, von der Terrasse auf den Gletscher ab. Und wir fangen gleich an, in die Irre zu gehen, weil der Pfad, den die Yaks im vorigen Jahr getrampelt hatten, zwischen dem Kalkstein-Geröll verschwunden ist. Rauf und runter und wieder rauf und runter, das erwartet uns den ganzen Tag. Wie oft? Schwer zu sagen, wir werden sehen. Stellenweise halten die Steine nicht auf dem harten Eis, der Fuß verliert den Halt, und man rutscht um ein paar mühsam erarbeitete Zentimeter oder Dezimeter ab.

Wir werden viele Stunden gehen, dabei werden wir die Pfade der Yaks vom letzten Frühling und Herbst benutzen, um das Hinauftragen so einfach wie möglich zu machen. Wir stellen steinerne Männchen auf, Norbu hängt ihnen blendend-orangefarbene Tücher um den Hals, die er in der Tasche seines Anoraks hat. In den Höhenschuhen stolpern wir schwerfällig im rutschenden Geröll, das an Kugellager erinnert. Die Oberfläche des Nangpa-Gletschers ist eine eigenwillige Welt, eine Welt Millionen unstabiler Gleichgewichte, die jeden Moment entstehen und im Nu vergehen. Das Eis kracht dumpf, ab und zu rollt ein Haufen Felsen, den gerade die Erdanziehungskraft besiegt hat, und stört die Stille. Mit dem klirrenden Geräusch zerbrechenden Glases stürzt ein blauer Eiszapfen in die Tiefe eines Spaltes. Man erschrickt, sieht sich ängstlich um, um erleichtert festzustellen, daß die Gefahr vorbei ist. Jede Sekunde birgt einen Kampf Ruhe und Unruhe in sich. Es hat nur den Anschein, daß Nangpa ein Steinbruch ist, in dem die Zeit stehengeblieben ist; die Ladung der Steine senkt sich immer tiefer, nur ist seine Bewegung mit anderen Zeiteinheiten zu messen.

Wir essen zu Mittag an einem Ort, genannt Dzasampa, in einer Steinumrandung der tibetischen Schmuggler. Bis hierher konnten uns die Pfade der Yaks das Leben erleichtern und die Chancen auf den Erfolg erhöhen. Direkt über Dzasampa zeichnen sich die blauen Umrisse des Eispanzers gruselig ab, der den jungfräulichen Siebentausender Nangpa Gosum vor ungebetenen Besuchern schützt. Hinter ihm sollte sich endlich, in der Schatzkammer des südwestlichen Kessels, der Schlüssel zu unserem Berg befinden. Im Unterschied zu den Sherpas, die sich hier, in einer Höhe von fast 6000 Metern, mit der Leichtigkeit eines Rehs bewegen, spüren Vera und ich deutlich das Abnehmen des Sauerstoffes. Aber wir haben Hunger, und das ist ein gutes Zeichen, daß die Akklimatisation gelungen fortschreitet. Das Gespräch dreht sich überwiegend um die Bürokratie, die auf der ganzen Welt gleich ist, wegen der wir so schuften müssen. Gäbe es sie nicht, könnte das Basislager in Dzasampa sein. Aber alles Schlechte ist zu etwas gut. Dieses unfreiwillige und vorgezogene Hinauftragen hatte einen erstaunlichen Vorteil: es hat uns die beste Akklimatisation ermöglicht.

Wir gehen weiter über eine Moräne, die den Gletscher in zwei Ströme teilt. Jeder Tritt auf ihrem Scheitel löst kleine Erdrutsche aus. Auf der rechten Seite meiden wir einige Lawinengegenden, ihr Glanz blinkt hart auf den Eisfelsen. Aus genauso glänzenden Abrissen über uns ist alles hierher gefallen. Ohne Worte beschleunigen wir unser stolperndes Gehen, mit Mißtrauen beobachten wir die Eistürme, damit wir im Notfall eine verzweifelte Flucht beginnen können. Niemand erwähnt auch nur im Anflug die Angst. Nur das Gespräch verstummte. Hinter den Lawinenfeldern rechts versperrt uns jetzt ein wilder, unansehnlicher Kessel, ein Krater, definitiv den Weg, in den die steinige Wand des Massivs Nangpa Gosum einbricht. Der rechte Teil des Gletschers wälzt sich in den bizarrsten Formen, die Gesetze der Wahrscheinlichkeit leugnend. Es ist alles, nur nicht schön. Eis ist kein Gummi, und überall dort, wo das Gefälle des Untergrundes sich stark verändert, hört es auf, das Terrain zu kopieren und platzt in dem vergeblichen Versuch, seinen inneren Umfang zu vergrößern. Sein Gesicht wird an solchen Stellen zum Gesicht eines Greises, zerfurcht von tiefen Falten und Rissen, geschmückt mit einem feindlichen Stoppelfeld von Eistürmen.

Ein Eisfall ist immer ein gefürchteter Teil des Arsenals, mit dem sich die Gipfel gegen das Eindringen der Menschen wehren. Außerdem ändert er sich im Laufe der Zeit. Zum Glück kann unserer verhältnismäßig leicht überwunden werden, wie wir nach einer kurzen Ausschau feststellen. Hinter dem rechten Teil über dem Krater und dem linken, der genauso unbegehbar ist und der sich mit einem Riesensprung in das Relief des Tales einschneidet, ist noch eine Schräge. Die Rutschbahn ist mit einem System länglicher Risse gesäumt, wo wir sicher einen Durchgang nach oben finden werden, auf den kahlen Arm des Eisstroms. Wir ziehen die Eisen an, und schon steigen wir durch den Irrgarten. Es bestätigen sich die Worte des alten Ang Temba, den wir in seinem Haus in Namche am Vorabend unseres Abganges besucht hatten. An einen solchen Winter erinnern sich nicht einmal die ältesten Talbewohner. Die Götter haben keinen Schnee geschickt, so daß die nahen Gletscher in den kalten Spiegeln in scharfen Kopien die Sonne widerspiegeln.

Als wir etwa hundert Meter höher steigen, taucht ein Krater auf, der wie der Schlund eines Riesenmonsters aussieht. In der Tiefe der konischen Verengung leuchtet ein Smaragdauge, die grüne Wasseroberfläche eines kleinen Sees. Und etwas bewegt sich dort! Oder täuschen uns die Sinne? Nein! Tatsächlich kreisen dort, wie schwarze Schatten in einer sinkenden Spirale, einige Lebewesen. »Krähen, Crows«, schreit Norbu, »die ersten Krähen aus Tibet!«

Er hat nicht recht, obwohl er nicht weit davon entfernt ist: es sind Kolkraben, nahe Verwandte der Krähe, aus der gleichen Gattung der zoologischen Einteilung. Diese Vögel, mit dem Geheimnis der nordischen Sagen umhüllt, mußten hierher von der anderen Seite des Kamms geflogen sein, aus Tibet. Stattliche Vögel mit kohlschwarzen Federn und harten grauen Schnäbeln. Und wenn sie hier sind, in dieser nicht lebendigen, verzauberten Natur, müssen sie einen Grund haben. Die Erklärung finden wir übrigens bald. Es ist der Kadaver eines Yaks in einer der Spalten, an denen wir vorbeigehen. Wir können zwar nicht begreifen, wie er dorthin gekommen ist, wie er sich auf seinen rutschigen Hufen in einem Terrain bewegen konnte, wo wir Steigeisen verwenden! Auf jeden Fall ist seine Anwesenheit ein Beweis, daß hier ein Teil der Karawanenstrecke der tibetischen Geschäftsleute liegt. Vielleicht nützen sie die günstigste Zeit, in der die Sonne barmherzig das Eis zudeckt und die Reibung verstärkt. Vielleicht aber war dieses Tier mit dem Sturz noch nicht gestorben, hat sich vielleicht nur den Fuß gebrochen und war zum Tod verurteilt. Das durch den Frost mumifizierte Grauen der glasigen Augen und auch das zum Himmel ragende gewaltige Gerippe des geöffneten Brustkorbes, halb durch die Kolkraben abgefressen, ist nicht gerade ein schönes Bild.

Auf der anderen Seite sind wir ganz froh, daß wir in diesen Enden nicht ganz allein sind, die freiwillige Einsamkeit werden wir mit einer kleinen Schar abgehärteter schwarzer Vögel teilen. Das tote Yak löst für sie das Problem der Nahrungssuche bis zum Kommen des Monsuns, der mit einer endgültigen Gleichgültigkeit alle in die Niederungen vertreibt: uns nach Süden, die Kolkraben auf das Nordplateau Tibets. Die Reste des Huftieres deckt er barmherzig mit einem weißen Grabtuch zu.

In einer Höhe von 5700 Metern legt sich der Gletscher wie ein braver Hund hin. Der Eisstrom steigt nur leicht in nördliche Richtung, und fünf Kilometer weiter erreicht er den höchsten Punkt des Nangpa La. Das Wort La, kurz und abgeschnitten in der Sprache der Tibeter und Sherpas, bedeutet Sattel, Bergübergang. Auch dieser Engpaß öffnet das Tor zwischen Nepal und Tibet. Mit seinen fast 5800 Metern gehört er zu den am höchsten gelegenen, und trotzdem wird behauptet, daß gerade hier der erste Sherpa, der Mensch aus dem Osten, in sein neues Land gekommen ist und dann im Laufe von drei Jahrhunderten die steilen Täler unter dem Mount Everest besiedelt hat. An der Lebensart hat sich nicht viel verändert, und deswegen ist es ein großer Erfolg, wenn eine Karawane glücklich den Nangpa La überschreitet. Die gläubigen Reisenden lassen zum Zeichen der Dankbarkeit auf dem höchsten Punkt eine Gebetsfahne und Süßigkeiten zurück, manche schneiden sich sogar den schwarzen langen Zopf ab. Diese fünf Kilometer zum Grenzpunkt sind an beiden Seiten von schönen, ungefähr 6500 Meter hohen Bergen umrahmt. Etwa drei Kilometer vor der Staatsgrenze stellen wir fest, daß das Massiv Nangpa Gosum, das in den unteren Stock des Tals ein so unfreundliches Gesicht zeigt, hier in einen riesigen terrassenförmigen Gletscher übergeht, dessen verhältnismäßig runde Stufen von tiefen Rissen gespalten sind, die zum Durchgehen auffordern. Vom ersehnten Fuß des Cho Oyu trennt uns nur noch der absinkende seitliche Kamm, der mit dem Gletscher Nangpa nach Norden verläuft, und uns wird bewußt, daß die Felsspitze direkt gegenüber kein Teil von ihm ist! Sie ist höher und nachweislich hinter ihm. Und über ihr schwebt der Heiligenschein der Riesen, ein leichter Tüllschleier aus Schneestaub, die Gebetsfahne der Götter, die am liebsten auf Achttausendern meditieren, damit ihnen niemand in ihre Privatsphäre sehen kann. Wir haben uns zum Greifen nah dem Ziel unserer Bemühungen genähert.

»Cho Oyu«, hauchen wir die tibetische Verbeugung vor der Türkisgöttin, die uns so lange fern war. Lange und standhaft hat sie sich gewehrt, wie im Märchen, mit sieben Bergen und sieben Flüssen, hinter denen sie ihr Königreich versteckt hat. Und jetzt hat sie uns endlich ihre Südwestwände gezeigt. Wir biegen scharf in nördlicher Richtung ab und steigen ab zum Eisbruch. Der Höhenmesser zeigt 5900 Meter an.

Wir legen die Lasten ab und stellen ein Lager auf, den Kern des ersten Höhenlagers. Wir packen alles in einen großen Sack aus grobem, wasserundurchlässigem Stoff und decken ihn mit Schnee zu, weil die Kolkraben scharfe Schnäbel haben und auf ihre Korrektheit kein Verlaß ist. Wir kennzeichnen die Stelle mit einem Bambusstab, und Norbu schmückt ihn mit einem roten Fähnchen. Der Wind spielt gleich mit ihm zur Begrüßung einen harmonischen Tanz. Wir essen und trinken. Zufrieden mit dem Verlauf unseres ersten Transports, richten wir unsere Schritte nach unten, ins Basislager. Vor der Dämmerung treffen wir Changpa, der schon ungeduldig Ausschau nach uns hält und uns mit der verrußten Teekanne bis zum Rand der Moräne entgegengekommen ist. In der Freundschaftsarche ist schon ein Kessel Suppe vorbereitet, Schakpa: es schwimmen darin Kartoffelstücke, irgendwelche Blätter und Stiele unbekannter Gemüse und viele kleingeschnittene Stückchen Fleisch aus der Yakkeule. Changpa hat die Fettstücke von dem Fleisch absichtlich nicht entfernt, weil das Fett für den Leckerbissen Nummer eins gehalten wird. Mein Magen wertet das anders, er wehrt sich gegen jedes Stückchen, das ich vergesse, unbeobachtet wegzuwerfen. Auch Vera hat keinen Sherpamagen. An dem Dalbhat kann man dafür nichts aussetzen. Der Reis ist weiß und dampfend, fällt locker auseinander, duftet und füllt wohltuend den Magen.

Zur Krönung der Schlemmerei haben wir noch Pudding mit getrocknetem Obst. Die Petroleumlampe brummt gutmütig; sie ergießt sich in die Dämmerung mit gelbem, freundlichem Licht, und wir ruhen uns aus, vom Essen angenehm träge geworden. Die Sherpas reden und reden, zeitweise englisch, meistens in ihrer Muttersprache, wenn das Thema knifflig wird. Sie erzählen sich Klatsch, lachen, und aus allem strahlt eine ungefälschte Gemütlichkeit, wie in einer gemütlichen Hütte in der Hohen Tatra, wenn man nach einem anstrengenden Tag in die warme Sicherheit zurückkehrt. Kangchung ist nicht mehr eine Windplane am Rand der Welt, sondern ein Ort, auf den man sich freuen kann, ein Ort, der das Gefühl der Sicherheit und der kulinarischen Erlebnisse, etwas Wärme und fröhliche Geselligkeit der Bergsteiger birgt. Kangchung ist zur vorübergehenden Heimat geworden.

Fast die ganze nächste Woche läuft so ab. In das Lager am Eisbruch unternahmen wir noch zwei weitere Transporte durch das Geröllmeer, und jedesmal gingen wir merklich besser. Jedesmal erwarteten uns danach die Tassen mit dem duftenden Tee aus der verrußten Kanne und Changpas Leckerbissen. In der Nacht setzte ich meinen wenig erfolgreichen Kampf gegen die Krämpfe in den unteren Extremitäten fort. Ich habe es mit immer mehr Ruhe auf mich genommen, als den Teil des Preises, den ich zahlen mußte. Ich wartete nicht mehr, bis ich mich fast nicht mehr bewegen konnte. Beim ersten Anzeichen kroch ich aus dem Schlafsack und dem Zelt, richtete mich auf, streckte und lockerte mich, massierte meine Muskeln. Manchmal war die Nacht herrlich dunkelblau. Der Himmel funkelte durch das Übermaß an kosmischem Licht, der Mond trödelte irgendwo und ließ sich durch die Schwestern Sterne vertreten. In einer solchen Nacht schläft alles. Die Sherpas in ihren Zelten neben uns, Changpa und Kanchha schnarchen leise in der Küche, die Kolkraben weit im Tibet und die Gespensterschatten unseres Lagers. In der Kälte der Nacht beruhigt sich auch der Nangpa-Gletscher, der am Tag so aktiv ist. Dreihundert Meter unter uns breitet er sich in seinem Steinlauf aus, mit seiner Last auf dem Rücken, zu der er verurteilt ist, sie nie abzulegen. Ab und zu rückt er ein bißchen und es knirscht in seinen Eisgelenken. Auch im Schlaf schiebt er kleine Häufchen kohlehaltigen Kalksandstein. Diese Nächte waren voller Frieden, der Optimismus wuchs und die Hoffnung wuchs im Optimismus. Wenn ein Wetter herrschte, an dem die halbe Hölle heiratet, saßen wir in der Küche oder lagen in den Zelten und warteten mit der Geduld des Naturmenschen auf Besserung. Die Terrasse war in kurzer Zeit mit einer dreißig Zentimeter dicken Schneeschicht bedeckt, die Weihnachtsidylle färbte sogar den grünen Panzer des Berges über dem Lager weiß. Dann kam der Wind und kehrte alles. Im Depot hatten wir ungefähr zweihundert Kilogramm Material gesammelt, für den Weiterweg unter die Wand.

Am 15. April war Ostersonntag, ich stellte das nur kurz fest. Irgendwie konnte ich mir die blühenden Palmkätzchen, den gelben Goldregen, die bunten Eier und das Osterfest nicht mehr vorstellen. Die ganze Vorstellung war wie aus einer anderen Welt, die wir für einige Zeit verlassen und für die gegenwärtige getauscht haben. Wir wachten in ungewohnter Helligkeit auf, die den Zellstoff durchdrang, und der erste Gedanke gehörte der Tatsache, daß dieser Tag der Tag des Abschieds vom Basislager war. Die Sonne stach in die Daunenbetten der Berge, und die umliegenden Gipfel begannen eine Unzahl an Lawinen abzuwerfen. Manche waren durch den Wind zu durchsichtigen Vorhängen und Fächern aufgeblasen, manche fielen mit der Schnelligkeit von Laserstrahlen und genau konzentrierter Energie. Heute wollten wir also aufbrechen.

Nach einem reichhaltigen Frühstück umarmen wir Changpa und laden die letzten Dinge zum Hinauftragen auf den Rücken. »Namaste, Changpa! Mach es gut und paß gut auf unsere Arche auf!«

Changpa im schlotternden Pullover, mit viel zu langen Ärmeln, winkt lange, eine lächerliche Figur am Rande des Abhangs. Wir wissen nicht, wie lange es dauern wird, bis wir wieder in unser Ersatzheim kommen, aber wir wollen mit dem Gipfel zurückkehren.

Auf der Linie des Lebens

Am selben Tag, dem 15. April, nachmittags, haben wir auf der Stelle des Depots unter dem Eisfall, in einer Höhe von 5800 Metern, eine Fläche für das einzige Vierpersonenzelt plattgetrampelt. Es war ausgeklügelt aus Fünf- und Dreiecken, aus grünem und gelbem Stoff genäht und wehte mit der Fröhlichkeit einer Pierrot-Robe auf der breiten Ebene, die zum Engpaß des Nangpa La führt.

»Vor vier Jahren hatte ich es am Dhaulagiri, es ist wunderbar, es hält jeden Wind aus«, sagt Vera und fügt noch hinzu, »ich habe es gekauft, weil es auf einer Sportausstellung eine Goldmedaille gewonnen hat, es war das Zelt des Jahres. Es hat einen geodätischen Schnitt.«

»Das heißt, daß es die Geodäten benützen, oder hängt es irgendwie mit der geodätischen Kurve zusammen?« schaltete ich mich in das Gespräch ein.

»Die Geodäten benützen es sicher nicht, es war nämlich dank seiner Medaille ziemlich teuer, und die zweite Möglichkeit sagt mir nichts, ich weiß überhaupt nicht, wovon du sprichst, ich weiß nur, daß dieses Zelt dank seines Schnittes und dem elastischen System einem Sturm leicht widerstehen kann: es weicht ihm aus, der Wind kann sich nicht an ihm anlehnen, deswegen reißt der Stoff nicht.« Vera verteidigt leicht sauer ihr teuer erstandenes Eigentum.

»Also hängt es doch mit den geodätischen Kurven zusammen, gerade hast du es eigentlich gesagt, und ich werde es jetzt in eine formale mathematische Sprache übersetzen. Mathematik ist nämlich eine Wissenschaft und erinnert sich an alles«, lasse ich mich nicht von ihrem eindeutigen Stirnklopfen bremsen und fahre fort: »Wenn wir den Sturm physikalisch und mathematisch definieren, können wir voraussetzen, daß das Zelt in einem Windkanal steht und eine Fläche, wenn du willst, eine Form entstehen läßt. Wenn die Kurven in ihr, von denen die Festigkeit abhängt, geodätisch sein werden, heißt das grob, daß der Vektor des Windes eine minimale Projektion von der senkrechten Richtung haben wird. Also, er wird mit der Fläche waagrecht verlaufen, er wird sich nicht an dem Zelt anlehnen.«

»Ich ahnte nicht, daß ihr in der Mathematik so einfache Dinge so umständlich ausdrücken könnt, daß sie niemand verstehen kann.«

»Ich bemühe mich nur um die Genauigkeit und Eindeutigkeit der Erklärung. Aber das, was ich gesagt habe, hat zur Genauigkeit noch weit. Die Kollegen würden mich wahrscheinlich für eine solche Ausführung der geodätischen Kurven steinigen.«

Unsere akademische Unterhaltung beendete Kanchha, der uns erinnerte, daß wir gerade das erste Höhenlager gebaut haben und daß wir die nepalesische Regierung benachrichtigen sollten, mit einem Telegramm, das er nach Thame tragen würde. Das ist doch unsere Pflicht nach den Vorgaben des Ministeriums für Tourismus, und er war zu uns mit dem Angebot seines Dienstes als Postläufer gekommen. Es war offensichtlich, daß das Aufladen der Lasten ihm nicht schmeckte; er tat seine Arbeit mit großer Unlust, und wir konnten machen, was wir wollten, sein Rucksack war immer der leichteste von allen. Er wartete gespannt auf eine Antwort, und vor Spannung biß er sich in den schmutzigen Daumen. Er würde sich schon gerne unten unter den Dorfbewohnern sehen. Das Ergebnis unserer gemeinsamen Beratung enttäuschte ihn, aber wir konnten ihm nicht entsprechen. Es stimmte zwar, daß wir endlich das Höhenlager aufgebaut hatten, aber die Kehrseite der Medaille war die Tatsache, daß wir immer noch auf dem Weg zum Fuß des Berges unterwegs waren. Auf dem halben Weg zwischen dem Basislager und dem Boden des südwestlichen Kessels, wo wir das zweite Lager aufbauen wollten, aber tatsächlich eigentlich das ABC – Advanced Base Camp – ein vorgeschobenes Basislager.

Norbu erklärte es Kanchha mit einer großen Schadenfreude: »Du wirst tragen, wenn du Arbeit haben willst, schau nur, wie viele Sachen das sind, das alles muß zum Sattel...« Norbu winkte vielsagend mit der Hand. »Das werden mindestens vier Transporte, Yakhirte aus Sonams Haus, und das wird mindestens eine Woche dauern. Erst dann wirst du mit der Nachricht, vom Aufbau des ersten und zweiten Lagers der Expedition, die dir Memsahib Vera schreiben wird, gehen.« Kanchha maß den kleinen Sherpa ohne jegliche Sympathie, verzog das Gesicht in eine unzufriedene Grimasse und murmelte etwas Unverständliches. Aber das half ihm nichts, und er fügte sich.

Unsere erste Nacht in einer Höhe von 6000 Metern verlief entgegen der Erwartungen ruhig, ohne Kopfschmerzen, die normalerweise eine unzureichende Akklimatisation begleiten. Es boten sich zwei Erklärungen an. Entweder verdankten wir es den verfluchten Märschen zwischen Kangchung und dem ersten Lager oder dem peinlich eingehaltenen Grundsatz der genügenden Flüssigkeitszufuhr. Wir hatten bis jetzt täglich vier Liter pro Person getrunken. Mit Changpa und seinen drei Petroleumkochern war das kein Problem. Jetzt wurde es komplizierter. Ausreichend Schnee und Eis auf den kleinen Gaskochern aufzutauen, ist eine lange und gefährliche Operation: es genügt eine kleine, unvorsichtige Bewegung und der Erfolg der geduldigen Aktion läuft jemandem in den Schlafsack.

Die Funktion des Koches hat der schweigsame Ang Rita in der Ecke des Zeltes übernommen. Aber auch wenn er die ausgesuchtesten, am besten kalorienmäßig berechneten Leckerbissen kochen würde, die wir außerdem nicht haben, würden wir trotzdem abnehmen und körperlich abbauen. 6000 Meter über dem Meer bedeutet nämlich nur knapp ein Drittel der »normalen« Sauerstoffwerte, und das ist zuwenig, um den erfolgreichen Ablauf aller physiologischen Abläufe sicherzustellen. Das Verbrennen der Energie ist unvollkommen, wenig effektiv, nur für den Ablauf der metabolischen Prozesse verbraucht man fast die ganze aufgenommene Energie. Die Sherpas sind besser dran, ihre Lebensgrenze ist höher, aber wir fangen an, uns selbst aufzubrauchen.

Manche Physiologen sprechen von der Todeszone, die nach ihrer Theorie in einer Höhe von 6000 Metern über dem Meeresspiegel beginnt. Es kommt angeblich zum Zersetzen der steuernden Kraft des Gehirns und dadurch zur Degeneration, der der Tod folgt. Schön gesagt! Mit zunehmender Höhe wird alles noch schlimmer, auch wenn zur Zeit eine Akklimatisation bis zur Höhe von 7000 Metern mit einer ausreichenden Menge Hämoglobin möglich ist. Aber auch die beste Anpassung ist nur ein Vertrag über die Verschiebung des definitiven Vergehens, ein Vertrag mit beschränkter Haftung, der seine Gültigkeit für jeden an einer anderen Stelle verliert, auf den verschiedenen Stufen der Himmelsleiter. Die Blutkörperchen können sich nämlich nicht unendlich vermehren, um den sinkenden Sauerstoff in der dünnen Luft zu kompensieren. Und das ist eigentlich ein großes Glück für die Bergsteiger, weil sich so die Gefahr einer Venenverstopfung unendlich erhöhen würde. Über siebentausend Meter kommt die nächste und letzte Phase der Adaption zu Wort. Sie entscheidet, ob der einzelne in der substratosphärischen Höhe überlebt, wie hoch und wie lange er in der Lage sein wird, in der Hypoxie zu bleiben, aus den letzten Reserven der eigenen Substanz zu existieren.

Jeder von uns trägt in sich die äußerste Grenze seiner Möglichkeiten, als Folge der angeborenen physiologischen und psychischen Voraussetzungen. Es liegt nicht besonders viel Gerechtigkeit darin, weil die Dispositionen für einen Aufenthalt in großer Höhe sich nicht einmal durch Training beeinflussen lassen. Es ist interessant, daß die Nachahmung der Bedingungen in den höchsten Bergen in Druckkammern nicht der Praxis entspricht. Eine der wenigen Sicherheiten ist die, daß sich unser Körper den Verlauf der Akklimatisation merken kann. Während die ersten Ausflüge in die Höhe in der Regel mit den weniger angenehmen Anzeichen der beginnenden Akklimatisation verbunden sind, laufen die nächsten Versuche schon wie Wasser im gewohnten Flußbett. Der Prozeß verkürzt und verbessert sich. Trotzdem ist die Höhe eine große Unbekannte für jeden, und kein Aufstieg auf einen wirklich hohen Berg ist ein vorher gewonnenes programmiertes Spiel des Menschen mit der Natur. Weil Bergsteigen ein ritterliches Spiel ist, läßt es dem Berg seine Chance. Die Basislager der Himalaj Expeditionen werden selten über 5000 Meter Höhe gebaut, damit die Bergsteiger in relative Bequemlichkeit und dichtere Luft zurückkehren können, um neue Kräfte zu schöpfen. Wir werden ohne diesen Luxus auskommen müssen. Der Cho Oyu ist ein harter Berg, seine Westwand fängt sehr hoch an und ist deutlich entfernt von dem Ort, der Kangchung genannt wird. Es bleibt uns nichts anderes übrig, als die Bedingungen anzunehmen.

Nach dem Frühstück, das aus nicht besonders gutem Tee mit schlecht verrührten Klumpen Trockenmilch, Tsampa und überwürzter Nudelsuppe besteht, hat Vera Ang Rita die Landkarte gezeigt. »Sag, Ang Rita, was meinst du, wie kommen wir über den Grat über uns?« Vera fährt mit dem Finger über den roten Strich, den uns Reinhold Messner eingezeichnet hat. Aber Ang Rita ist ein Naturmensch, Lesen und Schreiben kann er nicht, Landkarten liebt er nicht besonders, und auch unsere weckt kein Vertrauen in ihm. Er schaut sie nur flüchtig an, bemerkt nicht einmal, daß er sie verkehrt herum hält, zieht verächtlich die Nase hoch und wischt sie mit dem Handrücken ab. »Die Landkarte ist zu nichts nütze, sie ist alt, alles ist anders. Wir müssen da rauf gehen, schauen, und dann wird alles klar sein. Messners Weg werden wir leicht finden, nicht auf der Landkarte, aber in Wirklichkeit. No problem.« Es hat keinen Sinn, mit ihm weiter über die Landkarte zu diskutieren, viel vernünftiger wird es sein, auf ihn zu hören und das Fernglas zu nehmen, zu dem er größeres Vertrauen hat als zu den Möglichkeiten der Kartographie und anderem, abstrakt hergestelltem menschlichen Werk. Erstaunlich, er hat recht! Den Durchgang zum südwestlichen Kessel finden wir leicht. Schon mittags sind wir im Sattel, von dem aus wir den Türkisberg von Angesicht zu Angesicht sehen, in einer ganz konkreten eisigen und steinigen Form. Er versteckt sich nicht hinter den niedrigen Gipfeln, die wir gerade umgangen haben. Seine Zeit mißt er mit der Uhr des Weltalls, und wir spüren, wie vergänglich doch unsere Zeit ist, die durch den Schlag unserer Herzen gemessen wird.

Der Berg ist wunderschön, und an dem friedlichen Nachmittag läßt er uns in Ruhe alle Details der fast 2300 Meter hohen Westwand sehen. Weil er aus dem Grund eines prähistorischen Meeres entstanden ist, strahlt die opalisierende weiße Kalksteinwand die Versteinerungen längst vergangener Lebewesen aus. Wie viele Weichtiere mußten geboren werden und sterben und gegeneinander wetteifern in den azurblauen Wässern! Die verlassenen Schalen sanken langsam auf den Boden, Schicht für Schicht, wie weißer Schnee. Langsam, ganz langsam entstand ein Stein, edler als andere – Kalksandstein, mit einer Mischung Dolomit dort, wo die Schneckenhäuser auch Magnesium beinhaltet hatten. Als die Zeit des Planeten verging, trocknete das Wasser aus, und der Kalkfriedhof, das Denkmal der Schnecken, wurde hart. Er wartete, bis sich die Kontinente bewegten, um ihn zur Sonne zu heben. Es entstand ein wunderschöner Berg mit klassischen Formen. Die Kälte panzerte ihn mit funkelnden Flächen der Schneefelder und einer Eisschicht. Von dem Moment an strahlt er bei schönem Wetter in der untergehenden Sonne in einer Farbe, an die er sich noch erinnert, als er Meeresboden war. Lange trug er keinen Namen, weil es noch keine Menschen gab. Erst das Volk, das sich nördlich ansiedelte, dessen Kindern er in die grob geschnitzten Wiegen strahlte, gab ihm den Namen Cho Oyu, Türkisgöttin, der geheimnisvolle Berg der Tibeter!

Mit seiner gewaltigen Höhe klemmt er sich zwischen die herausstehenden Wachttürme der reglosen Körper eines wachsweißen Gletschers ein. Er stellt tausend Höhenmeter mit einem Umfang von 6500 bis 7500 Metern dar, und während deprimierender Momente der Schneestürme wird er zwischen den bleiernen Wolken auftauchen, wie das böse Auge des vedischen Gottes Indra, des Herrn des Regens, Blitzes und Donners. Nach mystischen Erzählungen ist sein Auge mitten auf der Zyklopenstirn. Aber jetzt ist kein Gewitter, es herrscht himmlische Ruhe, nicht ein Lüftchen geht in der nachmittäglichen Stille. Das glühende Zentrum des Sonnensystems haben wir über unseren Köpfen, auch hinter den dunklen Brillengläsern blinzeln wir mit den Augen wegen des Übermaßes an ultravioletter Strahlung. Cho Oyu lächelt uns gnädig an, etwas rätselhaft und unergründlich. Wir versuchen, wenigstens für die kurze Zeit unserer Expedition, unsere Uhren an seine Ewigkeit anzupassen.

Am Fuß des West-Pfeilers, der von links den südwestlichen Kessel eingrenzt, fanden wir im Geröll eine zerfallene Steinumrandung. Nach gründlicher Untersuchung stellten wir fest, daß darin eine größere Sammlung leerer Konservendosen, Suppentüten und Schokoladenpapier, meistens österreichischer Herstellung, lag. Dazwischen befand sich auch das Konzept eines Briefes auf liniertem Papier, mit noch leserlicher Schrift, der mit Sicherheit bestätigte, daß es sich um die Reste des Lagers von Messner, genau ein Jahr alt, handelte. »Messner Garbage, Messners Müllplatz«, jodelt vergnügt Norbu in das ganze Tal, und damit ist der Platz unseres zweiten Höhenlagers getauft.

So kam es, daß wir nach drei weiteren Transporten im Lauf von sechs Tagen am 21. April endgültig in die Vorzimmer der Türkisgöttin eingezogen waren. Die größte Freude hatte Kanchha, der endlich von Vera das Stück Papier bekam, das sie aus dem Block gerissen hatte und das die krakelig geschriebene Nachricht für die nepalesischen Ämter enthielt, daß die IWEC, also die International Women Expedition Cho Oyu, am 15. April ihr erstes und am 21. April das zweite Höhenlager aufgebaut hat. Nur ich wußte, daß es mein Geburtstagsgeschenk war. Der 15. April existierte in diesem Moment nicht mehr.

Wir haben das grobe gelbgrüne Zelt auf die kleine Fläche neben Messners Umrandung aufgebaut. Kanchha erklärten wir so verständlich wie möglich, daß er nicht faul sein und nach dem Überbringen der Nachricht so schnell wie möglich ins Basislager zurückkehren, eine Ladung Essen einpacken und die restlichen Gasflaschen hierher, zum Fuß des Berges, bringen solle. Wir schätzten, daß er es bis zum Monatsende schaffen könnte. Kanchha nickte eifrig, sagte daß er alles verstehe und verschwand im Gazellenschritt. Noch eine Weile blieb ein Sherpalied, erzeugt durch Pfeifen durch die Zahnlücke, in der Luft hängen.

Ohne überflüssiges Dramatisieren war uns klar, daß jeder Spaß aufgehört hatte, jetzt wurde es ernst. Wir hatten keine Funkgeräte, und der nächste Mensch, der wenigstens ungefähr wußte, wo wir waren, war Changpa, dreißig Kilometer auf dem unbegehbaren Gletscher entfernt. Wir wußten, daß das kleinste gesundheitliche Problem oder ein Unfall für jedermann von uns zu einem ernsten Problem werden könne, hier auf der Grenze zwischen Leben und Tod. Damit hatten wir einfach zu rechnen, danach zu handeln und nichts Unsinniges zu riskieren. Wir mußten uns zuerst einleben. Außer dem geodätischen Zelt besitzen wir noch vier kuppelförmige Zweipersonenzelte, die wir aber im Höhenlager lassen. Das heißt, daß wir bescheiden sind und im zweiten Lager alle vier eine gemeinsame Bleibe bewohnen werden. Für Arbeit ist für den restlichen Tag gesorgt, weil es nötig ist, wenigstens die am meisten herausstehenden Steine zurechtzurücken, dort wo wir die Matratzen darauf legen. Dann sortieren und zählen wir das mitgebrachte Material und Essen, ordnen alles. Zum Zuge kommen auch zwei Aluminiumkoffer mit beschädigten Verschlüssen, auch sie sind von Messner übriggeblieben, und wir werden unseren gesamten Lebensmittelvorrat darin aufbewahren.

Fast unbeobachtet sank die Dämmerung in das Tal, wir nahmen sie erst wahr, als wir vor Kälte zitterten. Dunkelheit tropfte auf den Grund des südwestlichen Kessels, von wo aus die Dämmerung aufstieg und nach und nach den Raum mit einem Sepiaschwarz auffüllte. Sie kroch auf den ausgefrästen Eisrutschbahnen und erstarrtem Geröll, und der Glanz der Sonne strahlte nur noch in den Gipfelpartien des Türkiskönigreiches.

Der anonyme Täufer hatte wirklich recht, die Formen des Berges opalisieren mit einem unvergleichlichen Gemisch blaugrüner Töne. Vielleicht schätzen auch deswegen die Himalajabewohner den Türkis so sehr. Nach tibetischem Glauben schützt er vor Gefahr, im Gegensatz zu der roten Perle, die Glück in der Liebe bringen soll. Ang Rita gibt der Sicherheit den Vorrang vor einer so vergänglichen Sache wie Liebe. An seinem ungewaschenen Hals hängt an einer schwarzen Schnur, befestigt mit festem Knoten, ein Stück gerundeter Türkisstein, in der Größe eines Taubeneis. Die runde Form des Edelsteins ist mit einem Netz von Adern eines anderen Minerals durchwoben. Das sind angeblich die wertvollsten. Der oder die, die ihn um Ang Ritas Hals gebunden hat, muß großes Interesse an seiner Sicherheit gehabt haben. Bis jetzt zeigt sich, daß es eine gute Investition war. Ang Rita ist bis jetzt gesund aus jeder Expedition zurückgekommen: viermal vom Gipfel des Dhaulagiri, einmal vom Gipfel der Chomolungma. Kehrt er auch vom Gipfel der Türkisgöttin zurück?

Ein Rennen ohne Zuschauer

»Shiwoklut, alles ist schlecht an dieser Expedition«, läßt Norbu sich hören, als wir am 22. April morgens den Eingang unseres Zeltes öffnen. Wir steckten wie Ertrinkende in einem Unmaß weißer Stille, und geräuschlos fiel die weitere unbefleckte Überschwemmung auf die Welt nieder. Es ging der Himmel darin verloren, bedeckte, mit einer dreißig Zentimeter dicken Schicht, das Zelt, die Steinumrandung und auch die Aluminiumkoffer von Messner. Hoffnungslos ertranken darin alle nur etwas entfernteren Silhouetten inklusive der Kämme zwischen Nepal und Tibet und auch des Cho Oyu über uns. Ihre Nähe ließ sich nur fühlen.

»Es ist spät, Shiwoklut, viel zu lange haben die verfluchten Transporte ohne Träger und Yaks gedauert. Und überhaupt, ich habe noch nie gesehen, daß der Sirdar in der Wirtschaft ist, der Offizier, weiß Gott wo, vielleicht in Katmandu, vielleicht in Namche, vielleicht irgendwo verloren. Das ist bis jetzt nur in einer einzigen Expedition passiert, den Offizier zu verlieren, er ertrank in einem Eissee unter dem Manaslu. Und jetzt, als wir endlich alles hergeschleppt haben, kommt schlechtes Wetter. Das ist eine mißratene Expedition, am besten sollten wir alles einpacken und nach Hause gehen. Go back!« Wir schweigen, hatten dem nichts zu erwidern, im Grund hatte Norbus Geschimpfe die Gefühle von uns allen ausgedrückt.

Und so setzte Norbu die Tirade der inneren Unausgeglichenheit fort, hier und da versetzte er sie mit Oxford-Ausdrücken ehemaliger Sahibs und auch deftigen jugoslawischen Schimpfwörtern.

Der Mansuna, der italienische Sahib, Leader, der wüßte schon Rat. Wenn das sein Job wäre, wenn er Leader gewesen wäre, würde dieses Lager ruck, zuck stehen. In einem halben Tag würde er alles mit Changpa aus Kangchung hierher umsiedeln!« Vera hob erschrocken den Blick vom Buch, einem von den beiden, die wir als Luxus bis hierher getragen hatten, dem Buch von Herbert Tichy, das vom ersten Aufstieg auf den Cho Oyu handelt, der sich vor sechsundzwanzig Jahren abspielte. Ich hatte es aus der Olmützer Universitätsbücherei geliehen.

»Fehlt ihm etwas?« fragte sie tschechisch, damit er uns nicht verstehen konnte, aber es war kein Grund zur Beunruhigung, Norbu war bei Sinnen.

»Mansuna würde ein Flugzeug nehmen, entweder mit einfachen Flügeln oder das mit dem Propeller oben, den Hubschrauber, wie er es am Everest gemacht hat. Einfach so ließ er ihn sich aus Italien schicken, samt den Piloten. Und von wegen Lasten über den Eiswasserfall Khumbu tragen, kein Problem, er ließ alles mit dem Hubschrauber abtransportieren, bis 6000 Meter, so hoch wie hier. Fuii, Mansuna!«

Es ging uns ein Licht auf. Er sprach vom italienischen Millionär Mansoni, dessen Namen er so verunstaltete wie alle anderen, den Mäzen und Leiter der italienischen Expedition auf den Mount Everest. Diese Unternehmung erinnerte durch ihre Ausrüstung eher an eine militärische Aktion als an eine Bergsteigerexpedition und wühlte vor einigen Jahren viele Diskussionen über den Sinn des Bergsteigens im Himalaja und die Reinheit seiner Regeln auf. Aus Norbus gefühlsmäßig unterstrichenem Geschrei war nicht zu erraten, ob er den Millionär bewunderte oder verachtete. Beides war gleich wahrscheinlich.

»Fuii, Mansuna und das Essen, das er aus Italien mitgebracht hat! Dort wurde keine Tsampa gegessen. Er hatte Geld wie Heu, im Basislager ließ er eine Küche wie ein Haus bauen, mit einem Backofen, in dem richtiges Brot gebacken wurde, an das Speisezelt hatten sie eine Glocke gehängt. Mansuna hat geläutet, und alle wußten, daß das Essen fertig ist.« Norbu spuckte durch den geöffneten Eingang hinaus in den unendlichen Nebel. Ein Meistertreffer.

Auf der Welt gibt es viele Spiele, viele ungeschriebene Regeln. Es liegt nur am Menschen selbst, ob er mit großem Herzen und leeren Händen kommt, der kleine David gegen den großen Goliath. Die Verwendung von kilometerlangen Fixseilen mit ausgereifter Technik und eine große Anzahl von Leuten, die teils überflüssig sind, sollen den Erfolg sichern. Er wird nicht auf zerbrechlichen menschlichen Freundschaften aufgebaut, sondern auf dem weniger verletzlichen Mechanismus der Konkurrenz, der Gier und des Ehrgeizes. Die Abhängigkeit des Erfolgs von dem Willen der Natur verringert auch die Harmonie des Zusammenlebens. Die schwere Arbeit wird aufgeteilt in einige kleine Untergruppen, die einen steigen auf, bauen den Weg, die anderen warten inzwischen in Bequemlichkeit, stopfen sich mit Leckerbissen und genau ausgerechneten Vitaminen und Proteinen voll, eine vollkommene Organisation läßt sie eine Zeitlang die Schufterei und Verantwortung vergessen. Es ist möglich, alles vielfach zu sichern, zu überdimensionieren, dem Berg den Sieg zu entreißen, ohne zu fragen, brutal und aggressiv. Ihm werden praktisch alle Chancen genommen. Das alles und viel mehr ist machbar, es ist schwer, sich eine Grenze vorzustellen, aber es stellt sich die Frage, welchen Sinn das überhaupt hat?

»Norbu, und warum hat dein Mansuna den Hubschrauber nicht eintausend Meter höher geschickt oder direkt in den Südsattel? Warum nicht direkt auf den Eisfall?« Aber Norbu weiß es nicht, er zuckt mit den Schultern. Vielleicht konnte der Hubschrauber nicht höher wegen der Luftdichte, aber wer weiß, in einigen Jahren werden sie sicher besser sein, die Technik des Bergfluges wird sich verbessern. Vielleicht kommt sogar jemand auf die Idee, bis zum Gipfel des Planeten eine Seilbahn zu bauen. Die Passagiere steigen ein, vielleicht genau neben Sonams Gaststätte in Namche, bekommen ein Sauerstoffgerät und wickeln sich in Daunenplaids, auf der Bergstation trinken sie einen Tee, tragen einige Superlative über den Blick auf die Welt zu ihren Füßen vor, fotografieren Tibet und fahren wieder ab, ganz begeistert vom Ausflug, den sie sich für ihr Geld gönnen können. Vielleicht merken sie überhaupt nicht, daß etwas Undefinierbares, ein kaum wahrnehmbarer Duft weg ist, verlorenging. Wie sagte es nur das kindliche, naive langhaarige Figürchen? Der Mensch kann nur die Rose lieben, für die er sehr leiden mußte, nur die kann ihn wirklich erfreuen. Alle schweigen, der Bluet-Kocher schnurrt sein monotones Lied. Ang Rita hat sich ein Säckchen mit Tee, das andere mit Milch vorbereitet. Dieser Sherpa denkt immer lange nach, bevor er etwas sagt. Jetzt trägt er vor: »Die Götter mögen solche Sahibs wie Mansuna nicht. Auch wenn sie Flugzeuge und viel Geld haben. Sie mögen es nicht, wenn sie jemand überlisten will.« Und Vera gibt dazu:

»Schau Norbu«, sie zeigt mit dem Finger auf die tausendmal berührte Stelle einer schwarzen Fotografie. Es sind Personen in unmodernen, breiten, durch den Wind aufgeblähten Overalls darauf. Herbert Tichy mit dem aufgestellten Stoppelfeld des gefrorenen Bartes, in den Augen das Leid und die Erschöpfung geschrieben. Auf seinen Berg ist er mit gefrorenen Händen gestiegen, die er wehrlos von sich streckt. Neben ihm, im gleichen Anzug, Pasang Dawa Lama, der mit einem Riesenhandschuh salutiert und mit der anderen Hand den Eispickel mit den Fahnen hebt. Im Hintergrund schimmert ein riesiger Berg, wahrscheinlich der Mount Everest.

»Wer ist das?« fragt Norbu.

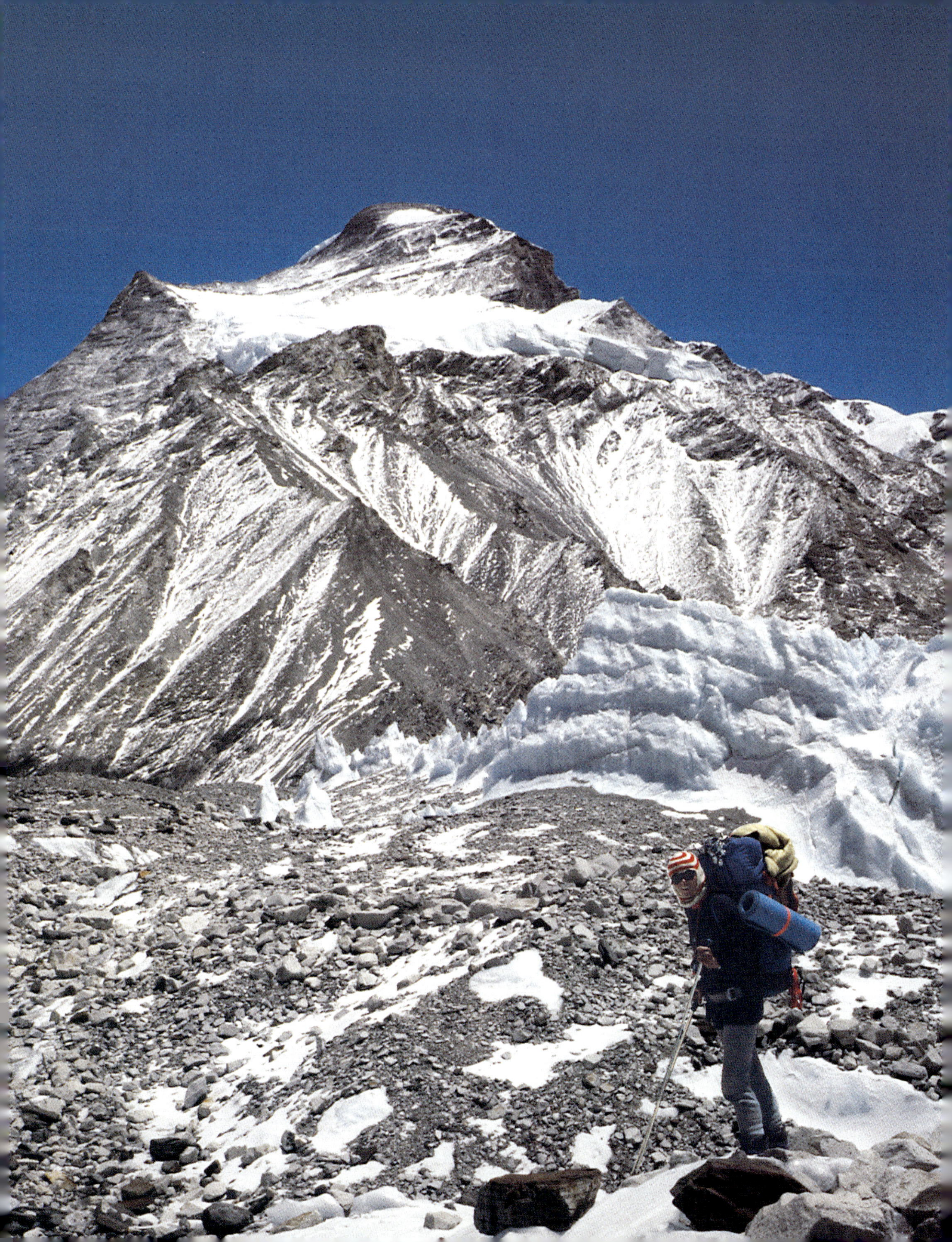

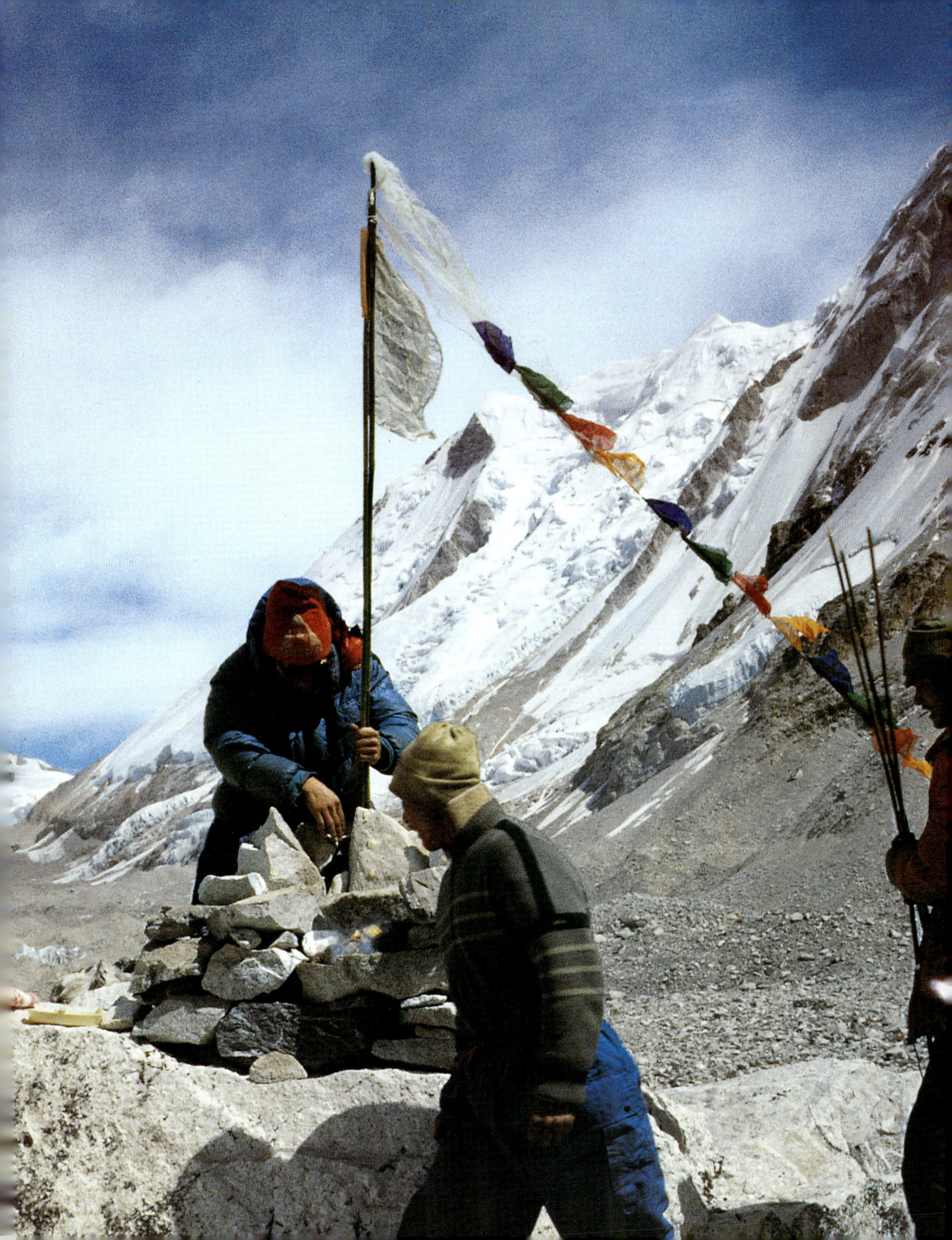

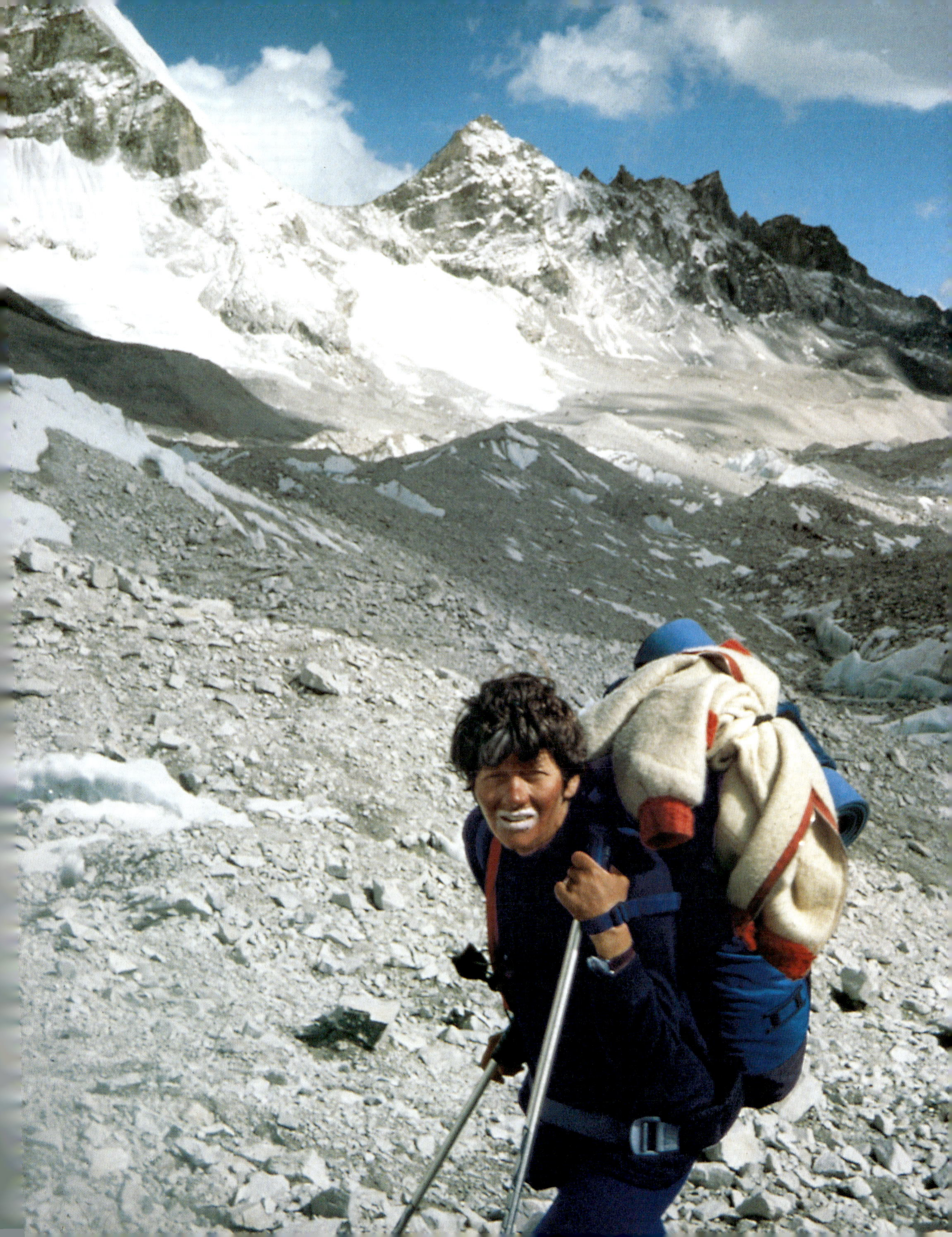

Grundlager in Kadzung

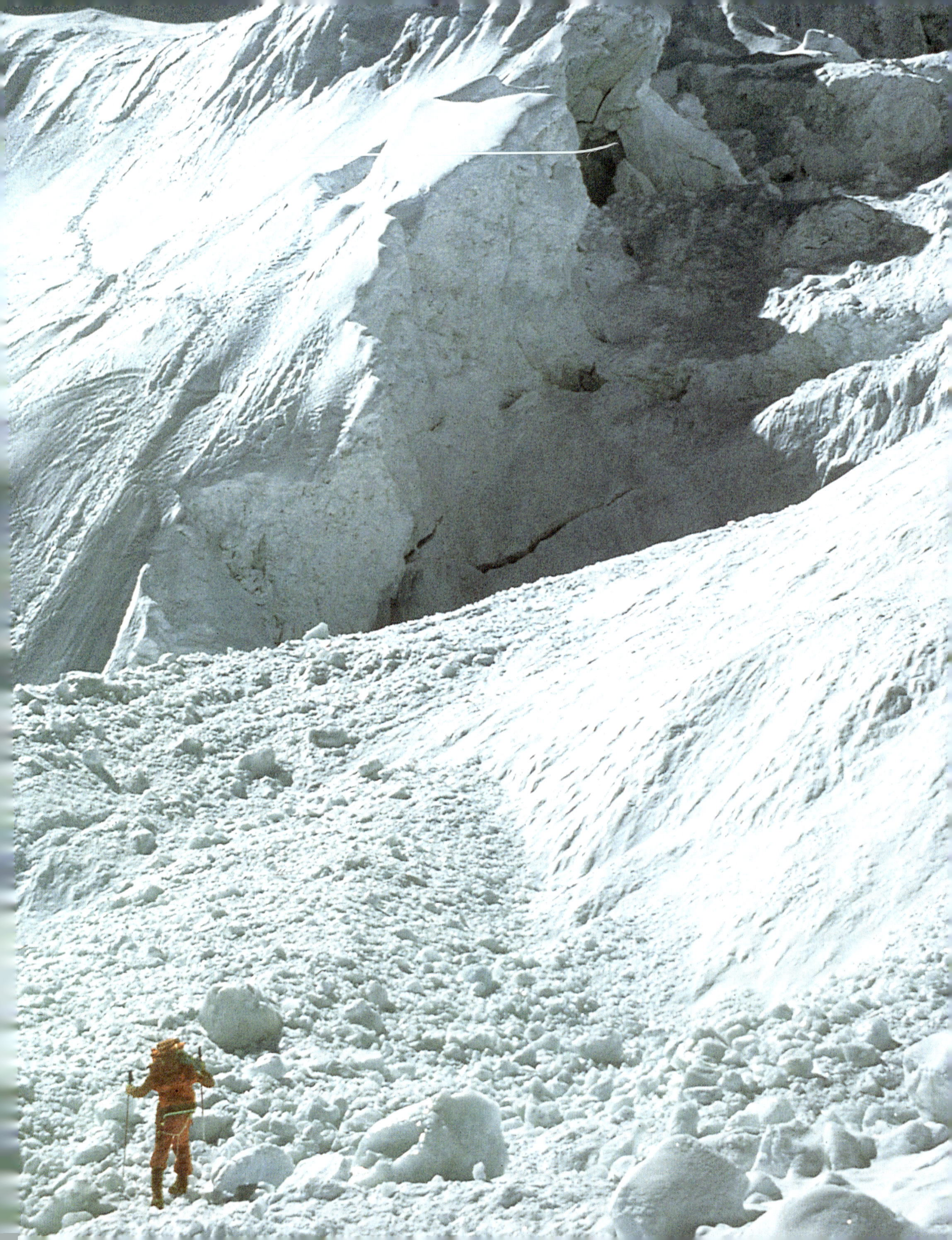

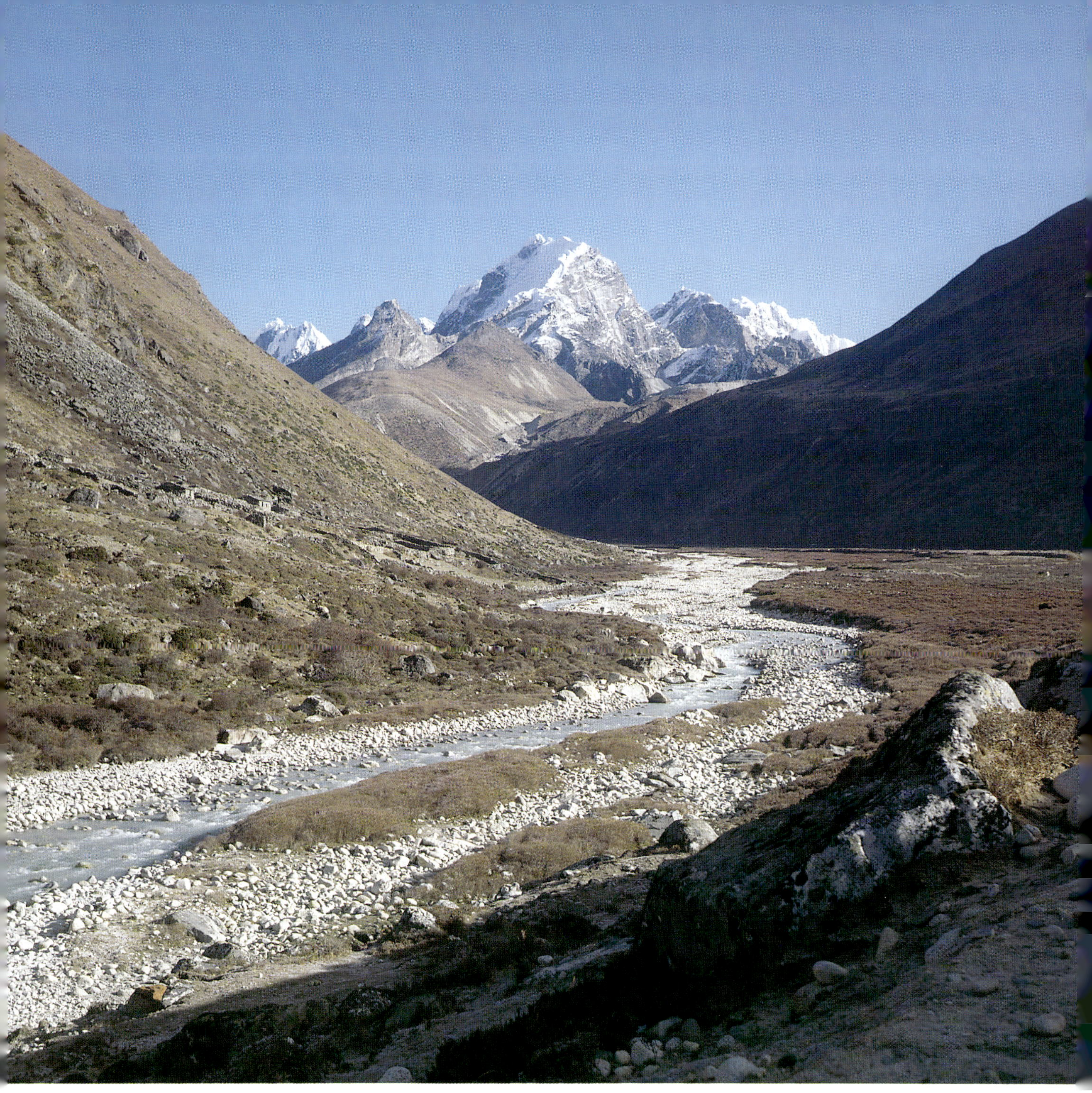

Bild oben: Umgebung des ersten Lagers, Bild unten: Ama Dablam, der heiligste Berg der Sherpas

Sherpa Norbu

Ang Rita

»Die ersten Menschen auf dem Gipfel des Cho Oyu brauchten keinen Hubschrauber, und wenn wir einen bräuchten, hätte der Aufstieg überhaupt keinen Wert«, antwortet Vera. »Und das ist Pasang Dawa Lama, der erste Nepali, der auf den Gipfel eines Achttausenders aufgestiegen ist, ähnlich wie Tenzing. Sie haben auch Tsampa gegessen wie wir, tranken Tschang, sogar Rakshi. Und Pasang hat auf dem Weg mit dem Vater von Nima Diki, einem jungen Mädchens, das ihm offensichtlich gefallen hat, um tausend Rupien gewettet: Wenn er den Gipfel erreicht, bekommt er Nima Diki, wenn nicht, bezahlt er die tausend Rupien. Dann wurde die Expedition aufgehalten; beinahe wären alle im Sturm gestorben, beim ersten Versuch, den Gipfel zu erklimmen. Die Lebensmittel gingen aus. Damals ging Pasang in das Tal, brachte einen Hammel, Tsampa und Eier und schaffte es, binnen drei Tagen ins höchste Lager zurückzukehren, wo alle warteten. Er überwand auf einmal viertausend Meter Höhenunterschied! Dann haben sie die Gipfelwand erklommen. Das alles steht in diesem Buch geschrieben, Norbu.«

Vera war fertig und alle schwiegen, auch Norbu. Tichys Buch hatte er nicht gelesen, auch nicht in seiner Sprache oder einer anderen, er hatte nie ein Buch gelesen, er konnte nicht lesen, der Arme. Er schämte sich ein bißchen, und die Rädchen in seinem Kopf drehten sich, als er sich bemühte, die Informationen zu verdauen; sie hatten ihm einfach die Sprache verschlagen. Aber komischerweise kam er schnell zu sich, und es wäre nicht er gewesen, wenn er sich nicht bemüht hätte, wenigstens ein Stück Prestige zu retten. Ich staune, wie selbst hier, am Ende der Welt, die Eitelkeit mit dem starken Geschlecht durchgeht!

»Nein, nein«, beteuerte er, »Pasang Dawa Lama kann kein Nepali sein, dem Namen nach muß er Tibeter sein. Und wenn er etwas Gemeinsames mit Tenzing hat und mit ihm in Darjeeling lebt, ist es sicher. Unser König zählt auch Tenzing nicht zu den Nepali, nachdem er die indische Staatsbürgerschaft angenommen hat. Indien wollte alle berühmten Leute für sich reklamieren. Die ersten Nepali auf dem Gipfel des Cho Oyu werden ich und Ang Rita sein.« Zufällig hatte er ins Schwarze getroffen, Pasang Dawa Lama hatte tatsächlich die indische Staatsbürgerschaft angenommen. Norbu hörte wahrscheinlich im Büro von Mountain Travel davon und erinnerte sich jetzt daran. »Wenn wir hinaufgestiegen sind, Ang Rita und ich, werden wir auch salutieren, sagen Namaste, guten Tag, Götter, und dann steigen wir schnell ab, kehren nach Namche zurück und werden drei Tage feiern, Tschang trinken. Pasang ist zwar stark, aber Ang Rita und ich sind um nichts schlechter. Wenn es Pasang mit irgendeiner Tschang-Rakhsi-Expedition in drei Tagen geschafft hat, werde ich mit Ang Rita das auch können. Und was die Hochzeit betrifft, ich werde auch heiraten, Ang Phurba, gleich wenn wir nach Katmandu zurückkehren.« Besitzergreifend strich er über die weiße Khatta seiner Zukünftigen.

Die Türkisgöttin trotzte in ihrem undurchsichtigen Festgewand Tag für Tag. Dann machte es ihr keinen Spaß mehr, und sie tauchte am 24. April über den Wolken auf. Sie zeigte sich uns im morgendlichen Himmelblau in voller Schönheit, die dreiflächige Form nah, so nah, als wäre sie sogleich faßbar. Und sie atmete mit äußerster Kraft, als sie mit ihren Nachbarn begann, die weißen Daunen abzuschütteln. Die umliegenden Eistürme erwachten aus ihrer Lethargie, zwei Tage waren sie in weiße Verwehungen eingepackt gewesen. Der Schnee begann von allen Seiten herunterzufallen, und uns blieb nichts anderes übrig, als uns daran zu erinnern, daß unsere Moräne doch der sicherste Platz auf der ganzen Welt war.

So ist es: je weniger der Mensch an etwas glaubt, um so mehr bemüht er sich, daran zu glauben. Bei jeder Lawine erzitterten wir in unausgesprochenem Grauen der primitiven Wesen. Auch wenn wir uns bemühten, unsere Gesichter ruhig zu halten, konnten wir doch nichts dagegen machen. Jeder Sturz eines Eisturmes ist ein vollkommen inszeniertes Drama der Natur, das den Menschen an seine Rolle als bedeutungslose Ameise erinnert. Und gegen den überzeugenden Schein der Ewigkeit ist das Gesicht des Berges aus Eis, Felsen und Schnee nur ein momentaner Kompromiß der laufenden physikalischen Abläufe, begrenzt durch das unstabile Gleichgewicht der Kräfte. Eistürme bauten unglaubliche Formen in Zeiten, die ähnlich wie unsere begrenzt sind, nur mit dem Unterschied, daß es schwieriger ist, ihre Stabilität abzuschätzen. Niemand weiß, wann ihre Zeit abläuft, wo die Masse der wild angeordneten Eiskonglomerate die kritische Grenze des Zusammenhaltes erreicht. Das ist der Moment, in dem sich der Eisturm majestätisch und geräuschlos neigt, an einen gefällten Baum oder die untergehende Titanic erinnernd: die Anziehungskraft hat gewonnen. Die Masse fällt in einer suggestiven Zeitlupe, in einer scheinbar zerlegten Bewegung. Unwiderruflich und mit der Endgültigkeit eines Todesurteils. Die ersten Sekundenbruchteile der überraschten Stille löst das Brüllen des Sturzes ab. Der Raum füllt sich mit gesteigertem Röcheln und dem unmenschlichen Quietschen kristallisierten Materials, einer Demonstration blinder, zerstörender Kraft. Nachdem der Höhepunkt erreicht ist, beruhigt sich alles langsam und endet in pastoraler Ruhe. Nur das Herz des Menschen klopft wie eine Glocke.

Ich kann machen, was ich will, ich kann mich von dem komischen Zustand nicht befreien, einer Art Lampenfieber, eine besondere Vorstellung, die mich verfolgt, sobald ich die Augen schließe. Wer kann beurteilen, wie absurd sie ist? Ich träume, daß wir hier, auf diesem von Tieren und Menschen verlassenen Ort auf das Startzeichen zur letzten Etappe eines Marathonlaufes warten. Das Stadion, der Schauplatz des Rennens, ist der Kessel des Cho Oyu, ein Amphitheater mit steil ausgefrästen Eisrippen. Die vertikale Bahn in einer Höhe von 2300 Metern in der Westwand, auf der wir bis jetzt nur mit dem Auge des Fernglases entlangfahren, ist nicht von einer johlenden Zuschauermenge umgeben, nur von der Stille oder dem Lärmen der Naturkräfte. Es wird niemand da sein, um uns aufzumuntern, zu motivieren; jetzt merken wir, was uns von der langjährigen Sehnsucht übriggeblieben ist. Der Berg wird zum Spiegel der Wahrheit.

Messners Route, auf der wir, wenn möglich, ohne Pausen weitergehen wollen, sieht logisch aus, genauso wie Ang Rita vorhergesagt hat. Ein Teil des Kessels geht fließend zum Westbollwerk über. Sie scheint sicher zu sein, ohne Lawinengefahr. Mit dem Fernglas sehen wir bläuliche Rundungen des Eises, ab und zu durch Felsvorsprünge unterbrochen. Diese rechte Begrenzung der Nordwestwand führt bis unter einen riesigen Steinbruch, der auch aus der Ferne abschreckend wirkt. Es ist schwer zu schätzen, aber vielleicht wird es in seinem rechten Teil gehen. Dort irgendwo werden wir die Grenze von 7000 Metern übersteigen und damit die Schlüsselstelle unseres Weges. In dem wilden Eisfall befreit sich die Eisdecke in Brüchen aus den Zangen der Felsen. Dort müssen wir durch einen Irrgarten aus Spalten und Eistürmen. Wir werden uns dabei stets rechts halten müssen, in Richtung der mächtigen Masse des rechten Felspfeilers. Durch eine hauchdünne Schneeschicht entblößen die oberen Stockwerke hellen Kalksandstein und Dolomiten. Der alte Ang Temba, dessen Haus in Namche Basar auf dem höchsten Platz des Dorfes steht, hatte recht: überall merkt man das Defizit an Schnee. Wo kein Felsen ist, schimmert bläulich die kristallisierte Kopie des Wassers, eine Metamorphose längst vergangener Anteile aus dem Himmel. Wenn man den Kopf weit zurückneigt, kann man dort oben zwei zusammenhängende Felder sehen; es scheint, als ob sie bis zum Himmel reichen. Das obere berührt zweifellos die magische Grenze der Achtkilometer-Schichtenlinie, wenigstens der Landkarte nach. Es wird der Orientierungspunkt der Route, das Ziel, der Wegweiser. Über ihm verschmilzt schon mit dem Himmel das letzte Hindernis, die zweihundert Meter hohe Felsumrandung, die Halskrause der Königin.

Wir beschlossen, das dritte Höhenlager so dicht wie möglich unter dem Eisfall zu bauen, ungefähr in einer Höhe von 6700 Metern, und das vierte über ihm. Damit wir nicht zu viele Sachen tragen mußten, versuchten wir, mit diesen vier Lagern auszukommen. Mehr Zelte hatten wir sowieso nicht, wir mußten den Zweier abbrechen. Wir wollten versuchen, den Gipfel vom Lager vier aus zu erreichen. Nachmittags, als die Lawinen schon etwas niedergegangen waren, entschieden wir uns, wenigstens einen Teil der Sachen in den Sattel im Kamm über uns zu bringen.

Erst irren wir im Schneckentempo in den Ruinen des bunten Gerölls herum. Nach zwei Tagen Herumliegen kann ich mich nur schwer mit der Realität des Rucksacks auf dem Rücken abfinden. Die Riemen schneiden in die abgemagerten Arme ein. Wir laufen hin und her in einer riesigen, nicht endenden Moräne, um den verbleibenden Raum mit dem Gletscher auf der rechten Seite kämpfend. Es ist eine besondere Urform, dieser Gayabrag, ein versteinerter See, in dem Tausende Segelschiffe überwintern. Alle sind aus blauem Eis und strecken sich in geordneten Reihen mit einer vorwurfsvollen Geste zum Himmel. Vielleicht ist sie gar nicht vorwurfsvoll, vielleicht kommt es mir nur so vor, weil ich fünfzehn Kilogramm auf dem Rücken habe. Vielleicht werden wir abends ohne Last zurückkehren. Es wird hier ein festliches Defilee des angetretenen Konvois der Schiffe geben, und dazu wird die Wassermusik der alten Meister spielen. Alles auf der Welt ist relativ. Auch die Farbe des Gerölls unter unseren Füßen. Aus der Ferne sieht es grauweiß aus, aus der Nähe ist es ein Mosaik der Farben. Am meisten sind graue und weiße Kalksandsteine vorhanden, ab und zu blitzt aber auch die blutende Spur des Steinrostes. Ob die Schalen wohl auch Eisen beinhalten? Nur kein Türkis. Auf Haramosh, vor vierzehn Jahren, hatte ich größeres Glück, dort habe ich im Geröll einen echten Amethyst gefunden. Eine kleine Druse kleiner violetter Kristalle, die ich zu Hause auf einem Teller mit den wertvollsten Steinchen habe. Ich träume mit offenen Augen, und dank des Traumes vergesse ich die Anstrengung. Wovon kann man auf einer Höhe von 6000 Metern träumen? Nur von der noch höheren, der höchsten Höhe. Wie wird es sein nach dem unendlich geschlungenen Band der Bilder in meinem mit Sauerstoff unterversorgten Gehirn? Werden wir uns in die Arme fallen, und werden uns gefierende Tränen des Glücks über die erfrorenen Backen laufen? Das einzige Problem ist, wie können sich vier Menschen gleichzeitig in die Arme fallen? Das wird wie bei einem Rugbykampf aussehen!

Die enger werdende Geröllinsel führt zu einem Felsspalt. Er ist zum Glück mit einer gut bemessenen Lage Felsen aufgefüllt, deren Größe von Kaffeemühlenformat bis zu der Dimension eines kleinen Pianos reicht. Der Blick nach oben wird eindeutig von der Quelle, aus welcher die Steine stammen, bestimmt. Mit einem Mal ist es mit dem Träumen vorbei. Über uns beginnt ein steiler Kegel, zerfurcht von unzähligen Spuren aller möglichen Bewegungen des Wälzens und des Rollens. Es sieht aus, als ob eine Herde Wildschweine darin gewühlt hätte.

Es wäre nicht gerade gut, solch einem Geröllbrocken in die Quere zu kommen. Und, hoppla, wenn man vom Teufel spricht, kommt er: gerade rast etwas heran, gut, daß uns der Spalt noch trennt! Es ist zwar nur eine kleinere Portion, aber sie hat ganz schön Rotation bekommen, und das ist gerade das Gefährlichste daran, weil man überhaupt nicht vorhersagen kann, wie oft sie sich noch in die Luft erhebt, wenn sie an das kleinste Hindernis anstößt. Frr, krach, und dann wieder ein pfeifendes Geräusch. Nach dem ersten Sprung hat der Teller den Hang berührt und schleudert zu einem noch höheren Satz empor. Vertrauenerweckend ist das nicht, und es zwingt uns zur Schnelligkeit. Ohne langes Reden versuchen wir, so schnell wie möglich voranzukommen. Wir keuchen über das rutschende Geröll und werfen jeden Moment einen verstohlenen Blick nach oben. Der Horizont ist von zwei überhängenden Türmen gerahmt. Gegen den blauen Himmel zeichnen sich die Proportionen eines einige Tonnen schweren Felsens ab, der sich neugierig zu uns neigt, mit der weitausholenden Geste eines Engels. Auch auf die Entfernung von mindestens hundert Metern kann man sehen, wie unter seiner Grundlage die Sonne durchscheint. Als wir endlich auf die Fläche unter dem Turm aufsteigen, atmen wir erleichtert auf und ruhen ein bißchen aus. Die weitere Route führt eine Weile durch gemäßigt geneigtes Geröll. Oben, gegen den blauen Himmel, zeichnet sich der kleine gespaltene Kamm, der ausgefranste Rand des Kessels, von dem aus wir versuchen, zur Sonne empor zu steigen. In einer Schlucht, die nach Süden hin ganz offen und gegen den Wind geschützt ist, leuchtet etwas. Es ist ein kuscheliges gelbes Kissen, und es ist nicht das einzige! Nach näherem Suchen finden wir mindestens zehn weitere. Mit Staunen erkennen wir, daß das Kolonien zierlicher Pflanzen sind, eng aneinander, im Kampf gegen die Kälte und den Wind. Sie sind so nah beieinander, daß eine harte Oberfläche in der Art von einem dichten Velourteppich entsteht, nur die Verknüpfung der Pflanzen ist ängstlicher als die Maschen beim Teppich gewebt sind. Vera behauptet, daß sie noch nichts Ähnliches im Leben gesehen hat, obwohl sie Botanikerin ist. Vegetation in über 6000 Metern Höhe!

Wir nähern uns dem Kamm, rechts von der hundert Meter langen Umrandung blendenden Eises, das sich über ihn von der Wand her ergossen hat. Wir müssen noch das steile Geröll überwinden, das ganz von tauendem Schnee durchweicht ist. Sein Ende zeigt, tief unter uns, direkt in das Epizentrum des Kessels, der nach Südwesten offen ist. Vorsichtig traversieren wir, einer nach dem anderen, damit wir das verwitterte Erdreich voller Wasser nicht zu sehr belasten. Eine Geröllawine ist wirklich das letzte, das wir auslösen wollten. Es geht alles gut, wir kommen die paar Meter unter den kleinen Sattel, zu dem wir über eine Leiter aus eingekeilten Felsen hinaufklettern.

Der Wind bläst. Wir werfen die Rucksäcke ab und ziehen uns die Reserveoberteile an. Erst dann sehen wir uns in der neuen Landschaft um. Die Flasche mit der Orangenlimonade macht die Runde. Es bietet sich ein überraschender Anblick. Der Kamm unter uns ist eine einzige glitzernde Eisbahn. Bei dem morgigen Aufstieg müssen wir aufpassen. Zum Einsatz kommen die ersten Fixseile, bis jetzt zu ansehnlichen weißen Knäueln gewickelt. Die Sonne geht schon unter, deswegen müssen wir schnell die mitgebrachten Sachen sichern und umkehren.

Am folgenden Tag wachen wir in herrlichem Wetter auf und entscheiden, nach oben aufzubrechen. Während der schweigsame Ang Rita wie immer Tee kocht sowie die anderen Bestandteile des bescheidenen Frühstücks herrichtet, murmelt er dazu unverständliche Gebete. Norbu witzelt:»Schnell rauf zum Gipfel des Cho Oyu und dann schön zurück in das Basislager, damit uns Changpa und Kanchha die beiden Yakkeulen nicht allein aufessen. Wie steht es in Pasang Dawa Lamas Buch von der Rakhsi-Tschang-Expedition geschrieben? Wir salutieren, Namaste, Götter und dann runter!« Norbu salutiert nach dem Vorbild Pasangs und gaukelt albern herum. Gut, daß wir das Buch von Herbert Tichy bis hierher gebracht haben. Dann serviert Ang Rita Tee in den Blechtassen: es schwimmen Bröckchen nicht aufgelöster Milch darin, mit Zucker müssen wir sparen. Trotzdem vertilgt jeder von uns seinen Liter, dazu etwas gekochten Reis mit vakuumgetrocknetem Fleisch und zum Abschluß den Anteil Tsampa. Wir haben einen ganzen Sack von dem bräunlichen Mehl aus geröstetem Weizen, unglaublich fein gemahlen mit Handmühlen in den Sherpa-Haushalten. Wenn man es riecht, duftet es angenehm nach Gewürzen der alten Bäckereien, die wohl heute nicht mehr existieren. Es erinnert mich etwas an Hefe. Man muß sich an Tsampa gewöhnen und auch an die Art, es zu essen. Ang Rita führt es uns vor. Er stopft sich Tsampa in die Schüssel, gießt Tee mit Milch nach, nicht zuwenig, nicht zuviel, eben gerade recht. Dann formt er mit Hilfe seiner drei ungewaschenen Finger eine Kugel und ißt mit Appetit.

»Wenn es doch nur Butter gäbe. Da würden wir schlemmen, aber es geht auch so.« Wir machen es ihm nach. Der Duft der Hefe ist mir angenehm, aber die braunen Kügelchen kommen mir sauer, ohne Duft vor. Ich stelle mir die Rinde eines noch warmen Brotes vor, ein komischer Vergleich. »Ach, Ang Rita, was kannst du davon wissen! Bei aller Ehre für Tsampa und Tschapati, du kannst dir den Leckerbissen eines einfachen Brotes kaum vorstellen!»

Jetzt muß nur noch die Luft mit dem süßen Duft der brennenden Wacholderzweige Lama Tenzings durchzogen werden. Schon zum zweiten Mal verlassen wir vollgepackt unser Lager. Wir lassen die Kuppel des Zeltes mit dem ordentlich zugebundenen Eingang hinter uns, das sich im Geröll neben der Steinumrandung duckt, in die jetzt etwas von unserem Müll dazugekommen ist. Und wieder folgt das stumme Defilee der Eisflotte. In der dünnen Luft, die mit unsichtbaren Strahlen der Gleichgültigkeit durchzogen ist, genügt wenig, damit sich die Gleichgültigkeit in offene Feindschaft verwandelt. Trotzdem schauen wir mit Hoffnung zum Gipfel hoch, dessen Anwesenheit nur die durchsichtigen Fransen des vom Wind aufgewirbelten Staubes meldet. Und wieder ziehen uns die schweren Rucksäcke zur Erde, während die Steine unter den Sohlen unserer Höhenschuhe der Erdanziehung folgen. Wir kommen schweigend voran, der freiwilligen Anstrengung und der Angst ausgeliefert. Beim kleinsten Geräusch schauen wir erschrocken hoch, ob sich der Steinzug über uns in Bewegung gesetzt hat. Wer sagte noch, daß das Bergsteigen aus zehn Teilen Schufterei und nur einem Teil Freude besteht? Eine komische Vorliebe!

Der Besuch bei Tara

Die Sonne war noch nicht im Zenit, als wir zum zweiten Mal innerhalb von zwei Tagen zu dem kleinen Sattel im Westkamm aufgestiegen waren, wohin wir am Tag zuvor die erste Hälfte der Lasten getragen hatten. Der Höhenmesser, den wir heute noch dazugepackt hatten, zeigt eine Höhe von 6400 Metern an. In den nächsten zwei Stunden sichern wir mit den Fixseilen drei Vorsprünge um die aus dem Eis ragenden Felstürme herum. Wir verbrauchen dazu einhundertfünfzig Meter des sechs Millimeter dicken Seils. Das Terrain ist zum Glück nicht steil. Die Achtmillimeterseile kom-

men zum Einsatz, wenn der Wandgletscher wirklich die Zähne gegen uns fletscht. Ungefähr um vier Uhr nachmittags erreichen wir die Stelle, wo sich der Kamm zu einem steilen Dach verengt. Zu beiden Seiten fallen die Eisabhänge so schwindelerregend ab, daß es uns den Atem verschlägt. Mit äußerster Konzentration und Vorsicht überwinden wir die ungefähr hundert Meter dieser Brücke zwischen Himmel und Erde. Die Sherpas gehen wie Gazellen, aber Vera und ich müssen uns an einigen Stellen mit dem Eispickel Stufen hacken. Diesen Abschnitt zu fixieren ist unmöglich, weil er praktisch waagerecht ist, aber ausrutschen dürfen wir nicht, denn das wäre unser letztes Ausrutschen. Rechts würden wir in den Parabolspiegel des Südwestkessels fallen, links in ein Tausendmeterloch, in die Spalten des Gayabrag.
Wir nähern uns dem Ziel der heutigen Mühen. Die Sherpas haben ihre Lasten auf einer breiten Fläche abgelegt, über der eine große Eisbarriere den weiteren Weg versperrt. Sie stellt sich vor uns, mit ihren zweihundert Metern Höhe. In der vollen Plastizität der gefrorenen Masse sieht sie aus wie ein großer Walfisch, und sogar aus der Ferne erkennen wir die Fetzen zerrissener Fixseile, vermutlich die Reste vom vorigen Jahr. Sie verstärken den Eindruck des harpunierten Moby Dick, der sich entschlossen hat, uns nicht so einfach heraufzulassen. Wir sind bei den Sherpas angekommen, haben die Lasten zu den ihren gelegt und zusammen mit ihnen begonnen, ebene Plätze für zwei Zelte zu graben. Bevor die Sonne untergeht, haben wir sie aufgestellt und dann den Höhenmesser herausgeholt. 6700 Meter, unser drittes Höhenlager. Zum Abendessen gibt es Linsen mit Fleisch und Nudelsuppe aus einer indischen Packung, die mit unbekannten Gewürzen unmäßig gewürzt ist. Ang Rita kommt es aber nur schwach vor, und er schüttet in seinen Anteil eine weitere Ladung grob gemahlenen Ingwers. Er bietet ihn uns an, weil er weiß, wie wir reagieren werden.
»Mrzi Masala, very good, Vera«, lobt Norbu die scharfe Mischung. »Wer das Essen stark würzt, hat am nächsten Tag keine Kopfschmerzen«, fährt er unermüdlich fort, und uns quellen beim bloßen Gedanken daran fast die Augen aus dem Kopf.
Beide Zelte haben wir mit den Eingängen gegeneinander gebaut, die Fläche dazwischen mit Igelit zugedeckt. Dadurch ist ein Tunnel entstanden, der eine gute Kommunikation ermöglicht. Wir sind alle vier zusammen in Gesundheit und guter Laune, auf nur vier Quadratmetern der Eisfläche. Unser erster Abend in dieser Höhe schwimmt locker der Dämmerung entgegen. Wir sind schon ganz schön hoch, die umliegenden Sechstausender liegen uns zu Füßen, und die unübersichtliche Kulisse der vorher versteckten Berge hat uns ihre Arme geöffnet. Der nächste auf der tibetischen Seite ist der Siebentausender Palung Ri. Er teilt mit unserem Berg den Gletscher gleichen Namens und ist nur aus China zu erreichen. Der Gipfel des Palung Ri ist mit einer mächtigen und kompakten Eisschicht bedeckt, einem Panzer, der steil abfällt in überhängenden Formen, die Schlagsahne ähnlich sehen. Der verrückte Konditor hat den Sinn für das Maß verloren. Er häufte die weiße Masse auf die Mitte der Torte und vergaß, sie auf den Seiten gleichmäßig zu verteilen.
Vom Höhenlager aus genießen wir einen wunderschönen Ausblick auf beide Seiten. Tief unter uns liegt, mit seinen Türmen und Spalten, Gayabrag, der nach China flüchtet, mit dem verkrampften Ausdruck einer sehr verärgerten Urechse. Auf der anderen Seite steigt die Wand der zwei jungfräulichen Gipfel des Nangpa Gosum hoch, auf deren monolithischen, weißen Kalksteinen sich praktisch kein Schnee halten kann. Nur die waagerechten Flächen sind mit der Genauigkeit eines graphischen Stecheisens mit einer weißen Umrandung versehen, die durch ein flüchtiges Streicheln

der Sonne verschmilzt. Beim Anblick des Nachbarn Cho Oyu muß ich an Herrn Mahabir Ale denken, den zweiten Sekretär des Ministeriums für Tourismus. Herr Mahabir Ale trägt pludrige weiße Hosen, die nach den nationalen Gewohnheiten an den Knöcheln zusammengezogen sind, dazu ein gesticktes Hemd aus dem gleichen Material, über das er ein fünfzehn Zentimeter kürzeres Sakko europäischen Schnitts anzieht. Die Kombination von kosmopolitischer und einheimischer Mode unterstreichen europäische Halbschuhe und eine gestreifte Leinenmütze in der Art einer Kochmütze.

Herr Mahabir Ale kümmert sich um die Bergsteigerexpeditionen und die notwendige Korrespondenz in deren Verlauf. Er ist Hauptverwalter eines dicken Buches, in dem die Expeditionen zu Achttausendern und Siebentausendern bis zum Ende des Jahrhunderts geplant, geändert und gestrichen werden. Herr Mahabir Ale, der große Meister der Expeditionen, war auch derjenige, von dem die Genehmigung unserer Route in der Endphase abhing. Auch hat er das Basislager in Kangchung auf dem Gewissen. Diplomatie zeigte er im Abschluß der Diskussion, als er den roten Kugelschreiber herausholte und anfing, in meiner wertvollen Schneider-Landkarte herumzuschmieren, während mir wegen einer so barbarischen Tat das Herz blutete. Er zog den Strich auf der nepalesisch-chinesischen Grenze bei 8201 Meter über den Gipfeln des Nangpa Gosum. Dort blieb er stehen und schaute uns streng an: Die seien jungfräulich, wenn wir über sie gingen, würden wir Gesetze gleich zweier Staatsordnungen auf einmal übertreten, und wir würden aus Nepal ausgewiesen werden. Denn auf einen Himalajagipfel ohne Genehmigung zu steigen, ist eine große Untat, außerdem zerstört man durch das eigenständige Erobern jungfräuliche Berge. Sir Edmund Hillary mußte nach der Besteigung der damals jungfräulichen Ama Dablam sich sehr bemühen, wieder in Gnade aufgenommen zu werden. Es half ihm auch nicht, daß er der erste Mensch auf dem Gipfel des Mount Everest war. Erst nachdem er die Stiftung zur Unterstützung der Sherpas gegründet und in den Bergdörfern einige Grundschulen gebaut hatte, vergaß man die Angelegenheit. Wenn ich jetzt in der untergehenden Sonne zu der Stelle schaue, die auf der Landkarte der Kugelschreiber von Herrn Mahabir Ale markiert hat, kommt es mir lächerlich vor.

Es ist wirklich eine lustige Vorstellung, daß er uns zwei verdächtigt haben könnte, daß wir auf den Cho Oyu auf einem extrem schwierigen Weg steigen wollten, der im Himalajabergsteigen noch nie da war: einen zwanzig Kilometer langen Kamm über zwei jungfäuliche Siebentausender, von denen jeder technisch eine Ausnahme darstellt. Und da spreche ich noch überhaupt nicht von der Materialsicherung, der Mannschaftszusammensetzung und den zeitlichen Möglichkeiten. Lachen wirkt auf die menschliche Psyche wohltuend, das ist auch jetzt nicht anders. Versöhnt und großmütig verzeihe ich Herrn Mahabir Ale. Als die blutige Kugel unwiderruflich in ihre Bergwiege sinkt, schlafen wir müde und ausgeglichen mit vollen Mägen ein. Der heutige Tag war ein guter Tag.

Dafür kann man das von dem folgenden Morgen nicht sagen. Die Berge sind unausgeschlafen und schlecht gelaunt. Bedrückt schauen sie mit einem grauen Stich, in dem die gestrige Plastizität und der schöne Perspektivblick verlorengegangen sind. Aber das darf uns nicht so sehr stören, akklimatisieren können wir uns auch in bewölkten Bergen. Vormittags kehren wir vom kleinen Sattel zurück, um den Rest der Sachen zu holen, und nachmittags beginnen wir den Kampf mit Moby Dick. Er runzelt die Stirn aus dem kriechenden Nebel, wie Helgoland und Ahabs Walfisch zusammen, aber wir achten nicht darauf. Zum Einsatz kommen endlich die Titanschrauben, die Duralhaken in T-Profil und das weitere Arsenal, das die Prager Zollbeamten so geärgert hat. Die Reste der Fixseile mit den ausgefransten Enden vom vorigen Jahr wecken nicht gerade unser Vertrauen, besonders als uns bewußt wird, wie viele Steinschläge und Lawinen sie kassieren mußten. Die Aufgabe des heutigen Tages ist deswegen, die Steilwand mit den neuen Achtmillimeterseilen aus Bolatice zu sichern. Das Eis ist hart, blau und nackt wie Haizähne, steil wie eine siebzigprozentige Eisbahn, aber es kommt nicht gegen uns an. Gegen Abend freuen wir uns an einem sechzig Zentimeter »deadman«, wie in der amerikanischen Bergsteigersprache der Duralanker heißt. Es sind an ihm mindestens zweihundert Meter weißen Seils verankert, ein Gedicht! Der Berg hat uns damit erlaubt, in seine nächste Kammer einzutreten. Glücklich kehren wir in die gelben Zelte zurück, während der Bluet ihr Inneres mit freundlicher Wärme ausfüllt, und packen für morgen die Rucksäcke. Ang Rita, der auch hier an seine Familie und seinen Haushalt denkt, vor allem an die wertvollen Yaks, hatte unbemerkt einige Zehner der Fixseile vom vorigen Jahr abgeschnitten, die er jetzt aufwickelt und für den Rückweg aufhebt. Es wäre doch schade, sie hier oben ohne Nutzen zu lassen, wenn sie unten im Dorf Gold wert sind.

Es lacht sogar das bläuliche Eis, das mit Diamanten bestreut ist. Für heute verkünden wir den großen Umzug um ein Stockwerk höher, und um neun Uhr sind wir schon an den neuen Fixseilen. Vollgepackt wie Lasttiere klettern wir mit Hilfe der Metallanker auf dem schwierigen senkrechten Seil. Von den Steigeisen spritzen zerschmetterte Eisstücke weg. Dem Himmel entgegen, haben sie sich in kalt opalisierende Kometen mit überlangen Schweifen verwandelt. Wir genießen die Rolle der unscheinbaren kleinen Spinnen, die sich im Raum auf den gewebten Fäden bewegen. Um uns herum ist die wilde, ungebändigte Szenerie steiler Felsen und Eistürme: unberührt, unversöhnlich, die Seele des Menschen schon beim bloßen Anblick erhebend. Nur hoch zur Sonne und zum Gipfel! Ungefähr zehn Meter über der oberen Verankerung des Seils lockerte sich unbemerkt der Gurt am linken Steigeisen. Vermutlich hat das die rutschige Goretex-Gamasche verursacht, über die der nicht weniger rutschige Gurt heruntergerutscht ist. Ich merke es erst im letzten Moment, als ich in das harte Eis stieß und der Fuß darauf ohne Widerstand abrutschte. Im plötzlichen Schreck blieb ich mit vollem Gewicht in der Verankerung des Befestigungshakens hängen. Der Rucksack schnürte mir die Arme ein, so zog es mich zum Erdmittelpunkt, und natürlich war es nicht möglich, den Rucksack herunter zu nehmen. Es ist komisch, aber in ähnlichen Momenten klingt es dem Menschen glasklar in den Ohren, eine nicht erreichbare, sich belustigende Stimme.

»Das braucht Ruhe, nur Ruhe«, sage ich mir, weil es wahr ist, nichts als wahr, und ich fange an, an meiner neuen Situation zu arbeiten, aus der ich herauskommen muß, wie ich hineingekommen bin, nämlich allein. Vorsichtig lehne ich mich mit dem rechten Fuß an, an dem das Eisen noch hält, und mit dem Eispickel versuche ich langsam, eine Fläche herauszuschlagen. In der Rolle einer Halberhängten geht es nur sehr langsam. Endlich! Der linke Fuß, der bis zu dem Moment ganz unnütz am Knie angelehnt an dem steilen Eis geruht hat, bekommt Widerstand. Dann ziehe ich mit nicht weniger Vorsicht und ohne Handschuhe das gelockerte Steigeisen aus. Daß es um Gottes willen nicht um tausend Meter tiefer rutscht! Ganz deutlich sehe ich unter mir ein Meer offener Spalten, und das Gehirn verdaut die lächerliche Vorstellung, wie ich das Steigeisen dort sinnlos suche. Aber es ist mir gelungen, es in dieser wackligen Stellung zu befestigen. Wieder steche ich den Eispickel in die gefrorene Masse hinein, und sie klingt, klingelt. Alle atmen auf, und ich nehme mir vor, besser aufzupassen.

Mit einem Schlag sind wir in einer anderen Welt. Wieder zeigt sich uns ein Gipfel, der vorher hinter dem Steinbruch versteckt war. Wir sind in der Landschaft der Stille, der durch nichts gestörten Stille der Schneeverwehungen. Cho Oyu hat hier in dem Riesenkessel, wo es möglich ist, die Steigeisen auszuziehen, wie in einem Tresor Schichten aus dem Schnee gesammelt, der in den Tagen des schlechten Wetters gefallen ist. Die Siebentausend-Meter-Grenze kann nicht weit sein. Inmitten des Riesenkessels schlagen wir die zwei letzten gelben Zelte auf.

»Morgen packen wir sie wieder ein und klettern höher, wenn es die Götter erlauben.«

Es scheint, daß wir nun mehr Erfolge verbuchen, in den letzten Tagen funktionierte alles nach Plan. Auch am nächsten Tag, dem 28. April, wachten wir in glänzende Stille hinein auf. Wir tranken den üblichen Liter Tee pro Person, kochten mehr Tee, füllten ihn in Plastikflaschen, dann packten wir und bauten die Zelte ab. Vom Lager 3A, dem vorgeschobenen Dreier, blieben nur zwei merklich flachere Stellen auf der verschneiten Oberfläche. Wir brachen auf mit den schweren Rucksäcken auf dem Rücken, bis zu den Knien im feinen Schnee einsinkend, in Richtung des rechten Teils der Westwand, dort, wo sich herausfordernd der Wachtturm erhob. Seine grob gemeißelten Vertikalen strahlten in unendlicher Stille.

Heute versuchen wir den Rest des Eisfalls zu überwinden. Bis zum späten Nachmittag werden wir uns durch ein unvorstellbares Labyrinth der wackeligen Eistürme und durch die romantische Welt der Gletscherspalten kämpfen. Unter uns werden geheimnisvolle Räume, versteckte Schluchten unter den zarten Schalen der Eisbrücken drohen. Wir werden mit ängstlicher Behutsamkeit darübergehen, mit angehaltenem Atem und einzeln, während die anderen sichern. Nur das feine metallische Knirschen der Eisstücke, die mit dem Eispickel und den Steigeisen abgehackt wurden, läßt die unsichtbare, bodenlose Tiefe ahnen.

Den Weg markieren wir mit Bambusstäben und daran lustig leuchtenden Fähnchen, von denen Ang Rita im Rucksack ein ganzes Bündel hat. Auch Hänsel und Gretel würden mit ihrer Hilfe aus dem schwarzen Wald herausfinden. Auf einigen steilen Eisvorsprüngen sichern wir mit Seilen, aber zum Glück war keiner davon mehr Moby Dick ähnlich. In einer schwindelerregenden Perspektive, steil über unseren Köpfen, erkennen wir deutlich alle Details der Vorgipfel, die zum Greifen nah zu sein scheinen. Wichtig werden zwei Felsbarrieren sein, Riesenköpfe, die die Wand in der ganzen Breite durchbohren. Den niedrigen davon schätzen wir auf 7000 Meter, während der höhere den eigentlichen Gipfel umsäumt. Zwischen ihnen glänzen bösartig Eisfelder. Das obere berührt ohne Zweifel die Achttausend-Meter-Grenze. Unsere Theorien bestätigen sich! Auf dem Kamm, der links vom Gipfel ausläuft, liegt, versteinert durch den ewigen Frost, eine Schneedecke von Riesenausmaßen. Es bleibt uns nichts anderes übrig, als den Naturgesetzen zu vertrauen, daß sie das ganze Monstrum nicht auf uns fallen lassen werden.

Am späten Nachmittag scheint es uns, als ob der Eisbruch endlich hinter uns liege. Wir gehen nun in mäßigem Tempo bergauf und erlauben uns sogar den Luxus einer Mittagspause. Als wir uns geschwisterlich eine Dose Thunfisch teilen, die angesichts unserer spartanischen Expedition schon den höchsten Luxus darstellt, ziehe ich die eisenhart gefrorenen Handschuhe aus, damit ich mit dem Messer die Reste aus der Dose herausholen kann. Die steifen Finger sind unbeweglich, und ich weiß gar nicht, wie es mir trotzdem gelingt, mir die Schneide direkt in die Daumenkuppe zu rammen. »Au, verdammt, das hat mir noch gefehlt«, ich ärgere mich über das Schicksal und die ganze Welt, während ich das letzte, einigermaßen saubere Taschentuch heraushole, damit ich die roten Blutstropfen stoppen kann, die den unberührten Schnee verfärben. Gerade als wir uns alle erhoben, begann von unten Nebel aufzusteigen. Wir sind am Rand des nächsten Kessels, ausgefüllt mit lockerem, weißem Mehl. Weil wir ein bißchen Angst haben, beim Traversieren eine Lawine auszulösen, gehen wir in den größten Abständen, die die Seile zwischen uns erlauben. Wir sinken bis zu den Knien ein. Hinter uns bleibt nur ein vergänglicher Beweis unserer Schufterei, eine Kette menschlicher Spuren, die vom Wind verweht werden. Um fünf Uhr nachmittags verlieren wir uns schon ganz in uferlosem Nebel, aber mit der Entschlossenheit der Zugvögel ziehen wir die Lasten weiter in Richtung der Stelle, die wir uns schon morgens als viertes Höhenlager ausgesucht haben. Ang Rita mit dem Zwerg Norbu am Anfang, Vera und ich hinter ihnen. Der Abstand zwischen uns und den Sherpas wird aber länger, irgendwo müssen wir die Siebentausend-Meter-Grenze überschritten haben. Die Riemen schneiden in die schmerzenden, müden Arme ein, der Durst meldet sich, und die Flaschen sind leer. »Das verfluchte Bergsteigen«, sage ich mir im Geist, »Mutti hatte recht, so eine Schufterei und wofür?« Ich kann an nichts anderes mehr denken, während ich mich mit schmerzendem Hinterkopf und einem Rucksack, der mich zu Boden zieht, weiterschleppe. Wieviel fehlt uns eigentlich noch zum Glück? 1000 oder 1200 Meter? Der Höhenmesser ist im Rucksack, aber ich habe keine Lust, ihn auszupacken. Und zu allem noch der unangenehme Husten, der mich immer mehr quält. Ja, für alles muß man bezahlen, hauptsächlich für Dummheit; wenn ich von Vera ihren anderen Zweimeterschal angenommen hätte, ähnlich dem, den ich um den Hals habe, würde ich nicht in Anfällen von Höhenhusten, der unaufhaltsam kommenden Bronchitis erzittern. Aber wer soll dauernd die lange, gestreifte Sache aus der Ausrüstung der Käferwelt des Schriftstellers O.Sekora tragen, die ins Essen fällt, sich vor die Füße legt und überall im Weg ist. Ich gab mich mit meiner alten Haube zufrieden, die ich praktisch nicht vom Kopf nehme, doch sie schützt den Hals gegen den Wind nur wenig. Und deswegen huste ich, und nicht nur das, ich werde immer mehr husten. Die Sherpas verschwimmen in der Ferne zu kleinen Figürchen im Nebel und führen uns ein Marionetten-Schattenspiel vor. Endlich macht Ang Rita die ersehnte Bewegung, die uns neue Energie gibt.

Er wirft seinen Rucksack in den Schnee und massiert sich mit komischen Bewegungen den steif gewordenen Rücken. Norbu macht es ihm nach und bestätigt so die Hoffnung, daß die heutige Quälerei endet. Bevor wir ankommen, schaffen die beiden es, inmitten eines großen, sicheren Vorplatzes den Schnee plattzutreten. Der Höhenmesser bestätigt, daß der Platz des vierten Höhenlagers unserer Expedition 7200 Meter hoch ist. Wir bauen die wasserundurchlässige Illusion der Heimat auf, kriechen in die kuppelförmigen Zelte und beginnen, uns dem Kochen zu widmen. Und wieder, immer im Kreis, kommt die Nudelsuppe Thukpa zu Ehren, in die wir getrocknete Linsen und braune Stückchen Fleisch, das an Polystyren erinnert, rühren. Zum Abschluß Tsampa mit Tee nachgetrunken und ausnahmsweise etwas lösliche Schokolade, aufgelöst in schlecht angerührter Milch, ergänzt mit den Nebicokeksen. Ja, unsere Speisekarte ist spartanisch, keine wissenschaftlich berechneten Portionen und Zusammensetzungen, aber wir nehmen es alles als selbstverständlich, ohne Murren. Es gibt niemanden, den man beschuldigen könnte, das gehört auch zu den Vorteilen

einer kleinen Expedition. Die Wärme verteilt sich im müden Körper, die Augen fallen zu, die Gedanken bummeln, und die Wirklichkeit verschwimmt in Erinnerungen. Für einen Moment kehre ich in die Zeit vor vier Jahren zurück, als unsere Frauenexpedition im Tal des Buri Gandaki zum Manaslu ging. Fast auf die Stunde genau war das Kommen der Ubaat-Krankheit abzuschätzen, die die Monsunregenfälle beschleunigt hat. Unmenschlich blutdürstige Egel bissen sich gierig in alle möglichen Teile der abgemagerten Körper, in die vereiterten Blasen auf den Fußsohlen. Und eines morgens war es passiert: die angesammelte Spannung hatte die Schwelle der psychischen Toleranz überschritten. Der Grund war nicht wichtig, die Gesellschaft von zwölf Sahibs, davon acht Memsahibs, saß auf einem Pulverfaß, und in der Luft hingen die giftigen Trauben der Spannung. Zum auslösenden Funken wurden Kekse, also das Essen, wie es übrigens öfter der Fall ist. Nicht nur die Liebe geht durch den Magen. Nichts Böses ahnend, gab ich meinen Keks aus der Tagesration dem ausgehungerten schwarzen Hund, der sich uns angeschlossen hatte. Kale Kukur, der schwarze Hund, wie ihn einer der Sherpas getauft hatte, hatte die treuen, entwaffnenden Augen seiner Rasse und das Fell voller Flöhe. Es wimmelte nur so davon, das ist wahr, und sie weckten die Ablehnung der psychisch überlasteten Menschen. »Hier werden Kekse verschwendet! Wieviel haben wir eigentlich davon? Wie ist das, daß sie überhaupt in den Tagesrationen sind, wenn Breta und ich gewöhnt sind, beim Steigen nur Kekse zu essen. Wir fahren eben auf Kekse ab! Und hier werden sie den Hunden vorgeworfen!« Ich versuchte, den Ausbruch im Keim zu ersticken, im guten. Ich spielte das gutmütige Dummchen und stellte mit Hilfe von Majka, die für das Essen verantwortlich war, den genauen Bestand der Kekse fest. Die verfluchten Kekse! Und ich erinnerte sie nicht daran, daß wir zu Hause beschlossen hatten, sich zu allem rechtzeitig zu äußern. Sie waren doch mit allem einverstanden, es kam mir lächerlich vor. Aber die Situation hatte sich geändert. Wir waren weit weg von der Gemütlichkeit der Heimat, es war stickig und heiß, wir hatten schmerzende Körper, und deswegen wachsen nicht existierende Probleme ins Unbändige. Wären es nicht die Kekse gewesen, hätte sich etwas anderes finden lassen. Ja, es ist nicht leicht, ein demokratischer Leiter einer großen Expedition zu sein.
Dank dem Glück, daß wir unsere Tsampa, die wir freiwillig als Teil unseres Anteils angenommen haben, in Ruhe und Frieden essen können, in der Gemütlichkeit eines freundschaftlichen Kollektivs! Wir entscheiden uns, morgen den Versuch um den Gipfel zu wagen.
»We two, no problem, you two say«, fordert uns Ang Rita zur Entscheidung und Erweckung der eigenen Kräfte auf. »Der Kopf, habt ihr keine Kopfschmerzen?« fährt er fort. Nein, Kopfschmerzen haben wir komischerweise nicht. Die langen Märsche haben auch etwas Gutes gehabt, oder verdanken wir es wohl dem peinlich eingehaltenen Grundsatz der Aufnahme von vier Litern Flüssigkeit pro Person und Tag? Wir haben jetzt zwei Möglichkeiten und wählen den Gipfel. Die andere Möglichkeit ist der Abstieg, weil wir nicht genügend Vorräte haben. Dies lehnen wir ab. Wenn nämlich das Wetter schlechter wird, was angesichts des fortgeschrittenen Datums nicht ausgeschlossen ist, und wir nicht mehr hinaufkommen würden, hätten wir bis zu unserem Tod etwas zum Nachdenken. Auch wenn die morgige Chance klein ist, ist es notwendig, es zu versuchen, um alles zu machen, was der Mensch kann. Wir gehen aus den Zelten heraus, um die Entwicklung des Wetters zu beurteilen. Ein Radio haben wir nicht, und so können wir uns auf keine Prognosen verlassen.

Die plötzliche Veränderung legt uns fast flach, von Nebel keine Spur, irgendwie ist er in der Abendkühle schwerer geworden tief in die Täler gesunken. Wir sind mit dem Berg hoch über einem Meer weißer Wolken, das alle Sechstausender verschluckt hat. Nur die Gruppe der Siebentausender leistet uns Gesellschaft. Auf der linken Seite der scharfen Spitze des Nangpa Gosum steht vor uns ein neuer wunderschöner Berg im westlich liegenden Rolwaling. Wir haben ihn noch nicht gesehen. Er ist wunderschön und eigenwillig, dieser zweiköpfige Berg mit den mutigen Vertikalen. »Gaurisankar!« ruft Norbu, der ihn gleich erkannt hat, weil er unter ihm geboren wurde. Wir glaubten ihm, weil der Berg ihm in die Wiege geschaut und ihm die ersten Märchen erzählt hat, und das merkt sich ein Mensch das ganze Leben. Gauri heißt Diamant oder Stern und ist eines der Attribute der Göttin Parvati oder Nanda Devi, wie auch immer, eben dem weiblichen Gegensatz des hinduistischen Gottes Shiva.

Rolwaling ist zwar kein Tal der Hindus, aber die Lamaisten sind in religiösen Fragen außergewöhnlich tolerant. Sie haben nie Jagd auf Ketzer veranstaltet. Wenn ihnen ein Gott oder eine Göttin gefällt, nehmen sie sie ruhig in die ihren auf, nur manchmal passen sie den Namen oder die Legende ihren Notwendigkeiten an. Und so glauben alle Bewohner des Nachbartals, unter ihnen auch Norbus Familie, daß einmal vor langen Zeiten, an die sich niemand erinnern kann, Amitabha, der Buddha der unbegrenzten Welt, in tiefen Meditationen verweilte. Plötzlich entsprang seinem rechten Auge ein weißer Lichtstrahl, der sich als die Verkörperung des Avalokitesvara zeigte, der seinen mitfühlenden Blick nach unten zu den Menschen richtet.

Als ihn Amitabha gesegnet hatte, grüßte ihn Avalokitesvara: »Om, mani padme, hum! O Edelstein auf der Lotosblüte.« Von dieser Zeit an sprechen Tausende Buddhisten dieses Mantra mit großer Ehrfurcht aus, vielleicht deswegen, weil Avalokitesvara die Menschen mag, mit ihnen fühlt und sogar mit ihnen weint. So geschah es, daß er zwei Tränen weinte, aus dem linken Auge eine grüne, aus dem rechten Auge eine weiße, zwei Diamanten, Tara, Gauri, Sterne. So entstand Gaurisankar, die Heimat der grünen und weißen Tara-Göttinnen, die aus dem göttlichen Mitgefühl geboren wurden. Sankar ist ein zweiköpfiger Berg, und deswegen ist für beide Taras dort Platz genug. Die weiße sitzt zusammen mit Avalokitesvara, die Beine anmutig verknotet, in Adamantina Asan, während die grüne Lalita Asan eine Stellung bevorzugt, bei der der rechte Fuß locker über den Rand der Lotosblüte hängt, und sie sucht die Gesellschaft von Amoghasiddi, des Gottes des Erfolges. Gott weiß, warum dort auf den Gipfeln der zweiköpfigen Berge die Götterpaare heiraten, aber die Dorfbewohner, die der Berg mit seinen Gletschern mit Wasser versorgt, waren fest davon überzeugt, daß er der höchste Berg auf der ganzen Welt ist. Sie waren mit ihrer Überzeugung nicht allein, es gab noch mehr höchste Berge auf der Welt. Erst die Geodäsie hat allen Illusionen ein Ende gemacht. Auf jeden Fall neide ich Norbu die Schönheit und Anmut, unter der er geboren wurde und aufgewachsen ist. Ich begreife, wie die Berge, die Symbole der Ewigkeit und Kraft, Jahre überdauernde Denkmäler der Schönheit, den armen Sherpas die Lebenskraft geben. Deswegen ist dieses Bergvolk nie an einen bequemeren Ort gezogen.

Langsam kam die Nacht über uns. Wir legten uns zu einem kurzen Schlaf, denn der Weg zum Gipfel war weit. Schon eine halbe Stunde nach Mitternacht wird im Nebenzelt Ang Rita tätig. Bevor der Tee gekocht ist, müssen wir alle in den Schlafsäcken bleiben und uns nach und nach alle Teile anziehen, was eine unmenschlich anstrengende Tätigkeit ist. Dann zwingen wir unsere Mägen, einige Löffel der nicht schmeckenden Speise anzunehmen, und vor allem Tee, einen Liter Tee! Auch wenn das Wort Tee für eine lauwarme Brühe steht, in der Federn und allerhand Schmutz schwimmen. Als wir endlich in die Himalajanacht hinauskriechen, ist es ungefähr halb drei Uhr. Wir stolpern vor Müdigkeit und auch Übelkeit, der Schnee knirscht laut unter den Füßen durch den Dauerfrost. Die Härchen in der Nase gefrieren uns sofort, und die so entstandenen Eiskristalle kitzeln. Das macht uns wach. Jetzt müssen wir noch die Steigeisen anschnallen, die Finger bleiben an dem Metall kleben. Wir müssen auch den Tascheninhalt kontrollieren. Ja, alles ist an seinem Platz, der Miniaturfotoapparat, der Reservefilm, ein paar Süßigkeiten, Bonbons gegen den Husten und eine Handvoll Talismane, eingewickelt in einem Rechteck aus Satin in drei Farben.

Ich habe sie dabei, für alle Fälle, unsere tschechische Fahne, die ich bis jetzt mit meinem Mann abwechselnd und auch zusammen auf drei Siebentausender und unzählige kleine Berge getragen habe. Sie war auch bei den Abfahrten über wilde asiatische Flüsse dabei. Ja, wir können aufbrechen. Alle vier binden wir uns an ein einziges rotes Edelrid-Seil und gehen in die Nacht. Tiefblaue Dunkelheit atmet klirrende Kälte, aber sie ist samtig, mit Milliarden Sternen. Im Schein der Stirnlampen überwinden wir die unangenehme Spalte mit den überhängenden Stufen. Die Angst erweckt uns zum Leben. Die Route führt nach oben durch einen unendlichen Hang; zum Glück mit einer nicht besonders tiefen Schneeschicht, also müssen wir keine Lawinen fürchten. Du hattest recht, Ang Temba!

Ang Rita, der als erster geht, hat ein scharfes Tempo angesetzt, und das ist richtig, denn wenn wir den Gipfel erreichen wollen, müssen wir einhundert Höhenmeter pro Stunde schaffen, sonst ist es sinnlos. Wir werden sehen, wie lange wir es durchhalten. Der Schnee ist ideal, wir sinken nicht ein und gehen lange Stunden begleitet von den flackernden Strahlen der schwächer werdenden Taschenlampen. Den Berg fühlen wir eher, als wir ihn sehen. Dann wird die Dunkelheit plötzlich grau, immer heller, jemand dreht die Dochte der Sterne, dieser schweigenden blaßblauen Wanderer, herunter. In der Stille vor dem Morgengrauen zeichnen sich die Konturen des Bergkönigreichs ab. Wir löschen die Taschenlampen, klettern weiter und werden Zeugen der Geburt eines neuen Tages. Wir sind im Westen, und die Sonne wird aus dem Morgenrot auf der anderen Seite geboren, ohne für uns sichtbar zu sein. Die Vorstellung nehmen wir nur als ein laufendes Abnehmen der Dunkelheit wahr. Es dauert aber nicht lange, und des Tages siegreicher Antritt färbt die Felsen und auch den Schnee rosa. Die geahnten Formen materialisieren sich in die gewohnte dreidimensionale Form. Tief unter uns drücken sich zwei verlassene gelbe Zelte aneinander, während über uns zwei weiße Eisflächen bösartig blitzen, Jaguaraugen. Der chinesische Siebentausender Palung Ri ist unwirklich nah. Links von uns der unendlich steile Eishang, über den vor dreißig Jahren Herbert Tichy und Pasang Dawa Lama stiegen, nach ihnen dann Claude Cogan mit ihren Freunden. Wir sehen das feindliche Blitzen des grünen Eises, den Übergang vom Schnee in die Wüste der Felsen und des Eises. Dieses Jahr fehlt der Schnee, von dem es im Jahr 1959 im Überfluß gab, so viel, daß er für eine Grabkammer für vier Teilnehmer der ersten weiblichen Expedition auf einen Achttausender ausreichte: für Claude, die beste Bergsteigerin der Nachkriegsjahre, der berühmten Partnerin von Raymond Lambert, für die schöne Claudine van den Straten, von der man sagt, daß sie auch in den Bergen ein Säckchen mit Kosmetik dabeihatte, für zwei Sherpas, deren Namen ich leider vergessen habe. Obwohl sie ihr Ziel nicht erreichten, bestreitet ihnen niemand den moralischen Vorzug, den riesigen Mut, mit dem sie hierhergekommen waren.

Langsam gewinnen wir an Höhe, leider Gottes aber nicht schnell genug. Es ist neun Uhr, als wir in einer Höhe von 7600 Metern sind. Über die steile Eisbeule nähern wir uns den Felsen. Das Treppenhaus der Stratosphäre durchbohrt ein brutaler Felsbruch, eine monolothische gelbe Barriere, bedingungslos, wie die abwehrende Geste eines Riesen. Über die ganze Breite der Westwand schreibt sich ihr NEIN! Sie ist die untere von zwei Felsbänken, durch die sich der Berg gegen Eindringlinge wehrt, und für mich ist es ein Rätsel, wie ihre kompakte Masse den Witterungsextremen in der ganzen geologischen Zeit widerstehen konnte. Sie gibt nicht nach, wir müssen nach rechts traversieren. Wir bleiben stehen, Ang Rita legt auf einen aufgeschichteten Steintisch den letzten weißen Fix, einen Fünfziger aus bolatischen Achtern, dazu gibt er den Hammer und drei Felsnägel.

Mir wird bewußt, daß ich eben den höchsten Punkt in meinem Leben erreicht habe. Noch einhundert Meter höher als der Gipfel des Noshaq vor sieben Jahren. Aber hier ist es wenig. Der Ausblick von hier ist unendlich und hellblau, es rahmt ihn die weiße Linie der eingeschneiten Berge, wie im Flugzeug! Die müssen hoch sein! Aus der entfernten Festung stechen zwei hohe Punkte heraus, einer erinnert an den Manaslu. Es kann nichts anderes sein, als unser unerreichter Berg aus den achtziger Jahren, unverwechselbar mit seinen zwei Gipfeln. Der nördliche weiße Riese muß in China stehen, und es kann nur die Shishma Pangma sein, der einzige tibetische Achttausender. Schweigend schauen sie aus der Entfernung von zweihundert Kilometern auf den Moment der Wahrheit. Wir sind zu langsam und müssen uns eingestehen: umkehren. Zurück nach unten steigen, damit wir mit besseren Aussichten wiederkommen können. Aus wieviel Teilen Enttäuschung setzt sich eigentlich das unsinnige Spiel zusammen, das die Menschen Bergsteigen genannt haben?

Wir kehren um und treten auf unsere eigenen Schatten. Und siehe da, Gaurisankar, gestern noch so groß, duckt sich, der wilde Gayabrag hat sich in eine schuppige Echse aus dem Marionettentheater verwandelt. Die Luft ist scharf, wie der Schnitt eines Skalpells, und erst jetzt bemerke ich, daß von meiner Kappe einige Eiszapfen herunterhängen. Wir sprechen nicht. Mittags binden wir die Eingänge der Zelte des Viererlagers auf. Wir sind fest entschlossen, wiederzukommen und vom Zweierlager das grüne Zelt mitzubringen, damit wir oben, unter der Felsbarriere, das fünfte Lager aufbauen können. So wird es vernünftig sein. Mit dem letzten Lager in 7000 Metern Höhe werden unsere Aussichten viel realistischer sein. Enttäuschung kann man ertragen, wenn die Hoffnung bleibt.

Wir entscheiden uns, im vierten Lager eine kurze Pause zu machen, Tee zu kochen und zu essen und dann weiter nach unten zu gehen, um hier oben nicht alle bescheidenen Essens- und Gasvorräte zu verbrauchen, die so mühsam hinaufgetragen wurden. Das Wetter ist eigenartig. Die Sonne verschwendet ihre sengenden Strahlen, aber gleichzeitig kühlt sie der stärker werdende Wind ab.

Jeden Moment jagen über uns, in wildem Tanz, Haufen zerrissener Wolken, wie Hexen auf ihren Besen. Sie kehren das blaue Azur hinaus, aber der Wind erlaubt ihnen nicht, sich zu formieren und die Sonne zu verstecken, sie scherzen nur mit ihr. Die Zelte schleudern, werden zu Boden gepreßt, wie der Hersteller garantierte, die Laminatkonstruktion hebt sich in bittenden Parabolen. Das Innere der Kuppel ist mit goldenem Licht erfüllt wie das Fenster einer Barockkirche. Aber draußen ist unfreundliche Kälte, der Sturm reißt einem die Worte vom Mund. Bevor das Wasser kocht, legen wir uns auf die Häufchen Kleidung und ruhen uns aus. Norbu ist eingeschlafen und sieht zum Fürchten aus. Er liegt auf dem Rücken, hat den Kopf im Nacken, und aus seinem Mund kommen, wahrscheinlich deswegen, röchelnde Geräusche. Auf der Stirn steht ihm der Schweiß; es ist nicht möglich, ihn zu wecken. Lieber Gott, was ist nur mit ihm? Vielleicht hat ihn die Bergkrankheit ereilt. Das hinterhältige Gespenst der Höhen! Die Sherpas leiden nicht so sehr an ihr, wenigstens nicht die, die einige Male in solcher Höhe waren wie er. Wir packen, stopfen die Sachen in die Kraxen, aber Norbu schläft weiter, seine Stirn ist heiß, er muß Fieber haben. Dann packt Ang Rita plötzlich etwas wie Wut. Er rüttelt ihn unsanft und läßt eine Sherpa-Litanei los, die wir nicht verstehen. Danach kommt der zarte Junge aus dem Renaissancebild, dessen Maler ich vergessen habe, zu sich, schüttelt sich wie ein Hund und fängt an, schlaftrunken zu packen.

»O.k., o.k.«, murmelt er dazu, aber er ist sehr geistesabwesend. Gegen vier Uhr verlassen wir endlich das vierte Lager, nachdem wir erst übergründlich die Eingänge der Kuppeln gesichert haben. Wir gehen durch das Schneefeld, und der Wind weht hinter uns die kaum entstandenen Spuren zu. Wir überschreiten den Kessel, und dabei wird die Entfernung zwischen uns größer, vielleicht auch, damit im Fall einer Lawine wenigstens einer von uns oben bleibt und die anderen ausgräbt. Wir wissen auch so, daß er es kaum könnte. Dann kommen wir zum Eislabyrinth, von dem wir schnell über die Fixseile heruntersteigen. Mit der Abenddämmerung erreichen wir den Kessel unter dem Walfisch, wo wir umsonst die kleinste Spur vom gestrigen Biwak suchen. Die Aufräumgarde der Hexen hat alles weggefegt. Noch zweihundert Meter runter, und bevor die Sonne untergeht, erreichen wir die Zelte des dritten Lagers.

Wir gehen den Sherpas eine Weile nach, und als wir sie hören, registrieren wir ein schreckliches Schimpfen. Norbu ist eben aus der Höhendepression erwacht, und jetzt spielt er den Truthahn. Mit Grund, wie wir nach einem Moment feststellen. Als wir vorgestern weggingen, taute der Schnee auf dem kleinen Kamm, an den sich die Zelte anlehnten, und das Wasser lief nach innen. Der wasserundurchlässige Boden unserer Wohnungen hat das Wasser aufgehalten und ihm ermöglicht, schön gleichmäßig in alles einzusickern, was wir hier gelassen haben. In der Nacht ist es natürlich gefroren, so haben wir anstatt trockener Wäsche Eisklumpen und Norbus Schimpfen dazu. Wir kriechen in die Schlafsäcke, das Trocknen der gefrorenen Sachen verlegen wir auf morgen. Der heutige Tag war sowieso lang.

In der Wärme des Schlafsacks fange ich komischerweise an zu zittern, mein Gesicht glüht mit einer ungesunden Hitze, und wenn ich meine Stirn berühre, wird mir mit Schrecken bewußt, daß ich Fieber haben muß. Das wird wegen der hinterhältigen Sonne sein, die der Wind täuschend kühlte. Ich habe wohl einen Sonnenstich. Die kommende Nacht verspricht nicht viel Ruhe, wir werden alle von wilden Träumen verfolgt; ich laufe in ihnen in einem unendlichen Treppenhaus und versuche, das Nichtgreifbare zu ergreifen, Züge fahren mir vor der Nase weg, während jemand mit einer dicken Hand mich daran hindert einzusteigen. Als mich die Morgensonne endlich von meinen Alpträumen befreit, ertaste ich sofort auf den ausgedörrten Lippen drei riesige Hitzeblasen. Dann reibe ich mir die Augen und muß lachen, Vera ist nicht viel besser dran. Hitzebläschen hat sie zwar nicht, sie leidet nicht darunter, aber aus den blaugelben Streifen ihres Schals schaut mich eine Erscheinung an, die nur wenig an ein kultiviertes Wesen erinnert.

»Ich sehe irgendwie schlecht«, sagt Vera und putzt sich die Brille.»Hoffentlich ist es kein Ödem am Gehirn oder unter den Augen«, fährt sie in ihrem traurigen Monolog fort.

»Du liest zuviel«, antworte ich, »wir haben alle genug, du und ich und Norbu, wir müssen zu uns kommen, ich freue mich schon auf etwas Gutes im Zweier. Glaubst du, daß uns Kanchha auch Kartoffeln gebracht hat? Vielleicht merken wir beim Essen nicht, daß sie gefroren waren.« Absichtlich lenke ich das Gespräch vom Ödem ab, von dem wir beide im Handbuch der Bergmedizin so fasziniert gelesen haben. Das Kapitel vom Ödem war schon so abgegriffen, daß das Buch an dieser Stelle von allein aufging. Veras Beschwerden werden kein Ödem sein, von einem Ödem der Augen spricht man nirgends. Als ob eine Geschwulst des Gehirns oder der Lunge nicht reichen würde! Dabei nimmt man so eine Kleinigkeit wie schlechtes Sehen kaum wahr. Ich werde sie nicht daran erinnern, daß sie auch etwas mit der Netzhaut haben könnte, wie Marta im Pamir. Als wir damals gemeinsam vom Stit Korzenevske kletterten, hat sie im Basislager auf dem Gletscher Moskvina die Brille abgenommen, und mit der charakteristischen Sachlichkeit, zu der sie neigte, bemerkte sie: »Von allem, was ich anschaue, fehlt ein Stück, so ein zackiger schwarzer Ausschnitt.« Wie sich zeigte, hatte sie Blutungen der Miniaturkapillaren in der Netzhaut, und der fransige schwarze Ausschnitt war durch ein Blutgerinnsel verursacht, das sich nicht aufsaugen konnte. Erst die Hospitalisation, die totale Bettruhe in einem dunklen Raum und blutstillende Medikamente haben nach einiger Zeit ihren Ausblick auf die Welt wieder verbessert.

Übungen in Geduld und Ergebenheit

Etwa um vier Uhr nachmittags näherten wir uns mit der Geschwindigkeit gejagter Hunde dem zweiten Lager. Nur Ang Rita schaute nicht verbraucht aus. Unser Angriffsfeld in der Moräne. Als wir näher kamen, stolpernd im lockeren Geröll, blitzte mir durch den Kopf, daß ja heute der letzte Apriltag ist! Morgen also ist der erste Mai! Dieses wunderbare Wort zauberte eine Vision aus einer anderen Welt herbei. Der Monat der Blumen, Turteltauben und des warmen Frühlings. Ich sah vor mir das süße Bild unseres Häuschens am Fuß des Rychleby-Gebirges, das weiße Gebäude im Meer des zarten Grüns. Der Hochzeitsschleier der Kirschen ist schon abgeblüht, und der Gehweg im Garten ist verschneit durch die heruntergewehten Blüten. Der Kuckuck zählt die Jahre, und in den Kronen der Apfelbäume strahlen die Knospen. Es findet ein Vogelkonzert statt, trällern Grasmücken, Meisen, Spatzen, auch der Schönling, der Specht, kommt, der Kernbeißer und der schreiende Häher. Den Kontrapunkt dazu liefert unser Hund Hanysek, der unermüdlich bellt und nicht begreift, daß er all den Gefiederten nur lachhaft ist.

Die müden Füße in unbiegsamen doppelten Höhenschuhen, stolpern wir in die letzten Meter verwitterten Gesteins, und das Herz ist plötzlich mit Sehnsucht erfüllt. Ein Wald, ein gewöhnlicher Wald, der einen umarmt, in dem sich die Tanne mit der Eiche abwechselt, wo der Wind mit den Fransen der Lärche spielt, das satte Grün des Klees mit dem zarten, gerade gewachsenen Gras leuchtet, unter dem die Blätter vom Vorjahr einen würzigen Duft abgeben. Über einen Moosweg ging gerade ein Reh, hinter ihm das gefleckte Kitz, mit Hufen, die zum Weinen wehrlos sind und mit so einem schüchternen Schritt, es lernte bis jetzt den Erdgang nicht. Auf dem Weg, der mit den kindlichen Blüten der Erdbeeren und Brombeeren gesäumt ist, hinterließen sie glänzende Perlen Kot. Über dem Horizont schwebt regungslos ein Bussard. Und dann sind Margeriten hier, Vergißmeinnicht und ganze Meere von Löwenzahn mit tausend Sternchen. Man glaubt, in der Stille das Rascheln der Schmetterlingsflügel zu vernehmen, und die saubere Unbändigkeit der Bäche in den Wiesen. Gegen Abend heizt Otakar mit Holz die wohlriechende Sauna auf. Er zieht zu dieser Männerarbeit schon wieder die Kleidung an, die ich schon so oft eigenhändig, aber vergebens, in den Müll trug. Weißer Rauch steigt über die Apfelbäume zum Himmel.

Auf dem gegenüberliegenden Hang fiel eine Steinlawine. Die Luft roch nach Schwefel. Der Klang der fallenden Steine klingt wie eine Herde wilder Pferde. Auf dem Pamir nannten wir sie Ataman und schlossen Wetten ab, wie weit sie fallen. Der Lärm läßt nach, das Bild und der Klang überdecken sich nicht, die Entfernung täuscht. Und noch ein vergessener Stein und ein kleinerer folgen. Und wieder Stille, die täuschende Stille der nicht existierenden Ruhe, in der ständig Tausende entstehender und vergehender wackeliger Gleichgewichte wimmeln. Es begrüßt uns die eingefrorene Flotte unserer Segelboote, die Segel stehen auf halbmast, Kutter, Dreimaster, Jollen und alle die anderen, deren Namen ich nicht kenne. Oder ist das alles ein Mißverständnis und sind das alles die Pfeifen einer einzigen Riesenorgel? Ihr glühendes Weiß sticht, trotz der ausgeklügelten Illusion der dunklen Brille, in die Pupillen, es durchdringt das Augenlicht, das Gehirn, die Innereien, tief bis in den Kern des Menschen. Etwas geschieht, etwas hängt in der Luft!

Ang Rita murmelt etwas in seiner Sprache. Er sucht etwas im Zelt in Messners Aluminiumkoffer, Messner-Box, wie Norbu sagt, findet es aber nicht. In diesem Augenblick geht mir ein Licht auf. Jetzt weiß ich es. Ich weiß es schon, bevor wir es durch systematisches Suchen feststellen. Ja, es lag in der Luft – Kanchha war nicht hier. Kanchha nicht, und auch kein anderer. Es wird kein Fest geben, keine Kartoffeln mit Zwiebeln oder Chapati von Changpa. Nichts ist hier, nur, was wir hinterlassen haben. Man hört schon die ersten Schimpfwörter. Vera und ich holen tief Luft und hocken uns zwischen Steine. Wenn die Schimpfwörter eine Macht zum Töten hätten, wäre Kanchha jetzt schon tot. Mit Bitterkeit überlege ich, wer von beiden der größere Halunke ist, Kanchha oder Sonam. Sonam, der Manager von fünfunddreißig Expeditionen! Ein schöner Manager, dieser Betrüger! Ich kann nichts anfangen, sitze mit aufgestütztem Kopf und lecke unsinnig an meinen wehen Lippen. Die Wut der Sherpa läßt nicht nach. Wenn man einen Monat lang mit ihnen zusammen ist, lernt man. Ich erkenne genau, daß die Schimpfwörter immer schlimmer werden. Was hier Norbu mit wütendem Ausdruck im Gesicht vorführt, das überlebt Kanchha auf keinen Fall. Und wenn er es doch überleben sollte, desto schlimmer wäre seine Zukunft. Ein trauriges Alter, ohne Ehefrau, ohne Nachkommen. »No wife, no life«, schreit Norbu, was er gelernt hat. Nach einer Stunde scheint es, als hätten wir das schlimmste Fluchen hinter uns. Die gerechte Verbitterung läßt nach, und die beiden kehren zurück zu ihrem Stoizismus. Noch eine letzte Flamme des Zorns, als Norbu aus dem Rucksack zwei Rollen Wachspapier holte: Sonams Signalraketen. Zum Schluß fliegen die Raketen in die Steinumzäunung. Norbu hat recht, man kann sie höchstens zu einer Geburtstagsfeier brauchen oder um einen Zwischenfall an der Grenze hervorzurufen. Die Vorstellung, daß Kanchha für unser Geld in Kangchung faulenzt, sich mit Kartoffeln, Eiern, Käse und Fleisch vollschlägt, macht uns wahnsinnig. Da sitzen wir, am letzten Apriltag, mit wunderschönem Gipfelwetter, mit ungenügender und scheußlicher Nahrung, die uns schon zum Hals heraushängt, und ohne Gasbehälter.

Eines aber ist klar: Wenn wir unsere Chance nicht vorbeiziehen lassen wollen, müssen wir so bald wie möglich ins Basislager gehen und Essen und Gas zum Kochen holen. Die Diskussion ist endlich konstruktiver, die Hauptfrage stellt sich, wer ins Basislager geht. Es gibt verschiedene Meinungen. Norbu will, daß wir alle gehen sollten und bei Changpa nochmals richtig essen. Er proklamiert seine Überzeugung mit gewohnter Vehemenz. Ang Rita und ich halten nicht viel davon. Aber die Vorstellung eines normalen Essens, z.B. richtige, goldgebratene Eier in einer riesigen Pfanne, das ist schon ein mächtiges Lockmittel. Vera lehnt diese Möglichkeit grundsätzlich ab.

»Schau nur, wie dürr wir sind.« Sie zeigt mir die weißen Waden, über die die Gamaschen gestülpt sind. »Deine sind noch mehr abgemagert«, setzt Vera unerbittlich fort, »rechne es dir doch aus, ein Tag hin, ein Tag zurück, Überwindung von eintausend Metern (in Wirklichkeit viel mehr, dauernd rauf und runter). Und wenn du dich vollstopfst bis zum Rand, es hilft nichts, wir nehmen noch mehr ab! Außerdem hat viel Essen über fünftausend Metern einen negativen Einfluß auf die Verdauung, und die energetische Bilanz ist so und so schlecht. Der verdammte Organismus verbraucht für den eigenen Metabolismus die meiste Energie. Was meine Person betrifft«, meint Vera, »ich gehe nicht vom Fleck weg, begnüge mich mit dem, was hier ist. Die beiden sollen Essen holen. Die Natur hat sie besser ausgestattet, es sind Sherpas.« Vera hat recht. Ich gebe die Vorstellung über Changpas Freßorgien traurig auf. Der Gipfel ist ein paar Tage Qual wert. Vera und ich bleiben hier, auch wenn wir nur von Meditation und Aufgelöstem leben müssen.

Spätestens in drei Tagen wollen die beiden wieder zurück sein.

Gesagt, getan, in unserem Zelt regierten wieder Gelassenheit und Frieden. Ang Rita kocht Tee. Es ärgert mich ein wenig, daß er dazu zwei Kocher und damit zwei Gasbehälter benützt. Norbu faßte den Entschluß, seine Socken für den morgigen Tag zu trocknen. Seine ungewaschenen Füße riechen so stark, daß sich sogar Ang Rita wehrt. Unter den Sherpas entsteht eine Diskussion, durchgespickt mit Wörtern wie »good smelling« und »bad smelling«, über guten und schlechten Geruch. Der ältere der beiden beendete die Debatte, als Norbu ein paar duftende Körner von Lama Tenzing auf den glühenden Kocher warf.

Am ersten Mai ist es schön. Die Welt lächelt. Die Sonne streut ihre Strahlen in das Innere des Zeltes, von der Decke fallen große Tropfen des Morgenreifs und enden in Form dunkler Flecke auf den Schlafsäcken. Ich verlängere die Zeit des definitiven Aufwachens, bis der Reif trocknet. Ich fühle mich wie zerschlagen. Ich versuche im Geist, den Gesundheitszustand meines Körpers zu überprüfen. Schlimm! In meinen Lippen zuckt es, ich kann sie gar nicht berühren. Die Füße und Arme schmerzen auch, aber das ist nicht so schlimm. Sehr unangenehm ist mir, als ich feststelle, daß ich verbrannte Haut am Wangenknochen habe. Die größte Qual ist aber der Husten. Ein spastischer Höhenhusten, der die armen Bronchien wie mit einer Stahlbürste dehnt.

»Ich habe entsetzliche Augenschmerzen, Dina, ich kann die Augen kaum öffnen, und wenn ich sie öffne, sehe ich alles verschwommen«, höre ich aus dem Schlafsack neben mir die Fortsetzung meiner unerfreulichen Entdeckungen. Die Sherpas verstehen uns nicht, wir sprechen in unserer Muttersprache. Sie merken aber doch, daß es nichts Erfreuliches ist. Wir könnten mit Hiobsbotschaften fortfahren, aber es hat ja keinen Sinn. Wir sind ja nicht zur Erholung hier. Was ich mit meinem Husten anfangen soll, will ich aber doch wissen. Unter Bergen von schmutziger Wäsche, mit der ich zugedeckt bin, finde ich ein medizinisches Buch für Laien in den Bergen. Das Buch ist schon ganz abgegriffen, weil wir so oft wissensdurstig darin herumblättern, wenn es um unsere Gesundheit geht. Ich erfahre im Buch aber nur das, was ich selbst weiß. Der Prozeß der Heilung ist durch die Höhe verlangsamt. Zu einer Regenerierung ist ein Abstieg in niedrigere Lagen notwendig. Danke, nein, lieber halte ich es noch eine Zeitlang aus. Aus purer Langeweile lese ich die Gebrauchsanweisungen von unserem Tetrazyklin und anderen Medikamenten. Alle haben etwas Gemeinsames: Vorsicht bei Sonnenstrahlen und körperlicher Anstrengung.

»Dieses Jahr kommt der Monsun spät«, trägt Vera aus den Tiefen ihres Schlafsackes vor. Ich warte. Ich warte auf eine Begründung. Vera läßt sich Zeit. »Als ich im Februar in der Antarktis war«, fährt sie endlich fort, »habe ich dort Meteorologen getroffen. Sie hatten einen riesigen Computer und behaupteten, daß dieses Jahr eine große Schneedecke über Sibirien liegt, und deswegen kommt der Monsun verspätet. Also, ich weiß nicht so recht. Einer hatte sich ein bißchen in mich verliebt, vielleicht wollte er mir eine Freude machen.«

Während die Sherpas packen, denke ich darüber nach, warum eine große Schneedecke über Sibirien den Monsun aufhalten sollte. Dann sage ich, um unseren selbstgemachten Optimismus aufrechtzuerhalten: »Vielleicht kommt der Monsun wirklich spät. In dem Fall haben wir genug Zeit. Die Jungs schaffen es zurückzukommen, und alles wird gut.«

Wir trinken den letzten gemeinsamen Tee. Die Sherpas haben schon die Höhenschuhe an. Norbu hat wieder sein Frotteehandtuch auf der Stirn, weiß mit orangenem Blumenmuster, das unter dem Schmutz langsam verschwindet. Vor einer Weile hat er das Innere der Plastikschuhe ausgewischt, in denen nachts der Dampf kondensiert. Als wir austrinken, nimmt er es hilfsbereit von der Stirn und wischt unsere Blechtassen damit aus. Ich habe nicht die Kraft, ihm die Freude zu verderben, er wird sowieso nicht begreifen, daß Krankheitskeime existieren. Der Mensch ist doch krank, wenn es die Götter zulassen. Beide erhoben sich.

»Namaste, Namaste, macht es hier gut, Memsahib Vera, Memsahib Rina!« Ang Rita wird wohl nie lernen, unsere Namen richtig auszusprechen. »Wir kommen bald wieder.«

»Wie Pasang Dawa Lama aus der Tschang-Rakhsi-Expedition in euerem Buch«, fällt ihm Norbu ins Wort. »Ang Rita und ich sind um nichts schlechter als Pasang. Und vergeßt nicht, dann schnell auf den Gipfel, die Götter grüßen, Namaste und schnell runter, nach Namche, drei Tage werden wir Tschang trinken. Und Rakshi auch! Namaste.«

Die Sherpas schultern die Rucksäcke und gehen hinaus. Wir beobachteten, wie sich ihre plappernden Silhouetten verkleinerten, nach einer Weile blieben nur noch Figuren in Größe von Marionetten übrig, eine klein, die andere größer, die eine lustig hüpfend, die andere ruhig schreitend, wie Spejbl und Hurvinek. Marionettenfiguren aus einer bekannten tschechischen Fernsehserie. Bevor sie endgültig hinter einer Kurve des Gayabrag verschwunden sind, dreht sich Hurvenik auf einer Steinhalde um und winkt mit dem Eispickel zum Abschied. »Namaste!«

Vera und ich kriechen wieder ins Zelt und entscheiden uns, den Rest des Tages zu verschlafen, um uns zu regenerieren. Wir legen den Berg schmutziger Kleidung einigermaßen zusammen, es erinnerte an Wäsche vor der Waschmaschine. Es ist unser Bett und unsere Garderobe gleichzeitig. Genüßlich strecken wir uns, wenigstens haben wir mehr Platz. Ehrlich gesagt, die meisten anständigen Leute wären entsetzt, wenn sie uns sehen würden, aber alles ist relativ. Mir wird gar nicht bewußt, daß wir schon den siebzehnten Tag außerhalb des Basislagers sind, wo wir Wasser aus Schnee und Eis herstellen, ausnahmsweise aus halbaufgetauten Pfützen. Nur heimlich entscheide ich mich von Zeit zu Zeit, zwei Schluck Tee zum Zähneputzen zu opfern, sonst spucke ich nur die konzentrierte Zahncreme um mich herum. Mit einer Portion Sarkasmus nennen wir das »Hygiene-Sparprogramm«. Grundlage unserer Ausstattung sind drei baumwollene Unterziehrollis, die gewechselt werden und im Zyklus immer schmutziger werden; man lebt aber in der Illusion, sich ständig frische Wäsche anzuziehen. Ähnlich wird mit der anderen Leibwäsche umgegangen, während sämtliche Oberbekleidung als ständig sauber gilt. Mit ein wenig gutem Willen, kombiniert mit Autosuggestion, ist es auch rationell zu begründen: Gletscherschlamm und einige Lebensmittelreste in dieser sonst sehr sterilen Umgebung kann man doch nicht für Schmutz halten. Das sind alles Atome der Bergumgebung, genauso wie wir auch. Wir wurden mit dem Berg eins, wie der Schwimmer mit dem Fluß. Der schwimmt auch nicht kopflos gegen den Strom, wo er nicht die geringste Chance hat, sondern er nützt vertrauensvoll die Energie der Wassermassen aus, mit denen er auf gewisse Zeit sein Leben verbunden hat.

Mangels anderer Beschäftigung betrachte ich vor dem Einschlafen meine Beine, meistens in einigen Schichten Kleidung. Sie sind bedenklich dünner geworden. Aus den Waden, die annähernd nur halb so dick wie früher sind, schält sich eine dünne weiße Schicht Haut, und die aufgeweichten Zehen haben auch eine ungesunde milchige Farbe bekommen. Es kommt mir lächerlich vor, daß einige meiner Bekannten davon überzeugt sind, daß der Hauptgrund, in die Berge zu fahren, die Sehnsucht ist, schnell braun zu werden. Aber das Bergsteigen, wenigstens im Himalaja, ist eine Tätigkeit, bei der man braun wird, eigentlich verbrannt, an Händen und Gesicht, der Rest des Körpers bekommt das Aussehen eines Müllers.

Gegen Abend erwachen wir sehr hungrig. Das Ausruhen hat wohl nur unsere Mägen provoziert, ihre so lange unterdrückten Rechte anzumelden. Wir haben nicht nur Hunger, sondern auch eine unwiderstehliche Lust auf etwas Gutes, Normales, einen Leckerbissen. Gelüstig grabe ich in den geschrumpften Häufchen der restlichen Lebensmittel, aber es ist nicht viel zu holen. Wir werden nicht an Hunger sterben, an Tsampa haben wir einen reichen Vorrat, aber außerdem nur vakuumgetrocknete Lebensmittel, einige Nudelsuppen im Beutel, flach gewordene Beutel Zucker, Trockenmilch, Tee und getrockneten Reis. Nach gründlicher Untersuchung des Blechkoffers entdecke ich doch etwas. Es ist eine Schachtel Polymerglukose, die ich ungeduldig öffne.

Aber in dieser Expedition ist alles gegen uns! Die Glukose ist nicht süß! Vera lacht. Ja, das raffinierte Gehirn von irgend jemand hat sich ausgedacht, daß durch die Polymerisation der süße Geschmack unterdrückt werden kann, der unter bestimmten Umständen abstoßend ist. Sie unterdrücken den süßen Geschmack, um zu ermöglichen, eine ausreichende Menge der energiereichen Nahrung aufzunehmen. Das gilt wohl für Expeditionen, die mit dem Essen nichts anzufangen wissen. In unserem Fall ist das aber nicht so. Wir mischen die Glukose mit etwas löslicher Schokolade und trinken. Das erweckt unsere Innereien, die bis jetzt durch Askese unterdrückt waren, zum Leben, in der Hoffnung, daß das eine Wende zum Besseren sein würde. Sie beginnen, bittende Signale in Form von lautem Knurren auszusenden. Ich wühle weiter und stoße auf einen Beutel Rosinen, durch den Basardreck verklebt. Die gastronomische

Phantasie zaubert bereitwillig das Bild von Traubenkompott hervor, mit grünlicher Farbe, großen vollkommenen Früchten, die träge in dem süßen Aufguß schwimmen. Wir versuchen, die schmuddeligen Rosinen im Wasser auf dem Kocher zu kochen und dabei die Schicht feinen Drecks, der auf der Oberfläche schwimmt, zu übersehen. Zu unserer Verwunderung ist es eßbar, und wir liquidieren es auf der Stelle. Neidisch erinnere ich mich an die Vorräte, die unsere Federalexpedition dabeihatte, die jetzt im Nachbartal, im ungefähr dreißig Kilometer entfernten Lhotse, ist.

»Vera, stell dir vor, was sie dabeihaben«, kann ich nicht an mich halten, sie auch zu quälen, »drei Sorten Fleisch aus dem Schlachtfest, Schinken, Schweinebraten und Griebenschmalz, alles schön in Konserven.« Vera verdreht ergeben die Augen, sagt aber nichts. »Aber das ist nicht alles«, foltere ich weiter, »stelle dir dazu Stücke englischen Geräuchertes, ungarische Salami, einige Sorten Kompott und eingelegtes Gemüse und Trockensahne vor. Wenn sie herunterklettern, können sie sich Ananasbecher mit Sahnecreme machen.«

»Und wie lagern sie die Wurst und das Geräucherte?« zeigt Vera endlich das Interesse, auf das ich warte. Sie läßt sich in die Diskussion ziehen, und wir nehmen dann lange gemeinsam die Ideen durch, wie man die göttlichen Lebensmittel weiter zubereiten kann und wie sie nebeneinander hängen, an den geräucherten Schnüren im Basislager. Die Eßbegierde hat uns ergriffen, und wir überlegen verbissen, was wir noch Gutes herstellen könnten. Und dann fällt mir beim Anblick der indischen Suppe, in der die vorgekochten Nudeln rascheln, etwas ein. Die Intuition verbindet die Nudeln mit dem weißen vakuumgetrockneten Pulver. Das ist die Idee! Wir machen uns Nudeln mit Quark, die längst abgeschobene Erinnerung an ein Märchen aus der Kindheit. Sie werden zwar nicht so sein, wie sie meine Mutter mir bereitete und ich meinem Sohn: weich gekocht, abgesiebt, abgeschreckt, mit geriebenem Quark bestreut, mit Zucker gesüßt und mit honiggelber, zerlassener Butter begossen, solche, die blonde Pausbäckchen mit einem Lächeln von Ohr zu Ohr mit dem Löffel in der molligen Faust konsumieren, dabei den Leckerbissen auf das Lätzchen und den Kinderstuhl sabbernd. So werden sie zwar nicht sein, sage ich mir im Geist, während ich die Nudeln von der überwürzten Suppenmasse trenne, aber sie werden gut sein, genau das, was wir jetzt brauchen. Dann kochen wir das Wasser auf, legen die Teigwaren hinein, geben das weiße Pulver und etwas Zucker dazu. Butter haben wir zwar nicht, aber die entstandene Masse enttäuscht unsere Erwartungen nicht. Schwesterlich reichen wir uns die Löffel und einigen uns, daß es die beste Sache ist, die wir im letzten Monat in den Magen bekommen haben. Nach dem Festmahl fallen wir in die Tiefen eines barmherzigen Schlafes, mit der Vorstellung, daß wir das Quarkfestmahl morgen wiederholen werden. Wir haben Nudeln für mindestens zwei Tagesrationen, und die Suppe, die nach den indischen Zutaten riecht, wird auch nicht verkommen. Ang Rita und Norbu werden sie schätzen, wenn sie zurückkommen.

»Dina, hörst du? Hörst du das?« Vera schüttelt mich, damit ich zu mir komme. Krach, krach, draußen landet irgendein Körper auf dem Gestein, während ich aus dem Schlafsack krieche. Verschlafen konstatiere ich, daß wir in den nächsten durchsichtigen Morgen erwacht sind und Besuch haben. Neugierig binden wir den Eingang auf, den Reißverschluß und den zugezogenen Strick. Wer ist nur gekommen, ob es die Sherpas sind? Nein, die Sherpas sind es nicht, das konnten sie nicht so schnell schaffen, außer einem ist etwas passiert. Das ist wirklich eine Überraschung. In Messners Umrandung neben dem Zelt durchwühlen einige große Kolkraben den Müll. Als sie uns einen Meter entfernt sehen, heben sie die schwarzen Flügel, aber sie stellen schnell fest, daß sie uns nicht fürchten müssen und verlieren den Respekt. Wie haben uns die schwarzen Vögel gefunden, und was hat sie hergeführt? Es wird wahrscheinlich die gleiche Schar sein, die sich dem Yak in der Spalte gewidmet hat, an dem wir zum Lager eins vorbeigegangen waren. Ob sie schon alles Fleisch von seinen nackten Rippen abgenagt haben? Oder hat sie das Beerdigungsfeld schon gelangweilt? Seit jeher habe ich ihre schwarzen Brüder gern, die schwarzen Raben, die im Winter von Skandinavien nach Mitteleuropa ziehen und nicht einmal unser Olmütz auslassen. Ihre geordneten Formationen auf dem grauen Himmel sind jedesmal das Signal, daß der Herbst vorbei ist und schon bald die Straße hinter den Fenstern verschneit sein wird, voller Menschen in Woll- und Pelzmützen, die auf dem rutschigen Eis mit Dampf vor dem Mund straucheln. Die Kolkraben können die Verwandtschaft mit den Raben nicht leugnen, sie sind aber wesentlich größer.

Nachdem sie die Umrandung durchsucht haben, in der nicht viel ist, fliegen sie zu unserer großen Verwunderung nicht weg zu einem besseren Futterplatz, sondern fangen an, Kunstflug zu üben. Sie können sich erstaunlich mit den ausgestreckten Beinen in den kaum merklichen Wind hängen. Ganz leicht setzen sie auf der Steinumrandung auf. Es strömt die Wendigkeit geborener Flieger aus ihnen, Verspieltheit, die Freude am Spiel. Die Rogaloflieger können nicht an sie heran!

Das Fliegen ist wohl die edlere Seite ihres Wesens, gerne verzeihen wir ihnen deswegen, daß sie den Müll auseinanderräumen und das verrottete Stanniol durchwühlen. Ab und zu geben sie ein krächzendes Geräusch von sich, hier und da rascheln die Flügel. Die Federn haben sie gekonnt zu fettschwarzen festen Flügeln zusammengelegt. Nur die starken Schnäbel sind leicht cyanblau. Als sie sich in unserer unmittelbaren Nähe ausgetobt haben, beginnt für sie ein ernster Flugtag. Das Wetter ist nämlich wirklich schön, und die Sonne hat im Kessel des Cho Oyu eine herrliche Thermik entstehen lassen; es wäre schade, sie nicht zu nützen! Die Kolkraben erfassen leicht die steigenden Ströme, die unsichtbar sind, und der Schnellaufzug trägt sie im Nu einige hundert Meter höher zur glühenden Kugel. Dort segeln sie in erhabenen Spiralen oder stürzen sich in die Tiefe, wenn es ihnen nicht mehr gefällt, kopfüber mit an den Körper angelegten Flügeln, wie schwarze Steine. Direkt über dem Geröll halten sie an und beginnen spielerisch von neuem. Dieses Schauspiel unterhält sie den ganzen Tag, sie führen es unermüdlich in absoluter Stille, mit einer sich stets steigernden Freude an der Bewegung aus. Wozu irgendein pragmatisches Nahrungsuchen oder Material zum Nestbau auftreiben! Diese Himmelsvögel sind wegen des Vergnügens, der Thermik, der Erregung durch die wagemutigen Spiele, wegen der Freude, die aus der überwundenen Angst geboren wird, hier, wie in einem verrückten, lebendigen Glücksstrom. Und wie hoch sie schweben! Bis in die Höhe des dritten Lagers, und wir schleppen uns so viele Stunden hinauf, sie aber kommen augenblicklich an, müssen keine fliegenden Steine befürchten oder wackelige, unberechenbare Eistürme. Es bleibt nichts anderes übrig, als ihnen die Leichtigkeit zu neiden, mit der sie scheinbar die Sonne berühren, in einer Höhe von mindestens 7000 Metern.

Ich erinnere mich, irgendwo gelesen zu haben, daß sie in der Lage sind, noch höher zu fliegen, und daß sie sogar vielleicht als Sport den Südsattel des Mount Everest überfliegen. Selbst habe ich sie so hoch noch nie gesehen, nur ihre Vogelbrüder, die Kraniche und wilden Gänse, die uns vor vier Jahren am Manaslu faszinierten. Eines schönen Morgens, als uns die Nordwinde endgültig aus dem Berg gejagt hatten, sahen wir ihre geschlossene Formation aus Tibet in Richtung Süden fliegen, und das Massiv des Manaslu war für sie kein nennenswertes Hindernis. Im Gegensatz zu den Kolkraben flogen sie aber geordnet, sparten die Energie, wie jemand, den ein langer Weg erwartet. Ihr Flug war sichtlich durch praktische Überlegungen motiviert, von Norden hat sie der gleiche arktische Atem, der auch unsere Absichten zerstört hat, vertrieben. Jetzt sind wir aber Zeugen von etwas ganz anderem.

»Vera, wie lange leben diese Schwarzen?« »Ich weiß es nicht, aber man sagt, sehr lange, vielleicht länger als Menschen«, antwortet Vera gedankenversunken. »Aber in diesem Fall ist nicht ausgeschlossen, daß diese Vögel nicht zum ersten Mal hierhergeflogen sind, daß sie aus Neugierde regelmäßig herkommen, die Menschen anzuschauen. Hier, dieser Alte mit dem etwas kahlen Scheitel, der sieht wie mindestens fünfzig aus, vielleicht kam er schon zu Claude Cogan oder Herbert Tichy, wer weiß!« »Dina, du bist wirklich verrückt, du hast eine blühende Phantasie«, bremst Vera meine Überlegungen. Ich weiß nicht, sie wird wohl recht haben, trotzdem geht mir die Vorstellung nicht aus dem Kopf, daß der Kolkrabe mit der Glatze als einziger weiß, wo die Bergsteigerinnen aus dem Jahr 1959 ihr Grab haben. Das ist nicht gerade die schönste Vorstellung! Besonders nicht, wenn ich an das Schicksal des Yaks mit den bittenden Rippen in der Spalte unter dem Nangpa La denke!

Die Kolkraben verschwanden aus dem Tal erst, als die Sonne den unteren Rand des Horizonts berührte und das Amphitheater in die Dämmerung tauchte. Wie jeder andere Tag endete auch dieser mit einem Tropfen Sepiaschwarz in der Feuerstelle des Riesenparaboloids. In dem Moment brach der Vogelbesuch auf und flog ab und hinterließ uns das ungelöste Geheimnis, ob es tibetische oder nepalesische Kinder sein werden, denen sie abends ihre Luftakrobatik vorführen würden. Die wunderbaren Kolkraben ohne Fluggeräte! Am meisten verwunderte uns, daß sie am nächsten Tag in gleicher Anzahl wieder kamen und wieder begannen, Pirouetten zu drehen. So ging es auch in den nächsten Tagen weiter, denn das schöne Wetter hatte endgültig gesiegt. Die Berge hatten uns eine Modenschau in ihren attraktivsten Gewändern vorgeführt, bis ich im Geiste anfing zu befürchten, daß wir den ganzen Anteil der sonnendurchfluteten Tage ohne Nutzen vergeuden müßten. Als die Sherpas nach drei Tagen noch nicht zurückkamen, begann ich nervös zu werden. Vera auch, aber wir versuchten beide, es nicht zu zeigen. Am fünften Mai hielt ich es aber nicht mehr aus.

»Zum Teufel, wo sind sie so lange? Was können sie nur in dem verfluchten Basislager machen? Ob sie wohl eine Sherpafrau oder einen Kanister Rakshi aufgetrieben haben! Was machen wir, wenn sie nicht kommen?« »Aber sie kommen, Dina, ich weiß, daß sie kommen. Ang Rita wenigstens kommt bestimmt, der ist wie die Kolkraben, er hat sich mit der Sehnsucht nach den Gipfeln angesteckt. Er sieht zwar aus, als ob er nicht bis fünf zählen könnte und redet ungern viel, aber der Berg ist ihm nicht gleichgültig. Und vergiß nicht, daß ich ihn schon vom Dhaulagiri kenne, dort hat er praktisch allein die ganze »Birne« fixiert. Wenn es ihm um das Geld ginge, würde er nie so viel riskieren und würde nicht so viel schuften wie hier.«

Wir kochen den abendlichen Tee, aus dem Topf steigt Dampf auf, krümmt sich unter dem Zeltstoff und zaubert Kurven von der Beweglichkeit einer Bauchtänzerin. Es ist der Moment des Sepiatropfens, die schwarzen Freunde bereiten sich zum Abflug in niedrigere Lagen vor. Es ist ein Augenblick wie geschaffen zu tiefergehenden Überlegungen. Gebt mir einen festen Punkt und ich bewege das Weltall! Wie nichts! Es herrscht Ruhe und Windstille, wir setzen uns zur abendlichen Siesta raus auf trockene,

Millionen Jahre alte Felsen. Die klaren Umrisse der Türkisherrscherin werden weicher, zum Profil eines Kindes, skizziert mit einem einzigen genialen Zug gegen den dunkel werdenden Himmel. Sie ragt bewegungslos über uns, und das illusorische Gefühl der Unveränderlichkeit füllt die unendliche Sekunde der Stille. Die Zeit hält plötzlich an, stolpert, und der Mensch fühlt ganz sicher, daß er seit jeher hierhergehört, daß wir mit den Steinen für immer zusammengewachsen sind.

»Sag, Vera, wie urteilst du, was ist jetzt entscheidend, am wichtigsten, daß wir hinaufklettern?« Nur mit den Augen deute ich die Richtung. Sie antwortete nicht gleich, dachte nach und schlürfte vorsichtig mit den schmerzenden Lippen den Tee. »Das Bergsteigen ist nur einer der möglichen Wege, die der Mensch wählen kann, aber nicht muß«, sagte sie endlich etwas abwesend aus der großen Ferne ihres Nachdenkens. Es war schön, einmal so Zeit zu haben. »Es ist übrigens wie jede andere menschliche Tätigkeit nur ein Tausch der Sehnsucht auf dem Weg zu ihrem Gegenstand. Etwas wie ein Dialog mit der Energie, die potentielle Energie mit der kinetischen, im besten Fall wird ein Pendel daraus, wenn du weißt, was ich meine.»

Ich ahnte es, weil ich auch manchmal über die Grundlage dieser komischen Spiele grüble, die ich schon so lange spiele, aber ich ließ sie weiter meditieren. Man soll den seltenen Zauber der Mitteilsamkeit nicht stören, sie ist das Wunder der Annäherung.

»Es packt einen plötzlich irgendwo, die Berge oder etwas anderes, vielleicht zufällig oder gesetzesmäßig, man kommt in das Feld anziehender Kräfte. Aber das ist gut, denn sonst ist das Leben unfruchtbar. Der Berg ist der Magnet, und seine Anziehungskraft wird mit der Jugend der Seele gemessen. Es geht darum, daß die Begeisterung anhält, je nach Möglichkeiten bis zum Gipfel, aber hauptsächlich ein Leben lang. Das ist wohl wichtiger als der Mut, auch wenn viele Menschen urteilen, daß der Mut für die Bergsteiger das Wichtigste ist.«

»Du hast recht, ohne Mut kann man nicht klettern, da würde man nur auf der Stelle treten und niemals einen riskanten Schritt tun. Man würde auch zu keiner Expedition fahren, nicht einmal von einem Brett ins Wasser springen. Ich werde nie mein erstes mutiges Stück vergessen, wenn es auch gar nicht so mutig war. Ich war ungefähr acht und sehnte mich danach, vom Sprungturm in das Bassin zu springen. Es hat mich schrecklich gelockt, aber als ich mich dem Rand der Zehnmetertiefe genähert hatte, bekam ich Angst. Das durchsichtige Wasser vervielfachte die Höhe, und ich verlor jeglichen Mut. Ich stand dort, es hat mich fasziniert und angezogen, ich weiß nicht mal, wie lange ich dort war, ich verlor jedes Zeitgefühl.

Die Menschen, die sich sonnten, bemerkten mich, sie begannen sogar, mich zu ermuntern. Wie gesagt, ich war ein kleines Mädchen, und es war wohl etwas ungewohnt. Letztendlich nahm ich doch meinen Mut zusammen und löste mich vom Beton. Seit dieser Zeit kenne ich das phantastische Gefühl, wenn man die Angst überwindet und sich hineinstürzt, wenn man es nicht mehr rückgängig machen kann und den Geist, den man aus der Flasche gelassen hat, überwältigen muß. Es ist etwas Berauschendes, zu merken, daß man Mut hat, ist wie eine Droge. Du willst dich ständig davon überzeugen. Ich glaube, daß diese Notwendigkeit die Grundmotivation auch bei den Kletteranfängen ist.»

»Na ja, beim Sprung ins Wasser geht es wirklich nur um den Moment, die Angst zu überwinden, aber das genügt beim Bergsteigen nicht.«

»Du hast recht. Als ich vor zwei Jahren aus Alaska weggefahren bin, hatte ich nicht genug Geld für den Flug und entschied mich, per Anhalter zu fahren. Ich mußte in

genau einer Woche in New York sein, wohin ich das Flugticket gebucht hatte; mir fehlte dazu die Kleinigkeit von achttausend Kilometern. Ich rechnete mir aber aus, daß ich bei guten Bedingungen in vier Tagen in Idaho ankommen könnte und von dort aus in zwei Tagen mit dem Fernbus auf der anderen Seite des Kontinents. Es blieb immer noch eine Reserve: ein Tag. Aber nach dem ersten Tag kam ich aus Fairbanks im Abendregen nur bis in ein Städtchen, das neunzig Kilometer entfernt war, und dort steuerte ich ganz verzweifelt eine Gaststätte an, so einen Goldgräbersaloon, wie einem Buch von Jack London entlehnt. Viel Rauch, viele Männer und dazwischen die schlanke Wirtsfrau, von der ich hoffte, Informationen über eine Ersatzbus-Variante zu bekommen. Als sie hörte, worum es mir ging, sah sie mich an, als ob ich eine gefährliche Verrückte sei und erklärte mir, daß hier Busse überhaupt nicht regelmäßig verkehren, vielleicht zweimal wöchentlich und die Haltestelle sei fünf Kilometer von hier entfernt, auf dem einzigen Weg, der nach Süden führt. Dort sei ein Motel, vielleicht würde es möglich sein, dort Genaueres zu erfahren.#Also lud ich den Rucksack auf und brach auf in die nasse Dunkelheit. Ein Auto fuhr vorbei, ich hob nicht einmal die Hand. Das Auto, es war ein Geländewagen, hielt an, und der Fahrer rief mir etwas zu. Ich lief hin, und er legte los: was ich in dieser Richtung zu suchen hätte, in der Nacht, wo der nächste Ort dreihundert Kilometer entfernt sei und gerade heute hier eine Herde Bisons getobt hätte. Und ob mir klar sei, daß es hier auch Bären und Grizzlys gäbe. Als ich etwas vom Bus und der Haltestelle stotterte, lachte er, auch seine Mitfahrer, ich sah furchtbar naiv aus. Sie luden mich auf und brachten mich zu einer Gaststätte, aber eine Bushaltestelle war nicht da, nur ein weiterer Saloon und viele verkommene Männer. Es wunderte mich, daß ich damals nicht die Nerven verlor.
Das ist es eben, weiter zu schwimmen in einer hoffnungslosen Situation, bis zum Schluß das Spiel mitzuspielen. Es erzählt sich gut, wenn man es hinter sich hat. Kurz und gut, es kam zu einem »Happy-End.« Am zweiten Tag erwischte ich einen riesigen Trailer, der irgendwelche Baumaschinen nach Idaho brachte, und in vier Tagen war ich in Spokane, nonstop über die Alaska-Autobahn. Toll! Und in zwei weiteren Tagen, um vierzehn Uhr Ortszeit, stieg ich aus dem Greyhound auf der berühmten 42. Straße in Manhattan aus. Um siebzehn Uhr ging mein Flug nach Prag. Niemals werde ich diesen Ausflug vergessen.«
»Ja«, sagte Vera, »man sollte einerseits alles tun, um sein Ziel zu erreichen, alles was in den eigenen Kräften steht, aber dabei über den Dingen bleiben, sich darüber klar sein, daß alles auf seine Art ein Spiel ist; nicht krampfhaft nach dem Ergebnis fiebern, dem Glanz und Erfolg. Es sind gegensätzliche Tendenzen, Pferde gegeneinander gebunden, deswegen ist es schwer, aber man schafft es, ich glaube, daß es wunderbar befreit. Ich würde sagen, daß diese ruhige Inbrunst, ich weiß nicht, wie ich es anders nennen soll, die Grundlage des Amateurdaseins ist. Es ermöglicht Dinge für Dinge zu tun oder, noch besser, durch Dinge an sich selbst zu arbeiten. Es ermöglicht auch, über das Verlieren zu lachen, manchmal unter Tränen, und einzusehen, daß der Gegner stärker ist, daß man ihn nicht besiegen kann. Es muß um die Sache gehen, sehr stark, aber nicht so, daß wir unsere Ehre verlieren. Es ist eine geduldige Demut.Und das ist das, was wir jetzt am meisten brauchen...«
»Auch wenn ich nicht weiß, ob wir es schaffen, wir Ziehkinder einer Kultur, in der der Erfolg der wichtigste Wert ist, das Maß aller Dinge. Für die Sherpas ist es einfacher: sie sind vom Lamaismus gestillt, an nichts zu hängen macht ihnen keine Beschwerden. Nirwana, das süße Nicht-Hängen gegen die Samsara, die herrliche Unru-

he der Seele, das alles ist in genauer Dosierung gemixt.« »Glaubst du, daß Ang Rita von solchen Dingen meditiert?« »Ang Rita ist ein synthetischer Lamaist, er kann keine einzige Mantra lesen oder eine heilige Schrift. Wenn er nachdenkt, dann eher pragmatisch darüber, wie er die Yaks schützen kann, seine Familie, das Haus gegen alles Unheil, aber ohne es zu wissen, ist er vom Lamaismus durchdrungen. Meiner Meinung nach ist er demütig und geduldig, aber gleichzeitig will er sich den Berg nicht entgehen lassen.« »Das werden wir sehen, wenn er zurückkommt, dann werde ich es glauben.»

Am nächsten Tag kehrten sie zurück. Als wir gegen Abend Stimmen hörten, schien es uns einen Moment wie eine Halluzination, aber dann waren wir überzeugt, daß sich chinesische Grenzbeamte näherten, und erst zum Schluß erkannten wir mit Erleichterung Norbus Wortmaschinengewehr. Wir begrüßten sie mit sauberen Gesichtern und geputzten Zähnen, weil heute mittag die Sonne mit ihrer Glut den Eispanzer so weit angetaut hatte, daß es mir gelungen war, mit dem Eispickel in der unweit gelegenen Spalte ein Loch bis zum Wasser zu schlagen.

Norbu sprudelt Informationen heraus, hauptsächlich über den Lump Kanchha, wie er im Basislager sitzt und unsere Lebensmittel dezimiert, weniger über den Grund der verspäteten Rückkehr. Wir haben nie erfahren, was sie dort die fünf langen Tage gemacht haben! Inzwischen packt Ang Rita die Rucksäcke aus und legt auf einen Haufen zehn Gasbehälter, einen weiteren Beutel Tsampa, aber auch Zucker, Milch, gekochtes Yakfleisch, Käse, Reis, Schokolade, und zum Schluß die größte Überraschung, einen Beutel Kartoffeln auf Zwiebeln geschmort! Aus der Tsampa fischt er dazu einige frische Eier, die er so vor dem Kaputtgehen bewahrt hat, und ganz zum Schluß zeigte er Changpas spezielle Aufmerksamkeit, einen Kuchen in einer Schale gebacken; der Koch hatte nicht an Nüssen und kandiertem Obst gespart. Diese Freundschaftsgeste rührte uns.

Als wir wieder alle vier zusammen unter dem gemeinsamen Dach unseres runden Zeltes einschlafen, wünsche ich mir nur, daß morgen wieder schönes Wetter ist und wir gemeinsam nach oben aufbrechen.

Die Weihe des Frühlings

Der siebente Mai wurde wieder in die Serie der durchsichtigen Morgen hineingeboren, in denen kein Lüftchen ging. Die Diademe der Berge funkelten in den opalisierenden Strahlen und schienen zum Greifen nah in der durchsichtigen Helligkeit, die so erfolgreich die Entfernung der Bergwelt verkürzt. Es war fast unvorstellbar, daß jemand dieses Wetter umkehren könnte, aber in den Tiefen unserer Seele trugen wir die Angst des unerbittlichen Gesetzes, das karg die Sonnentage zuteilt. Ich setzte voraus, daß wir lange genug gewartet hatten und heute nach oben aufbrechen wollten. Während Ang Rita in seiner Ecke mit den Kochern zauberte, stand ich auf und fing an, mir meine Sachen auf einen Haufen zu richten. Der ältere Sherpa hielt mich aber mit einer ablehnenden Geste ab, es sei nicht nötig zu packen.

»Und warum?« frage ich, »das Wetter ist doch phantastisch.« »O, today, not good day«, verdreht Ang Rita das Gesicht zu einer unnachahmlichen Grimasse. »Es ist der siebente Tag im Monat. Und Sieben ist keine glückliche Zahl, im Gegenteil. Sie bringt nicht summit und good luck. Aber dafür«, die Grimasse löst sich wieder, »der Achte, morgen, das wird ein sehr glücklicher Tag. Jede achte Verkörperung ist glücklich, und noch mehr die achtzehnte und hundertundachte, und von der achttausendsten gar nicht zu sprechen. Es gibt auch acht tibetische Zeichen des Glücks, genauso wie Speichen auf dem Rad, mit dem die Zeit angetrieben wird«, beendete er seine theologisch-mathematische Ausführung.

»Was habe ich dir gesagt, mit jeder Faser ein synthetischer Lamaist«, konnte sich Vera nicht verkneifen, »er hatte keinen Grund, die Ursache zu analysieren, warum die Sieben unglücklich und die Acht glücklich ist. Er teilt es dir mit. Wenn du willst, glaub es, wenn nicht, mußt du nicht. Aber keine Angst, morgen wird er hochgehen wie ein Frettchen.«

»Wenn es nur so wäre. Ich glaube nicht so ganz daran. Vielleicht hat er sich die Theorie von den glücklichen und unglücklichen Zahlen nur deswegen ausgedacht, weil sie nach den durchgemachten Nächten im Basislager beide müde sind und es irgendwie vertuschen müssen.« »Auch wenn es so wäre, änderst du nichts, nimm es sportlich oder mit unserer geduldigen Demut. Ihre Argumentation ist genauso elastisch wie ein Gummiball.«

»Aber er pfuscht mir in mein Handwerk, mit dem Unterschied, daß ich die Studenten davon überzeuge, wie die Zahlen, genauer die Theorie der Zahlen, natürlich schön sind. Es ist mir nie eingefallen, daß es auch glückliche und unglückliche geben könnte.

Wirklich, wenn ich jetzt nicht im zweiten Höhenlager, auf der Grenze des südwestlichen Kessels des sechsthöchsten Berges der Welt wäre, ohne Zweifel würde ich in meinen Vorträgen aus der Theorie der Mengenlehre zum Ende kommen. Ich würde mir die Frage stellen, wie weit es mir gelungen ist, die Zuhörer zu überzeugen, daß sie sich die Zahlen als Mengen vorstellen sollen, oder davon, daß sie diese Frucht des menschlichen Geistes für nützlich, sogar für schön halten sollen. Ich habe mich schon an ihre großzügige Wertung meiner professionellen Deformation gewöhnt. Ja, ja, der Kristallpalast der Axiome und Deduktionen der Königin aller Wissenschaften ist tatsächlich sehr schön, wenn Sie so denken, Frau Assistentin. In diesem Studienjahr habe ich die Theorie der Mengenlehre in den Stunden, die ich mit den Kollegen getauscht habe, vorgetragen. Sie waren ein unvergeßlicher Anteil meines Irrenhauses vor der Abreise. Da habe ich allerdings noch nicht geahnt, daß ich soviel Neues von Ang Rita erfahren werde, dem einfachen Erben der einfach aufgenommenen Mathematik.«

So kam es, daß wir zur Abschlußattacke erst am achten Mai aufbrachen, wieder im reinen Azur, begleitet von unseren neugierigen schwarzen Freunden. Ich hatte hundert Gelüste, Ang Rita zu fragen, ob die Zeichen heute gut stehen, aber ich sparte es mir. Außerdem nahmen weder er noch Norbu den Aufstieg auf die leichte Schulter. Schon morgens begannen sie, die Götter friedlich zu stimmen mit ihren Gebeten und dem lieblichen Duft der Körner von Lama Tenzing, von denen wir, wie es schien, einen nicht endenden Vorrat hatten. Wir entschieden uns auch, unser geodätisches Zelt mitzunehmen. Unter der Felsbarriere dort oben sollte es als letztes Höhenlager dienen. Die Kolkraben begleiteten uns, und zum Abschied führten sie wieder Flugexhibitionen vor; ihre pechschwarze Farbe war ein stattlicher Gegensatz gegen das blendende Weiß. Jedesmal, wenn einer über unsere Köpfe flitzt, drücken wir uns an den Boden, denn sie sind auf den ersten Blick schwer von herabstürzenden Steinen zu unterscheiden. Wir neiden ihnen ihre Leichtigkeit. Die Frühlingsluft ist voll geschliffener, ultravioletter Strahlung, der Hochspannung vor dem Monsun, von dem niemand genau weiß, wann er kommt, wann die Falle zuschnappt, und drei lange Monate der Schnee-

stürme und Gewitter, begleitet von unmenschlichen Stürmen, beginnen. Schaffen wir es bis dahin, das Feld zu räumen? Erklimmen wir den Gipfel?
Noch brennt die Sonnenkugel ihre unwirklichen Ellipsen um die Erde, die jetzt günstig geneigt ist; wahrscheinlich ist über dem tibetischen Land ein mächtiges Hoch entstanden. Es hindert die Luftmassen aus dem Indischen Ozean hereinzubrechen. Wie lange hält das sich jedes Jahr wiederholende Gleichgewicht des Dialogs zwischen Festland und Meer? Das ist die Frage! Denn der Ozean erwärmt sich durch die steilen Sonnenstrahlen und sammelt Kräfte zur Expansion wie eine Dampfmaschine. Es kann nicht lange dauern, und die Druckverhältnisse kehren sich um, wie die Geophysik und Hydrologie lehren. Die wassergetränkte Luft setzt sich nach Norden in Bewegung, erreicht den Bergfuß, die schwarze Festung der nassen Wolken, tritt durch die tief eingeschnittenen Canyons der jungen Flüsse ein und beginnt ihren Siegeszug. Wann? In einer Woche? In vierzehn Tagen oder erst Ende Mai, wie Vera glaubt? Das ist der sich gesetzmäßig wiederholende Rebus der Frühlingsexpeditionen, die sich alle ausnahmslos nur eines wünschen: den Gipfel des auserwählten Berges zu erreichen, bevor die weiße Hölle des Schnees und der tödlichen Lawinen losbricht. Und, wie es so im Leben ist, ist der Wunsch der weißen Sahibs diametral zu den Gebeten, mit denen sich Millionen Hindus und Buddhisten flehend an ihre Götter wenden, weil Geophysik und Hydrologie für sie unbekannte Begriffe sind. Massen magerer indischer Bauern beten auf den ausgedörrten Feldern und an den Ufern der heiligen Flüsse Ganges, Brahmaputra und Jamuna und anderer, deren Wasserstände so bedenklich gesunken sind, unter der durstigen Sonne. Sie beten und begießen sich dabei mit dem faulenden, heiligen Wasser. Wenn ihre Götter nicht den Monsun schicken, wenn die Zeit der gesegneten Regenfälle nicht bald kommt, sterben sie vor Hunger, sie und ihre Familien! Von allen Wundern ist für den übervölkerten indischen Subkontinent die zyklische Rückkehr der Monsunregengüsse das größte. Nur sie ermöglichen die dreifache Ernte und damit die Sicherung der Grundvorräte der Lebensmittel für alle. Wehe, wenn sich die Regenfälle verspäten! Mißernten, Hungerszeit, Unterernährung sind die Folgen. Es kommt zu verzweifelten Märschen der Hungernden, zu Unruhen und Gewalttätigkeiten. Als erstes sterben die Schwächsten und Wehrlosesten, die Kinder und Alten. Götter, habt Mitleid und schickt den Monsun!
Seit jeher sahen zur Himalajafestung oder zum Himmel Generationen von Bauern und deren Vorfahren auf, mit ihnen ganze Völker, die aus den Tiefen der Anonymität auftauchten, durch Zeit und Raum gingen und die Stufen der menschlichen Zivilisation schufen. Angeblich waren die ersten, die den Göttern Namen gaben, die Arya, ein mächtiger Stamm. Sie hinterließen ihren Nachkommen die Rigveda, die älteste registrierte Sammlung von Hymnen, die den Göttern gewidmet waren, den Personifikationen der Naturkräfte. Wohlig und überraschend klingen ihre Namen dem slowakischen Ohr, man wird sich darüber klar, daß wir, mit der ganzen Familie der indoeuropäischen Familie, Miterben dieser Kultur sind. Wir lesen, daß Rudra der König des Blitzes war und in den Bergen wohnte, Ratri regierte die Nacht mit ihrer Dunkelheit, Angi herrschte über das Herz und das Feuer; Zeichen, die sich so nahestehen. Das Verzeichnis ist lang, überlang. Angeführt wird es von Indra, dem König aller Götter, der über die wichtigste Naturkraft herrscht, den lebensspendenden Regen. Seine Bedeutung ging nie verloren, obwohl den indischen Subkontinent ein chaotischer Wechsel von Völkern, Bewohnern, ethnischen Gruppen und ihrer unzähligen Ideologien, die nach und nach im Laufe der Zeit einen verästelten Baum des religiös-kultu-

rellen Volkssystems entstehen ließen, beeinflußt hat. Indra schwamm schmerzlos und ohne größere theologische Probleme hinein, sogar ohne Namensänderung, in die hinduistisch-göttliche Hierarchie, wo er einen Ehrenplatz einnahm. Neben dem unruhigen Shiva ist er der einzige Gott, der einen Donnerkeil trägt, einen Ajra, der die männliche Kraft symbolisiert, und seine majestätische Stellung ist durch ein königliches Verkehrsmittel, den Elefanten, betont. Mit dem dritten Auge, das Indra horizontal über der Stirn plaziert hat, in einer Haltung, die ganz seiner Bedeutung entspricht, mit suggestiv auseinandergestreckten, gebenden Armen in Schulterhöhe, sitzt er auf ihm. Ihm sind sogar zwei Feiertage gewidmet, genauer, eine ganze Sammlung Festlichkeiten, weil auch mindestens zweimal jährlich geerntet wird. In einer seltenen Einigkeit beteiligen sich alle Einwohner daran, ohne religiösen Unterschied, und man kann schwer den hinduistischen vom lamaistischen Anteil unterscheiden. Alle wollen das Wasser vom Himmel, und deswegen werden sie in den nächsten Tagen in Katmandu Machhendranath ehren, in dessen Namen Indra unüberhörbar ist. Das Datum des Beginns richtet sich danach, wie es für die Saison die königlichen Astrologen ausrechnen. Im Herbst wird Indra Jatra gefeiert, das ist die zweite Festlichkeit; aber sie kann sich mit Machhendranath nicht messen, weil die Anrufung des Frühlings noch wichtiger ist.

Es gibt viele Legenden, die die Verehrung von Machhendranath begründen, weil die Buddhisten und Hindus tolerant sind, sich vertragen und ihr Zusammenleben nie von Streitigkeiten um die einzige Wahrheit gezeichnet wurde. Das Wort Ketzer gibt es in ihrem Wörterbuch nicht, und es gereicht ihnen allen zur Ehre, daß sie den Göttern niemals menschliches Blut geopfert haben. Nach einer dieser Legenden, in einem wunderlichen theologischen Purzelbaum, hat sich Lokesvara, der buddhistische Begriff der Unzerstörbarkeit, oder die örtliche Interpretation des Indra, in einen Fisch verwandelt und ist Shiva erschienen. Er verdiente sich so den neuen Namen Machhendra, der Gott Indra in Fischform.

Nach einer anderen Legende hat ein gewisser Goraknath, ein Schüler Machhendras, sich so sehr danach gesehnt, seinen auf lange Zeit entfernten Lehrer zu sehen, daß er zum Äußersten entschlossen war. Er schloß die Schlangengöttin Nagina ein, die für den Wasserstand im Tal zu sorgen hatten, und verursachte so verantwortungslos zwölf Jahre harter Trockenheit. Er täuschte sich nicht, als er voraussetzte, daß der gutmütige Lokesvara das nicht zuläßt, sondern erschien, um den Schaden zu beheben. Als der Schüler vom Kommen des geliebten Lehrers hörte, lief er hin, um ihn zu begrüßen, was die eingeschlossenen Naginas ausnützten. Sie stiegen in die Wolken, es begann zu regnen.

Die Nepali mögen Festlichkeiten, unter denen die des Machhendranath wegen seiner beklemmenden Atmosphäre eine Ausnahme ist. In Katmandu wird jede elektrische Leitung, die eine ungestörte Durchfahrt von Indra in seinem Wagen stören könnte, mit einem fünfzehn Meter hohen Bambusmonster entfernt. Ganz oben trägt der Wagen das blutig-rote Bild des Gottes. Tausende halbnackter Arme werden sich vordrängen, um dieses lebensgefährliche Vehikel durch die übervölkerten Gäßchen vom Tempel Bungamati in Indras Residenz in Patan zu ziehen. Der Marsch dauert fast vierzehn Tage, in denen die Ursehnsucht des Überlebens mit der suggestiven Vision der Rückkehr des lebenspendenden Monsunregens zusammenfließen.

Nun, wir wollen den Monsun nicht! Das schöne Wetter soll anhalten! Mit neuen Lasten kamen wir ohne irgendwelche Probleme im dritten Lager an. Das Wetter nahm seinen Lauf. Mit wachsender Schadenfreude und Selbstgefälligkeit beobachtete ich die ungute Entwicklung der Naturkräfte, die Ang Ritas Theorie der glücklichen und unglücklichen Zahlen ganz entwerteten. Es wurde immer bedeckter, die Kolkraben verließen uns und kehrten zurück, um in Sicherheit die Steinumrandung umzugraben. Außerdem kam der tibetische Wind auf, und wir krochen in die Zelte, in einer weihnachtlichen Ladung von Schneesternchen. »Shiwoklut!« sagte Norbu laut, »wahrscheinlich betet Sonam in dem Kloster nicht gut!«

»Was? Unser Sirdar betet irgendwo? Und warum, ist ihm etwas passiert?« brenne ich vor Neugierde, aber dem Sherpa muß man die Antwort aus der Nase ziehen. Doch dann erfahren wir, was ihnen Kanchha im Basislager erzählt hat. Dieser Information nach ist unser ausgekochter Sonam nach Thame aufgebrochen, wo jetzt das Frühjahrs-Mani-Rimdu stattfindet. Ich dachte immer, daß dieser Name mit den Neujahrsfeierlichkeiten der Sherpas verbunden ist, die hier unter dem Everest im November zusammenkommen. Während dieser Zeit entfernen alle Mönche in den Klöstern, und besonders im wichtigsten, unter der Ama Dablam, von dem morgens Changpa singt, den Staub von den alten Masken und Dämonenkostümen, um bei reger Beteiligung der Talbewohner darin uralte Tänze vorzuführen, die durch die Tradition von Generation zu Generation erhalten geblieben sind. Daß etwas Ähnliches jetzt im Mai stattfinden könnte? Aber in diesem Fall kann es nichts anderes als die lamaistische Interpretation der Feier der buddhistisch-hinduistischen Machhendranath sein, das Fest des Gottes Indra im Fisch. So ist unser lieber Sonam Ghirmi, der so schwer krank war, daß er uns nicht einmal nach Kangchung begleiten konnte, nicht faul gewesen und rannte ins Tal, um den Monsun zu rufen. Was man nicht leugnen kann ist das besonders Bizarre seines Handelns. Nicht nur, daß er für jeden Tag bis zum Ende der Dauer unserer Expedition einen reinen Zuwachs von 45 Rupien verzeichnen kann, dabei aus dem Fenster seiner Gaststätte die Touristen beobachtet, die kommen, um sein Einkommen zu vermehren. Er geht auch noch beten, damit die Götter so bald wie möglich die Monsunstürme mit den Schneeverwehungen über uns schicken. Ein gelungener Schelm, dieser Sonam, ihm scheint unser Erfolg nicht allzusehr am Herzen zu liegen!

Trotz des schlechten Wetter entscheiden wir uns, im dritten Lager zu bleiben und bemühen uns, zu glauben, daß das eine nicht ernstzunehmende Laune der Natur ist. Morgen wird es vielleicht besser. Leider passierte es nicht nach einem Tag, auch nicht nach zwei Tagen. Wir waren in den eingeschneiten Zelten gefangen und hatten eigentlich nichts zu verlieren. Wenn wir abgestiegen wären, wäre es ein Eingeständnis der Kapitulation. Wir wappneten uns wieder mit der geduldigen Demut, nur mit ihr ließen sich alle Tücken des Berges ertragen. In der Tiefe unserer Seelen hofften wir alle, daß dieses Unwetter in keinem Zusammenhang mit dem Monsun stand. Wenn der Wind nicht an den Laminatkonstruktionen des Zeltes riß, versuchten wir die Zeit zu verschlafen und vor allem keine defätistischen Theorien aufzustellen. Wir hatten nur zwei Möglichkeiten, und es sollte sich bald zeigen, welche in Frage kam. Entweder erbeteten die Einwohner von Nepal den Monsun bei Machhendranath, dann blieb uns nicht anderes übrig, als die nackte Haut zu retten und das Feld zu räumen, oder aber es handelte sich um eine kurzzeitige Wetterstörung, die dem Zufall zuzuschreiben war. Verzweifelt wünschten wir uns die zweite Möglichkeit.

Ich wußte, daß die Zelte des vierten Lagers aushalten würden; sie überlebten schon schlimmere Zeiten am Manaslu. Besonders eine der letzten Oktobernächte 1980 werde ich nie vergessen: damals warteten Otakar und ich als einzige Expeditionsmitglieder im Lager zwei auf dem Naikecol, wie sich die Witterung entwickeln würde. Wir bekamen den gesegneten Anteil eines tibetischen Wirbelsturms zu spüren, und so war für das Nachtprogramm gesorgt. Von Schlafen war keine Rede. Die ganze Nacht warteten wir angezogen auf den Augenblick, in dem die Kuppel sich mit oder ohne uns erheben oder platzen würde. Abwechselnd legte sich die Kuppel zu Boden wie ein strampelndes, bockiges Kind, sie ging durch, wie ein einjähriges Fohlen in seinem ersten Rodeo; zwei wasserdichte Flächen rieben dabei aneinander und ließen elektrostatische Ladungen entstehen. Wir verstanden das eigene Wort nicht mehr, hielten uns nur krampfhaft an den Laminaten fest. In regelmäßigen Intervallen leuchtete das Innere des Zeltes in lila Licht, wie eine Neonreklame. Für einen kurzen Augenblick erleuchtete es die ängstlichen, müden und fahlen Gesichter und erlosch dann. Die Intensität der Blitze war zum Glück nur schwach, es war auszuhalten; man mußte den starken Glauben haben, daß alles einmal ein Ende hat. Die Zelte hielten damals aus und besitzen seit dieser Zeit mein Vertrauen.

Diesmal war es tatsächlich nicht so schlimm. Der Schneesturm wechselte sich mit Sturm ab, und das hatte wenigstens den Vorteil, daß die frisch geschneiten Verwehungen fortgefegt wurden. Am Donnerstag abend beruhigte sich der Wind, und wir schauten aus den Eingängen und sahen die unendliche dünne Milch des erlöschenden Lichtes. Dies hieß, daß die Nebelschicht nicht mehr besonders hoch war.

Norbu begann leise zu singen: »Tenzing, Sarpa Le..., Tsutsura, Dekai Di Tuttura, Dekai Di Tuttura..., Tuttura...«

»Was ist Tsutsura und Tuttura, Norbu«, fragte ich.

»Tsutsura heißt der Berg, der Gipfel, und Tuttura, wie soll ich sagen...«, Norbu kicherte, »einfach, als der große Tenzing den Gipfel erreichte, erleichterte er seine Blase.»

Ich dachte, daß die Welt in einer gewissen Weise wirklich sehr klein ist und alle Menschen gleich, weil nicht nur ein Lied, das zu Hause beim Wein gesungen wird, das gleiche Thema behandelt. An Norbus Gelöstheit war besonders erfreulich, daß sie seinen Optimismus signalisierte. Und tatsächlich: als wir nach der abendlichen Tsampa und Suppe wieder aus den Zelten sahen, in die stille Dämmerung, konstatierten wir mit großer Freude, daß Sonam schlecht gebetet hatte; die Götter hatten ihn nicht erhört. Der gefürchtete Indra mit den drei Augen war auf unserer Seite, nicht auf der des geschäftstüchtigen Sirdars und hatte sein triumphales Kommen aufgeschoben. Von Nebel keine Spur, er war in Form von dicken weißen Wolken unter uns verschwunden. Aus ihm ragten die gezuckerten Spitzen unseres Nachbarn, des namenlosen Sechstausenders heraus. Über dem Lager erstreckte sich wieder der mit Seilen behangene Aufschwung, und über seinen blauen, durch den Sturm abgefegten Flächen nickte freundschaftlich die höhere der zwei Felsbänke. Ihr violettes Leuchten öffnete den Weg zum Gipfel, und unsere Seelen füllten sich mit Frieden. Wir freuen uns auf morgen.

Die Erwartung hatte uns nicht enttäuscht. An jenem Morgen der zweiten Maidekade gab es nichts auszusetzen, alles war vollkommen und strahlte wie ein geschliffener Diamant. Die Partie der Wand, wo sich der frische Schnee gehalten hatte, der an einen Wettbewerb um die schönste Cremerolle erinnerte, war blendend weiß. Der Tag entwickelte sich langsam zu einer harmonischen Farbensymphonie. In zwei Stunden überwinden wir mit Hilfe der Steigklemmen die Eiswand und beginnen durch den frischen Schnee zum nächsten Punkt voranzukommen. Unsere Spuren der vergangenen Tage sind verschwunden, wir müssen alles neu austreten und schieben uns langsam weiter. Um vier Uhr nachmittags erreichen wir das vor zehn Tagen geräumte vierte Lager. Wir haben etwas Sorge, in welchem Zustand es sein wird, und die Ahnung ist teilweise berechtigt. Eines der Zelte krümmt sich eigenartig, wie wenn es links hinten abfallen würde, und bei näherer Ansicht stellen wir fest, daß ein Laminatteil gebrochen ist. Die schwache Stelle franst in unzählige, dünne Strähnchen aus, und die Stange funktioniert nicht mehr. Ein Glück, daß das Zelt im Sturm nicht weggeflogen ist. Nach einer kleinen Reparatur bietet es wieder einen Angriffsplatz. Vera und ich stellen fest, daß wir uns jetzt stärker fühlen als zuletzt an dieser Stelle; mit den schweren Rucksäcken ging es uns heute viel besser. Erst später im Zelt, als der Gaskocher mehr Sauerstoff aus der schweren Luft absaugt als gesund ist, meldet sich mein zum Rücktritt getriebener Husten wieder.

Am zwölften Mai scheint es uns, als ob das Wetter noch besser wäre. Schnell packen wir, damit wir das Höhenlager so bald wie möglich bauen können. Je eher es sein wird, desto mehr Ruhe können wir uns vor dem eigentlichen Aufstieg gönnen. In die Rucksäcke packen wir noch mehr Dinge. Wir werden sämtliche Kleidung, Schlafsäcke, Matratzen, Essen, Bergsteigermaterial und zwei Sauerstoffflaschen tragen. Es geht langsam, trotzdem spüren wir, daß sich die Akklimatisation verbessert hat. Die Höhe empfinden wir am unangenehmsten in ungefähr 7400 Metern. Den Körper überschwemmt trügerische Müdigkeit, die Riemen drücken in die schmerzenden Schultern, der Rücken ist steif. Es sind zwei Stunden nach Mittag, und tief unter uns duckt sich als unscheinbarer Flecken das vierte Lager. Gaurisankar ist wieder zum Greifen nahe, und die plastische Landkarte des Himalaja haben wir zu Füßen. Es ist ungewöhnlich warm, es geht kein Lüftchen, und wir zeichnen immer mühsamer die Kette der frischen Spuren in den Schnee.

Mein verfluchter Husten meldet sich wieder, es war naiv zu glauben, daß er aufhörte. Die dünne Luft und die endlose Anstrengung, tausendmal verflucht in glühende Höllen, sie tun ihr Werk. Ich bemühe mich, das erste Husten so lange wie möglich zurückzuhalten, aber das unsichtbare Federchen kitzelt die entzündete Schleimhaut des Rachens immer unerträglicher. Aus der Kehle drängt sich eine dunkle Kadenz, aber die Erleichterung kommt nicht. Die Atemmuskeln befinden sich ich in einem einzigen Krampf, der Brustknochen schmerzt bei jeder Berührung. Und der krampfartige, ekelhafte Husten endet nicht, zerstört weiter die Kräfte des Körpers und Geistes. Angestrengt fische ich aus der Tasche einige zusammengeklebte Lutschbonbons, lächerlich unwirksam. Gründlich löse ich eines ab, aber die Erleichterung ist eher psychisch. Ich sauge den kühlenden Duft von Pfefferminze in den schmerzenden Hals und habe wenigstens den Eindruck, etwas unternommen zu haben. Wir schleppen uns weiter in steilen Öden, und die Rucksäcke ziehen uns förmlich zu Boden in diesem Niemandsland. Die Landschaft der verwitterten Felsen und des harten Eises ist unendlich, die Zeit scheint hier stehengeblieben zu sein. Die Sherpas sind uns weit vorausgelaufen, aber das ist gut, weil sie schon das Zelt aufbauen, bis wir ankommen. Links öffnet sich der alte und neue Anblick in die drohenden Ausmaße der westlichen Abbrüche des Massivs. Demut ist hier wirklich am Platz! Annähernd 200 Meter über uns geht der Schneehang, mit der Steilheit eines Sprungbrettes in gründlich ausgefegte Eistreppen, in einen abstoßenden, plötzlich versteinerten Wasserfall über. Ist es wohl die Stelle, die Claude und Claudine vor einem Vierteljahrhundert erreicht

Bild oben: Eisfeld unter dem dritten Lager, Bild unten: Blick von oben auf das zweite Lager

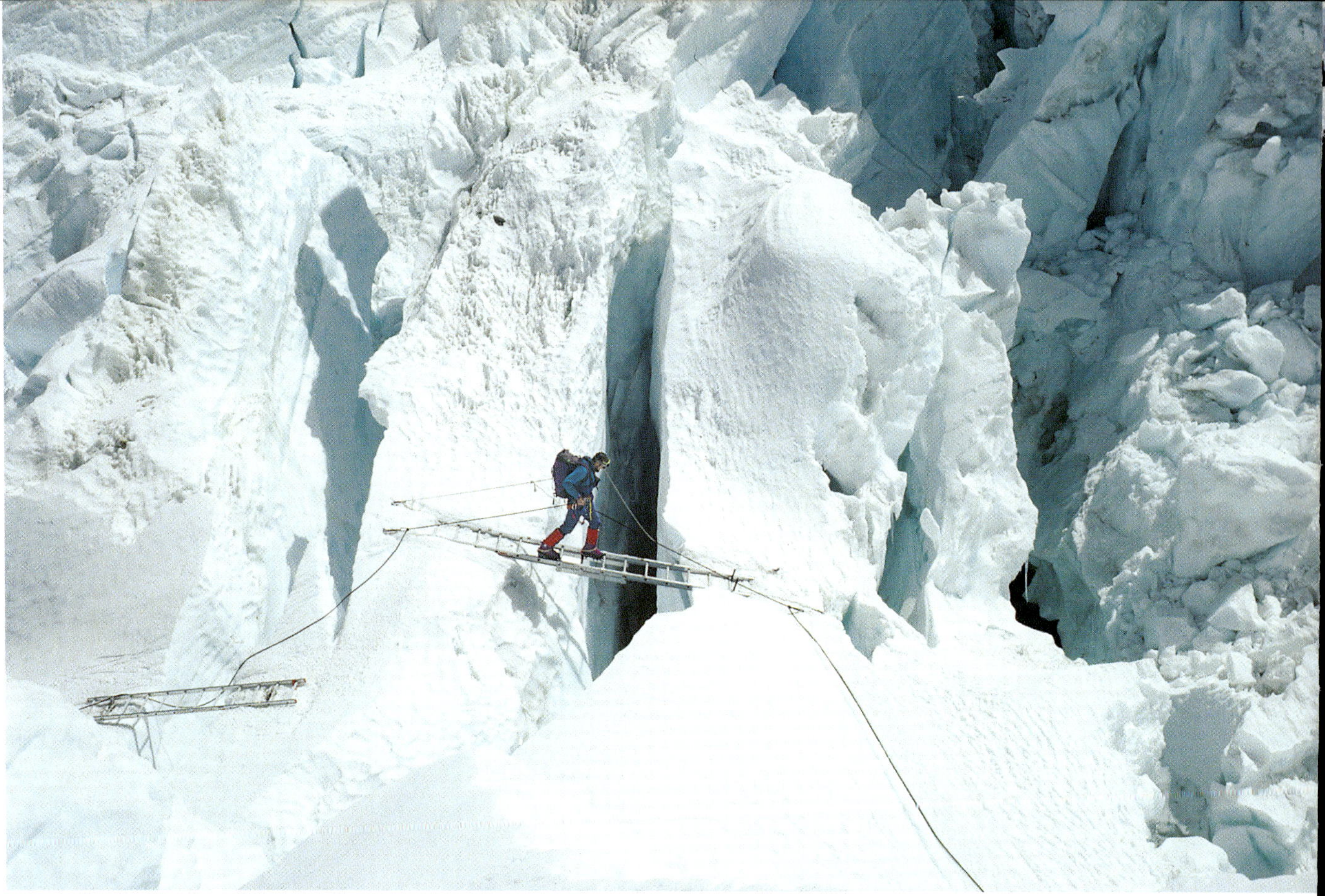

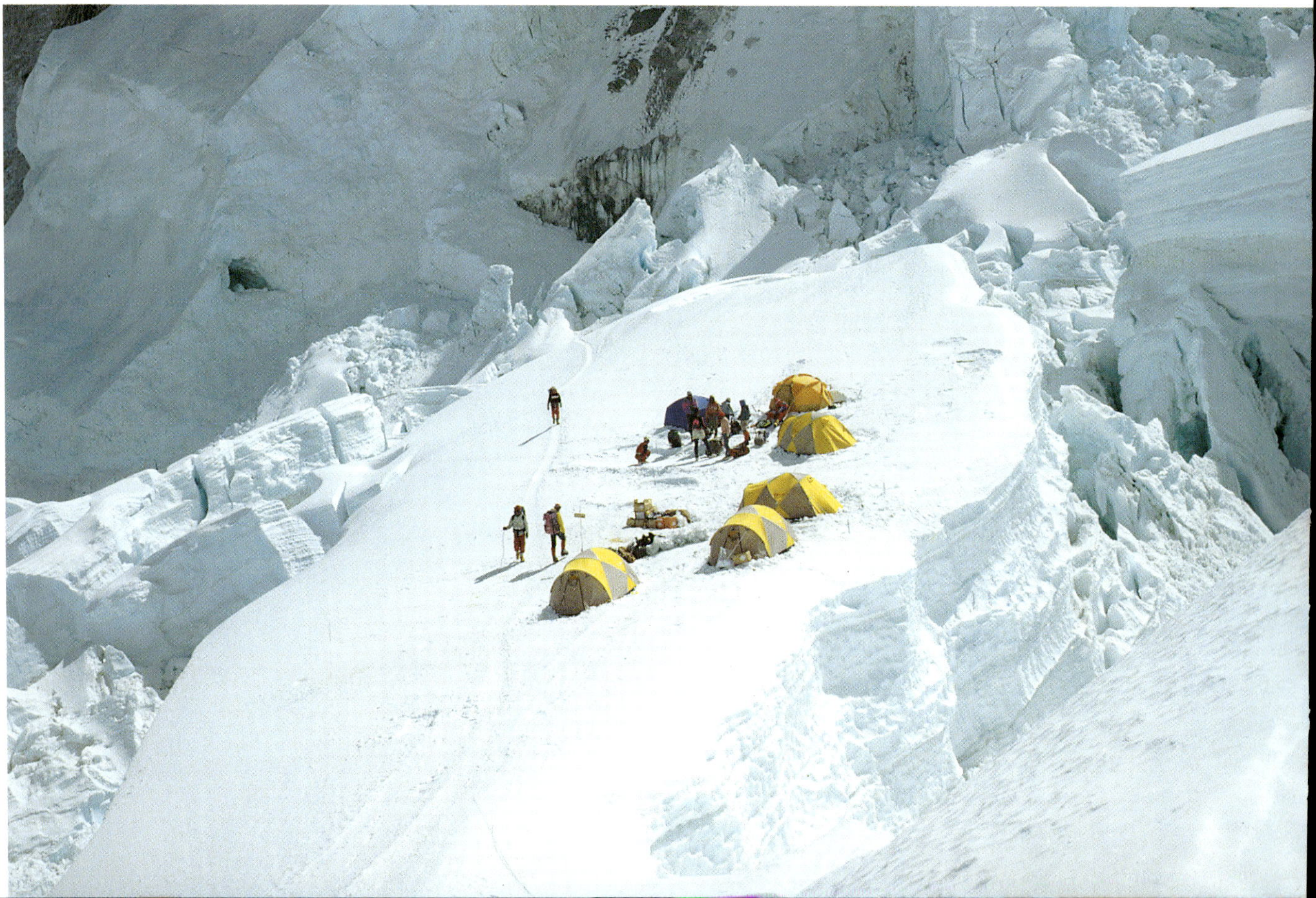

Rückkehr in Schnee und Eis

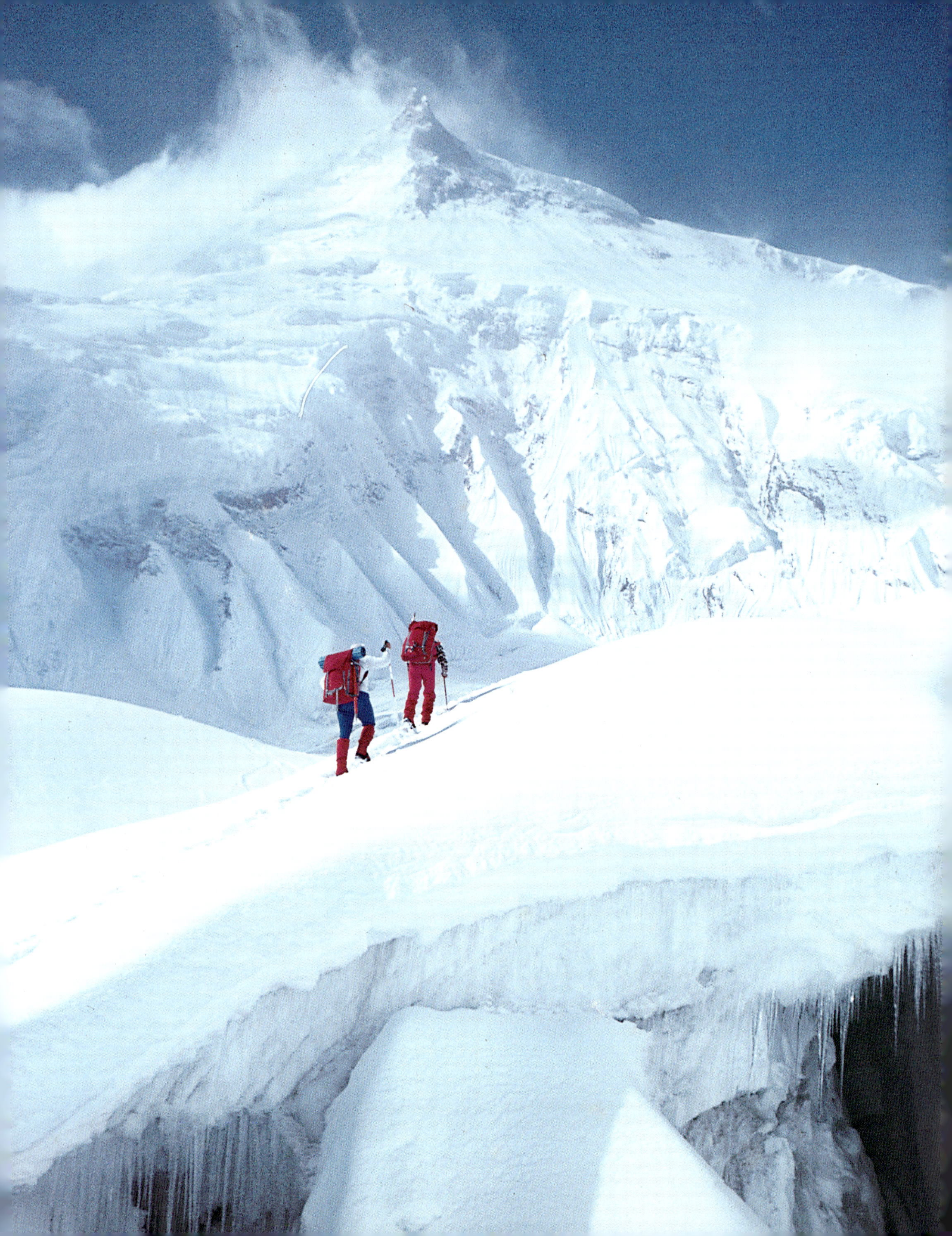

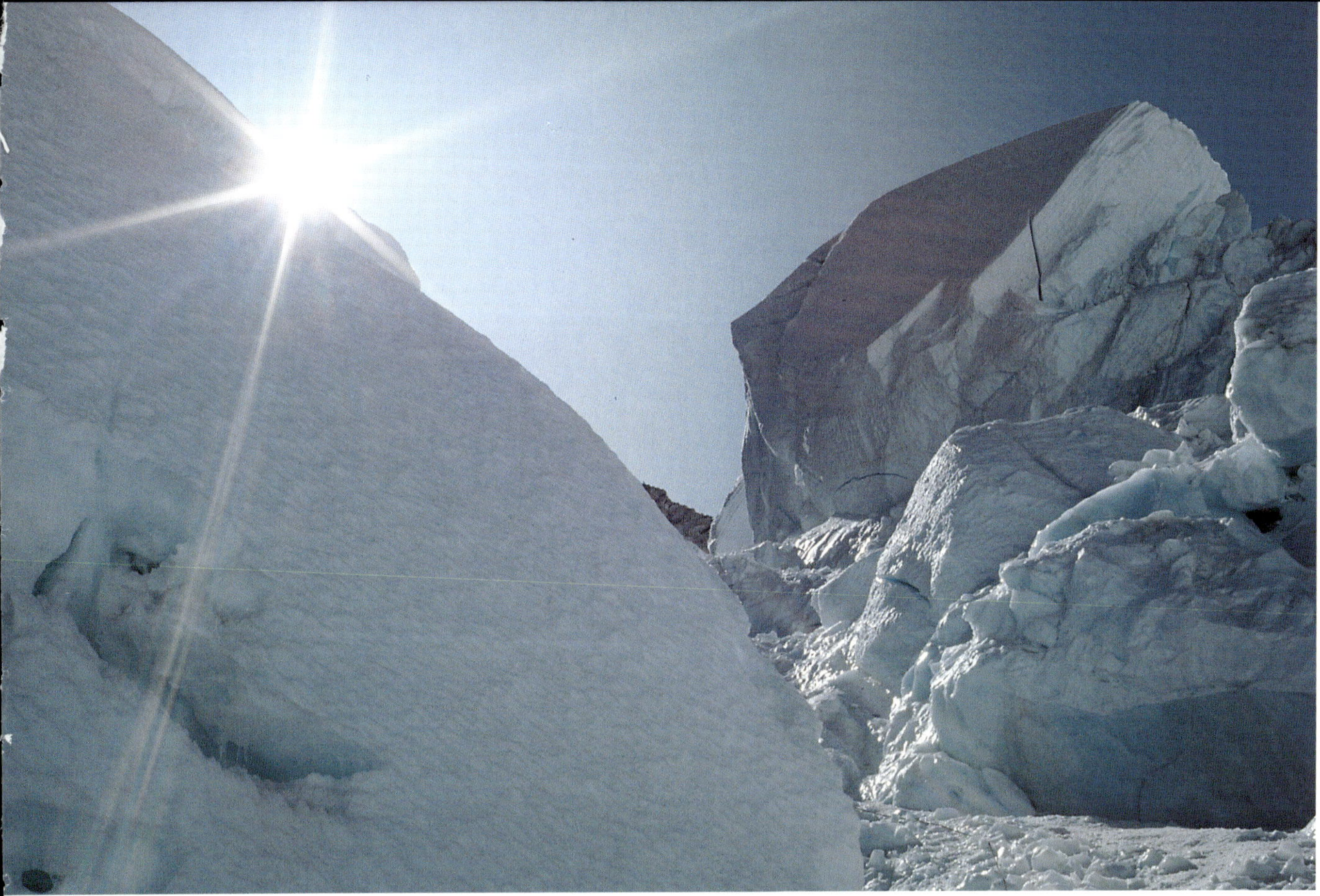

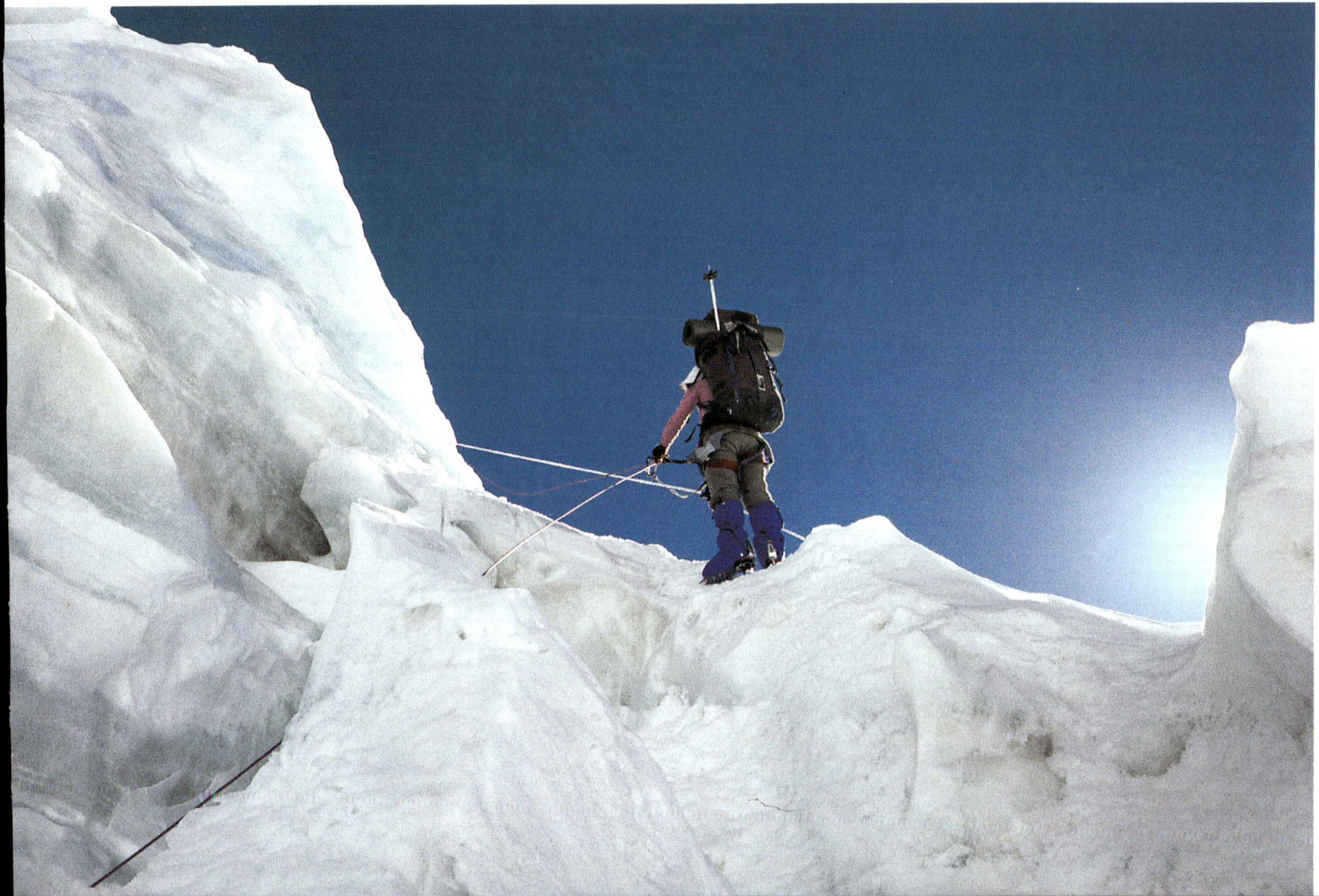

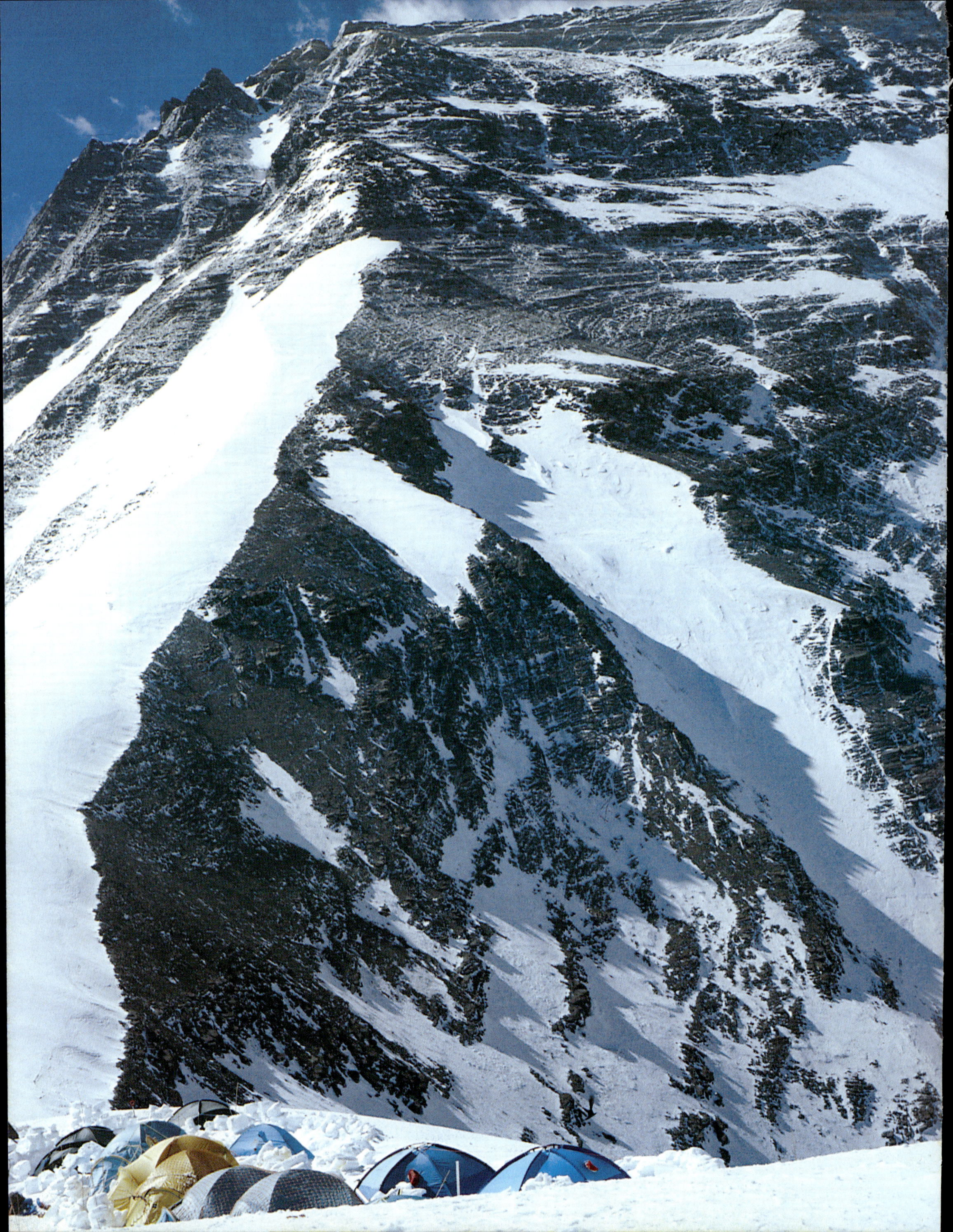

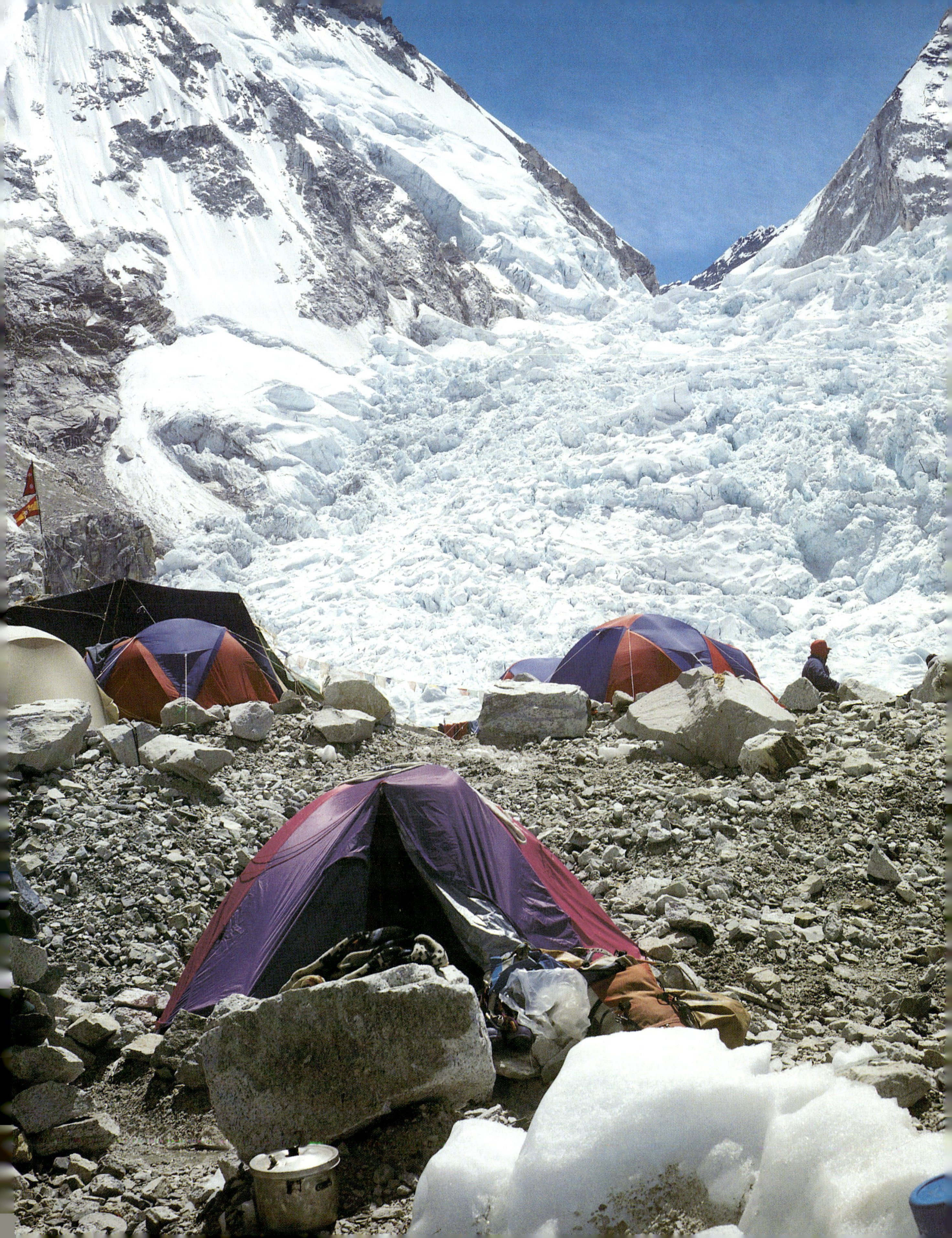

Ein Opfer stimmt die Götter gnädig

Aufstieg durch ein Eisfeld

haben? Die Stelle, an der sie ihr tragisches Schicksal ereilte? Wir wissen es nicht. Niemand auf der Welt weiß es; alle Zeugen sind tot, außer vielleicht die ältesten Kolkraben. Sicher ist, wenn die Bergsteigerinnen 1959 in diesen Stollen aufstiegen, haben sie nicht das beste getan; die Massen frischen Schnees konnten sich auf dieser Eisbahn nicht lange halten.

Damit die Zeit zwischen den Pausen besser vergeht, zähle ich nach einer alten Gewohnheit die Schritte. Vom ersten bis zum fünfzigsten. Dann bleibe ich stehen. Tief nach vorne geneigt, ruhe ich die schmerzenden Schultern am besten aus. Die Welt im Fenster der gespreizten Beine ist verkehrt, steht kopf. Am nächsten ist mein unförmiger Schuh, zwei Nummern zu groß, eingepackt in blauen Goretex, der Farbe des Himmels. Der wirkliche Himmel ist hier dunkler. Ab dem Schuh zieht sich das neun Millimeter breite Seil rot auf schottrigem Gestein. Der feine Schotter bedeckt die Rippe, auf der wir nach oben steigen, zu der Felsbarriere. Aber die habe ich in meinem goretexgerahmten Ausblick nicht. Dafür sehe ich Vera, meine genauso verrückte Freundin, ganz in Dunkelblau, in Modekreisen navyblue, marineblau genannt. Veras Kleidung ist blau und der Rucksack violett, giftig-violett. Ein Rucksack der berühmten Marke Karimor; das jüngste Modell mit perfekten Riemen und der Möglichkeit der anatomischen Einstellung. Aber alle Rucksäcke der Welt, die modernen und die einfachen, haben eine unangenehme Gemeinsamkeit: sie sind schwer und ziehen einen zu Boden. Ich weiß nicht, warum mich Veras Rucksack so anzieht, vielleicht durch die unwirklich satte Farbe oder durch das unachtsame Einpacken? Es bleibt kein Platz mehr darin für den unhandlichen Schlafsack und die aufreizend gelbe Matratze Karimatt. Und das alles in einer monströsen Perspektive, kopfüber, alles schief, zusammengebunden mit einem Riemen, ruft den Eindruck des schiefen Turms von Pisa hervor. Auch Norbu bemerkte schon Veras großzügige Art zu packen.

»Kamlber, Kamlber«, gerade gestern witzelte er so und weckte meine Neugierde. Das Wort Kamlber kam mir weder englisch noch japanisch oder jugoslawisch und schon gar nicht sherpisch vor. Wo hörte er wohl diese Worte? Und, aha, gerade jetzt, wenn man es am wenigsten von seinem sauerstoffunterversorgten Gehirn erwartet, fällt es mir ein. Ja, Kamlber entstand aus »camel hair«, Kamelhaar, vielleicht hat so einmal jemand ein Kamel bezeichnet.

»Was machst du so lange, Dina?« stört mich bei der Übung der Wortetymologie Veras schwache Stimme. »Ich habe so schrecklichen Durst, haben wir einen Schluck?«

Wir haben aber wirklich nur einen, vielleicht zwei Schluck, der orangen Flüssigkeit in der Plastikflasche. Wir teilen und brechen wieder auf, wir sehen die Sherpas ungefähr einhundert Meter über uns, wie sie auf einer Miniaturplattform ein grünes Zelt aufbauen. Wie lächerlich klein sie dort herumlaufen, im Bemühen, das Rätsel der sechs glänzenden biegsamen Metallstangen zu lösen. Wirklich Spejbl und Hurbinek, Marionettentheater aus der Froschperspektive.

Nach einer Weile sehen wir aber, daß sie das Zelt aufgebaut haben. Es ist an der Zeit, sich mit dem Rubikwürfel bekannt zu machen. Wir schauen zu ihnen auf und beneiden sie, wie sie hineinkriechen und beginnen, Tee zu kochen. Wie gut ist es, daß sie hier mit uns sind! Langsam nähern wir uns dem letzten Lager. Ang Rita kann es nicht mehr aushalten, er steckt den Kopf heraus, angelockt von meinen Hustenanfällen, und jodelt in die Stratosphäre:

»Och, ihr kommt aber schnell! Namaste! Namaste! Kommt, der Tee ist für euch bereit!«

Ich habe eine Wut und neide ihm seine eiserne Lunge, mehr Blutkörperchen und alles andere, was er in die Wiege bei seiner Geburt bekommen hat. Wenn ich mich nicht schämen würde, würde ich vor Wut weinen. Aber alles auf der Welt fängt einmal an und endet einmal. Um fünf Uhr nachmittags fehlt uns zu dem Zelt auf der Plattform der letzte Meter, und wir werfen endlich die gehaßten Rucksäcke von den Schultern, die Vampire, die uns soviel Kraft aussaugten.

Der Kolkrabe fliegt nicht hierher

Als erstes ist es notwendig, Luft zu schöpfen und aus dem mörderischen Hustenanfall zu mir zu kommen. Erst dann ist es möglich, die Blechtasse, die ich aus der dreckigen, höchst freundschaftlichen Hand des Sherpas erhalte, zu den ausgedörrten Lippen zu führen. Diesmal fällt mir nicht ein, nach dem Anteil Schmutz in der lauwarmen Brühe zu suchen. Es stört mich überhaupt nicht mehr, daß Norbu die Tasse wieder mit seinem Handtuch ausgewischt hat. Es ist unglaublich, aber es ist so. Wenn man in einer Höhe von 7600 Metern über dem Meeresspiegel den Durst löscht und alles anzieht, was man hat, inklusive der Daunenjacke mit Kapuze und der gesteppten Hose, wird man erst wieder ein Lebewesen mit Herz und Seele. Außer dem nicht endenden Eisauftauen haben wir eigentlich nichts zu tun und können in der göttlichen Loge sitzen und fast vergessen, wie wenig Sauerstoff uns in die ausgedörrten Rachen strömt.

Zusammen mit der Dämmerung erreicht uns Frieden und Schönheit. Der Vorabend des zwölften Mai bietet uns wirklich Überfluß an. Es ist eine schockierende Schönheit in Riesenausmaßen, sie ist nicht für menschliche Maße geschneidert, und doch verkörpert sie das Gefühl der Zusammengehörigkeit mit der ganzen weiten Menschenwelt. Die Schönheit des Steins und des Eises, die unzähligen Meilen, die die Stufen zum Sternenraum säumen. Wer weiß eigentlich, wo die Erde endet und die Welt der Sterne beginnt? Wir erleben die universelle Ruhe des Eilzuges, der auf der Ellipse durch die Stratosphäre rast; hinter seinen Fenstern beobachten wir die Regungslosigkeit in den Stunden des sterbenden Lichts. Es ist ein erhabenes Gefühl, das aus dem Bewußtsein der unabhängigen Natur fließt, die Herrscherin der Lichtjahre, die wir Lebewesen mit einem lächerlichen Zeitvorrat nur ausnahmsweise berühren dürfen, mit ihr für einige wertvolle Augenblicke eins zu sein. Übrigens, was ist eigentlich Schönheit? Ein breiter Begriff, die Stimmung der Seele... Ist es möglich, Rembrandt mit Picasso zu vergleichen oder die Hersteller der assyrischen Reliefs mit Chagall? Jeder sieht sie auf einer anderen Wellenlänge, nach den eigenen Hieroglyphen des Herzens.

Der leicht müde Tag verabschiedet sich vom Berg, zart streichelt er ihn mit einem immer dunkler werdenden Himmelsblau. Eines weiß ich! Auch wenn ich hundert Jahre leben sollte, bis zu meinem Ende werde ich diesen Abend nie vergessen! Während die Erdkugel sich dreht, sinkt die runde Sonnenkugel langsam in den offenen Arm des westlichen Horizonts. Aufgebauschte weiße Wolken erstarrten in der Windstille unter unserem Adlernest. Was für ein Nest ist doch dieses Höhenlager! Weder die Adler noch die Kolkraben, die schwarzen Ikaruse der Berge, die härtesten, intelligentesten und neugierigsten aller Vögel, kommen hierher zu uns geflogen. Die Schwelle der Stratosphäre ist für sie zu hoch, vielleicht würden ihre schönen Flügel vom Frost steif werden.

Die Segel der umliegenden Siebentausender haben Gold angenommen, und geräuschlos schwimmen sie wie irrende Phantome in das Meer der Kumuluswolken. Ich habe das Gefühl, plötzlich ein untrennbarer Teil der Turmuhr des Himmels zu sein. Ich kehre zurück in die fast vergessenen und zauberhaften Ausblicke von den Turmuhren meiner Kinderzeit. Von Bergen wußte ich damals gar nichts. Ich liebte die hohen, schlanken Türme meiner Heimatstadt Bratislava. Am meisten gefiel mir die grünliche Kuppel des Doms. Ich liebte die Klänge der riesigen Glocke unter dem Dach. Sie bewegte die Luft in unserem Viertel. Ich war außer mir vor Freude, als ich, als einziges Mädchen, mit einer Clique dem einarmigen Joschi helfen durfte, die Glocke in Bewegung zu setzen. Erst zogen wir auf beiden Seiten der hölzernen Konstruktion an dicken Seilen; sie waren vom Schweiß ganz glatt. Dann begann sich das edle Seil zu bewegen und verteilte Freude. Später konnten wir dann auch schaukeln, und das war das Schönste! Nicht die Glocke allein war der Zauber des alten Turmes. Es gehörte auch das Uhrwerk dazu. Ein Gehäuse voller Räder und tickender Rädchen, die die Uhrzeiger auf dem Zifferblatt auf allen vier Seiten des Doms bewegten. Durch ein kleines Fenster hatte man eine Aussicht aus der Vogelperspektive über die Dächer. Wie das alles aus der Höhe klein war! Auch die Leute mit ihrer Hast. Nur eines wurde nicht kleiner: die Donau, die sich müde, silbrig glänzend vorwärts bewegte, der majestätische Fluß mit langsamen Schleppern und heulenden Nebelhörnern. Das alles verschwand in der Welt der Vergessenheit, bedeckt durch Monate und Jahre. Anstelle des kleinen Mädchens sitzt auf dem Plateau des Gipfellagers ein Mensch, der die Hälfte seines Lebens bereits überschritten hat; die kindliche Begeisterung ist weg, sie wurde durch Erfahrung ersetzt. Aber, o Wunder, der Zauber kam zurück!
Kaum geht die Sonne unter, knüppelt uns die Kälte. Am Horizont kommt der blasse Mond und besetzt die Stelle, die von der Sonne verlassen wurde. Sein Licht ist kalt, ohne Leidenschaft, und er übergießt die Landschaft mit Silber. Jeder Stein weckt eine neue Illusion. Der Frost wird immer stärker, die Finsternis immer satter, in der Eisdecke knistert es bösartig. Wir bereiten uns zum Schlafen vor, mit dem einzigen Wunsch: der große Indra solle doch gnädig ein wenig warten. Im Zelt bereitet jeder ein paar Kleinigkeiten für den nächsten Tag vor. Wir legen uns in voller Montur und einer Flasche Limonade für morgen in den Schlafsack. In unsere Apparate werden noch neue Filme eingelegt, und auch die kommen mit in den Schlafsack, damit sie nicht einfrieren. Ich kontrolliere noch einmal den Inhalt meiner Brusttasche. Das Fähnchen, das Tuch mit meinem Talisman – alles da. Auch das letzte Hustenbonbon, die Salbe für die Lippen, Medikamente für den Notfall. Dann versuche ich einzuschlafen, aber es geht nicht. Die Gedanken schießen durch den Kopf, sie kommen und verschwinden. Ich könnte ein Mittel einnehmen, wir haben ein reiches Sortiment moderner Schlafmittel in Tuben mit Aufschriften wie Noxyron, Rohypnol, Nitrazepam. Lauter moderne Mittel, die den Vorteil haben, daß sie keinen Kater hinterlassen wie Barbiturate. Ich habe aber zu bedenken, daß sie doch Nebenwirkungen haben, die wir nicht kennen. Jedenfalls verursachen sie eine Senkung des Blutdrucks, also eine schlechtere Durchblutung der äußeren Organe. Ich nehme lieber nichts. Übrigens können wir von Glück reden, daß keiner Kopfschmerzen hat. Schwer zu beurteilen, ob wir so gut akklimatisiert sind oder ob wir diesen Zustand der Tatsache zu verdanken haben, daß wir brav jeden Tag pro Person vier Liter Flüssigkeit zu uns nehmen. Wir dürfen uns nicht trügerischen Hoffnungen hingeben, daß die heutige Nacht ruhig wird. Wir liegen unmittelbar nebeneinander; bei jeder Bewegung berühren wir

uns mit Knie oder Ellenbogen. Wir wissen voneinander, hören das Atmen des Nachbarn, und trotzdem ist jeder, in sein Schweigen gehüllt, allein. Wenn man sich waagerecht hinlegt, kommen die Nachtgespenster. Jeden Augenblick stöhnt jemand im Halbschlaf, der Miniraum des Zeltes ist mit Gespenstern überfüllt.

Eines davon ist bekannt als Stokes-Cheyney-Atmen. Bei normalen Bedingungen nimmt man das Atmen nicht wichtig, es ist das natürlichste der Welt. Es funktioniert automatisch, ohne unser Wissen. Den Impuls zum Aufatmen gibt der CO_2-Spiegel im Blut. Wenn das Maß des CO_2 die Grenze erreicht hat, schaltet sich automatisch das Luftholen ein, ob wir wach sind oder schlafen. Dieses System funktioniert zuverlässig in unserem Körper. Aber das Zentrum verlangt Versorgung mit O und CO_2, damit alles perfekt abläuft. In einer Höhe von 7500 Metern über dem Meer, und vor allem im Schlaf, fehlen diese Voraussetzungen. Es kommt zu einer Alarmreaktion. Irgendwo im Körper schaltet sich das unsichtbare Rotlicht ein, Gefahr, Not! Der bis jetzt vollkommen ruhige Brustkorb des Schläfers fängt an, in rasender Geschwindigkeit zu beben, um den Ausfall der Ventilation nachzuholen. Er wacht auf durch sein eigenes Stöhnen, schweißgebadet und mit Angst in der Seele. Das ist das Stokes-Cheyney-Atmen.

Aus der Dunkelheit beobachten mich zwei rote, hexenhafte Augen, deren Inhaberin eine kleine weiße Ratte ist, die mit rhythmischer Ausdauer die zierliche, nasse Nase bewegt. Nein, ich habe kein Delirium; nur das Tierchen hat mein unruhiges Unterbewußtsein ein bißchen verzaubert. Die weiße Ratte ist nicht nur das Erzeugnis meiner Phantasie. Wir haben uns schon vor fünf Jahren in Pamir kennengelernt, wo ich zusammen mit anderen Mitgliedern der internationen Olympiade auf den verspäteten Hubschrauber gewartet habe, der uns zurück in die Zivilisation abtransportieren sollte. Versuchstiere warteten hier mit uns in ihren Käfigen, die aus verschlungenen Drähten gemacht waren, und beobachteten mit ihren trüben Augen die Welt. Jemand hatte sie gerade aus dem Pamir-Massiv Pik Komunismus hierher gebracht, wo die Wissenschaftler aus der Taschkent-Akademie in der Höhe von 6000 Metern eine einzigartige wissenschaftliche Station unterhalten. Sie beschäftigen sich dort hauptsächlich mit dem Einfluß der Höhe auf den Organismus von Säugetieren, hat mich eine junge Wissenschaftlerin belehrt, mit der ich aus Langeweile in ein kurzes Gespräch kam.

»Diese Experimente lohnen sich natürlich deswegen, da zwischen dem menschlichen und dem Rattenorganismus kein großer Unterschied besteht. Aber trotzdem bewundere ich die Menschen, die auf solch große Berge freiwillig klettern. Stellen Sie sich bitte vor, der noch geringste Nachteil aus der ganzen Reihe unabänderlicher Schäden für die Rattengesundheit ist eine unheilbare Impotenz, nach zweimonatigem Aufenthalt dort oben!«

Aus der Dunkelheit schauen auf mich rote Korallen eines Albinos, und in dem Blutkreislauf von uns vieren bewegen sich langsam und schwer die Blutkörperchen. Sie stoßen verwirrt eines auf das andere, weil unser Blut dick ist, fachmännisch gesagt: seine Viskosität gestiegen ist. Das erinnert an verstopfte Wasserröhren. Teilweise haben sich rote Blutkörperchen vermehrt, um die Kapazität des lebenswichtigen Sauerstofftransportes zu vergrößern. Weil wir das Wasserdefizit im Körper nicht decken können, auch nicht mit vier Litern Flüssigkeit, verdickt das Blut. Wasserdefizit, das bedeutet Dehydration, die kaum zu vermeiden ist, denn die Himalajaluft ist ungewöhnlich trocken. Der Mensch spürt überhaupt nicht, wenn er schwitzt. Aber das ist gerade die gefährliche Täuschung!

»Weißt du, wieviel Wasser der Mensch täglich zu sich nehmen muß? Unter normalen Bedingungen, wenn er beispielsweise keine Arbeit macht?« hat mich einmal ein Internist gefragt, mit dem ich über dieses Thema diskutierte. Ich habe nicht geantwortet, aber seine Frage war sowieso nur rhetorischer Natur, er beantwortete sie später selbst.

»Also, der bewußtlose Patient, den wir am Leben erhielten, so daß er nur einen minimalen Verbrauch für alle biologischen Notwendigkeiten hatte, mußte unbedingt per Infusion zweieinhalb Liter Flüssigkeit täglich bekommen. Zweieinhalb Liter nur dafür, daß wir ihn am Leben erhalten konnten. Wenn er eine solche Menge nicht bekommen hätte, wäre er in kurzer Zeit gestorben. Wasser ist viel wichtiger als Essen. Allein durch die Haut eines bewußtlosen Patienten wird ein halber Liter Flüssigkeit ausgeatmet. Dehydration stört alle lebenswichtigen Gleichgewichte im Organismus und kann eine Reihe übler Folgen haben. Es droht zum Beispiel eine Venenentzündung mit Bildung eines extremen Blutgerinnsels, und dann ist ein plötzlicher Tod nicht unwahrscheinlich.«

Aber überhaupt die größte Gefahr ist eine Geschwulst der Lungen oder des Gehirns, das Ödem genannt wird. Es ist statistisch die häufigste Todesursache beim Höhenbergsteigen. Wenn der Betroffene nicht sofort in niedrigere Höhen herunterklettert oder er keinen künstlichen Sauerstoff bekommt, dann ist das Lungen- oder Gehirnödem schon die letzte Diagnose. Es kommt kriechend, oft während des Schlafes in der Nacht.

Unter dem Gipfel des indischen Berges Nanda Devi ist im Laufe einer Nacht eine junge Bergsteigerin namens Nanda Devi daran gestorben. Mit diesem Namen hat sie ihr Vater benannt, der berühmte amerikanische Bergsteiger Unsoeld, der erste Mensch, dem die Überschreitung des Mount Everest gelungen war. Er mußte im Zelt, mit anderen starken Männern, ohnmächtig den Tod seiner Tochter Nanda Devi mit ansehen. Das Verzeichnis der Opfer dieses Berggespenstes ist im Laufe der Himalaja-Historie sehr lange, fast überlang geworden.

Als ich im Jahre 1976 auf den Pamir-Siebentausender Pik Lenin aufzusteigen versuchte, hat das Gehirnödem meine Kollegin Jarka befallen, die auch in unserer Gruppe war. Es kommt sehr unauffällig, der Mensch ist nur ein bißchen unkritisch, vielleicht ein bißchen mutiger als sonst und auch ein bißchen aggressiv. Er wird schläfrig und muß unbedingt schlafen. Unsere Gruppe war dort unter dem Kamm des Leningipfels in zwei Zelten von einem Wirbelsturm eingeschlossen worden, der im Laufe einer Stunde einen sonnigen Tag in eine weiße Hölle verwandelte und mit einer Geschwindigkeit von 100 km pro Stunde horizontal weißen Schnee vor sich hertrieb. Im Laufe der nächsten zwei Tage, in denen unsere Behausungen mit weißem Beton bedeckt waren, blieb uns nichts anderes übrig, als passiv zu beobachten, wie sich die Schlaftrunkenheit von Jarka in ein Koma verwandelte, das von unbewußten und unkontrollierten Aktivitäten begleitet war. Jarkas Reflexe waren schon begrenzt, und sie kroch in einem Anfall von Klaustrophobie aus dem Schlafsack, zog ihre Kleidung und Socken aus und beugte den Kopf in einen in der Nähe befindlichen brennenden Kocher, so daß die Haare fast Feuer fingen. Sie wußte nichts davon, und wir mußten mit Jarka ringen, damit wir sie wieder zurück in den Schlafsack stopfen konnten. Aber sie hatte in den Schlafsack mit den Beinen ein Loch gestoßen, und so flogen in unserem, vom Wirbelsturm durchgeschüttelten Zelt Federn wie in einem Geflügelhof. Wir mußten sie ununterbrochen beobachten. Gott sei Dank wurde das Wetter nach zwei

Tagen wieder besser, das rettete Jarkas Leben. Wir konnten sie auf 7000 Meter Höhe, auf den Gletscher Aciktas, abtransportieren. Das war im letzten Moment. Jarka war eine Woche bewußtlos, und noch nach vierzehn Tagen konnte sie nicht gerade gehen, kaum eine gerade Linie schreiben.

Ich wollte mich über diese Bergsteigerfeinde informieren und lieh mir ein ärztliches Buch über Pathologie. Aber zu meiner großen Enttäuschung stellte ich fest, daß das Lungen- oder Gehirnödem als Erkrankung dort überhaupt nicht aufgeführt war. Es war nur der Zustand des Patienten erwähnt, der manche ernste Krankheiten begleitet, meistens in der letzten Phase. Aber das Höhenödem der Lunge und des Gehirns befällt doch gesunde Menschen, Bergsteiger auf dem Gipfel ihrer physischen und psychischen Kräfte! Und so begann ich die Nachrichten zu studieren, die das Informationszentrum der Bergmedizin in London herausgibt. Seine Tätigkeit ist von der Internationalen Assoziation der Bergsteigerverbände, deren Mitbegründer auch der tschechoslowakische Bergsteigerbund ist, gefördert. Der Leiter des Zentrums ist Charles Clarke, Neurologe und Wissenschaftler, der als Arzt und Bergsteiger an mehreren Expeditionen und am ersten Aufstieg durch die Südwestwand des Mount Everest in der Expedition von Chris Bonington im Jahre 1975 teilnahm. So bekam ich Information von diesem Zustand, der die Bergsteiger in großen Höhen so gefährdet. Der erste Internationale Kongreß der Bergmedizin beschäftigte sich 1984 in Chamonix damit.

Die Geschwulst in der Lunge verursacht das Zusammenziehen der Lungenadern und -venen und ist eine Folgereaktion des Organismus, denn das Blut will längere Zeit in der Lunge bleiben, um mehr Sauerstoff zu speichern, von dem es in der Höhenluft zuwenig gibt. Das ist ein sehr komplizierter Prozeß. Erhöht sich der Blutdruck in der Lunge, werden die Kapillaren und auch die feinen Lungenkammern gestört. Zum Schluß dringt das Blut durch, und das Lungengewebe ist überschwemmt. So fängt man an, in der eigenen Flüssigkeit zu ertrinken. Das geht alles sehr schnell. Wenn der Kranke nicht sofort Sauerstoff und Medikamente bekommt – noch besser ist es, ihn in tiefere Lagen zu transportieren, wo der Luftdruck höher ist –, droht ihm der Tod. Mitverursacher sind dabei die Anstrengung, der zu schnelle Aufstieg, Unterkühlung und die eigene Anlage. Der eine erkrankt an dem Ödem, ein anderer nicht.

Und das Gehirnödem? Es erklärt sich durch die zu starke Durchblutung des Hirngewebes, das auf Sauerstoffmangel empfindlich reagiert. Die Anzeichen müssen nicht immer stark sein: Kopfschmerzen und Mattigkeit, Müdigkeit, später Übelkeit, psychische Veränderungen. Wenn Sprachstörungen auftauchen und Lähmungen, handelt es sich um einen ernsten Zustand, Bewußtlosigkeit droht. Die Behandlung verläuft ähnlich, der Abstieg in niedrigere Lagen ist wesentlich. Beide Zustände und ihre Anzeichen sind den Reisenden, Bergsteigern und Ärzten als Berg- oder Höhenkrankheit schon seit Jahrhunderten bekannt. Unsere einzige Waffe ist die Prävention: der langsame Aufstieg, Schutz vor Kälte, gute physische Kondition, und die Verwendung von zuviel Schlaftabletten vermeiden! Im Schlaf vergrößert sich die Hypoxie nämlich sehr. Die Expeditionsärzte geben den Bergsteigern Diuretika, und bei Lebensgefahr Hormone aus der Haut der Kleinniere oder ähnliche Präparate. Wir hatten das Präparat Celeston. Auch wenn der Name an den lateinischen Ausdruck für Himmel erinnert, hatten wir das Medikament ganz im Gegenteil nur, um im Notfall länger auf dieser Erde und ihren Berggipfeln verweilen zu können.

Das Spiel mit dem Fisch

Als erster wacht, genau zweieinhalb Stunden nach Mitternacht, Ang Rita in seiner Ecke auf, und er beginnt gleich den neuen Tag mit dem Anwerfen des Kochers, auf dem er den Tee zubereitet, die laue Brühe, an die wir uns alle schon so sehr gewöhnt haben. Während die Ruhe vom Flattern der lamaistischen Mantras erfüllt wird, trinken wir den gewohnten Liter, mit Gewalt und gegen den Willen des Magens, der am liebsten weiterschlafen würde. Es scheint, als ob das Wetter unverändert wäre. Draußen breitet sich die strenge Kälte der Nacht aus, und der Mond beherrscht zusammen mit dem Frost die versteinerte Kulisse. Das Eis um uns herum streckt sich ab und zu. Im Zelt stolpern wir einer über den anderen. Mit äußerster Mühe ziehen wir uns an. Am schlimmsten sind die Schuhe und die Übergamaschen. Es scheint mir, als ob ich sie nie über die Fersen bekomme. Nur durch ein Wunder behalte ich die mit Unlust gegessene Nahrung bei mir: ein Stück gefrorener Wurst, aufgespart für diesen Augenblick, steinharte Schokolade und eine Ration Vitamine. Der Moment, so oft mit den Helden der Bücher in meiner Phantasie durchlebt, ist in Wirklichkeit doch ganz anders.

Mit dem Morgengrauen, um 4.30 Uhr, schließen wir den Eingang hinter uns und verlassen den letzten sicheren Ort. Es ist der dreizehnte Mai 1984, Sonntag, aber in diesem Augenblick wird uns das nicht bewußt. Angezogen mit allem, was wir mitgebracht haben, und alle vier in ein einziges Edelried-Seil gebunden, steigen wir schwerfällig nach oben zu der unwirtlichen Felsbarriere. In der morgendlichen Stille begleitet uns der runde Mond, der sich sanft in der restlichen Dunkelheit auflöst. Die Lunge paßt sich langsam an den arktischen Atem des Berges an. Der Körper stabilisiert das aufgedrängte Gleichgewicht zwischen dem aufgenommenen Sauerstoff und der Anstrengung. Es ist aber ein instabiles Gleichgewicht mit immer größer werdenden Sauerstoffschulden. Hier, in einer Höhe von 7650 Metern über dem Meeresspiegel, haben wir nur noch ein Drittel der normalen lebenspendenden Sauerstoffmenge. Wir haben schon den Fuß des Monoliten erreicht und nehmen die Traverse unter ihm im brüchigen Terrain in Angriff. Gerade in dem Moment, als der neugeborene Tag in voller Schönheit erstrahlt, sehen wir einen Einschnitt, der das Gestein zweiteilt und den Weg nach oben eröffnet. Die Steigeisen beißen sich in den vom Wind plattgedrückten Schneestaub, der den Einschnitt ausfüllt; in dieser Höhe firnißt der Schnee nicht. Wir steigen alle auf einmal auf. Unerwartet schneidet in die morgendliche Stille Ang Ritas herzzerreißender Schrei:

»Attention!« und bevor wir zu uns kommen, stürzt sich eine gefrorene Eisplatte über uns, die der Sherpa, der als erster aufsteigt, unbeabsichtigt gelöst hat. Instinktiv ducken wir uns, stoßen die Hände, Füße, Eispickel und Steigeisen dahin, wo es eben am besten geht und warten ab. Der unendliche Bruchteil des Schreckens fliegt über uns mit der Masse der weißen, leichten Materie, nur die aufgewirbelte Wolke dringt bis unter die untersten Schichten der Kleidung. Es ist nichts passiert. Nur der Schrecken macht die Füße, die ohnehin bleischwer sind, noch schwerer, und die kühlen Eiskristalle tauen unter den Jacken auf und verbinden sich mit dem kalten Schweiß auf dem Rücken. In der einkehrenden Stille kommen wir wieder zu uns, und nach einer Weile ist die Stufe unter uns.

»Wir lassen hier einen Fix«, bin ich mit Vera einig, und nach einer Weile dringt der Haken mit einem dumpfen Ton in die Ritze ein. Einhundertfünfzig Meter tiefer duckt sich im rosa Licht unser zweifarbiges Zelt. Es scheint, daß der heutige Tag unter der Regie des gestrigen Drehbuches steht. Er ist schön, auch wenn wir es nicht ganz wahrnehmen können. Über den Steinbruch erreichen wir eine große Rippe, die die Richtung angibt. Wir steigen auf dem verwitterten und alten Felsgesicht auf, dessen Falten die unberührten weißen Schneekissen verdecken. Vorsicht und äußerste Konzentration sind notwendig. Das Terrain ist sehr steil, obwohl der technische Schwierigkeitsgrad nur die Stufe drei erreicht. Die heutigen hundert Höhenmeter mit den schweren Rucksäcken sind besser gelaufen als gestern, aber jetzt beginnt sich die mörderische Nähe der Achttausend-Meter-Grenze zu melden. Wir greifen die letzten Kraftreserven an. Jede Bewegung, jeder Schritt erfordert mehr Mühe und höhere Konzentration. Wie sagte der Theoretiker, dessen Namen ich vergessen habe? Jeder Schritt in dieser Höhe stellt eine extreme sportliche Leistung dar. Er hat wohl nicht übertrieben. Aber es existiert eine andere, die Wahrheit nach Whymper, nach der ich mich schon einige Jahre richte: »Wo ein Wille ist, ist auch ein Weg.« Das ist vielleicht etwas naiv, aber trotzdem genial. Wir steigen, ohne es vorher besprochen zu haben, ohne Pausen. Vier kleine Figuren gehen, verbunden durch einen Faden aus rotem Seil, dem Faden der Freundschaft, der gegenseitigen Verantwortung und des gemeinsamen Ziels. Eine wehrlose Gemeinschaft in den Fängen des Achttausenders.

Jeder kämpft einen harten inneren Kampf für sich selbst, aber auch für die anderen, um jeden weiteren Schritt. Wieviel Atemzüge sind nötig, um den formlosen großen Fuß einmal zu heben? Fünf? Sieben? Oder mehr? Ich weiß es nicht, ich habe keine Kraft, sie zu zählen. Ich zähle lieber die Schritte, und jeder ist ein Sieg des harten Willens, eine Etappe zum Gipfel. Mein Körper bewegt sich unendlich langsam. Die Bewegung ist kaum merklich und fordert doch alles, was in mir steckt und wohl noch etwas mehr. Wir sprechen nicht, weil keiner von uns die Kraft hat, die klingende Stille, die in den Schläfen klopft, zu stören. Endlich, gegen zehn Uhr, stehen wir am Anfang eines steilen Feldes, dessen glitzerndes Strahlen unberührt über uns steht. Ein Moment der Enge: ist das Schnee oder Eis? Aber die Sherpas haben gut gebetet, die Götter haben sie erhört. Wir finden hier Schnee vor, der knochenhart ist; die Spitzen der Eisen beißen sich phantastisch in ihm fest! Die Gipfel schmusen zärtlich mit dem Kobalt des Himalajahimmels.

»Eins, zwei, drei...«, mit dem verzweifelt kleinen Abstand meiner riesigen Schuhe messe ich die Entfernung zu der kleinen Schneewehe dort oben, die mit einem Vorhang durchsichtiger Diamanten scherzt.»Fünfzig, einundfünfzig, zweiundfünfzig..., ich kann nicht mehr, ich muß stehenbleiben...« Einen kurzen Moment, in dem sich das Seil zwischen mir und Vera spannt, die mit der Höhe ein paar Meter über mir kämpft. Ich stecke den Eispickel fest, und für den Bruchteil einer Sekunde schließe ich die Augen... Oh, wie lächerlich ist es, zu denken, daß man sich ausruht! Trotzdem ist es eine Erleichterung, sich einen Moment nicht bewegen zu müssen, am liebsten würde ich ewig so bleiben und alles vergessen. Aber das Seil, der rote Einsager bei meinen Füßen, spannt sich mit leisem Rascheln. Noch bevor sich die letzte Schlinge spannt, muß ich den nächsten Schritt machen. Der Wille beginnt, das so wenig glaubwürdige Wunder des physiologischen Perpetuum mobile zu realisieren. Man fällt in schwarze Löcher, und der imaginäre Mechanismus schaltet die Psyche barmherzig auf Sparflamme um. Die Welt hinter der Brille löst sich in peripheres Sehen auf, die umliegenden Kulissen der Berge werden zur impressionistischen Requisite. Das Gehirn hört auf, alles Unwichtige zu tun und konzentriert sich nur auf das Wichtigste: Überleben und Hinaufkommen! Wenigstens die fünfzig Meter! Dort, wo das Feld endet, endlich auf 8000 Meter, nehmen Vera und ich Sauerstoff.

Ungefähr um elf Uhr steigen wir auf eine große Plattform, von der wir in einer kurzen Pause die ganze Welt betrachten. Der Himalaja breitet sich uns zu Füßen aus, ein Kamm nach dem anderen, bis ins Unendliche. Wir holen aus den Rucksäcken zwei gelbe Metallflaschen. Wir essen etwas, vergessen sofort, was es war, dann stellen wir die Reduktionsventile auf drei Liter pro Minute und setzen die kühlenden Mundstücke an.

Es bleiben noch die letzten zweihundert Meter Höhenaufstieg. Die Euphorie des Sauerstoffs wirft mich gut zwei Kilometer tiefer. Ich renne den steilen Hang fast hinauf. Jetzt lasse ich den kleinsten Zweifel, ob der Gipfel unser ist, nicht mehr zu. Aber Irrtum! Wir haben vergessen, daß wir die Sauerstoffflaschen auf dem Markt in Namche auf dem Basar gekauft haben, und das ist ein Lotteriespiel. Eben läuft die Ziehung, und meine Zahlen haben verloren. Der Kreislauf hat sich geschlossen. Im ersten Moment weigere ich mich, es wahrzunehmen. Nein, nein, nein! Ich kann doch nicht solches Pech haben! Aber die Welt hat ihre Farben verloren, ein schwarzer Flor packt sie in Beerdigungsgewänder. Ich muß mich am Felsen festhalten, unter den ich gerade noch gehen konnte. In einem unterbewußten Reflex reiße ich mir die Maske vom Gesicht und taste um mich herum wie eine Blinde. Ich erinnere mich an Honza Kounicky, der vor acht Jahren im Südwestpfeiler des Makalu gestorben ist, nachdem ihm in annähernd gleicher Höhe das Ventil des Sauerstoffgerätes eingefroren war. Welche Ähnlichkeit und welcher Unterschied! Honza wurde bewußtlos, stürzte etwa eine Seillänge, und die Folgen seines Sturzes waren leider fatal. Sein Gerät brauchte nur mit der Hand aufgewärmt zu werden und es funktionierte weiter. Ich habe das Bewußtsein nicht verloren, auch wenn es nicht weit davon war, daß es dazu gekommen wäre. Norbu, der meine Flasche untersucht, konstatiert, daß sie leer ist! Und schon fliegt sie als ein gelber Strich nach unten ins Tal, begleitet von Sherpa-Schimpfwörtern. Eine Welle der Trauer umhüllt mich, und auf den Wangen und der Brille gefrieren salzige Tränen, aber komischerweise komme ich etwas zu mir. Endlich bemerke ich Vera und Ang Rita, die wie Salzsäulen hier stehen und warten, was wird. Es muß ein toller Anblick sein: eine Gruppe, die über dem offenen Grab ihrer Hoffnungen steht, heimlich hoffend, daß diese nicht ganz begraben werden müssen.

»Was sollen wir tun?« sagt Vera aus unendlicher Weite, und die Mehrzahl rührt mich. Es beweist, daß entgegen aller Theorien der Mensch auch in 8000 Metern nicht allein sein muß. Ich bekomme auch etwas Wut. Wieviel Arbeit es doch war, bis hierher zu kommen! Nein, so einfach verkaufe ich mich nicht! Den Luxus des Aufgebens leiste ich mir nicht. Eine Chance ist immer noch da, wenn auch ordentlich von den Haien abgenagt. Aber habe ich nicht die Pflicht, sie weiterzuschleppen, auch wenn von ihr nur schön abgenagte weiße Knochen übrigbleiben sollten? Irgendwo in mir strömt aus der Lethargie der Imperativ der Sehnsucht, geboren vor langer Zeit, aus kindlicher Verzauberung, abgenutzt, aber unzerstörbar. Er bewirkt, daß ich auf keine bessere Idee komme, als einen Fuß vor den anderen zu setzen, zum Gipfel. Wir steigen doch nicht aus dem fahrenden Zug aus!

Der letzte Stock des Türkisberges ist aus nacktem, zerfurchtem und leuchtend-grauem Kalkstein, der in den Minuten der Dämmerung das violette Geheimnis erzeugt. Wir klettern von Feld zu Feld, die wie riesige Treppen aussehen; wir klettern immer angestrengter und langsamer. Ich habe jeden Zeitbegriff verloren. Die Zeit verharrt in einem nirgends beginnenden und nirgends endenden Ozean des Nebels, der die Vergangenheit und Zukunft verschluckt hat. Es bleiben nur unendliche Müdigkeit und Körperschmerzen, die als einzige die Gegenwart auffüllen. Statt eines Kopfes habe ich ein sonderbares Ding auf dem Hals. Zeitweise ist es ein freundlich-durchsichtiges Aquarium, in dem meine Gedanken wie bunte Fische schwimmen, ich verstehe nichts. Zeitweise verwandeln sich die Fische in eine Schar Spatzen, sie fliegen durch meinen Kopf, mit lautem und aggressivem Gezwitscher. Dann wird alles still, und in einer Welt ohne jedes Geräusch habe ich unter der Mütze einen Computer, der drohend SOS blinkt. Es ist eigentlich ein Wunder, daß ich überhaupt noch Gedanken habe, wo doch meine sauerstoffunterversorgten Gehirnzellen entweder in Massen absterben oder die erlöschenden Kurven eines imaginären Einzelprogramms zeichnen. Alle zeigen nach unten, mit der Unbarmherzigkeit des Imperatordaumens. Ich glaube nicht, daß ich den Gipfel je erklimmen werde, aber ich denke nicht darüber nach, ich lebe in der gegenwärtigen Sekunde, und meine ganze Kraft konzentriert sich auf die nächsten fünfzehn oder zwanzig Zentimeter, die ich der Vertikalen entreiße.

Woher nimmt der Mensch eigentlich die Kraft zu dieser Ameisenbewegung? Wahrscheinlich aus einem versteckten und ungeahnten Bündel sturköpfigen Stolzes, man nennt es wohl menschliche Ehre oder Gedankentreue. Ich gehe nur und ahne entfernt, daß diese Zeit wichtig ist, wohl mehr bedeutet, als sonst ganze Monate. Es spielt sich darin alles in Lichtgeschwindigkeit ab, und die Seele verändert sich. Es ist eine Zeit der Selbsterkenntnis, in der man mit dem inneren Blick bis zu den Tiefen seines Wesens sieht. Und ist es nicht die Aufgabe des Menschen, sein Inneres kennenzulernen? Vielleicht sind es die Augenblicke, wie Reinhold Messner schreibt, der größte Kenner der Höhen, in denen sich die Gehirnzellen mit halluzinogenen Produkten selbst dopen. Der Moment der Mandala, der kreisförmig komponierten Vision des Lamas, angeblich ebenfalls durch die narkotisierenden Folgen der Hypoxie verursacht, in der der einzelne mit einer nicht zu wiederholenden Ekstase seine Zugehörigkeit zum Weltall wahrnimmt? Nur durch das Leiden ist es angeblich möglich, mit eigenen Ohren den Puls des Weltalls zu hören. Schwer zu glauben. In der schiefen Perspektive des geneigten Körpers, die an den Blick des Astronauten auf die schiefe Bahn des Planeten erinnert, bieten sich überraschende Abrisse der Tiefe – ein Stück eines stacheligen Eisfalls, Eisbrocken, durch Risse zerhackt, die unterschiedliche Draperie des verwitterten Felsens. Das alles sollten wir dort unten gelassen haben? Die Stratosphärenleiter legt sich plötzlich über die letzte Brücke, und wir kommen zur nächsten Enttäuschung des heutigen Tages.

Noch ist es nicht der Gipfel, nur die unendliche Ebene, leider leicht steigend. Eine maßlose Wut rüttelt mich – vielleicht ist dieser verfluchte Haufen ein Tischberg, auf dessen Gipfel man Fußball spielen kann? Es bleibt nichts anderes übrig, als weiter zu gehen. Wir schleppen uns durch die Ebene, ertrunken in dünnem Nebel, durch den man die Sonne spüren kann. Ich weiß nicht warum, aber gerade jetzt erinnere ich mich an den Augenblick des Abschieds von Michael. Das Morgengrauen, die schlanke Silhouette hinter dem Fenster des Hochhauses, die schüchtern erhobene Hand...

Es ist manchmal sehr schwer, mein Sohn, zur Wende des Marathons zu kommen. Vielleicht wirst du es einmal merken, es ist genauso schwer, wie sich selbst nicht zu betrügen.

Aus der Erinnerung reißt mich Ang Rita. Er bleibt stehen, bindet sich los, ohne ein einziges Wort und geht fort.

Ist er verrückt geworden? Hat ihn in der Höhe krankhafte Euphorie ereilt? Wir stehen regungslos, versuchen soviel Sauerstoff wie möglich in der dünnen Luft zu ergattern, während die Silhouette des Sherpas sich fast im Nebel aufgelöst hat. Die Figur geht hin und her in bewundernswert frischem Schritt, beendet das Schattenspiel und materialisiert sich in der Rückkehr.
»Here summit, summit... no place more high here...« murmelt er mit seinem schrecklichen Englisch, ohne Fälle und Vorsilben. Wir verstehen aber.
Ich setze mich in den Schnee und spüre unendliche Erleichterung. Nicht mehr und nicht weniger, jemand nimmt eine schwere Last von mir, ich muß auf keinen Berg mehr!
So haben wir den Gipfel des Berges mit dem tibetischen Namen Cho Oyu, was Türkisgöttin heißt, erreicht. Er ist 8201 Meter hoch, der sechsthöchste auf dieser Welt. Es ist Sonntag, der dreizehnte Mai 1984, vierzehn Uhr Ortszeit... Wenn ein anderer Wochentag wäre, gingen die Kinder in der Tschechoslowakei, aber auch in anderen europäischen Ländern, gerade zur Schule, weil die nepalesische Sonne genau sechseinhalb Stunden schneller ist. Vera berührt mich freundschaftlich, und ihre Augen hinter der Brille sagen:
»Also siehst du, Dina, wir haben es geschafft!«
Ja, wir sind hier, und ich sollte jubeln. Vera und ich haben die Fackel von Claude Cogan und Claudine van den Straten dahin getragen, wo sie hingehört, nachdem sie ein Vierteljahrhundert in ihrem unbekannten Grab unter der Eislawine gelegen hat. Mein Traum, auf dem Gipfel eines Achttausenders zu stehen, geht in Erfüllung. Sagte nicht schon Lionel Terray, daß das Bergsteigen das Erreichen der Sinnlosigkeit ist? Auch meine Mutter dachte sich das schon immer, wenn sie mir lange Jahre ängstlich immer wieder die gleiche Frage stellte: »Was hast du auf den Bergen, was ist auf den Gipfeln, das dich so anzieht?«
Du hast recht, Mutter, eigentlich nichts, außer Kälte, die bis ins Knochenmark dringt. Nur einige, zeitlich begrenzte Spuren im Schnee und ein paar Gipfelsteinchen. Wie leicht und verwittert sie sind! Der Wind hat von ihnen die Zeit und alle Begierden weggeweht. Das menschliche Maß muß der Mensch selbst zum Gipfel bringen, aber in mir ist nichts mehr, ich habe alles unterwegs verbraucht. Alle unsere Tätigkeiten laufen mechanisch ab. Wir essen ein Stück Schokolade und schießen Gipfelfotos. Für einen vergänglichen Moment weht vor der Kamera auch unsere Fahne, weiß und rot, dazwischen eine blaue Ecke. Dann graben wir im Schnee Veras Sauerstoffflasche ein, die bis hierher gehalten hat; unter sie eine Handvoll Talismane: den kleinen Eisenaffen, von dem ich mich keinen Moment getrennt habe, den Milchzahn der kleinen Marketa und das rote Schweinchen von der Studentin Jedlickova. Norbu gibt den weißen Schal von Ang Phurba, der ihn vor Gefahr schützen und ihm die Rückkehr zu den beiden Söhnen sichern sollte, dazu. Eine Stunde vergeht wie nichts, aber der dünne Nebel hebt sich nicht, um uns den Blick auf den Mount Everest, der nur siebenundzwanzig Kilometer entfernt ist, freizumachen. Die Götter haben wahrscheinlich beschlossen, daß sie uns nun genug Gunst gewährt haben. Um fünfzehn Uhr beginnen wir abzusteigen.
Wir machen uns mit äußerster Vorsicht daran, wir sind uns der Gefahren bewußt. Das Bergsteigen ist nämlich eine Tätigkeit, bei der die Leistung nicht auf der Siegertreppe endet. Die Luft erzittert nicht von uns geltenden Ovationen, niemand hängt uns eine Medaille um den Hals. Die Staatshymne spielt als einziger der Wind, und weder Du-

sche noch Massage warten. Und nicht nur, daß alles, was wir erreichen, nur und nur das Eigentum unserer Herzen sein kann. Wirklich gewonnen werden wir erst haben, wenn wir ohne Hetze mindestens drei Höhenkilometer tiefer geklettert sind. Wir wissen es und riskieren deswegen nichts.

Um neun Uhr abends sinken wir müde auf den Boden des kalten Zeltes des höchsten Lagers, wo wir die zweite und letzte Nacht verbringen. Wir werden weitere zwei Tage brauchen, um das vierte und dritte Lager abzubauen und mit dem Material zum Zweier hinabzusteigen. Erst nun zeigen sich die Schulden an den physischen und teilweise psychischen Kräften, die wir dort oben gemacht haben. Aber dann erfüllt sich, was sich erfüllen soll: verbrannt, mit abgemagerten Körpern und von der Sonne ausgebleichten Augen, sitzen wir neben der Steinumrandung, die voller benutzter Verpackungen ist. Die Kolkraben kreisen um uns herum, und über uns erhebt sich erhaben die Majestät, der Berg. Wir können nicht glauben, daß wir vor nur zwei Tagen wirklich auf dem Gipfel gestanden sind.

Dhere ramro

Endlich kam der Moment, wo wir richtig essen konnten. Die Sherpas hatten reichlich Dalbhat zubereitet, das Nationalgericht aus dem Tal. Wir durften alles aufessen, weil wir schon morgen den Fuß des Cho Oyu verlassen, ins Basislager zurückkehren würden und dann in die Zivilisation. Wir verschlangen hemmungslos eine Menge heißen Reis mit Soße aus Dahl, roten Linsen, die im Süden Nepals wachsen. Das schöne Wetter hielt an, und wir erholten uns von unseren Schrammen, um den morgigen Marsch durchzuhalten. Endlich bekämpfte ich, erfolgreicher als zuvor, meine bösartiger werdende Bronchitis, die mich so schwächte. Ich schluckte eine hohe Dosis Erythromycinsaft, nahm sicherheitshalber noch Tetracyclintabletten und ging ins Zelt, um den Sonnenstrahlen auszuweichen. Ich legte mich in den Schlafsack. Vera unterhielt sich draußen mit den Jungs. Es überwogen Lachen und Gelassenheit; Spannung und Unsicherheit waren weg.

Ich gönne mir, nach langer Zeit unserer spartanischen Expedition, den einzigen kulturellen Besitz: Musik aus dem kleinen Walkman. Ein paar Batterien für ihn sind übriggeblieben. Aus der bescheidenen Diskothek, bestehend aus zwei Kassetten, wähle ich Bach und schalte ein. Überrascht stelle ich fest, daß Michael außer der Musik auch die typischen Klänge unseres Haushalts aufgenommen hat, sogar das neurotische Bellen unseres Hannibal. Aber dann geht alles in den Tönen der h-Moll-Messe des Meisters unter. In das Zelt kam Freude. Sie trat verspätet und leise ein und zündete Kerzen an, am Weihnachtsbaum des Glücks. Sie löste den Stein der Rührung in den schmerzenden Bronchien, und salzige Tränen flossen aus den brennenden Augen in einer wahren Flut der Dankbarkeit. Wie gut, ich bin keine Zynikerin; was wäre die ganze Plage ohne Freude. Ein stummer Zeuge dieser Freude ist der Berg, eine einzigartige Welt der Steine, harmonisch begleitet durch Eis, dessen harte Konturen der Schnee erweicht. Eine Welt funkelnder Unberührtheit. Der durchsichtige Atem des blauen Himmels, die Welt uralter, durchdringender Farben, Nuancen und Gestalten, die Hochzeitsspiele der Wolken, die sich ununterbrochen miteinander verschmelzen. Er macht es, dieser Atem, daß die Erde ein bißchen Himmel – und der Himmel ein bißchen Erde ist. Meine Welt ist klar. In einem bunten Umhang erscheint sie mir wunderschön, vergleichbar mit der Erfüllung eines lang ersehnten Wunsches aus einem Kindertraum. Die einfache Wahrheit bleibt, daß man Sachen nur mit dem Herzen richtig sehen und erfassen kann. In diesem Augenblick der Freude trat der Türkisberg der Tibeter für immer in meine Seele.

Am nächsten Tag, früh am sechzehnten Mai, bereiteten wir uns für den endgültigen Abstieg vor. Wir packten alles ein, den Müll verbrannten wir. Und wieder ein blauer, wolkenloser Himmel, der für unsere Rückkehr eine wichtige Rolle spielt. Wir ahnen noch nicht, wie fürchterlich dieser Marsch sein wird, in der Glut der wild gewordenen Sonne, die den Monsun herbeiruft. Unsere Körper, die schon jetzt abgemagert und kraftlos sind, zahlen den Preis der totalen Erschöpfung. Am Hang gegenüber schießt eine unsichtbare Hand eine Lawinensalve nach der anderen ab. Der weiche Schnee reißt auch die Unterlage mit sich. Die Steine donnern bis ins Grab des Abgrundes. Die Flotte am Gletscher Gayabrag glänzt bläulich-weiß; Cho Oyu blitzt mit seinem Zyklopenauge. Wir stolpern mit vollen Rucksäcken über die Moräne. Die letzte, feierliche Schau der Schiffe. »Namaste, Namaste«, ruft Norbu. Um seine Rührung zu verbergen, dreht er wieder sein unentbehrliches Handtuch, dessen bunte Farben durch den Staub noch matter geworden sind.

»Namaste, Cho Oyu, Namaste, Pasang Dawa Lama, Namaste!« Es genügt, ein paar Meter abzusteigen, und man merkt die Veränderung der Landschaft. Bis jetzt wurde die verlassene Moräne des Lagers zwei von eisiger Kälte und Stille beherrscht. Tiefer unten ist die tote Masse durch die Sonne erwacht. Die eisigen Türme spiegeln sich in der Vielfarbigkeit der zerlaufenen Seen, man möchte die Anker heben und bis nach Tibet rudern. Es scheint, daß die Kräfte des Frühlings die Absicht haben, das ganze Tal zu überschwemmen. Überall rauscht das Wasser in den verschiedensten Formen. Hunderte plätschernder Bäche suchen den Weg über Gayabrag, graben sich ein Bett und verbeißen sich mit vereinten Kräften tiefer in die alabasterweiße Masse. In den ausgehöhlten Rinnen donnert das eisige Wasser. Ein Stück weit versickert es in unterirdischen Räumen. In den weichen Schneewehen, die im Schatten noch nicht aufgetaut sind, fallen wir bis zur Hüfte in die nasse Watte, und wir meinen, daß es zu viele solcher feuchter Orgien gibt. Die riesigen, eisigen Brücken werden dünner, haben sich in monsterartige Gebilde verwandelt, wie Torsi eines Gebisses, das um Rettung ruft. Das Balancieren über sie verlangt äußerste Konzentration und Vorsicht. Um ein Uhr nachmittags landen wir an der Stelle, wo wir den ersten Blick auf die Westwand unseres Berges geboten bekommen haben. Jetzt verabschieden wir uns. Schweigend schauen wir, die Sonne wieder im Zenit, auf eine Szene, die schon vor drei Wochen die Kulisse eines Dramas war. Entbehrung und ungeheure Freude erfüllen unseren Mikrokosmos.

Wir schauen die Türkisgöttin an, und sie nickt uns teilnahmslos aus einer Entfernung von einigen Kilometern zum Gruß zu. Wie immer schwebt auch jetzt über dem Gipfel eine durchsichtige Wolke Schneestaubs. Mit aller Kraft versuche ich, mir ihr Aussehen einzuprägen. Unwillkürlich fallen mir die Worte von Herbert Tichy ein, den sie die unsagbare Freude zuerst hat erleben lassen: »In den Erinnerungen sehe ich für immer den Gipfel durch den Nebel der Tränen, der mir nach Zeitabstand der wahre Erfolg unseres Unternehmens zu sein scheint, wertvoller als der eigentliche Gipfel.«

In Dzasampa, dem Rastplatz der tibetischen Karawanen, die in dieser Jahreszeit mehrmals täglich den Grenzsattel Nangpa La überschreiten, wird es lebendig. Norbu und Ang Rita sind das Zentrum der Aufmerksamkeit einiger wild aussehender Tibeter, die die Holzkraxen abgelegt haben und sich vor dem schlimmsten Abschnitt ihrer Wanderung stärken. Manche haben selbstgenähte grobe Schafspelze an, mit dem Fell nach innen, an den Beinen nur Filzstulpen, mit denen sie unsere Bewunderung hervorrufen. Sie überschreiten in diesem Schuhwerk einen fast 6000 Meter hohen Sattel.

Aus der Westflanke des Nangpa Gosum stürzt sich mit großem Getöse eine Lawine herab, scheinbar auf uns. Niemand steht auf, denn Dzasampa ist von Generationen tibetischer Schmuggler getestet. Davon zeugen eine hohe Schicht Yakkot und ein großer Lawinenhaufen in sicherer Entfernung. Norbu spricht jetzt von uns. Die dunklen Augen in den schmutzigen Gesichtern unter den Mützen starren Vera und mich an. Einer der Wanderer greift in die Tasche, zieht ein schmuddeliges Säckchen heraus, bindet es auf und kommt direkt zu mir.

»Dhere ramro«, sagt er und schüttelt mir und Vera ein Häufchen brauner Wurzeln in die Handfläche, die an Gewürznelken erinnern. Höflich bedanken wir uns mit einem Nicken. Ich weiß aber nicht, was dhere ramro heißt und frage später den immer bereitwilligen Norbu.

»Dhere ramro? Das heißt – eine gute Sache. Die Wurzeln, die er euch gegeben hat, kauen die Tibeter immer nach dem Essen, sie erfrischen damit ihren Atem. Der Aufstieg auf den Cho Oyu ist in den Augen dieses Mannes eine gute Sache. Das ist ein Geschenk, und die Leute seines Stammes verteilen Geschenke nicht einfach so.«

So bekamen Vera und ich die erste menschliche Anerkennung. Es war dies nicht die letzte, dafür aber eine der wärmsten. Genauso warm wie diejenige der Mädchengruppe in Olmütz, die im selben Jahr mir zu Ehren eine Fuchsjagd veranstaltete.

Es erwartet uns noch ein langer Weg, und ich habe immer mehr Halsschmerzen. Traurig wird mir bewußt, daß die gestern eingeleiteten Heilmaßnahmen bis jetzt keinen Erfolg zeigten. Zu dem spastischen Husten kam jetzt durch die starke Sonne ein neuer, mir bisher unbekannter Schmerz im sowieso schon schmerzenden, ausgetrockneten Hals. Es ist etwas zwischen Angina und Rachenkrämpfen. Bei jedem Schlucken sehe ich Engel und glaube langsam, daß in meinem Speichel Salzsäure sein muß. Ich schlucke lieber nicht, so lange es geht, und dann verziehe ich mein Gesicht zur Grimasse. Mir geht es immer schlechter. Erschrocken stelle ich fest, daß meine Lymphdrüsen geschwollen sind. Ich schaffe es, während der kurzen Rast in Dzasampa, wo ich die Mütze auf dem Kopf nicht mehr aushielt, mir den Nacken und die Ohren zu verbrennen! Obwohl ich die Mütze, deren Öffnung ganz von Zahnpasta und Sonnencreme verschmiert ist, schnell wieder aufsetze, war es zu spät.

Zum letzten Mal schleppen wir uns über den welligen Gletscher. Den Pfad nehmen viele Menschen. Überall liegt eine Menge Yakkot. Das Gesicht des Gletschers hat sich verwandelt. Der Schnee ist weg, Nangpa zeigt seine Falten in Form Tausender Risse. Wir können auf ihm viele zugefrorene Seen beobachten, auf denen durch das Tauen Spinnennetze in grafischer Geometrie glitzern. Hier rauscht das immer anwesende Wasser, in das wir ungern fallen würden. Die kompakte Eisdecke formte sich zu unzähligen Gestalten, die Büßer genannt werden. Es tummeln sich auf dem stacheligen Gletscher ganze Scharen davon, die den unbarmherzigen Sonnengott um das Ende der Quälerei bitten. Das ist großartig, es könnte mir sogar schön erscheinen, aber jetzt habe ich endgültig genug davon. Dieser Marsch ist schlimmer als der eigentliche Aufstieg. Das einzige, was mich auf den Beinen hält, ist die Vision eines bodenlosen Kessels voll mit warmem Tee, die Vorstellung eines Schlafsacks, der auf den vielen weichen Sachen liegt, die im Basislager geblieben sind. Wir sehen alle schlimm aus, das Leiden hat unbarmherzig seine Krallen in uns gestoßen. In die abgemagerten Körper, in die gespannte Haut der schwarz verbrannten Gesichter, die an den Wangenknochen bis aufs Fleisch aufgeplatzt sind, in die gesprungenen Lippen, auf denen Fieberblasen blühen und in die Augen, die vor Bindehautentzündung tränen. Und vor allem meine Bronchitis, die nicht die geringsten Anzeichen der Besserung zeigt. Im Gegenteil!

Als wir in der Ferne die grünen Umrisse der Lagerküche erkannten, nahm ich mir das letzte Bonbon. Es dauerte aber noch zwei Stunden, bis wir in der Dämmerung unsere treue Truppe trafen. Changpa hatte uns schon eine Stunde mit dem Fernglas beobachtet und kam uns mindestens dreihundert Meter mit der unansehnlichen schwarzen Kanne voll dampfenden Tees entgegen.

»Namaste, Namaste, Memsahib Vera, Namaste Dina, Congratulations, Congratulations...« Er stellte die Kanne ab, während wir mit feuchten Augen aus den Blechtassen den göttlichen Trunk schlürften. Er tanzte um uns einen wilden Freudentanz. Mit den dreimal umgeschlagenen Ärmeln der immer länger werdenden Jacke sah er aus wie ein Pelikan in der Balzzeit, aber in Wirklichkeit war er ein Mann mit einem großen Herzen; nur die können sich an der Freude anderer erfreuen. Dann lud er uns mit einer förmlichen Geste in die Küche, wo die ausgesuchtesten Leckerbissen, die er zubereiten konnte, auf uns warteten.

»Changpa, wie konntest du wissen, daß wir heute zurückkehren?« »Aj, ja, Memsahib, das war nicht schwer. Mittags kamen zwei Tibeter, die euch haben absteigen sehen. So habe ich mich gleich in die Arbeit gestürzt.«

Als wir uns dem Küchenzelt näherten, hörten wir streitende Stimmen, unter denen selbstverständlich Norbus Bariton hervorklang. Es war bewundernswert, wie schnell der kleine Napoleon zu sich gekommen war, während wir bis jetzt nicht die Kraft hatten, einen lauten Ton von uns zu geben. Ang Rita war nicht zu hören. Mit wem stritt Norbu nur so? Forschend sah ich den Koch an: »Ist dort der Sirdar?« Der kleine Mann nickte.

Ob Norbu seine Drohungen wahr macht und in dieser wenig ehrenvollen Art seinem Vorgesetzten sagt, was er über ihn denkt? Er versprach es, als der Sirdar noch hinter den Bergen war... Aber alles war anders, und wir begriffen es, als wir die Ecke des grünen Igelit anhoben. In der Dämmerung, die freundlich durch die Petroleumlampe erleuchtet war, saß wirklich Sonam Ghirmi aus Fleisch und Blut. Anscheinend hatte er genug von den Feierlichkeiten des Mani Rimdu im Thame-Kloster. Er machte ein wichtiges, strenges Gesicht, wie der Vorsitzende eines Strafgerichtes, schlürfte Tee und nickte. Auf einem anderen Kanister saß Kanchha wie ein nasser Hund und spielte die Rolle des Opferlammes. Norbu erzählte ihm alles, was ihm zustand und außerdem das, was er ursprünglich Sonam direkt sagen wollte. Davor schreckte er aber zurück. So ist wohl die menschliche Art, von der die Sherpas in den Himalajatälern nicht ausgenommen sind.

Vielleicht hat sich Norbu vom ursprünglichen Plan auch durch Ang Rita abraten lassen, der überzeugt ist, daß unser Sirdar die geheimnisvollen Mächte eines Geisterbeschwörers besitzt. Es genügt, wenn ihm jemand nicht gefällt, er ruft nur einen unguten Wunsch aus, und das Unglück ist da: die Changki reißen ein Yak oder ein Kind wird krank. Ang Rita glaubt außerdem, daß die Götter es nicht mögen, wenn sich die Menschen streiten und anschreien. Deswegen sitzt er auf dem dritten Kanister wie ein Häufchen Unglück, wetzt hin und her, spitzt den Mund – das alles ist ihm sehr unangenehm.

Vera erfaßt sofort die Situation, und Norbus Umwege kommen ihr unwürdig vor. Wenn sie jetzt nicht ins Spiel eingreift, würde ihre Autorität leiden. Verdammte Zivilisation! Und so schimpft sie Sonam selbst, sie sagt ihm alles in einem so schnellen Monolog, daß der Sirdar nur nach Atem ringt. Das Epizentrum des Gewitters verschiebt sich jetzt zu Kanchhas großer Freude zwischen diese beiden. Auch ein Sirdar hat eine männliche Ehre und kann sich nicht durch eine Frau erniedrigen lassen, egal ob weiß oder eine Sherpani. Der arme Changpa hat es sich nicht so vorgestellt. Ganz unwohl versucht er, sich seinen Leckerbissen zu widmen. Endlich gipfelt der Streit in der Frage, wer von den beiden, Vera oder Sonam, es verdient hat, in eine Gletscherspalte zu stürzen. In diesem Moment wird Vera bewußt, daß es eigentlich keinen Sinn hat, sie winkt ab und widmet sich ihrer Schüssel. Das wichtigste ist, daß wir den Gipfel erreicht haben, Sonam soll sein Gewissen an langen Winterabenden reinwaschen! Wir werden alle lustig, am meisten Kanchha mit Ang Rita, und wir essen in Ruhe zu abend. Wir erfahren, daß in drei Tagen die Träger mit ihren Yaks kommen werden; bis dahin werden wir uns erholen und packen. Wir begrüßen das sehr, und ich entscheide mich, einen Frontalangriff auf meine Bronchitis zu starten. Ich messe die Temperatur mit einem echten Thermometer und stelle fest, was ich sowieso schon wußte: 38 Grad, nach zweitägiger Antibiotika-Einnahme. Es scheint nötig, zur Heilung die Methoden unserer Großmütter anzuwenden.

Einmal habe ich so, mit einer zerdrückten Kartoffel, meinen Sohn Michael kuriert, als die Antibiotika nicht wirkten. Er hatte eine beunruhigende Blutsedimentation, und in der Nacht fürchtete ich, daß er vor Husten erstickt. Der behandelnde Arzt sagte, daß er ihn am liebsten in ein Krankenhaus einliefern möchte. Wir sollten gleich nach dem Wochenende kommen. Und damals riet mir ein Kollege zu dem Rezept seiner Großmutter aus den Beskydenbergen. Damals half es, und jetzt beschloß ich, das Rezept an mir auszuprobieren. An Kartoffeln war hier in Kangchung keine Not. Das einzige Problem war, einen geeigneten Behälter oder Pergamentpapier zu finden, in den man die zerdrückte Kartoffel mit Fett packen mußte. Wir hatten nur einen linierten DIN-A4 Block, aber die Situation löste unerwartet Sonam, der aus seiner Tasche die am wenigsten erwartete Sache zog, einen Bürohefter. Das war eines der vielen Rätsel, die ich unter den Begriff »Einbruch der Zivilisation unter dem Mount Everest« einstufe. Die Leute begriffen zwar nicht, warum sie sich die Hände waschen sollten, aber die Rechnung für die Schale Tsampa und Tee rechneten sie mit dem neuesten Typ eines japanischen Taschenrechners aus. Der Sirdar assistierte mir und heftete einige Papiere zusammen. Dadurch entstand ein improvisiertes Säckchen, in das es möglich war, die heiße Kartoffelmasse, die nach ranzigem Öl roch, hineinzugeben. Ich ging in unser Zelt, kroch in den Schlafsack, legte den Brei auf meine Brust, deckte alles mit einem Handtuch und einem Stück Plastik zu und schlief zufrieden ein. Ich registrierte nicht einmal Veras Kommen und schlief bis in den Morgen.

Kaum hatte ich die Augen geöffnet, wußte ich, daß etwas nicht in Ordnung war. Durch den Kopf blitzte mir die Erinnerung an den gestrigen Abend, an den Brei. Erschrocken suchte ich danach und gleich war es mir klar: das zusammengeheftete Papier hatte sich gelöst, und die kalten Kartoffeln mit Fett verteilten sich in meinem Schlafsack. Für den Rest der Expedition mußte ich in diesem Mief schlafen. Erfreulich aber war, daß der bleierne Griff auf meine Bronchien sich gelockert hatte und ich endlich abhusten konnte. Gleich nach dem Frühstück begannen wir uns zu waschen, worauf wir uns so sehr gefreut hatten. Das Ereignis belustigte unsere Sherpas, ihre erheiterten Blicke brachten uns aber nicht von unserem Entschluß ab. Changpa wärmte uns zwei große Töpfe Wasser, und unser Zelt wurde zum Badezimmer. Es zeigte sich, daß es möglich ist, mit einem Fünflitertopf Wasser nicht nur einen kompletten Körper inklusive Haare und Zähne zu reinigen, sondern auch etwas Wäsche zu waschen. Als wir sie an den Seilen, die unsere Küche hielten, aufhängten, hörten wir von der Seite, wo sich Norbu, Ang Rita und Changpa sonnten, Lachen und Sherpa-Gemurmel, das ohne Zweifel uns bestimmt war.

Norbu fragte dann laut, damit wir es gut verstehen konnten:»Ang Rita, wann wäschst du deine Hose?« Worauf ihm der berühmte Sherpaführer antwortete, daß er so eine Tätigkeit nie durchführe. Er trägt Hosen immer so lange, bis sie so viele Löcher haben, daß es keinen Sinn mehr hat, sie zu stopfen. Warum sollte er sie waschen, wenn sie sowieso fortgeworfen werden? Das letzte Wort begleitete er mit einer Geste, die ihm auch der berühmte Ladislav Fialka neiden könnte.

Die drei Tage des Wartens auf den Abstieg waren so angenehm wie Streicheln. Jetzt, Ende Mai, wurde die vom Wind durchblasene Terrasse von Kangchung zu einem unvergleichlich gastlicheren Ort als damals, am fünften April. Allein und verlassen waren wir auch nicht. Jeden Tag kamen und gingen einige Karawanen, Männer mit Zöpfen und wildem Aussehen, mit Herden untersetzter, jetzt dicker Yaks. Sie nutzten den Frühling, um rechtzeitig auf die eine oder andere Seite des Himalaja zurückzukehren. Der Monsun konnte jeden Moment beginnen, aber es passierte nichts. Veras Prognose war richtig, die Regenfälle kamen erst nach weiteren zehn Tagen.

Nach drei Tagen tauchten im Lager die bekannten Gesichter der Talträger und ihrer Yaks auf. Es kam auch der mit den roten Bommeln an den Ohren, der dem tibetischen Geschäftsmann Gyalzen gehörte, dem Nachbarn von Sonam Ghirmi. »Namaste, Memsahib, congratulations«, Gyalzen faltete die Hände zu seinem lachenden Mund, »eure Briefe habe ich abgeschickt.«

Verschämt grinsten uns Ang Puti und ihre Freundin Nima an, und ihre gestreiften Sherpaschürzen mit den großen Spangen sahen viel zivilisierter als unsere Kleidung aus. Auf einem Haufen türmten sich wieder unsere Gepäckstücke, in denen die ganze Ausrüstung und die Lebensmittel verpackt waren. Vera und ich schichteten nur das Nötigste in die Rucksäcke, und zusammen mit Ang Rita und Norbu traten wir noch am Vormittag den Rückweg als erste an. Sonam blieb hinten und achtete darauf, daß nichts verlorenging oder vergessen wurde.

Wir gehen der Moräne entlang, kehren zurück zu den Menschen, Blumen und Bäumen. Wir ließen ein Stück Seele hier, und auf der morschen Schnur zwischen zwei Stöcken blieb unser Fähnchen, von dem wir uns heimlich, damit uns Norbu nicht sieht, ein Stück abgeschnitten hatten. Ein Stückchen oranges Organtin mit ausgebleichten Ornamenten, das den Duft des tibetischen Windes aufgesaugt hatte. Vielleicht werden die Götter nicht böse sein.

Noch am selben Tag entdeckten wir die erste echte Blume: einen winzigen, sattblauen Enzian mit einem Miniaturstiel. Er grüßte uns strahlend, und seine Schönheit schmerzte fast nach zwei Monaten, die wir dort verbracht hatten, wo das Auge nur tote Natur sah. Ich mußte mich eine Weile zu ihm setzen und ihn für seine Tapferkeit loben. Mit einem einzigen Tautropfen kann er den ganzen Tag die Welt anlachen! Dann wurden es immer mehr Blumen, ganze Beete Azaleen mit vollen Knospen und Blättern, Kolonien zierlicher lila Primeln, die Cousinen der Himmelsschlüssel sind; ab und zu streckte die Küchenschelle ihren Kopf auf einem langen Stiel heraus...

Nach zwei Tagen näherten wir uns den Orten, die dauernd von Menschen bewohnt waren, wie die ersten grünen Kartoffelfelder anzeigten. Ang Rita war schon seit dem Morgen unruhig, mittags hielt er es nicht mehr aus. »Memsahib Vera, ich muß voraus, in meinem Haus ist nicht alles, wie es sein sollte.« »Was ist passiert?« »Gestern abend habe ich mit einem Tibeter gesprochen, als dessen Karawane an uns vorbeiging. Pemba läßt ausrichten, daß sie sehr krank ist, sie hustet, ist schwindlig vor Schwäche und hat Fieber. Um die Yaks kümmert sich niemand, die Kinder sind noch klein. Ich sollte schnell hinlaufen und die Lamas aus dem Kloster rufen.« »Warum die Lamas, besser wären doch Medikamente aus unserer Apotheke, wir haben genug davon«, mischte ich mich in das Gespräch ein. »Medikamente sind notwendig, aber noch viel wichtiger sind die Lamas, um mein Haus von dem bösen Fluch zu befreien.« Und so kam heraus, daß Ang Rita Angst vor Sonam hatte. Norbu hätte sich das Schimpfen mit Kanchha sparen können, der Sirdar hatte sehr gut gemerkt, wem es eigentlich galt und rächte sich. Er war ein Geisterbeschwörer, und wenn er wollte, konnte er einen bösen Fluch herbeirufen. Da halfen nur die Lamas. Es war klar, daß Ang Rita nicht vom Gegenteil zu überzeugen war. So gaben wir ihm ein Säckchen Antibiotika, das er aus Höflichkeit annahm, um uns nicht zu kränken, und mit schnellem Schritt lief er davon.

Chewang Dorje

Am nächsten Abend näherten wir uns, voller Angst vor dem Schlimmsten, Ang Ritas Haus in Thame. Wir erwarteten alles Mögliche, von der Beerdigung bis zum Sterbebett der Ehefrau Pemba, einer Epidemie unter seinen Kindern oder tote Yaks, aber die Wahrheit sah anders aus. Mit einem leicht schwankenden Schritt kam uns Ang Rita entgegen. »Alles ist in Ordnung, o.k., die Lamas sind gerade gegangen, seit dem Morgen haben sie mein Haus mit Weihrauch geräuchert, um den bösen Fluch zu vertreiben«, teilte er uns mit einem verkrampften Lächeln mit. Es war klar, daß er mehr Tschang genossen hatte, als ihm zuträglich war. Er lud uns in seine Wohnung ein, wo, wie durch ein Wunder, die gesunde Pemba hin und her lief, während die nicht angerührte Packung Erythromycin auf dem Boden in der Ecke lag. Wir wurden gleich zum vollen Tisch eingeladen, und damit hatten sich alle unsere Fragen erledigt. Weder während des Festessens noch später war es möglich, sich nach dem wahren Zustand der Probleme in Ang Ritas Familie zu erkundigen, deretwegen er so schnell nach Hause laufen mußte.
Es blieb noch ein Tag, ein kurzer. Bis morgen, das heißt, während des heutigen Abends, mußte der Familienrat beschließen, welches Kind sie nach Darjeeling mit dem Cousin Pasang schicken. Er ist ein Verwandter von Pembas Familie, der aus Höflichkeit aus dieser Entfernung zu Besuch kam, bis von der östlichen Grenze Nepals! Er kam, um ihnen zu bestellen, daß einer der Jungs bei ihm wohnen, essen und eine richtige indische Mittelschule, ein Gymnasium, besuchen könnte. Das war ein verlockendes Angebot. Zum Finale arbeiteten sich zwei Kandidaten durch: der elfjährige Temba und der neunjährige Chewang Dorje. »Temba ist schlauer, aber auch das kräftigste der Kinder, es wäre schade, ihn zur Schule zu schicken, wenn er schon arbeiten kann«, sagte Ang Rita zwischen zwei Bissen Shakpa.
»Um Chewang Dorje ist es nicht so schade. Er ist neun, sieht aber aus wie acht. Als er klein war, war er schwer krank, ein Wunder, daß er nicht gestorben ist. Seit der Zeit

ist er schwächer als andere Kinder«, fuhr er mit schonungsloser Offenheit fort. »Aber Chewang Dorje gehört auch nicht zu den Schlauesten hier, wie soll er das Lernen auf so einer Schule schaffen? Außerdem ist er schwach...«, verteidigte ihn die Mutter. Ang Rita beendete die Diskussion. »Um Temba ist es schade, denn die Yaks sind von allem am wichtigsten, und deswegen geht Chewang zur Schule, zum Lernen braucht er nicht so viel Kraft. Und wenn er die richtige Schule nicht schafft, no problem, kommt er zurück und geht ins Kloster von Tengboche. Das wird auch gut sein. Er wird für die Familie und die Yaks beten können, wenn es nötig ist, sie vor einem Fluch zu schützen.«

An der reich gedeckten Tafel wurde die Entscheidung zum Anlaß einer weiteren Tschang-Überschwemmung. Die Feier zog sich bis spät in die Nacht, aber am nächsten Tag waren wir alle zur Abreise bereit. Mitten im Zimmer stand Chewang, jetzt Mittelpunkt der Aufmerksamkeit aller seiner Brüder und Schwestern. Von seiner Mama bekam er als Glücksbringer eine weiße Khatta, die er sich um den ungewaschenen Hals legte. Er schritt mit uns aus dem Elternhaus, tapfer, in chinesischen Trainingshosen, unter denen er, wie wir später feststellten, nichts anhatte und mit dem Schulranzen auf dem Rücken. An den Füßen hatte er echte Schuhe, wenn auch ohne Socken, in der Hosentasche einen abgewetzten Zehn-Rupien-Schein, den er jeden Moment herauszog.

Der mit dieser Ehre ausgezeichnete Chewang machte ein begeistertes Gesicht. Aber als sein Geburtsdorf, aus dem er noch nie herausgekommen war, unwiderruflich hinter der Ecke des Tals verschwand, packte ihn die Trauer. Er bemühte sich zwar tapfer, Haltung zu bewahren, aber er verriet sich durch das rastlose Abwischen der Nase mit dem Ärmel, und mir zog sich das Herz zusammen.

Taschentücher hatte ich zwar längst nicht mehr, aber ich zog aus dem Rucksack eine Rolle Toilettenpapier. »Da hast du, putz dir die Nase«, sagte ich, und der Knirps begriff, er wischte sich das schmutzige Gesicht ab. So begann unsere Freundschaft, auch wenn es nicht so einfach war, den kleinen Tarzan zu zähmen. Das brauchte seine Zeit und eine große Menge nepalesischer Nebicokekse, an denen Chewang ohne Vorurteile Gefallen gefunden hatte.

Ich kaufte sie ihm am Weg in den immer zahlreicher werdenden Teehäusern, denn wir näherten uns den gut frequentierten Trekkingpfaden. Gegen abend schon antwortete mir der Junge auf meine Fragen; selbstverständlich immer vorausgesetzt, er hatte sie verstanden, denn anderes als Sherpa konnte er nicht sprechen. Er gab mir sogar die Hand, als er vor Müdigkeit zu stolpern begann. Er war, wie es schien, ein Lausbub mit einem undurchdringlichen Blick, und in manchem erinnerte er mich an seinen Vater. Ähnlich wie jener, sprach er nicht viel. Die Freundschaft besiegelten wir mit einem Taschenmesser, dessen roten Griff Chewang den ganzen Tag verzaubert beobachtet hatte. Er versicherte sich, daß das Geschenk ernst gemeint war, vergaß das ganztägige Grantigsein und hing sich das Messer schnell um den Hals, damit ich es mir nicht wieder anders überlegen konnte. Abends, in Sonams Gasthaus, tat mir meine Großzügigkeit wieder leid, als Changpas erste Tat war, das Messer auf dem Eßtisch auszuprobieren. Die Sherpas nahmen es leicht, schimpften ihn nur ein bißchen; also versteckte er das Messer wieder, und weitere Schnitzereien, falls es noch welche gab, fanden ohne Zeugen statt.

In Namche Basar trafen wir auch nach zwei Monaten unseren Offizier, Herrn Dhungel, wieder, der treu in Sonams Gasthaus wartete; seine Zeche erreichte mittlerweile eine beträchtliche Höhe. Er zeigte Freude über den Erfolg unserer Expedition, und im Nu schilderte er uns die hinreißenden Erlebnisse auf den Touristenrouten, mit denen er sich die Langeweile vertrieben hatte. Offensichtlich erfreute er sich bester Gesundheit, und wir fragten ihn nicht nach dem Grund seiner Verspätung.

Die Zivilisation verzauberte und ängstigte Chewang abwechselnd. Nach den Keksen und der Limonade war es das Flugzeug, das ihm solche Angst machte, daß er während des ganzen zweistündigen Fluges meine Hand hielt. Das war etwas viel für ihn und noch lange nicht alles. Bobby Chetri hielt zwar sein Wort nicht und kam ohne Elefant zum Flugplatz, dafür fuhr Chewang im Auto, das er vor fünf Minuten zum ersten Mal in seinem Leben gesehen hatte. Seine erste Straße war voller Fahrräder, Wägen und Wägelchen, Last- und Personenwagen, schnaufender Busse. Außerdem war dieser Schock von einer für Chewang völlig unbekannten Hitze begleitet. So war es nicht verwunderlich, daß sich sein Magen in einer scharfen Kurve auf den Ledersitz entleerte. Der Taxifahrer wollte nach der Sitte eine Entschädigung in Form eines überzogenen Preises, wozu wir nur teilweise bereit waren. Während wir unsere Meinungen vor dem Eingang des Katmandu Guest House austauschten, wo wir vorhatten, einen Haufen schmutziger Wäsche zu lagern, näherte sich eine herausgeputzte Europäerin.

»Wo seid ihr so lange, warum laßt ihr nichts hören. Otakar hat schon zweimal angerufen, er kann nicht glauben, daß ihr den Berg erklommen habt. Er glaubt es erst, wenn er es von dir hört, Dina.« Es war Zdena, die, Gott weiß wie, erfahren hatte, daß wir angekommen waren und uns unser erster Weg gerade hierher führen würde. Sie schimpfte und schimpfte, aber ich war geduldig. Ich wußte, daß es ihre Art ist, Freude zu zeigen. Dann wandte sie sich dem Taxifahrer zu und erledigte die ganze Sache. »Dina, du, lauf gleich telefonieren. Oder nein, du mußt warten. Sie haben erst vier Stunden nach Mitternacht. Und wer ist das?« sie warf einen Blick auf den verängstigten, unbeschreiblich schmutzigen Nachkommen Ang Ritas. »Du willst ihn doch nicht adoptieren?« Sie sah mich mit hochgezogenen Augenbrauen an. Ich beruhigte sie. Ehemann, Sohn und Hund reichten mir vollkommen, aber so unsinnig war ihre Befürchtung nicht. Bergsteiger sind die unbegreiflichsten Verrückten der Welt, die wegen der Berge verzichten, abnehmen und sogar sterben. Ich wäre auch nicht die erste und nicht die letzte, die sich aus Nepal ein lebendiges Andenken des geliebten Landes mitgebracht hätte. Mehr als eine Teilnehmerin der amerikanischen Frauenexpedition hat aus dem Land unter dem Everest den Ehemann ausgewählt. Und wenn nicht einen Mann, dann wenigstens einen tibetischen Hund der Rasse Abso. Der Österreicher Hans Schell brachte sogar ein anmutiges sechzehnjähriges Mädchen mit. Seiner schreckensstarren Ehefrau stellte er sie als seinen Schützling vor. Da sie sechs eigene Kinder großgezogen hätten, wäre es kein Problem, im Rahmen der Entwicklungshilfe einem siebenten Kind eine Ausbildung zu bieten.

»Aber so kann der Junge nicht in der Stadt herumlaufen, auch wenn Katmandu nicht der Gipfel der Zivilisation ist. Sag ihm, daß er sich gleich waschen soll!« fuhr Zdena unerbittlich fort. Sie erinnerte uns, daß die Zeiten, in denen Schmutz und zerlumpte Kleider nichts ausmachen, vorbei waren. Gott sei Dank! Aber wie sollte man das dem kleinen Chewang erklären, der außerdem unter der Hitze litt. Seife hatte er in seinem ganzen Leben noch nicht gesehen! Zum Schluß bot ich ihm an, daß ich mit ihm unter die Hoteldusche gehe und ihn dort einer Säuberung unterziehe. Danach wollte ich in Olmütz anrufen. Das Problem gestaltete sich aber noch schwieriger als erwartet. Chewang war eine Persönlichkeit, und als ich ihm zusammen mit Vera die schmutzige Hose ausziehen wollte, begann er sich inständig zu wehren. Wir wandten Gewalt an, und angesichts der Tatsache, daß er erst neun Jahre alt war, gelang es uns, ihn mit vereinten Kräften zu überwältigen. Endlich befand ich mich mit ihm unter fließendem, warmem Wasser. Aber an diesem Erfolg der Zivilisation sah Ang Ritas Sohn weder etwas Nützliches noch Angenehmes. Im Gegenteil. Er war überzeugt davon, daß es sich um eine besonders hinterhältige Art des Mordes handelte. Ich begann ihn einzuseifen, aber für den festgefressenen Schmutz war jede Seife zu schwach, vor allem für die zusammenhängende Schicht Teer, die mit der schwarzen Farbe seines kurzgeschnittenen Stoppelfeldes auf seinem harten Sherpaschädel zusammenfloß. Damit erklärte sich der charakteristische Gestank, der sich um den Jungen ausbreitete. Die Kruste Tausender Schichten verfestigten Rauches schaffte erst ein rasantes Schamponat. Chewang, dem das scharfe Waschmittel in den Augen brannte, suchte Rettung im kalten Wasser des kleinen Waschbeckens in der Ecke des Duschraumes. Einige Male versuchte er zu flüchten, aber das Schloß gab nicht nach. Nach einer Stunde verbissenen Kampfes verließen wir die Dusche. Beide todmüde, aber der kleine Chewang war zum zweiten Mal im Leben sauber. Das erste Mal war, als er geboren wurde. Die stinkende Trainingshose wusch ich ihm auch unter der Dusche, aber er konnte nicht begreifen, warum er warten mußte, bis sie trocken war. Mit einer rührenden Verschämtheit zog er sie naß an. Vera ging um die Ecke in ein kleines Geschäft, um Chewang Reservekleidung zu kaufen; ich ging zur Post.

Als mich der dunkelhaarige Beamte aufforderte, die Kabine »number three« zu betreten, zitterten mir die Knie. Im Hörer tönte das vertraute Signal, und mir schien es, als ob ich im Aufzug vor der Türe unserer Wohnung stünde. Mir wurde bewußt, daß auch meine Hände zitterten. Dann hob jemand ab. »Sterba«, meldete sich die verschlafene, vertraute Stimme meines Mannes. Einen Moment schien es mir, als ob meine zusammengezogene Kehle keinen Ton von sich geben könnte, aber zu meiner Überraschung war dem nicht so. »Hallo, ich bin es. Wir sind eben in Katmandu angekommen, und den Berg haben wir erklommen.« » .... « Aus dem Hörer tönte nur das Rauschen des Äthers aus Tausenden Kilometern, die Olmütz von Nepal trennten. Dann meldete sich Otakar wieder, mit einer Stimme, an die ich mich erinnere seit dem Tag, an dem Michael geboren wurde. »Na, das ist ja riesig!« Und dann ruhiger. »Ich hörte eine Nachricht, aber ich wollte es nicht glauben. Es ist riesig.« Dann meldete sich die leicht angespannte Stimme von Michael, wie wenn ich ihn sehen könnte, den Wilden, der sich schämt, männliche Rührung zuzugeben. »Mami, ich gratuliere dir, Hauptsache, daß euch nichts passiert ist.«

Die drei Minuten waren um, und ich taumelte wieder hinaus in die tropische Hitze. In freudige Überlegungen versunken, kam ich wieder im Hotel an. In der Halle saßen unsere Sherpas, Zdena und Vera. Sie machten lange Gesichter, Ang Rita hatte die Hände vor dem Gesicht. »Was ist passiert?« »Chewang ist verlorengegangen«, kam die vierstimmige Antwort. Ich begriff. Er konnte weder ein Wort englisch noch nepalesisch. Wie sollte er zurückfinden? Er war ein paar Minuten sich selbst überlassen, mit dem Auftrag, daß er sich nicht von der Stelle rühren sollte. Aber die Freiheiten der Straßen, in Form von Coca-Cola, ließen ihm keine Ruhe. In der Tasche brannte ihm zu sehr der geschenkte Geldschein. So erklärte es uns wenigstens der Portier.

Ich leitete die Suchaktion ein. Wir verteilten uns in Zweiermannschaften. Inzwischen kamen weitere Helfer der Sherpa-Gemeinschaft an, und wir begannen die Bezirke zu durchkämmen. Ich war mit Norbu in einer Mannschaft. Jede Stunde trafen wir uns an der verabredeten Ecke. Die Stunden vergingen, es dämmerte schon, von dem Kleinen keine Spur. Norbu erhöhte die Nervosität durch suggestive Schilderungen, nach denen streunende Gaukler Chewang angelockt hätten. Jetzt verkrüppeln sie ihn irgendwo und bringen ihm Zirkusstücke bei, damit sie ihn für Bakschisch auf den Märkten in Indien vorführen können. Der arme Ang Rita wurde immer niedergeschlagener, und wir liefen immer fleißiger die abgesteckten Routen ab. Dann wurde es dunkel, es wurde neun, zehn Uhr. Die engen Straßen von Thamel wurden menschenleer, es zogen Rudel von Hunden ein. Chewang war nirgends. Eine Stunde nach Mitternacht änderten wir die Methode und versuchten, die Polizeistation zu erreichen. Wir suchten sie persönlich auf und fanden zwei verschlafene Wächter vor, mit denen nicht zu reden war. Sie hatten weder ein funktionierendes Telefon noch ein fahrbereites Auto. Außerdem lag in der Ecke des Raumes ein in Lumpen gewickeltes, gefundenes zweijähriges Kleinkind. Das hob unsere Laune nicht sehr. Wir begannen, noch verbissener zu kreisen. Um vier Uhr morgens konnte ich mich kaum noch auf den Beinen halten. Um halb sechs Uhr gaben wir auf und schliefen ein, kaum, daß wir auf der Bank vor dem Hotel saßen. Zwischen acht und zehn Uhr vormittags gingen wir wieder durch die übervölkerten Straßen. Alle kannten uns schon. Um zehn Uhr rannte aus der Rezeption des Guest House ein aufgeregter Angestellter heraus und rief, daß sie ihn hätten, gerade als wir die nächste Besprechung hielten.

»Tot oder lebendig?« fragte jemand. Es zeigte sich, daß die Wachbeamten Chewang in der Nacht gefunden hatten, inständig weinend, acht Kilometer vom Hotel entfernt. Als er sich Coca-Cola kaufte, verwechselte er die Ecke, und ihm fiel nichts Besseres ein, als immer geradeaus, hinaus aus der Stadt zu gehen. Wir erwarteten etwas Reue von ihm, es passierte aber nichts Ähnliches.

Chewang war wirklich eine Persönlichkeit. Er unterhielt sich auch mit Ang Rita nicht viel. Und weil die Sherpas ihre Kinder lieben, bekam er von Papa keine Schläge. Ich glaube sogar, daß Ang Rita das Husarenstückchen seines Söhnchens gefallen hat. Eine Planänderung wurde aber doch durchgeführt. Anstatt ihm einige bildende Tage in Katmandu zu gönnen, setzten wir Chewang Dorje noch am selben Tag in den überfüllten Bus in Richtung Darjeeling.

Am dreizehnten Juni flog Vera ab. Ich fuhr mit ihr zum Flugplatz, unterwegs schrieb sie, wie immer, noch einen angefangenen Brief fertig. Mein Abflug nach Bangkok kam auch immer näher. Er war für Freitag, den fünfzehnten Juni vorgesehen. Zum Flugplatz begleiteten mich Zdena und Norbu, Ang Rita war schon auf dem Rückweg in sein Heimatdorf. Zum bauchigen Jumbo-Jet lief ich im Monsunregen.

Fünf Tage später, im Morgengrauen, flogen wir mit der Iljuschin über der Türkei, die nur einen Steinwurf entfernt ist von meinem Heimatland, der damaligen Tschechoslowakei. Aus den Wolken trat der Kegel des Vulkans Ararat hervor, und ich glaubte endlich wirklich daran, in wenigen Stunden zu landen. Die letzten drei Stunden dauerten am längsten. Als wir in sinkenden Spiralen über dem erwachenden sommerlichen Prag kreisten, fühlte ich mich durch das Gold seiner Kuppeln schrecklich reich. Keine Stadt kommt Prag gleich. Nicht einmal Katmandu.

Aus dem Zollraum kam ich in die Halle und sah endlich meine beiden, in einer kleinen Gruppe wartender Freunde. Otakar lächelte, und Michael hielt einen riesigen Blumenstrauß. Ich bemerkte gleich, daß er mindestens fünf Zentimeter größer war als ich. Auf dem Heimweg blühte überall der Mohn, das Gras war schon hoch, und bei der Oma in Brünn stand auf dem Tisch im Festzimmer eine Torte mit der Aufschrift »CHO OYU, 8201 m«. Die hatte meine Schwägerin gebacken, die sich noch nie für das Bergsteigen interessierte. Alle strahlten, nur Hannibal war böse. Er knurrte, weil Hunde es nicht mögen, wenn sie von den Menschen ohne Erklärung verlassen werden. Ich mußte eine halbe Stunde auf dem Teppich knien und mich entschuldigen, ehe er mit dem Schwanz wedelte und mich gnädig wieder in sein Rudel aufnahm.

Und das Schlußwort?

Was kann eine Bergsteigerin sagen, außer, daß sie sich sehr danach sehnt, in ihre Berge zurückzukehren? Ja, ich habe keine größeren Sehnsüchte, als die Gipfel weiterer Achttausender zu erklimmen, am glücklichsten würde mich der Mount Everest machen. Schon vorher bezeuge ich meine tiefe Dankbarkeit jedem gegenüber, der mir als Sponsor hilft, die einzige Barriere – die finanzielle – zu überwinden.

© 1996 Auensee Verlag
Barbara Hofner u. G. Patzer, Augsburg
Alle Rechte, auch der photomechanischen Vervielfältigung und des auszugsweisen
Abdrucks, vorbehalten
Übersetzt aus dem Tschechischen von Karel Lorenc, Augsburg
Satz: Augsburger Süd-Anzeiger · Lithographien: Kolb Repro, Oberschleißheim
Printed in Czech Republic

ISBN 3-9803411-3-5